21世纪会计系列规划教材

通用型

Financial Statement Analysis

财务报表分析

第三版

姚文英 / 主编

东北财经大学出版社
Dongbei University of Finance & Economics Press
大连

图书在版编目（CIP）数据

财务报表分析 / 姚文英主编．—3版．—大连：东北财经大学出版社，2020.8（2021.7重印）
（21世纪会计系列规划教材·通用型）
ISBN 978-7-5654-3914-8

Ⅰ．财…　Ⅱ．姚…　Ⅲ．会计报表-会计分析-高等学校-教材　Ⅳ．F231.5

中国版本图书馆CIP数据核字（2020）第131445号

东北财经大学出版社出版
（大连市黑石礁尖山街217号　邮政编码　116025）
网　　址：http://www.dufep.cn
读者信箱：dufep@dufe.edu.cn
大连东泰彩印技术开发有限公司印刷　　东北财经大学出版社发行

幅面尺寸：170mm×240mm　　字数：377千字　　印张：18.5　　插页：1
2020年8月第3版　　2021年7月第3次印刷

责任编辑：李智慧　李　栋　周　慧　　责任校对：尚玉影
封面设计：冀贵收　　版式设计：钟福建

定价：36.00元

教学支持　售后服务　　联系电话：（0411）84710309

如有印装质量问题，请联系营销部：（0411）84710711

第三版前言

“财务报表分析”课程是财务管理专业的一门专业核心课程，财务报表分析也是企业财务管理工作者必须掌握的专业知识。

在该课程教学中，我们构建了“理念+知识+方法+实训”的一体化教学体系，力求把财务报表分析的过程讲透，让学生不仅建立起宏观的分析框架，还能够准确把握每一个分析环节的分析思路。通过学习，学生不仅能够应用所学知识分析报表信息并及时更新专业知识，还能够建立起完整的财务报表分析方法体系，知道采用什么方法进行分析。此外，通过课堂上生动、详细的实务案例讲解，不仅让学生知道具体分析什么，而且知道如何分析。

本书的主要特点有：第一，以新疆地区上市公司财务报表为样本，将上市公司财务报表分析案例有机融入其中，体现财务报表分析的本土特色；第二，将四类财务能力分析分别植入财务报表分析中，避免财务报表分析和财务能力分析的分离。

此次修订更新内容主要包括以下方面：第一，根据财政部对财务报表格式的最新调整要求，更新本书原有财务报表的内容格式；第二，对本书所选案例公司的相关数据进行了更新，力求与现阶段企业发展现状相符合；第三，此次修订在相关章节中增加了案例分析，通过大量的案例提高学生理论与实际相结合的能力。

本书的编写修订工作由新疆财经大学姚文英教授主持并担任主编。在本书的编写过程中，作者参考了大量的国内外文献，吸收了众多学者的研究成果，尤其借鉴了东北财经大学张先治教授编写的《财务分析》一书。新疆财经大学会计学院同事们的鼓励，也是完成本书的巨大动力。本书的出版，还得到了东北财经大学出版社的大力支持和帮助。新疆财经大学会计学院的研究生杨柯、周静玥、张琳琳、黄苗、李静、席光旭等对本书的修订给予了较多的协助，在此一并表示感谢！

财务报表分析内容宽泛，涉及问题繁多，由于作者水平有限，加之时间仓促，书中纰漏之处在所难免，敬请读者批评指正，以便修改、完善。

作　者

2020年5月

目录

第一章　财务报表分析的基本理论

第一节　财务报表分析的内涵、目的和作用

一、财务报表分析的内涵

财务报表分析是企业利益相关者采用科学的分析方法，利用财务报表及其他相关资料，对公司财务运行的结果及其形成过程和原因进行分析，为企业的投资者、债权人、经营者等了解企业过去、评价企业现状、预测企业未来、做出正确决策提供依据的活动。

1.财务报表分析是一门综合性、边缘性学科

财务报表分析是在企业经济分析、财务管理和会计基础上形成的一门综合性、边缘性学科。综合性、边缘性是指财务报表分析不是对原有学科中关于财务报表分析问题的简单重复或拼凑，而是依据经济理论和实践的要求，综合相关学科的长处产生的一门具有独立的理论体系和方法论体系的经济应用学科。

2.财务报表分析有完整的理论体系

财务报表分析的理论体系随着财务报表分析的产生与发展而不断完善。从财务报表分析的内涵、财务报表分析的目的、财务报表分析的作用、财务报表分析的内容到财务报表分析的原则、财务报表分析的形式、财务报表分析的组织等都日趋成熟。

3.财务报表分析有健全的方法论体系

财务报表分析的实践使财务报表分析的方法不断发展和完善，它既有财务报表分析的一般方法或步骤，又有财务报表分析的专门技术方法。例如，水平分析法、垂直分析法、趋势分析法、比率分析法等都是财务报表分析的方法。

4.财务报表分析有系统、客观的资料依据

财务报表分析的最基本资料是财务报表，财务报表体系和结构及内容的科学性、系统性、客观性为财务报表分析的系统性与客观性奠定了坚实的基础。财务报表分析不仅以财务报表资料为依据，同时还参考管理会计报表、市场信息及其他有关资料，使财务报表分析所依托的资料更加真实、完整。

5.财务报表分析有明确的目的

财务报表分析的目的受财务报表分析主体和财务报表分析服务对象的制约。不同的财务报表分析主体进行财务报表分析的目的是不同的，不同的财务报表分析服务对象所关心的问题也是不同的。各种财务报表分析主体的分析目的和财务报表分析服务对象关心的问题也就构成了财务报表分析的目的或财务报表分析的研究目标。

6.财务报表分析有明确的作用

从财务报表分析的服务对象看，财务报表分析不仅对企业内部的经营管理（如预测、决策、计划、控制、考核、评价等）具有重要作用，而且对企业外部的投资决策、贷款决策、赊销决策等也具有重要作用。

二、财务报表分析的目的

财务报表分析的目的是指财务报表分析主体对企业进行财务报表分析时所要达到的目的。不同的财务报表分析主体出于不同的利益考虑，其所关注的问题是有差别的。一般而言，财务报表分析要达到其目的，应从以下四个方面进行分析：①评价企业经营成果；②评价企业管理层的业绩；③衡量企业现在的财务状况；④预测企业财务状况和经营成果的未来发展趋势。不同的信息使用者对上述四个方面的分析要求是不同的。然而，不论哪类主体，财务报表分析都是为其决策和控制提供信息支持，都是其进行正确决策和控制的有力工具。

1.投资者的角度

公司的投资者对公司的财产拥有所有权，同时也是终极风险承担者。作为投资者，他们关心企业的投资回报率；作为公司的终极风险承担者，他们密切关注企业的财务状况。

2.债权人的角度

一般而言，由于债务具有利息固定和到期偿还的特征，债权人不对公司承担终极风险。债权人更关心的是公司的偿债能力，关心公司的资本结构及长短期负债的比例。

3.经营者的角度

公司的经营者不仅要求对公司财务的各个方面进行财务报告分析，以了解公司整体的财务状况和经营成果，还要求进行原因分析来改进公司的经营管理，以做出正确的经营决策和财务决策。

4.政府的角度

对企业有监管职能的政府部门主要包括市场监管、物价、税务、财政、审计等，他们主要通过定期了解企业的财务信息把握和判断企业是否依法经营、依法纳税，以维护正常、公平的市场秩序，保证国家经济政策、法规和有关制度的有效执行。

5.公司员工的角度

通过财务报表分析，公司员工可以了解工资和奖金状况、福利保障程度、员工持股计划的执行和分配状况等。

6.其他利益相关者的角度

公司的其他利益相关者可能包括业务相关单位，如供货商、顾客等。他们更关心的是公司的信用状况。通过财务报表分析，业务相关单位可以判断公司的商业信用和财务信用。通过对公司整体信用的判断，顾客还可以进一步判断公司的产品质量。

7.其他

企业的财务报表必须经注册会计师或其他审计人员依法审计，财务报表分析是这些审计人员确定审计重点、完成审计任务必不可少的途径。财务报表分析师提供专业咨询服务时，也必须对企业进行财务报表分析。另外，当前的企业变得越来越社会化，必定要承担一定的环保、慈善等社会责任，因此，咨询机构、媒体、社会公众等有时也要通过财务报表分析研究相关企业的经营情况。

三、财务报表分析的作用

1.财务报表分析对改善企业经营决策具有重要作用

财务报表分析可以评价公司一定时期的财务状况，揭示公司生产经营活动中存在的问题，总结财务管理工作的经验和教训，为公司的管理者在生产经营决策和财务管理决策方面提供重要的依据。

2.财务报表分析对企业制订未来计划具有重要作用

财务报表分析有助于预测风险程度（或者说是不确定性），帮助人们做出更有效的决策。

3.财务报表分析有助于企业实现更好的管理控制

财务报表分析可以检查公司内部各职能部门和单位完成财务计划指标的情况，考核各部门和单位的工作业绩，以便揭示管理中存在的问题，为管理层提供各种经营数据和分析评价结果，促使公司提高经营管理水平。

第二节　财务报表分析的内容

在市场经济环境中，经济全球化趋势日益明显，企业竞争日趋激烈，金融市场日趋成熟，现代企业的组织形式和经营领域不断多样化，从而导致企业的经营理财活动极为复杂。传统的经验管理模式和简单的报表分析方式已不能适应各类信息使用者的需要，必须代之以科学、系统的财务报表分析，才能为有关分析主体的管理决策与控制提供必要的依据。财务报表分析的主要内容包括：企业财务能力分析、会计报表解读、财务危机预警与财务综合分析。

一、企业财务能力分析

（一）企业偿债能力分析

对企业短期偿债能力的分析，主要是分析流动资产变现能力对偿还短期债务的保证程度。能用于变现偿还短期债务的流动资产越多，偿还债务的保证程度越高。因此，短期偿债能力的大小取决于流动资产与短期债务的比率。用于分析企业短期偿债能力大小的财务指标主要包括流动比率与速动比率等。

对企业长期偿债能力的分析，主要分析企业全部资产变现能力对偿还长期债务的保证程度。当债务一定时，企业总资产越多，偿债保证程度越高。因此，长期偿债能力的大小取决于企业长期负债与资产总额的比率。用于分析企业长期偿债能力大小的财务指标主要包括资产负债率、负债权益比率、利息保障倍数等。

（二）企业营运能力分析

企业持有权益资本和债务资本，是为了拥有从事生产经营与服务活动的能力，即资本营运能力。资本营运能力越强，企业生产经营成果就越多，偿债能力和盈利能力也就越强。企业营运能力状况是企业经营者进行经营管理的重要依据，也是债权人与所有者进行决策的依据。企业营运能力反映在财务上就是运用资本获取生产经营成果的能力，表现为生产经营成果与资本的比例关系。用于分析企业营运能力大小的财务指标一般有流动资金周转率、营运资金周转率、存货周转率、应收账款周转率等。

（三）企业盈利能力分析

企业盈利能力是指企业获取利润的能力。企业盈利能力越强，获取的利润就越多，所有者的投资收益水平就越高，长期债权人的债权保障程度就越大；这也说明经营者业绩越好，因此经营者与职工的收入水平也会相应提高。

企业盈利能力在财务上表现为利润与获取利润所占用资本或所耗用资本的比例关系。在财务报表分析中，常用以反映企业盈利能力的指标主要有营业利润率、总资产报酬率、净资产报酬率、销售净利润率、成本费用利润率等。

（四）企业发展能力分析

就企业发展能力分析而言，从发展动因层面看，主要是对企业的竞争能力进行分析；从结果层面看，主要是对财务状况进行分析；同时，由于企业的发展经常出现周期特征，因而还要对企业进行生命周期分析。这三点也就构成了企业发展能力的分析内容。

企业的竞争能力是指企业生产的产品在品种、质量、成本、价格、交货期和销售服务等方面能否胜过对手。或者说，企业的竞争能力就是参与竞争的企业之间的实力对比。

企业面临的周期类型主要有经济周期、产品生命周期、行业生命周期以及企业生命周期等。

企业所处的运营环境处于千变万化之中，企业之间又各不相同，但从某些方面来看，企业的经济活动同生命体的周期运动很相似，不断经历着成长与衰退，许多看似独立的现象相互作用，引起相似的趋势或周期，因此在财务报表分析中就有必要考虑企业经营发展的周期性变化。

二、会计报表解读

会计报表解读是财务报表分析的重要内容。根据《企业财务会计报告条例》的规定，企业的年度、半年度财务会计报告包括会计报表、会计报表附注和财务情况说明书，会计报表应当包括资产负债表、利润表、现金流量表及所有者权益变动表。会计报表解读包括对资产负债表、利润表、所有者权益变动表和现金流量表的结构分析、趋势分析以及对各个具体项目的认知和评价。

三、财务危机预警与财务综合分析

（一）财务危机预警

财务危机预警，就是通过设置并观察一些敏感性财务指标的变化，对企业可能或将要面临的财务危机事先进行监测、预报的财务报表分析诊断过程。具有该功能的财务报表分析诊断系统被称为财务危机预警系统，它可以及时预知财务危机的先兆，提醒企业管理者早做准备预防财务危机的发生或采取对策控制财务危机的进一步扩大，也可以通过寻找导致企业财务状况恶化的原因，提出改进建议，弥补企业经营过程中的缺陷，从根本上消除财务隐患。

财务危机预警系统能实时对公司的生产经营过程和财务状况进行跟踪监控，及时地进行财务预警分析，发现财务状况的异常征兆并迅速报警，及时采取应变措施，避免或减少损失。上市公司应用财务危机预警系统可以发挥的作用主要有以下四个方面：

（1）财务监测作用。监测、跟踪企业的生产经营过程，将企业生产经营的实际情况同企业预定的目标、计划、标准进行比较，进行核算、考核，找出偏差，并从中发现产生偏差的原因或存在的问题。

（2）财务诊断作用。财务预警分析对公司营运状况的优劣做出判断，找出公司运行中的弊端及产生弊端的原因，即分析“警度”（“警情”的程度），使经营者知其然，更知其所以然，以制定有效措施，阻止财务状况进一步恶化，避免严重财务危机的发生。

（3）财务治疗作用。财务治疗是在监测、诊断的基础上，识别病根、对症下药，更正企业营运过程中的偏差或过失，使企业回到正常运转的轨道。准确来讲，治疗功能并非财务预警系统的核心功能。但是，一个有效的预警系统不仅应该能够找出企业财务危机的“症结”所在，而且应该能够提出改进方案和应对措施。

（4）保健作用。通过财务预警分析，财务预警系统不仅能及时回避现存的财务危机，而且能通过详细地记录其发生缘由、解决措施、处理结果，并及时提出改进意见，弥补公司现有财务管理及经营中的缺陷，完善财务预警系统，从而提供未来类似情况的前车之鉴，从根本上消除隐患。

财务危机有潜伏、发作、恶化三个阶段，在各个阶段应该有相应的管理对策，这一系列对策就构成了财务危机预警系统的基本框架。

在财务危机的潜伏时期，上市公司处在一个多变的环境之中，公司的市场状况、产品的升级换代速度、关联企业的供货和资金偿付能力、竞争对手的价格政策变动、金融市场的波动、利率和外汇市场的变化、银行信用和利率政策的改变等，都会对企业的财务状况、筹资能力、资金调度能力和偿债能力等产生巨大的影响。

为了及时、准确地识别财务危机，就需要有一个专门组织对企业内外的财务信息和数据进行全面收集和有效传递，为预警分析机制提供信息数据基础，这就构成了财务危机预警系统的信息处理机制。

在财务危机的发作时期，在证监部门的财务监督下，上市公司为保证经济效益的实现，就必须对收集的内外部财务信息和数据进行分析，选择能够明显反映公司财务状况特征的指标体系。不仅要有财务指标，而且要引入非财务指标，如行业及企业规模、管理水平等，以全面反映公司财务状况。然后用收集的数据和选定的指标，通过现代建模方法构建预警分析模型，以准确地判断财务危机是否已经产生，将此分析结果及时反馈给企业管理者，便于其迅速采取对策。指标分析和模型分析构成了财务危机预警系统的预警分析机制。

在财务危机的恶化时期，财务危机已经存在，如果不能及时控制或有效化解，上市公司将处于生死存亡的境地。为了化解危机，公司管理层要立即启动财务危机处理小组，迅速分析财务危机产生的原因，及时采取有效的管理措施，以恢复公司正常经营。由于财务危机有突发性，这就要求公司管理层要有强烈的危机意识。

（二）财务综合分析

财务综合分析，就是将各项财务指标作为一个整体，系统、全面、综合地对企业财务状况和经营情况进行剖析、解释和评价，说明企业整体财务状况和效益的好坏，这是财务报表分析的最终目的。显然，要达到这样的分析目的，只测算几个简单的、孤立的财务比率，或者将一些孤立的财务报表分析指标堆在一起，彼此毫无联系地进行分析，是不可能得出合理、正确的综合性结论的，有时甚至会得出错误的结论。因此，只有将企业偿债能力、营运能力、盈利能力及发展趋势等各项分析指标有机地联系起来，相互配合使用，才能对企业的财务状况做出系统的综合评价。财务综合分析的方法主要有两种：杜邦财务分析法和沃尔评分法。

第三节　财务报表分析的形式与要求

一、财务报表分析的形式

因为进行财务报表分析的角度不同，如分析的主体不同、客体不同、目的不同等，财务报表分析的形式也有所不同。明确不同财务报表分析形式的特点及用途，对于准确分析企业财务状况、实现分析目标有着重要的意义和作用。通常，财务报表分析的形式可从以下几个方面进行划分：

（一）外部分析与内部分析

根据分析主体的不同，财务报表分析可分为外部分析与内部分析。

1.外部分析

外部分析主要是指企业外部的投资者、债权人及政府部门等，根据各自需要或各自的分析目的，对企业的有关情况进行的分析。不同的外部利益相关者对财务报表分析的具体内容各有侧重。投资者在分析企业的财务报表时，关心的主要是企业的盈利能力及发展后劲，以及资本的保值与增值状况；债权人在分析企业的财务报表时，主要看企业的偿债能力和信用情况，判断其本金和利息能否及时、足额收回；政府有关部门在分析企业的财务报表时，主要看企业的经营行为是否规范、合法，以及企业对社会的贡献状况等。在现代企业制度条件下，外部分析是财务报表分析的重要（或基本）形式。

2.内部分析

内部分析主要是指企业内部经营管理者对企业财务状况的分析。企业内部经营管理者除了全面关注企业的财务状况和经营成果，关注企业各方面的财务能力之外，往往将分析重点集中于企业经营管理过程中出现的某些薄弱环节或对企业发展将产生重大影响的项目。内部分析是为了判断和评价企业生产经营是否正常、顺利，如通过对企业经营目标完成情况的分析，可考核与评价企业经营业绩，及时、准确地发现企业的问题与不足，为企业未来生产经营的顺利进行、提高经济效益指明方向；通过流动性分析，可检验企业的资金运营速度、货款支付能力或债务偿还能力；通过收益性分析，可评价企业的盈利能力和资本保值、增值能力。

内部分析和外部分析并不是完全孤立或隔离的。要保证财务报表分析的准确性，内部分析有时也应站在外部分析的角度进行，而外部分析也应考虑或参考内部分析的结论，避免出现片面性。

（二）全面分析与专题分析

根据分析的内容与范围的不同，财务报表分析可分为全面分析和专题分析。

1.全面分析

全面分析是指对企业一定时期内的生产经营情况进行系统、综合、全面的分析与评价。全面分析是为了全面总结企业在这一时期的成绩与问题，找出企业生产经营中带有普遍性的问题，为协调各部门关系、做好下期生产经营安排奠定基础或提供依据。全面分析通常在年终进行，形成综合、全面的财务报表分析报告，向职工代表大会或股东代表大会汇报。

2.专题分析

专题分析是指根据分析主体或分析目的的不同，对企业经营管理过程中某一方面的问题所进行的较深入的分析。投资者或债权人对自己关心的某个方面的问题进行分析，经营者对生产经营过程某一环节或某一方面存在的突出问题进行分析等，都属于专题分析。专题分析能及时、深入地揭示企业在某方面的财务状况，为分析者提供详细的资料信息，对解决企业的关键性问题有重要作用。例如，当企业某时期资金紧张时，通过财务专题分析，可从筹资结构、资产结构、现金流量及支付能力等方面研究资金紧张的原因及解决问题的对策。

在财务报表分析中，为了全面、深入地揭示企业经营管理中的问题，正确地评价企业各方面的状况，应将全面分析与专题分析相结合。

（三）静态分析与动态分析

根据分析的方法与目的的不同，财务报表分析可分为静态分析和动态分析两种。

1.静态分析

静态分析是根据某一时点或某一时期的财务报表或相关信息，分析报表中各项目或报表之间各项目的关系。例如，可通过某一财务比率分析或某几个财务比率分析揭示财务关系，也可通过垂直分析或结构分析揭示总体中各项目的水平。通过静态分析，可以找出财务活动的内在联系，揭示其相互影响与作用，反映经济效率和财务现状。

2.动态分析

动态分析是根据几个时期的财务报表或相关信息，分析财务变动情况。动态分析通过对不同时期财务活动的对比分析，揭示财务活动的变动及其规律。水平分析、趋势分析等都属于动态分析。

因为静态分析与动态分析各有优点与不足，所以要全面地分析财务报表，这两类分析都是必需的。

（四）对外财务报表分析和内部报表分析

根据资料来源的不同，财务报表分析可分为对外财务报表分析和内部报表分析。

1.对外财务报表分析

对外财务报表分析就是对企业公开发布的财务报表的分析。对外公开发布的财务报表具有合法性、客观性、公开性等特点，所以，对外财务报表分析不仅有利于财务报表分析的规范化、制度化，而且有利于企业及有关各方面对企业经营管理情况进行系统分析。

2.内部报表分析

内部报表是根据企业生产经营特点和管理需要编制的，主要供企业内部管理者使用的与企业经营管理活动有关的报表资料。内部报表分析更有利于发现企业经营管理中存在的问题或不足，是对外财务报表分析的必要补充。

（五）截面分析和时间序列分析

根据分析所涉及的时间、空间范围的不同，财务报表分析可分为截面分析和时间序列分析。

1.截面分析

截面分析是指分析同一时期内不同项目之间的数量关系，或者对同一时期的不同企业进行比较分析。

2.时间序列分析

时间序列分析是指分析同一企业不同时期财务数据之间的关系，它是趋势分析的一种常用方式。

二、财务报表分析的要求

1.创造与完善财务报表的分析条件

进行财务报表分析的基本要求有：①统一的财务会计制度；②产权清晰的企业制度；③完善的信息披露体制。尽管我国目前已经有了统一的会计制度，但是无论是企业会计准则还是小企业会计准则都需要进一步完善，一些会计资料还不能满足不同分析主体的需要或要求。建立现代企业制度已成为我国目前企业制度改革的重点和方向。因此，当前必须注重企业的改制问题，以建立适应财务报表分析要求的、产权清晰的企业制度。信息披露问题是财务报表分析条件中最关键的问题，也是财务报表分析能否积极、有效开展的主要问题。目前我国的信息披露体制还不够健全，渠道还不够畅通，这就要求我们在制度上要对信息披露的完整性、时效性、准确性做出具体规定，为财务报表分析提供有用信息。

2.学习并掌握财务报表的分析方法

进行财务报表分析，除了必要的外部条件或信息资料外，关键还在于分析者的理论与实践水平。一个没有很好掌握财务报表分析理论和方法的分析者，即使拥有再好的分析资料或信息，也可能得出错误的分析结论。财务报表分析是一门新的学科，处在不断完善和发展之中，所以，不断学习和掌握财务报表分析理论与方法，是与企业有关的所有单位或个人都需要的（包括投资者、债权人、经营者、宏观管理者等），特别是一些主要决策者和参谋者更应系统地学习与掌握财务报表分析方法。

3.建立健全财务报表的分析组织

随着现代企业制度的建立，企业的财务报表分析工作将逐步走上制度化、规范化的道路，企业必须建立完善的财务报表分析组织体系，及时、系统、全面地分析企业的经营状况和财务状况。在财务报表分析组织中，应以财务部门为核心进行比较全面、综合的分析，横向的各部门单位及纵向的各车间、班组也应进行专题分析。只有建立健全各级分析组织，才能保证财务报表分析工作的顺利、有效进行。

企业的财务报表分析组织并不一定只对本企业的财务状况和经营状况进行分析，对其他企业的财务状况进行分析也同样重要。在现代企业制度下，企业可能作为投资者、债权人与其他企业发生交易和往来，因此，企业不仅关心自身的经营，也需要了解其他企业的财务状况。

4.关注审计报告

审计报告是注册会计师根据审计准则的规定，在实施独立审计的基础上，对被审计单位财务报表发表审计意见的书面文件。注册会计师接受上市公司委托，以独立的第三方身份实施专业的审计。审计报告与财务报表的可信性密切相关，财务报表使用者要善于利用注册会计师出具的审计意见。关注审计报告将有益于财务报表使用者提高财务报表分析的效率和质量。

思政园地

2020年的新年，并不如往年一般。我们面临着一次巨大的考验，这注定是不平凡的一年，随着武汉“暂停键”的按下，一场史无前例的“战疫”打响了。

这次冲上疫情前线的企业有很多，不管是火神山、雷神山医院的建设，医疗物资的供应和运输，武汉当地的生活支持等，都可以看到很多企业履责的身影。

不在疫情前线的企业，也做了很多工作。有提供资金的，比如捐款，给医护人员捐保险，成立抗击疫情的专项基金等等。有捐物资的，从口罩、医疗器械、消毒杀菌用品，到食品等生活物资，都被企业大量送往疫情前线。还有提供服务的，比如很多科技公司、互联网公司，在疫情的信息披露、病毒的科学研究等方面都提供了大量的技术服务支持，而普通人在疫情期间能做的就是“不传谣，不造谣”。

近日，南方周末统计了截至2020年2月8日前中国500强企业的“战疫履责”情况，统计结果显示，中国500强企业中，有218家企业进行了捐款（统计口径为集团层面），占比43.6%。相关情况见表1-1。

表1-1　**“战疫履责”情况表**

行动方式	企业数量	企业占比
医疗防护物资供应保障	148家	29.6%
参与武汉等地的防疫医院建设	77家	15.4%
提供金融、物流等服务支持	40家	8%
高新技术支持疫情防控	37家	7.4%
生活物资供应保障	36家	7.2%
水电油气及通信等公共服务保障	24家	4.8%

“一方有难、八方支援”，全社会力量被动员起来，一份捐款、一个口罩、一个点赞……涓涓爱心汇聚起打赢疫情防控阻击战的磅礴力量。抗击疫情，驱逐寒冬，守护春天。等疫情过去，春暖花开的时候，自信、无畏、感恩等充满温情与责任的气息，将流淌入每个人的心间。

在这个非常时期，众多的企业各司其职，各展所长，共同努力，解决问题，都是在履行企业的社会责任，我们也可以从中看到，企业社会责任的范畴其实是非常广泛的，也是能够发挥出巨大社会价值的。

对一家企业的财务状况和经营业绩的综合评价，不仅是对财务报表上的数据进行分析，还要看企业对社会责任的履行程度，在创造企业自身价值的同时，是否回馈社会。

1.作为当代大学生，面对突发的天灾人祸，应该怎样履行好自己的责任？

2.结合生活实际，谈一谈如何践行“不传谣，不造谣”?

3.如何看待“天下兴亡，匹夫有责”这句话?

本章小结

财务报表分析是企业利益相关者采用科学的分析方法，利用财务报告及其他相关资料，对公司财务运行的结果及其形成过程和原因进行分析，为企业的投资者、债权人、经营者等了解企业过去、评价企业现状、预测企业未来、做出正确决策提供依据的活动。

财务报表分析的目的受财务报表分析主体和财务报表分析服务对象的制约，不同的财务报表分析主体进行财务报表分析的目的是不同的，不同的财务报表分析服务对象所关心的问题也是不同的。各种财务报表分析主体的分析目的和财务报表分析服务对象所关心的问题，也就构成了财务报表分析的目的或财务报表分析的研究目标。财务报表分析对于正确预测、决策、计划、控制、考核、评价都具有重要作用。

财务报表分析的内容，要从企业财务能力和财务危机预警两方面分析。其中，企业财务能力分析，包括企业偿债能力分析、企业营运能力分析、企业盈利能力分析三个方面。

财务报表分析的形式有外部分析与内部分析、静态分析与动态分析、全面分析与专题分析、对外财务报表分析与内部报表分析、截面分析和时间序列分析等。

要进行财务报表分析，应该有统一的会计制度、产权清晰的企业制度、完善的信息披露制度；同时，要学习并掌握现代财务报表分析方法，建立、健全财务报表分析组织与制度，关注审计报告。

复习思考题

1.财务报表分析的目的是什么?

2.财务报表分析的内容有哪些?

3.财务报表分析的形式包括哪些?

4.财务报表分析的基本要求有哪些?

第二章　财务报表分析的信息基础

第一节　财务报表分析信息概述

一、财务报表分析信息的种类与质量要求

（一）财务报表分析信息的种类

从不同角度看，财务报表分析信息的种类是不同的。这是因为，进行财务报表分析的信息是多种多样的，不同的分析目的和分析内容所使用的财务信息可能是不同的。

1.内部信息与外部信息

财务报表分析信息按信息来源的不同可分为内部信息和外部信息两类。内部信息是指从企业内部取得的财务信息；外部信息则是指从企业外部取得的信息。

（1）企业的内部信息主要包括：

①会计信息。会计信息又可分为管理会计信息和财务会计信息。管理会计信息主要包括责任会计核算信息、决策会计信息等；财务会计信息主要指财务报告，包括资产负债表、利润表、所有者权益变动表及现金流量表等国家财务会计制度规定企业应编制的各种报表以及有关附表等。

②业务信息。业务信息是指与各部门经营业务及技术状况有关的核算与报表信息。业务信息包括企业除会计信息之外的其他反映企业实际财务状况或经营状况的信息。

③预算信息。预算信息是企业管理的目标或标准，包括企业的生产计划、经营计划、财务计划、财务预算，以及各种消耗定额、储备定额、资金定额等。

（2）企业的外部信息包括：

①国家的宏观经济信息与法规信息。国家的宏观经济信息主要是指与企业财务活动密切相关的信息，如物价上涨率或通货膨胀率、银行利息率、各种税率等；有关法规包括会计制度、会计法、税法、会计准则、审计准则等。

②综合部门发布的信息。综合部门发布的信息包括：国家统计局定期发布的统计报告和统计分析；商务部发布的经济形势分析；国家发展和改革委员会发布的国民经济计划及有关部门的经济形势预测；各证券市场和资本市场的有关股价、债券利息等方面的信息等。

③政府监管部门的信息。政府监管部门的信息是指企业或公司的直接或者间接主管部门提供的信息。政府监管部门的信息更能反映政府作为经济管理者所发挥的作用，披露的信息通常与具体的企业密切相关。

④中介机构及报纸杂志的信息。中介机构的信息是指资产评估事务所、会计师

事务所等提供的企业资产评估报告和审计报告等；报纸杂志的信息泛指各种经济著作、报纸及杂志的科研成果、调查报告、经济分析中所提供的与企业财务报表分析有关的信息。

⑤企业间交换的信息。企业间交换的信息指企业与同行业其他企业或有业务往来的企业间相互交换的报表及业务信息等。

⑥国外有关信息。国外有关信息指从国外取得的各种经济信息。信息取得的渠道有出国考察访问、购买国外经济信息类报纸杂志、国际会议交流等。

2.财务信息与非财务信息

财务报表分析信息根据是否直接反映企业的经营成果、财务状况和现金流量可分为财务信息和非财务信息。

财务信息是指以数字方式反映企业经营成果、财务状况和现金流量的信息；非财务信息是以非数字方式反映企业组织结构、内部治理、战略目标和未来发展计划等方面情况的信息。

财务信息主要包括资产负债表信息、利润表信息、现金流量表信息、报表附注信息；非财务信息主要包括股权结构信息、董事会构成信息、内部控制及战略目标信息、行业及生产技术信息。

财务信息提供量化的数据，反映企业财务活动的过程和结果，是财务报表分析的主要分析对象和信息来源；非财务信息提供有关企业的组织结构设置和行业背景情况等的信息，是财务信息必要和有益的补充。

在财务报表分析过程中，需要将非财务信息和财务信息相结合。

3.实际信息与标准信息

财务报表分析信息根据实际发生与否可分为实际信息和标准信息。实际信息是指反映各项经济指标实际完成情况的信息；标准信息是指用于作为评价标准而搜集与整理的信息，如预算信息、行业信息等。财务报表分析通常是以实际信息为基础进行的，但标准信息对于评价企业的财务状况也是不可或缺的。

需要说明的是，各种不同的财务报表分析信息分类标准之间存在着交叉。某一特定的财务报表分析信息，参照不同的划分标准，可能归属于不同的类别。比如企业的预算信息，既属于内部信息和标准信息，也属于财务信息。

（二）财务报表分析对财务信息的质量要求

1.财务信息的完整性和系统性

财务报表分析的信息必须在数量上和种类上满足财务报表分析目的的需要。一方面，财务信息要具有连续性，尤其是对于定期财务信息，一定不能当期分析结束后就将其丢掉，而应保持信息的连续性，以便为趋势分析奠定基础；另一方面，财务信息的分类和保管要有科学性，以满足不同目的的财务报表分析的需要。缺少分析所需要的某方面信息，势必影响分析结果的正确性。此外，非财务信息虽然不会直接影响财务信息的数字，但是会对财务信息的理解产生误导，因此需要非财务信息加以配合。

2.财务信息的及时性

财务信息的及时性，是指根据不同的分析目的和要求，能及时提供所需的信息。定期财务信息的及时性决定着定期分析的及时性。对于不定期的财务信息，也要及时加以搜集和整理，以备在相关人员需要时能及时提供，从而保证临时财务报表分析的要求，特别是一些有关决策性的分析。

3.财务信息的准确性

财务信息的准确性是保证财务报表分析结果正确性的关键，歪曲的分析信息不可能得出正确的分析结论。在分析时应结合企业具体情况进行数据处理，因为财务信息的准确性既受信息本身正确性的影响，又受资料整理过程准确性或信息使用准确性的影响，尤其对企业外部信息的范围、计算方法等要有全面准确的了解，否则可能会影响财务报表分析质量。

4.财务信息的相关性

财务信息的相关性包含两层含义：一是知道各种财务报表分析信息的用途，如资产负债表和利润表分别能提供哪些信息及其可被用于何种分析等；二是知道要达到一定的分析目的需要什么信息，如进行企业偿债能力分析的主要信息是资产负债表，进行盈利能力分析的主要信息是利润表等。只有明确了这两点，才能保证信息搜集与整理的准确性、及时性。

二、财务报表分析的评价标准

财务报表分析的评价标准就是在一定的评价目标下人为设定的、划分评价对象优劣的财务标准。在选择分析标准时，应当注意分析目的，并结合企业的实际情况，选择恰当的分析评价标准。

（一）历史标准

历史标准即以企业的历史数据为标准，通常可以选择历史最高水平、历史平均水平、历史转折期水平或最近一期所达到的水平作为比较的标准。例如，在财务报表分析中，经常将本年财务状况与上年财务状况进行对比，此时企业上年的业绩水平实际上也可看作历史标准。以历史标准为基础进行比较，属于纵向比较。

由于历史标准比较可靠，是企业曾达到的水平，而且具有较高的可比性，可用以确定项目增减变动的方向和幅度，因此，应用历史标准，有利于把握企业发展的态势，预测企业未来的状况；有利于评价企业自身财务状况和经营成果是否有所改善，进一步查明发生变化的原因，并及时做出决策，以保持良好的发展趋势。

但历史标准也有其不足：一是历史标准比较保守，因为现实要求与历史要求可能不同；二是历史标准适用范围较窄，只能说明企业自身的发展变化，不能全面评价企业在同行业中的地位与水平，尤其在进行外部分析时，仅用历史标准是远远不够的。

对于历史标准，有三点要引起注意：第一，即使企业的比较结果是优于历史标准的，也不能说明企业已经处于优良的经营状态，因为在企业进步的同时，可能行业内的其他企业取得了更大的发展，从而降低了本企业在行业内的竞争力；第二，当企业发生经营业务上的重组和变更时，历史标准的可比性就会严重下降，原有的财务数据已经不能为现在所用；第三，对于新成立的企业，没有历史标准可用。

（二）经验标准

经验标准即以经验数据为标准。经验数据是在较长的时间内积累起来的被很多人认同的一种水平。例如，流动比率的经验标准为2；速动比率的经验标准是1；当流动负债对有形净资产的比率超过80%时，企业就会出现经营困难；存货对净营运资本的比率不应超过80%等。将企业的实际情况与经验数据进行比较，有利于判断企业的状况是否处于经验上的合理范畴。如果差异很大，则需要相应地做出调整。

然而，经验标准只针对一般情况而言，因而缺乏普遍的适用性，并不是适用于一切领域或一切情况的绝对标准。例如，假设一个公司的流动比率大于2，但其信用政策较差，存在大量应收账款和许多积压物资与产品。另一公司的流动比率可能低于2，但在应收账款、存货及现金管理方面非常成功。这时并不能根据经验标准认为前一公司的流动性或偿债能力好于后一公司。另外，受环境因素、行业因素和企业发展阶段的影响，各自的经验数据也可能存在较大差异。因此，对于经验标准，有两点要引起注意：第一，任何经验标准都是在某一行业内适用；第二，任何经验标准都是在某一时间段内有效，因为随着经济环境的改变和技术变革，经验标准也会随之改变。所以，在运用经验标准时需要谨慎，视具体情况而定。

（三）行业标准

行业标准是指同行业其他企业在相同时期内有关指标达到的水平。行业数据可以是行业平均水平、行业先进水平或行业中特定企业的水平，比如竞争对手水平等。

将本企业情况与所在行业情况进行比较，属于横向比较。通过横向比较，可以确定本企业在行业中所处的地位与水平，找出与行业先进水平、竞争对手之间的差异，并进一步分析存在差异的原因，为企业今后的发展指明方向。假设行业的投资收益率标准为10%，如果本企业的投资收益率为8%，就是投资者所不能接受的，企业应当在经营管理方面加以改进。行业标准还可用于判断企业的变动趋势。假如在经济萧条时期，本企业的利润率从12%下降为9%，而同行业其他企业的利润率则从12%下降为6%，这时则可认为企业的盈利状况是相当好的。

对于行业标准，有三点要引起注意：第一，同行业内的两家公司并不一定是可比的。例如，同是石油行业的两家公司，一家公司从市场购买原油生产石油产品，另一家公司则集开采、生产、提炼和销售石油产品于一体，那么这两家公司的经营就是不可比的。第二，一些大公司现在往往跨行业经营，公司的不同经营业务可能有着不同的盈利水平和风险程度，这时用行业统一标准进行评价显然是不合适的。解决这一问题的方法是将公司不同经营业务的收入、收益、资产、费用等分项报告。第三，应用行业标准还受企业采用的会计方法的限制，同行业企业如果采用不同的会计方法，也会影响评价的准确性。例如，库存材料发出的计价方法不同，不仅可能影响存货的价值，而且可能影响成本水平。

（四）目标标准

目标标准，也称预算标准，即以企业的预算数据为标准。预算数据是财务报表分析人员综合企业历史财务数据和现实经济状况提出的理想标准，往往反映了企业预定的目标。

目标标准可将行业标准与企业历史标准相结合，比较全面地反映企业的状况，尤其在进行企业内部报表分析时更具有优越性，可用以评价企业各级、各部门经营者的经营业绩以及对企业总体目标实现的影响。而且，将企业当期的实际情况与预算情况进行比较，可以对企业完成预算的情况进行评判，找到实际情况与预算情况的差异以及差异形成的原因。对于由企业内部管理和控制造成的差异，在今后应及时调整；对于由市场等外部环境造成的差异，企业应积极应对。

但是，目标标准在进行对外财务报表分析时作用不明显。同时，目标标准的确定也会受人为因素影响，缺乏客观依据。

因此，各种财务报表分析评价标准都有其优点与不足，在财务报表分析中不应孤立地选用某一种标准，而应综合应用各种标准，从不同角度对企业经营状况和财务状况进行评价，这样才有利于得出正确结论。

第二节　年度报告、财务报告与财务活动

一、年度报告的内容和作用

（一）年度报告的内容

年度报告是企业以年度为时间单位，定期、按时对外提供的财务报告和其他反映企业经营成果、财务状况和现金流量信息的报告。根据《中华人民共和国证券法》和《中华人民共和国公司法》的规定，所有公开上市交易的公司必须按时编制并披露年度报告。根据中国证券监督管理委员会制定的信息披露法规，上市公司年度报告至少应当包括如下内容：

（1）公司基本情况：包括公司的中英文名称、法定代表人、注册地址、联系方式和上市地点等信息。

（2）会计数据和业务数据摘要：提供截至报告期末公司前3年的主要会计数据和财务指标，披露本年度实现的利润总额、净利润、扣除非经常性损益后的净利润、营业利润、投资收益等。

（3）股本变动及股东情况：披露股本变动情况，披露公司的股东总数、股东性

质、控股股东、实际控制人等股权结构方面的信息。

（4）董事、监事、高级管理人员和员工情况：披露董事、监事和高级管理人员的情况以及员工的数量和专业构成等信息。

（5）公司治理结构：介绍独立董事履行职责情况、控股股东和公司的关系、高级管理人员的考评及激励机制等。

（6）股东大会情况简介：包括会议届次、召开日期、会议决议刊登的信息披露报纸及披露日期。

（7）董事会报告：包括报告期内公司经营情况的回顾、对公司未来发展的展望、报告期内的投资情况、董事会日常工作情况等。

（8）监事会报告：披露报告期内监事会的工作情况，包括召开会议的次数、各次会议的议题等。

（9）重要事项：披露重大诉讼、仲裁事项，披露报告期内收购及出售资产、吸收合并事项的简要情况及进程，披露关联方交易和重大合同等事项。

（10）财务报告：披露审计意见全文、经审计会计报表及其附注。

（二）年度报告的作用

从信息的类型来看，年度报告的内容包括财务信息和非财务信息两部分。年度报告在上市公司财务报表分析中的作用，主要表现在以下三个方面：

（1）介绍公司行业情况和内部治理机制等背景资料。公司所处行业和内部治理结构等这些非财务信息能提供对企业进行深入分析的必要信息。不同行业间的盈利能力水平和资产营运效率存在着差异，若不了解公司的行业背景，则难以对财务效率进行正确的分析；即使是相同的财务行为或者经营活动，也具有不同的经济含义。

（2）披露公司的经营成果和财务状况。财务报告作为年度报告的重要组成部分，提供企业经营成果和财务状况的详细信息。在董事会报告中，董事会对报告期公司的经营成果进行详细的分析，并提供更为精确的信息。此外，年度报告还披露公司关联方交易的交易方、交易原则、交易价格等信息，并分别从不同方面和不同角度披露公司的经营成果和财务状况。

（3）提供公司未来的经营计划。在年度报告中，公司管理层会分析公司所处行业的发展趋势及公司面临的市场竞争格局，向投资者提示管理层所关注的公司未来的发展机遇和挑战，披露发展战略以及拟进行的新业务、新产品和新项目等。同时，公司会披露新一年度的经营计划，包括收入、费用、成本计划及新年度的经营目标，这些信息对于预测公司未来的经营业绩和财务状况都有重要作用。

二、财务报告与财务活动

（一）财务报告的内涵与种类

广义的财务报告泛指企业对外提供的各项正式或非正式会计信息。财务报告是上市公司信息披露制度中定期报告的重要组成部分，是反映企业一定时期或时点上财务状况、经营成果和现金流量的书面文件，包括基本财务报表和财务报表附注。

1.动态财务报告和静态财务报告

按反映内容的不同，财务报告可分为动态财务报告和静态财务报告。

（1）动态财务报告，是综合反映企业一定时期内经营成果或现金流量的报表。

（2）静态财务报告，是综合反映企业在某一特定时点资产、负债和所有者权益状况的会计报表。

2.对外财务报告和对内财务报告

按使用对象的不同，财务报告可分为对外财务报告和对内财务报告。

（1）对外财务报告，是根据国家有关法规，企业定期向利益相关者报送的会计报表，如资产负债表、利润表、所有者权益变动表、现金流量表及相关附表等。

（2）对内财务报告，是根据内部经营管理的需要，企业自行设计与填制的会计报表，如成本费用报表、责任会计报表等。

3.年度报告、季度报告和月度报告

按编报时间的不同，财务报告可分为年度报告、季度报告和月度报告。

（1）年度报告，用来全面反映企业的财务状况、经营成果和现金流量等。

（2）季度报告，用来反映企业在季度内的经营成果和季度末的财务状况。

（3）月度报告，用来反映企业在本月份内的经营成果和财务状况。

（二）财务目标与财务活动

企业追求财务目标的过程正是企业进行财务活动的过程，这个过程包括筹资活动、投资活动、经营活动和分配活动。图2-1反映了企业财务活动过程与财务目标的关系。

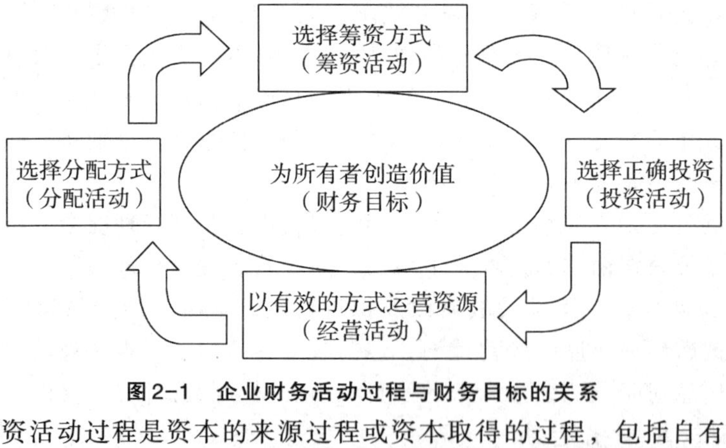

图2-1　企业财务活动过程与财务目标的关系

企业筹资活动过程是资本的来源过程或资本取得的过程，包括自有资本和借入资本。筹资活动的目的在于以较低的资本成本和较小的风险取得企业所需要的资本，因此企业在筹资活动过程中要考虑资本成本、筹资风险、支付能力、资本结构等因素。

企业投资活动过程是资本的使用过程或资产的取得过程，包括流动资产、固定资产、长期投资、无形资产等。投资活动的目的在于充分使用资产，以一定的资产、较小的风险取得尽可能大的产出，因此企业在投资活动过程中要考虑投资收益、投资风险、投资结构及资产利用程度等因素。

企业经营活动过程是资本的耗费和收回过程，包括发生的各种成本费用和取得的各项收入。经营活动是为了以较低的成本费用取得较多的收入，实现更多的利润，所以企业在经营活动过程中要考虑生产要素和商品或劳务的数量、结构、质量、消耗、价格等因素。

企业分配活动过程是资本退出经营的过程或利润分配的过程，包括提取资本公积和盈余公积，向股东支付股利和留用利润等。分配活动的目的在于兼顾各方面利益，使企业步入良性循环的轨道，因而企业在分配活动过程中要考虑资本需要量、股东利益、国家政策、企业形象等因素。

第三节　会计报表

一、资产负债表

（一）资产负债表的内容

资产负债表是反映企业在某一特定日期财务状况的财务报表。它是根据“资产=负债+所有者权益”这一平衡关系，依照一定的分类标准和一定的次序，对企业一定日期的资产、负债和所有者权益项目予以适当安排，按一定的要求编制而成的。

（二）资产负债表的格式

资产负债表一般有表首、正表两部分。表首概括地说明报表名称、编制单位、编制日期、报表编号、货币名称、计量单位等；正表是资产负债表的主体，包括说明企业财务状况的各个项目。

资产负债表一般有两种格式：

（1）报告式：上下结构，上半部分列示资产，下半部分列示负债和所有者权益，见表2-1。

（2）账户式：左右结构，左边列示资产，右边列示负债和所有者权益。

我国企业资产负债表通常采用账户式。

（三）资产负债表的作用

第一，资产负债表提供企业拥有或控制的资源及其分布情况的信息。资产负债表左边提供某一日期资产占用总额及其结构，表明企业拥有或控制的资源总量及其分布情况。

第二，资产负债表反映企业财务实力、偿债能力和支付能力。资产可以反映企业的财务实力，流动比率、速动比率等可以反映企业的偿债能力和支付能力。

表 2-1　　　　　　　　　　**资产负债表**

编制单位：金风科技股份有限公司　　20×8 年 12 月 31 日　　　　单位：元

项目	期末余额		年初余额	
	合并	母公司	合并	母公司
流动资产：				
货币资金	5 065 938 592.95	2 207 957 813.27	7 739 533 306.12	3 181 767 925.35
交易性金融资产	0.00	0.00	12 640 000.00	0.00
衍生金融资产	25 331 481.65	0.00	1 050 000 000.00	1 050 000 000.00
应收票据	2 072 226 178.89	1 783 422 087.37	2 046 937 949.34	1 510 573 364.84
应收账款	14 823 004 891.20	8 789 560 488.51	15 001 281 910.47	9 646 472 617.10
应收款项融资	0.00	0.00	0.00	0.00
预付款项	1 736 812 703.67	942 213 698.90	701 101 348.50	288 022 816.35
其他应收款	1 282 846 310.63	6 108 502 423.42	986 823 472.81	6 671 029 611.53
存货	4 996 681 570.15	2 282 354 292.29	4 083 011 646.34	1 800 841 546.10
合同资产	269 784 291.75	0.00	0.00	0.00
持有待售资产	114 290 000.00	0.00	0.00	0.00
一年内到期的非流动资产	1 024 410 626.60	2 673 352 498.14	497 480 629.61	0.00
其他流动资产	1 506 172 985.89	358 034 637.56	962 516 705.55	166 171 950.41
流动资产合计	32 917 499 633.38	25 145 397 939.46	33 081 326 968.74	24 314 879 831.68
非流动资产：	0.00	0.00	0.00	0.00
债权投资	309 717 266.79	99 896 155.48	1 168 210 045.07	2 400 000.00
其他债权投资	52 929 396.47	0.00	66 066 485.20	49 996 051.56
长期应收款	8 066 143 905.44	7 064 259 538.81	7 116 003 647.00	4 536 211 794.43
长期股权投资	3 660 392 013.53	14 955 407 514.91	2 390 744 909.69	12 174 640 687.83
其他权益工具投资	408 717 014.25	2 400 000.00	0.00	0.00
其他非流动金融资产	679 953 346.86	0.00	0.00	0.00
投资性房地产	119 988 375.17	58 527 329.80	67 904 173.46	60 665 216.02
固定资产	19 792 035 882.19	209 435 472.28	18 079 675 175.19	207 541 812.98
在建工程	5 716 694 030.09	24 422 363.16	4 758 803 462.68	9 895 600.55
生产性生物资产	0.00	0.00	0.00	0.00
油气资产	0.00	0.00	0.00	0.00

续表

项目	期末余额		年初余额	
	合并	母公司	合并	母公司
使用权资产	0.00	0.00	0.00	0.00
无形资产	3 306 872 465.96	185 154 305.56	2 469 287 907.71	149 323 813.63
开发支出	462 695 261.57	419 761 377.10	87 362 556.19	156 792 129.64
商誉	487 748 869.24	0.00	497 600 557.91	0.00
长期待摊费用	78 774 588.46	8 775 861.00	58 839 791.78	0.00
递延所得税资产	1 634 991 462.74	591 844 940.62	1 601 385 015.97	641 873 968.65
其他非流动资产	3 668 899 369.78	1 825 995 624.39	1 344 628 687.71	0.00
非流动资产合计	48 446 553 248.54	25 445 880 483.11	39 706 512 415.56	17 989 341 075.29
资产总计	81 364 052 881.92	50 591 278 422.57	72 787 839 384.30	42 304 220 906.97
流动负债：				
短期借款	2 037 501 382.50	3 527 500 000.00	2 054 925 591.15	1 336 158 323.21
交易性金融负债	0.00	0.00	0.00	0.00
衍生金融负债	0.00	0.00	0.00	0.00
应付票据及应付账款	19 999 759 290.47	17 074 816 140.90	15 256 882 184.71	10 389 962 099.47
预收款项	8 962 581.94	0.00	4 658 157 361.45	3 301 986 163.08
合同负债	4 062 463 262.56	3 363 465 701.43	0.00	0.00
应付职工薪酬	702 702 859.15	311 861 409.83	628 999 849.83	212 870 034.48
应交税费	462 912 411.53	9 458 515.71	335 407 541.41	10 099 064.92
其他应付款	1 307 172 191.30	4 873 986 942.99	900 469 543.95	4 649 476 527.68
持有待售负债	0.00	0.00	0.00	0.00
一年内到期的非流动负债	1 432 613 031.09	251 828 361.19	3 992 186 586.39	1 039 709 830.53
其他流动负债	1 586 498 748.33	1 179 951 492.74	1 773 288 499.52	1 367 929 278.43
流动负债合计	31 600 585 758.87	30 592 868 564.79	29 600 317 158.41	22 308 191 321.80
非流动负债：				
长期借款	18 000 535 667.33	15 000 000.00	15 076 041 072.80	17 000 000.00
应付债券	686 241 961.04	559 824 803.65	809 768 907.08	809 768 907.08
其中：优先股	0.00	0.00	0.00	0.00
永续债	0.00	0.00	0.00	0.00

续表

项目	期末余额		年初余额	
	合并	母公司	合并	母公司
租赁负债				
长期应付款	1 488 322 105.74	642 152 172.22	923 133 945.95	603 060 065.61
预计负债	1 982 891 845.24	1 262 704 489.66	2 096 890 732.26	1 648 373 639.03
递延收益	323 508 329.88	87 017 204.68	354 266 059.84	84 834 299.09
递延所得税负债	806 843 384.24	0.00	452 420 434.22	0.00
其他非流动负债	0.00	0.00	0.00	0.00
非流动负债合计	23 288 343 293.47	2 566 698 670.21	19 712 521 152.15	3 163 036 910.81
负债合计	54 888 929 052.34	33 159 567 235.00	49 312 838 310.56	25 471 228 232.61
所有者权益：				
股本	3 556 203 300.00	3 556 203 300.00	3 556 203 300.00	3 556 203 300.00
其他权益工具	1 993 618 490.57	1 993 618 490.57	1 495 118 490.57	1 495 118 490.57
其中：优先股	0.00	0.00	0.00	0.00
永续债	1 993 618 490.57	1 993 618 490.57	1 495 118 490.57	1 495 118 490.57
资本公积	8 167 715 116.65	8 264 710 486.29	8 175 182 436.65	8 264 710 486.29
减：库存股	0.00	0.00	0.00	0.00
其他综合收益	−542 769 850.51	−1 374 707.29	170 873 601.53	−635 601.91
专项储备	0.00	0.00	0.00	0.00
盈余公积	1 298 871 101.61	1 299 927 704.01	1 197 319 273.85	1 198 375 876.25
一般风险准备	0.00	—	0.00	—
未分配利润	10 487 579 463.21	2 318 625 913.99	8 091 996 391.46	2 319 220 123.16
归属于母公司所有者权益合计	24 961 217 621.53	—	22 686 693 494.06	—
少数股东权益	1 513 906 208.05	0.00	788 307 579.68	0.00
所有者权益合计	26 475 123 829.58	17 431 711 187.57	23 475 001 073.74	16 832 992 674.36
负债和所有者权益总计	81 364 052 881.92	50 591 278 422.57	72 787 839 384.30	42 304 220 906.97

资料来源　“上海证券交易所”（股票代码：002202）20×8 年年报。

第三，资产负债表有助于预测企业未来的财务状况。通过将资产负债表的期末余额和年初余额或不同年份数据进行比较，可以分析资产、负债、所有者权益的变动情况，掌握变动规律，预测企业发展趋势。

二、利润表

（一）利润表的内容

利润表又称收益表或损益表，是反映企业在一定期间（如年度、季度或月度）内生产经营成果（或亏损）的会计报表。它是依据“收入-费用=利润”的关系，按照其重要性，将收入、费用和利润项目依次排列，并根据会计账簿记录的大量数据累积整理后编制而成的。

（二）利润表的格式

利润表一般由表首和正表两部分构成。表首主要概括说明报表名称、编制单位、编制日期、报表编号和货币计量单位等。正表是利润表的主体部分。

利润表一般有两种格式：

（1）单步式：将本期发生的所有收入汇集在一起，将本期发生的所有成本费用汇集在一起，然后用总收入减去总成本费用得出本期利润。

（2）多步式：按利润形成的几个环节，分步骤地将有关收入与成本费用相减，从而得出各步骤的利润额。

我国现行会计制度要求企业采用多步式利润表，见表2-2。

表2-2　**合并利润表**

编制单位：金风科技股份有限公司　　20×8年度　　单位：元

项目	本期金额		上期金额	
	合并	母公司	合并	母公司
一、营业总收入	28 730 607 320.49		25 129 456 007.18	
其中：营业收入	28 730 607 320.49	17 928 655 541.20	25 129 456 007.18	15 955 625 683.31
利息收入	0		0	
二、营业总成本	26 838 250 918.74		23 115 264 236.25	
其中：营业成本	21 271 229 406.02	15 745 295 685.92	17 530 457 754.93	13 346 761 313.55
利息支出	0		0	
手续费及佣金支出	0		0	
税金及附加	159 667 388.87	59 424 592.35	160 928 919.15	62 704 577.40
销售费用	1 665 725 046.60	863 587 938.55	1 905 784 502.82	1 394 131 110.18
管理费用	1 611 973 857.81	573 987 446.59	1 471 840 820.81	181 049 741.43
研发费用	1 062 025 445.35	402 339 994.39	1 001 257 496.55	660 051 969.18
财务费用	956 845 414.11	-48 108 150.06	785 830 610.51	-14 041 215.74

续表

项目	本期金额		上期金额	
	合并	母公司	合并	母公司
其中：利息费用	1 071 300 490.66	168 781 350.41	817 782 013.00	90 530 916.46
利息收入	222 409 182.80	278 165 379.39	75 042 047.58	220 162 878.26
加：其他收益	278 014 283.58	81 801 828.09	300 190 649.97	126 647 321.27
投资收益（损失以“－”号填列）	1 346 441 773.62	555 796 136.01	1 212 909 358.11	654 784 481.10
其中：对联营企业和合营企业的投资收益	266 457 067.09	−2 724 385.64	210 310 421.93	1 784 583.27
以摊余成本计量的金融资产终止确认产生的收益（损失以“－”号填列）	0		0	
净敞口套期收益（损失以“－”号填列）	0		0	
公允价值变动收益（损失以“－”号填列）	204 067 427.52		−15 668 861.73	
汇兑收益（损失以“-”号填列）	0		0	
资产减值损失	11 438 086.57	−21 916 462.06	259 164 131.48	−5 804 900.91
信用减值损失	99 346 273.41	−95 148 871.12	0	0
资产处置收益（损失以“-”号填列）	−2 456 234.82		−2 942 022.34	
三、营业利润（亏损以“－”号填列）	3 718 423 651.65		3 508 680 894.94	
加：营业外收入	5 430 772.61		8 228 589.21	
减：营业外支出	41 423 326.65		26 353 527.36	
四、利润总额（亏损总额以“－”号填列）	3 682 431 097.61		3 490 555 956.79	
减：所得税费用	399 833 154.05		341 749 343.34	
五、净利润（净亏损以“－”号填列）	3 282 597 943.56		3 148 806 613.45	

续表

项目	本期金额		上期金额	
	合并	母公司	合并	母公司
（一）按经营持续性分类				
1.持续经营净利润（净亏损以“-”号填列）	3 282 597 943.56		3 148 806 613.45	
2.终止经营净利润（净亏损以“-”号填列）	0		0	
（二）按所有权归属分类				
1.归属于母公司股东的净利润（净亏损以“-”号填列）	3 216 603 854.66		3 054 656 932.23	
2.少数股东损益（净亏损以“-”号填列）	65 994 088.90		94 149 681.22	
六、其他综合收益的税后净额	−455 575 789.55	−739 105.38	284 105 387.36	933 542.32
（一）归属于母公司所有者的其他综合收益的税后净额	−455 575 789.55	0	284 105 387.36	0
1.不能重分类进损益的其他综合收益	−252 151 379.56	0	0	0
（1）重新计量设定受益计划变动额	0		0	
（2）权益法下不能转损益的其他综合收益	0	0	0	0
（3）其他权益工具投资公允价值变动	−252 151 379.56	0	0	0
（4）企业自身信用风险公允价值变动	0	0	0	0
⋮	0	0	0	0
2.将重分类进损益的其他综合收益	−203 424 409.99	−739 105.38	284 105 387.36	933 542.32
（1）权益法下可转损益的其他综合收益	−4 590 830.95	0	167 926 053.57	0

续表

项目	本期金额		上期金额	
	合并	母公司	合并	母公司
(2) 其他债权投资公允价值变动	0	0	0	0
(3) 金融资产重分类计入其他综合收益的金额	0	0	28 063 003.15	
(4) 其他债权投资信用减值准备	0	0	0	0
(5) 现金流量套期储备	−31 555 622.08	0	16 052 497.26	0
(6) 外币财务报表折算差额	−167 277 956.96	−739 105.38	23 110 885.94	933 542.32
(7) 处置被投资单位其他综合收益转出的份额	0		48 952 947.44	
⋮	0	0	0	0
(二) 归属于少数股东的其他综合收益的税后净额	0		0	
七、综合收益总额	2 827 022 154.01	1 014 779 172.17	3 432 912 000.81	1 029 867 586.59
(一) 归属于母公司所有者的综合收益总额	2 761 028 065.11		3 338 762 319.59	
(二) 归属于少数股东的综合收益总额	65 994 088.90		94 149 681.22	
八、每股收益:				
(一) 基本每股收益	0.8844	0.2655	0.839	0.2694
(二) 稀释每股收益	0.8844	0.2655	0.839	0.2694

资料来源 “上海证券交易所”(股票代码：002202) 年报。

(三) 利润表的作用

第一，利润表可以反映企业财务成果，有利于评价经营业绩。企业的财务成果，即企业的实现利润，是企业经营的根本目标所在，是企业经营者、投资者以及长期债权人都十分关心的信息。利润表系统、明确地提供了企业不同业务的财务成果信息，对于分析评价各方面的经营业绩以及与同类企业的同类业务对比，都是有益的。

第二，利润表有助于预测企业未来的盈利能力，判断企业的价值。企业盈利能力不仅可用于评价企业的经营业绩，而且是投资者、经营者进行决策的重要依据。盈利能力通常体现了财务成果及与其相关的一些指标之间的比率关系，如财务成果与收入的比率关系、财务成果与成本费用的比率关系等。利润表不仅提供了财务成果信息，而且提供了盈利能力分析所需要的收入信息和成本费用信息，其他反映盈利能力的指标的计算也离不开利润表提供的数据。

第三，通过分析企业利润的形成过程及其利润结构，同时与以前各期相比较，可以找出影响利润变化的具体原因，发现经营管理中存在的问题，便于企业经营管理者制定经营决策，有利于提高企业管理水平。

三、所有者权益变动表

（一）所有者权益变动表的内容

所有者权益变动表是反映企业在一定期间（如年度、季度或月度）内，所有者权益的各组成部分增减变动情况的报表。其主要内容包括：①所有者权益总量的增减变动；②所有者权益增减变动的重要结构性信息；③在一定程度上体现企业综合收益。

（二）所有者权益变动表的结构

所有者权益变动表的结构包括主表和附注两个部分。主表包括表头和正表。表头主要标明报表的名称、编制时期、编制单位的名称及金额单位，见表2-3。

（三）所有者权益变动表的作用

第一，所有者权益变动表可以反映企业财务经济实力，提供企业盈利能力信息。所有者权益的增减变动直接决定着企业现在和未来开展生产经营、承担债务责任、抵御财务风险等方面经济实力的变化。由于所有者权益的增减主要源于企业利润的增减，所有者权益变动表也间接地反映出企业的盈利能力，为报表使用者提供企业盈利能力变化方面的信息，用以判断公司净资产的实力、资本保值增值能力及对负债的保障程度，为决策提供有用的信息。

第二，所有者权益变动表可以反映企业自有资本的质量。所有者权益变动表全面记录了影响所有者权益变动的各个因素的期初余额和期末余额，通过每个项目期末余额和期初余额的对比及各项目构成比例的变化，揭示所有者权益变动的具体原因及过程，揭示所有者权益各构成项目变动的合法性与合理性，从而为报表使用者判断企业自有资本的质量、正确评价企业的经营管理工作业绩提供信息。

第三，所有者权益变动表可以更好地为利润表和资产负债表提供辅助信息。所有者权益变动表中的“利润分配”与利润之间存在较强的关联性，能够提供企业利润分配的去向和数量，为利润表提供辅助信息。所有者权益变动表中提供的所有者结构变动信息与资产负债表中所有者权益部分相辅相成，能够反映所有者权益变动的详细信息。

表 2-3

所有者权益变动表

20×8 年度

编制单位：　　　　单位：元

项目	归属于母公司所有者权益													少数股东权益	所有者权益合计
	股本	其他权益工具			资本公积	减：库存股	其他综合收益	专项储备	盈余公积	一般风险准备	未分配利润	其他	小计		
		优先股	永续债	其他											
一、上年期末余额	3 556 203 300	0	1 495 118 490.57		8 175 182 436.65	0	170 873 601.53	0	1 197 319 273.85	0	8 091 996 391.46	0	22 686 693 494.06	788 307 579.68	23 475 001 073.74
加：会计政策变更	0	0	0	0	0	0	-258 067 662.49	0	0	0	63 182 663.75	0		0	-194 884 998.74
前期差错更正	0	0	0	0	0	0	0	0	0	0	0	0	0	0	0
同一控制下企业合并	0	0	0	0	0	0	0	0	0	0	0	0	0	0	0
其他	0	0	0	0	0	0	0	0	0	0	0	0	0	0	0
二、本年期初余额	3 556 203 300	0	1 495 118 490.57	0	8 175 182 436.65	0	-87 194 060.96	0	1 197 319 273.85	0	8 155 179 055.21	0	22 491 808 495.32	788 307 579.68	23 280 116 075.00
三、本期增减变动金额（减少以"-"号填列）	0	0	498 500 0	0	-7 467 320	0	-455 575 789.55	0	101 551 827.76	0	2 332 400 408.00	0	1 975 894 126.21	725 598 628.37	2 701 492 754.58
（一）综合收益总额	0	0	0	0	0	0	-455 575 789.55	0	0	0	3 216 603 854.66	0	2 761 028 065.1 1	65 994 088.90	2 827 022 154.01
（二）所有者投入和减少资本	0	0	498 500 0	0	-7 467 320	0	0	0	0	0	0	0	-2 482 320.00	695 436 667.20	692 954 347.20
1.所有者投入的普通股	0	0	0	0	0	0	0	0	0	0	0	0	0	1 008 892 400 .00	1 008 892 400.00
2.其他权益工具持有者投入资本	0	0	498 500 0	0	0	0	0	0	0	0	0	0	4 985 000	0	4 985 000
3.股份支付计入所有者权益的金额	0	0	0	0	0	0	0	0	0	0	0	0	0	0	0
4. 其他	0	0	0	0	-7 467 320	0	0	0	0	0	0	0	-7 467 320.00	-313 455 732.80	-31 353 040 600
（三）利润分配	0	0	0	0	0	0	0	0	101 551 827.76	0	-884 203 446.66	0	-782 651 618.90	-35 832 127.7 3	-818 483 746.63

续表

项目	归属于母公司所有者权益													少数股东权益	所有者权益合计
	股本	其他权益工具			资本公积	减：库存股	其他综合收益	专项储备	盈余公积	一般风险准备	未分配利润	其他	小计		
		优先股	永续债	其他											
1.提取盈余公积	0	0	0	0	0	0	0	0	101 551 827.76	0	-101 551 827.76	0	0	0	0
2.提取一般风险准备	0	0	0	0	0	0	0	0	0	0	0	0	0	0	0
3.对所有者（或股东）的分配	0	0	0	0	0	0	0	0	0	0	-711 240 660.00	0	-711 240 660.00	-35 832 127.73	-747 072 787.73
4.其他	0	0	0	0	0	0	0	0	0	0	-71 410 958.90	0	-71 410 958.90	0	-71 410 958.90
（四）所有者权益内部结转	0	0	0	0	0	0	0	0	0	0	0	0	0	0	0
1.资本公积转增资本（或股本）	0	0	0	0	0	0	0	0	0	0	0	0	0	0	0
2.盈余公积转增资本（或股本）	0	0	0	0	0	0	0	0	0	0	0	0	0	0	0
3.盈余公积弥补亏损	0	0	0	0	0	0	0	0	0	0	0	0	0	0	0
4.设定受益计划变动额结转留存收益	0	0	0	0	0	0	0	0	0	0	0	0	0	0	0
5.其他综合收益结转留存收益	0	0	0	0	0	0	0	0	0	0	0	0	0	0	0
6.其他	0	0	0	0	0	0	0	0	0	0	0	0	0	0	0
（五）专项储备	0	0	0	0	0	0	0	0	0	0	0	0	0	0	0
1.本期提取	0	0	0	0	0	0	0	59 156 099.95	0	0	0	0	59 156 099.95	0	59 156 099.95
2.本期使用	0	0	0	0	0	0	0	-59 156 099.95	0	0	0	0	-59 156 099.95	0	-59 156 099.95
（六）其他	0	0	0	0	0	0	0	0	0	0	0	0	0	0	0
四、本期期末余额	3 556 203 300	0	500 103 490.57	0	8 167 715 116.65	0	-542 769 850.51	0	1 298 871 101.61	0	10 487 579 463.21	0	2 467 702 621.53	1 513 906 208.05	2 701 492 754.58

资料来源　“上海证券交易所”（股票代码：002202）年报。

第四，所有者权益变动表可以提供企业综合收益的信息。从企业所有者的角度来看，所有者权益的变动反映了其所拥有的企业净资产的变动。若不考虑增资、发放股利以及内部的结转，影响所有者权益变动的主要因素是经营活动的收益和直接计入所有者权益的利得和损失，两者之和被视为企业的综合收益。综合收益不仅反映了企业的经营情况，而且反映了公允价值变动对企业所有者财富状况产生的影响，能为所有者提供更为全面的投资决策信息。

四、现金流量表

（一）现金流量表的内容

现金流量表是反映企业在一定会计期间现金和现金等价物流入和流出的动态报表。其主要内容包括：①经营活动产生的现金流量；②投资活动产生的现金流量；③筹资活动产生的现金流量；④汇率变动对现金的影响；⑤现金及现金等价物的净增加额；⑥期末现金及现金等价物余额。

（二）现金流量表的结构

现金流量表的结构包括正表和附注两个部分（见表2-4）。正表包括表头和主要内容。表头主要标明报表的名称、编制时间、编制单位的名称以及金额单位。现金流量表附注包括现金流量表补充资料、当期取得或处置子公司及其他营业单位的有关信息、现金及现金等价物的详细信息。

表2-4　　合并现金流量表

制表单位：金风科技股份有限公司　　20×8年度　　单位：元

项目	本期金额		上期金额	
	合并	母公司	合并	母公司
一、经营活动产生的现金流量：				
销售商品、提供劳务收到的现金	26 530 351 461.89	15 843 068 283.67	23 041 839 397.88	14 148 118 768.01
客户存款和同业存放款项净增加额	0		0	
向中央银行借款净增加额	0		0	
向其他金融机构拆入资金净增加额	0		0	
收到原保险合同保费取得的现金	0		0	
收到再保险业务现金净额	0		0	
保户储金及投资款净增加额	0		0	

续表

项目	本期金额		上期金额	
	合并	母公司	合并	母公司
收取利息、手续费及佣金的现金	0		0	
拆入资金净增加额	0		0	
回购业务资金净增加额	0		0	
代理买卖证券收到的现金净额	0		0	
收到的税费返还	250 206 061.06	21 878 132.08	308 144 140.02	80 932 440.54
收到其他与经营活动有关的现金	980 085 673.92	8 067 020 255.27	1 078 365 371.41	1 017 962 482.50
经营活动现金流入小计	27 760 643 196.87	23 931 966 671.02	24 428 348 909.31	15 247 013 691.05
购买商品、接受劳务支付的现金	17 619 226 278.32	13 654 226 864.39	15 098 291 633.90	10 596 838 870.15
客户贷款及垫款净增加额	0		0	
存放中央银行和同业款项净增加额	0		0	
拆出资金净增加额	0		0	
支付原保险合同赔付款项的现金	0		0	
支付利息、手续费及佣金的现金	0		0	
支付保单红利的现金	0		0	
支付给职工及为职工支付的现金	2 548 480 589.08	266 039 084.63	2 110 132 735.95	277 597 020.24
支付的各项税费	1 565 561 111.73	406 506 376.35	1 888 874 947.37	688 618 708.22
支付其他与经营活动有关的现金	2 902 020 705.35	5 445 518 696.23	2 250 015 457.00	3 554 019 280.19
经营活动现金流出小计	24 635 288 684.48	19 772 291 021.60	21 347 314 774.22	15 117 073 878.80
经营活动产生的现金流量净额	3 125 354 512.39	4 159 675 649.42	3 081 034 135.09	129 939 812.25
二、投资活动产生的现金流量：				
收回投资收到的现金	2 093 887 203.26	1 550 000 000.00	237 359 642.24	0
取得投资收益收到的现金	206 857 202.54	52 426 204.52	312 725 982.37	1 429 631 015.05

续表

项目	本期金额		上期金额	
	合并	母公司	合并	母公司
处置固定资产、无形资产和其他长期资产收回的现金净额	4 344 540.57	758 450.17	4 548 134.33	335 914.99
处置子公司及其他营业单位收到的现金净额	18 044 599.15	0	297 107 262.36	0
收到其他与投资活动有关的现金	99 415 041.53	2 268 606 387.01	249 554 376.54	2 183 784 766.69
投资活动现金流入小计	2 422 548 587.05	3 871 791 041.70	1 101 295 397.84	3 613 751 696.73
购建固定资产、无形资产和其他长期资产支付的现金	6 025 882 137.42	65 294 411.17	4 905 364 601.86	69 923 527.40
投资支付的现金	522 761 275.34	2 678 265 620.00	1 176 556 243.56	877 405 497.24
质押贷款净增加额	0		0	
取得子公司及其他营业单位支付的现金净额	995 570 322.01	0	1 804 016 844.72	0
支付其他与投资活动有关的现金	992 246 779.27	6 408 261 030.44	370 890 296.48	3 185 371 753.04
投资活动现金流出小计	8 536 460 514.04	9 151 821 061.61	8 256 827 986.62	4 132 700 777.68
投资活动产生的现金流量净额	−6 113 911 926.99	−5 280 030 019.91	−7 155 532 588.78	−518 949 080.95
三、筹资活动产生的现金流量:				
吸收投资收到的现金	1 008 892 400.00		64 895 000.00	
其中:子公司吸收少数股东投资收到的现金	1 008 892 400.00		64 895 000.00	
取得借款收到的现金	12 527 203 027.55	6 567 338 408.00	8 139 078 359.45	1 476 158 223.21
发行债券收到的现金	498 500 000.00	498 500 000.00	0	0
收到其他与筹资活动有关的现金	58 424 935.82	0	2 216 221.63	0
筹资活动现金流入小计	14 093 020 363.37	7 065 838 408.00	8 206 189 581.08	1 476 158 223.21
偿还债务支付的现金	10 870 498 855.19	5 471 259 272.21	3 327 343 247.47	1 988 177 277.60
分配股利、利润或偿付利息支付的现金	1 920 259 466.28	963 872 860.17	1 457 160 215.23	730 897 993.22
其中:子公司支付给少数股东的股利、利润	35 011 162.00		36 537 666.64	

续表

项目	本期金额		上期金额	
	合并	母公司	合并	母公司
支付其他与筹资活动有关的现金	100 842 672.69	5 883 870.12	39 795 809.50	12 115 758.72
筹资活动现金流出小计	12 891 600 994.16	6 441 016 002.50	4 824 299 272.20	2 731 191 029.54
筹资活动产生的现金流量净额	1 201 419 369.21	624 822 405.50	3 381 890 308.88	−1 255 032 806.33
四、汇率变动对现金及现金等价物的影响	52 971 272.33	21 721 852.91	−87 671 135.16	−337 656.63
五、现金及现金等价物净增加额	−1 734 166 773.06	−473 810 112.08	−780 279 279.97	−1 644 379 731.66
加：期初现金及现金等价物余额	6 746 183 497.10	2 681 767 925.35	7 526 462 777.07	4 326 147 657.01
六、期末现金及现金等价物余额	5 012 016 724.04	2 207 957 813.27	6 746 183 497.10	2 681 767 925.35

资料来源　“上海证券交易所”（股票代码：002202）年报。

（三）现金流量表的作用

第一，现金流量表有助于了解企业资金的来源与运用以及企业创造未来现金流量的能力。通过分析现金流量表，可以了解目前企业现金流入、流出以及现金流量净额变动的情况和原因，对企业创造现金的能力做出评价，并对企业未来获取现金的能力做出预测。这对于分析企业资金来源与运用的合理性、判断企业的营运状况和效果、评价企业的经营业绩都是非常有益的。

第二，现金流量表有助于了解企业偿还债务、支付股利以及对外筹资的能力。通过分析现金流量表，可以了解经营活动现金流入是否大于流出，是否有足够的净流入偿还债务和支付现金股利，是否需要对外筹资。

第三，现金流量表有助于了解企业运用资产产生有效收益的能力和成长能力。通过分析现金流量表，可以了解企业是从外部筹措大量资金还是收回投资，是用来扩大经营规模还是用以支付到期债务，还可以了解企业运用资产所得到的真实、有效的收益，从而正确认识并恰当处理盈利和现金流量的关系。

第四节　财务报表附注

一、财务报表附注概述

财务报表附注是对企业财务报表有关项目等所做的解释和说明，与财务报表一并构成企业财务报告。财务报表附注提供会计报表信息生成的依据，并提供无法在报表上列示的定性信息和定量信息，从而使得报表中数据的信息更加完整，为财务报表分析奠定良好的信息基础。

1.企业的基本情况

企业的基本情况主要包括：①企业注册地、组织形式和总部地址；②企业的业务性质和主要经营活动；③母公司以及集团最终母公司的名称；④财务报告的批准报出者和财务报告批准报出日。营业期限有限的企业，还应当披露有关其营业期限的信息。

2.财务报表的编制基础

财务报表的编制基础为企业会计核算和财务报表编制所依据的基本会计假设。对于未以公认的基本会计假设为前提的业务处理和报表编制，应予以披露，并说明其理由。

3.遵循企业会计准则体系的要求

编制的财务报表要符合企业会计准则体系的要求，真实、准确地反映企业的财务状况、经营成果和现金流量等有关信息。

4.重要会计政策和会计估计

企业报表附注提供重要会计政策和会计估计的信息，不重要的会计政策和会计估计可以不披露。在披露重要会计政策和会计估计时，报表附注提供重要会计政策的确定依据和财务报表项目的计量基础，以及会计估计中所采用的关键假设和不确定因素。

5.会计政策和会计估计变更以及差错更正的说明

企业报表附注可以提供会计政策变更的信息。比如，会计政策变更的性质、内容和原因；当期和各个列报前期财务报表中受影响的项目名称和调整金额；无法进行追溯调整的事项说明；开始应用变更后的会计政策的时点、具体应用情况。

报表附注可以提供会计估计变更的信息。比如，会计估计变更的内容和原因；会计估计变更对当期和未来期间的影响数，会计估计变更的影响数不能确定的，披露这一事实和原因。报表附注可以提供披露前期差错更正的信息。比如，前期差错的性质；各个列报前期财务报表中受影响的项目名称和更正金额；无法进行追溯重述的，说明该事实和原因以及对前期差错开始进行更正的时点、具体更正情况。

6.合并财务报表的合并范围

合并财务报表的合并范围主要包括纳入合并范围的重要子公司名称、注册地、业务性质、注册资本、本集团投资额、直接和间接持股比例与表决权比例。

7.重要报表项目的说明

企业应当尽可能以列表形式披露重要报表项目的构成或当期增减变动情况。对重要报表项目的明细说明，应当按照资产负债表、利润表、现金流量表、所有者权益变动表的顺序和报表项目列示的顺序，采用文字和数字描述相结合的方式进行披露，并与报表项目相互参照。

8.重要事项的揭示

重要事项的揭示，主要包括以下三种：

（1）或有事项。企业应当披露：①预计负债的种类、形成原因以及经济利益流出不确定性的说明；②与预计负债有关的预期补偿金额和本期已确认的预期补偿金额；③或有负债的种类、形成原因及经济利益流出不确定性的说明；④或有负债预计产生的财务影响以及获得补偿的可能性，无法预计的，应当说明原因；⑤或有资产很可能会给企业带来经济利益的，应披露其形成的原因、预计产生的财务影响等；⑥在涉及未决诉讼、未决仲裁的情况下，披露全部或部分信息预期对企业造成重大不利影响的，披露该未决诉讼、未决仲裁的性质以及没有披露这些信息的事实和原因。

（2）资产负债表日后事项的说明。企业应当披露每项重要的资产负债表日后非调整事项的性质、内容及其对财务状况和经营成果的影响，无法做出估计的，应当说明原因。

（3）关联方关系及其交易的说明。企业应当披露母公司和子公司的名称。如果母公司不是该企业的最终控制方，还应当披露最终控制方名称。母公司和最终控制方均不对外提供财务报表的，还应当披露母公司之上与其最相近的对外提供财务报表的母公司名称。企业应当披露母公司和子公司的业务性质、注册地、注册资本及其当期发生的变化。企业应当披露母公司对该企业或者该企业对子公司的持股比例和表决权比例。企业发生关联方交易的，应当披露该关联方关系的性质、交易类型及交易要素。

二、财务报表和财务报表附注的关系

在财务报告中，财务报表以确认和计量的方式，采用量化的方法对企业的经营成果、财务状况和现金流量情况加以反映，而报表附注以披露的方式，为会计报表中高度概括的数字提供进一步的解释，从而增加财务报告使用者能够获取的信息。

1.为财务报表提供详细信息

会计报表中的数字是对企业经营活动、财务状况和现金流量情况的高度概括。报表数字具有很高的信息含量，但是如果缺少必要的附注对报表数字加以解释，这些信息就很难为处于企业外部的财务报表分析人员所获取。

2.为财务报表提供定性信息

报表附注可以采用非量化的方式提供定性信息。比如，企业资产负债表中资产的担保情况无法在报表中加以反映，但是可以用报表附注的方式加以披露。资产担保行为虽然没有改变资产的数额，却会影响资产未来收益是否能够流入企业，进而影响企业的财务状况和经营业绩。只有将报表附注和会计报表相结合，才能获取准确、全面的财务报表分析信息。

三、财务报表的局限性

1.财务报表计量的局限性

所谓财务报表计量的局限性，是指财务报表都是以货币为计量单位计量的，不能反映企业经营中的非货币性事项。货币计量虽然有其重要意义与作用，但企业经营中的非货币性事项，如产量、质量、劳动力及设备状况等，对分析企业财务状况和经营状况也是非常必要的。另外，以货币为计量单位，在物价变动较大的情况下，特别是在存在通货膨胀的情况下，会降低数据分析的准确性，甚至导致分析结果的错误。

2.财务报表内容的局限性

财务报表内容的局限性主要体现在：第一，财务报表由于制度原因、保密原因或规范原因等不能提供详尽的因素分析数据，如各成本项目数据、材料消耗数据、人工消耗数据等；第二，财务报表不能反映企业未来将要发生的事项，只是对历史情况的反映；第三，财务报表不能说明企业采用的具体会计原则和会计方法，如存货计价方法和折旧方法，不同的企业根据不同的要求采用不同的方法，而不同的方法对其计量结果是有影响的。

3.财务报表时间的局限性

财务报表的编报通常是按月进行的，有些报表是按年进行的，而且报表形成或报出时间与报表内容反映的时间之间又存在一段距离，因此，财务报表信息并不能反映分析时企业的真实情况。在当今市场竞争激烈、情况瞬息万变的时代，明确报表时间上的局限性是十分重要的。

第五节　审计报告

一、审计意见

注册会计师审计报告是进行财务报表分析的重要信息。根据审计准则的规定，注册会计师应当评价根据审计证据得出的结论，以作为对财务报表形成审计意见的基础。审计报告可向财务报表分析师提供有关财务报告是否进行了公正表述的独立性、权威性意见。

注册会计师在审计报告中对所审计的财务报告可提出以下五种意见中的一种：

（一）无保留意见

注册会计师经过审计后，认为被审计单位会计报表符合下列所有条件时，应当出具无保留意见的审计报告：

（1）财务报表已经按照适用的会计准则和相关会计制度的规定编制，在所有重大方面公允反映了被审计单位的财务状况、经营成果和现金流量。

（2）注册会计师已经按照中国注册会计师审计准则的规定计划和实施审计工

作，在审计过程中未受到限制。

当出具无保留意见的审计报告时，除非法律法规另有规定，审计意见应当使用“我们认为，后附的财务报表在所有重大方面按照［适用的财务报告编制基础（如企业会计准则等）］的规定编制，公允反映了［……］”的措辞。无保留意见的审计报告意味着，注册会计师通过实施审计工作，认为被审计单位财务报表的编制符合合法性和公允性的要求，合理保证财务报表不存在重大错报。会计报表的反映是恰当的，能满足非特定多数的利益相关者的共同需要。

（二）带关键审计事项的无保留意见

增加关键审计事项段有两类情形：

（1）对持续经营能力产生重大疑虑。

（2）重大不确定事项。

带关键审计事项段的无保留意见审计报告的事项段一般放在审计意见之后，增加了审计报告的信息含量，提高了审计报告的有用性，不影响发表的无保留意见的审计报告。

（三）保留意见

如果注册会计师认为财务报表整体是公允的，但还存在下列情形之一的，注册会计师会出具保留意见的审计报告：

（1）在获取充分、适当的审计证据后，注册会计师认为错报单独或汇总起来对财务报表影响重大，但不具有广泛性；

（2）注册会计师无法获取充分、适当的审计证据以作为形成审计意见的基础，但认为未发现的错报（如存在）对财务报表可能产生的影响重大，但不具有广泛性。

当出具保留意见的审计报告时，注册会计师会在审计意见段中使用“除……的影响外”等术语。只有当注册会计师认为财务报表就其整体而言是公允的，但还存在对财务报表产生重大影响的情形，才能出具保留意见的审计报告。

（四）否定意见

当出具否定意见的审计报告时，注册会计师会在审计意见段中使用“由于上述问题造成的重大影响”“由于受到前段所述事件的重大影响”等术语。

只有当注册会计师认为财务报表存在重大错报会误导使用者，以至于财务报表的编制不符合适用的会计准则和相关会计制度的规定，未能从整体上公允反映被审计单位的财务状况、经营成果和现金流量时，才会出具否定意见的审计报告。

（五）无法表示意见

当出具无法表示意见的审计报告时，注册会计师会删除注册会计师的责任段，并在审计意见段中使用“由于审计范围受到限制可能产生的影响非常重大和广泛”“我们无法对上述财务报表发表意见”等术语。

在上述五种意见中，第一种属于标准审计报告；后四种属于非标准审计报告，其中保留意见、否定意见和无法表示意见又被称为非无保留意见。注册会计师在审计报告中如果提出后四种意见，必须做出必要的说明。无论是无法表示意见还是否定意见，都只有在非常严重的情形下才能被采用。

二、审计报告对财务报表使用者的意义

虽然审计不能发现报表中可能存在的全部错误和舞弊，但是可以为报表的真实性和可靠性提供合理的保证。

当审计报告为标准无保留意见时，财务报表分析者基本上可以采信会计师关于“财务报表已经按照适用的会计准则和相关会计制度的规定编制，在所有重大方面公允反映了被审计单位的财务状况、经营成果和现金流量”的意见。

当审计报告为带强调事项段的无保留意见的审计报告和非无保留意见的审计报告时，继续对目标企业进行财务报表分析几乎没有意义。

第六节　财务报表分析法规与政策依据

一、会计法规体系

我国会计法规体系框架随着会计改革而不断变化，目前正在向国际惯例靠近，从总体上说主要有以下五个层次：

第一层次是全国人民代表大会及其常务委员会颁布的法律，如《中华人民共和国会计法》《中华人民共和国公司法》《中华人民共和国注册会计师法》以及税法等。

第二层次是国务院制定或颁布的法规，如《企业财务会计报告条例》《总会计师条例》等。这些法规主要涉及会计核算中所必须遵守的基本要求，以及会计工作中所涉及和运用到的基本概念，一般不具备直接指导实务的作用。

第三层次是由财政部或财政部与其他部委联合制定并颁布的法规，包括会计核算制度、会计监督制度、会计机构和会计人员管理制度、会计工作管理制度，如《企业会计准则》《事业单位会计准则》《企业会计制度》《行政单位会计制度》《民间非营利组织会计制度》《会计基础工作规范》《会计档案管理办法》等。这些法规是指根据企业会计基本准则的框架和原则，针对不同的具体经济业务或报表项目有可能发生的各种确认和计量以及披露问题做出的处理规范。

第四层次是地方政府、主管部委和非政府机构制定的法规，如上海市人民政府发布的《上海市证券交易管理办法》、中国证券监督管理委员会制定的法规、注册会计师协会制定的法规、行业协会制定的财会制度等。

第五层次是企业、非营利组织、行政单位内部财务与会计管理制度，如企业内部控制制度、内部财务管理制度、内部会计管理制度、成本管理制度、资金管理制度等。这些制度是在遵守各种法规的前提下，将企业或单位的实际情况与法规原则相结合而形成的行为守则。

二、财务报表分析中应注意的会计原则

企业在会计核算时，应当遵循以下基本原则：

（1）企业应当以实际发生的交易或者事项为依据进行会计确认、计量和报告，如实反映符合确认和计量要求的各项会计要素及其他相关信息，保证会计信息真实可靠、内容完整。

（2）企业提供的会计信息应当与财务会计报告适用的经济决策需要相关，有助于财务会计报告使用者对企业过去、现在或者未来的情况进行评价或者预测。

（3）企业提供的会计信息应当清晰明了，便于财务会计报告使用者理解和使用。

（4）企业提供的会计信息应当具有可比性。同一企业不同时期发生的相同或者相似的交易或者事项，应当采用一致的会计政策，不得随意变更。确需变更的，应当在附注中说明。不同企业发生的相同或者相似的交易或者事项，应当采用规定的会计政策，确保会计信息口径一致、相互可比。

（5）企业应当按照交易或者事项的经济实质进行会计确认、计量和报告，不应仅以交易或者事项的法律形式为依据。

（6）企业提供的会计信息应当反映与企业财务状况、经营成果和现金流量等有关的所有重要交易或者事项。

（7）企业对交易或者事项进行会计确认、计量和报告，应当保持应有的谨慎，不应高估资产或者收益、低估负债或者费用。

（8）企业对于已经发生的交易或者事项，应当及时进行会计确认、计量和报告，不得提前或者延后。

思政园地

会计信息披露是指一家企业内部信息的公正性和真实性是否可以完全呈现在会计信息使用者面前，代表了一家企业的形象和信誉。会计信息是联系上市公司和投资者的重要纽带，如何不断完善上市公司会计信息披露，提供高质量的会计信息是现代财务会计研究的重要课题。经过十几年的建设与发展，我国基本上形成了一套相对规范的上市公司会计信息披露框架。然而在实践中，利用会计和非会计手段造假、操纵利润、使会计信息不完整等诸多问题依然存在，越来越成为资本市场健康发展的严重阻碍，进一步规范上市公司会计信息披露刻不容缓。

请思考作为财务人员如何规范自身行为来保证会计信息披露的真实性。

本章小结

财务报表分析信息为财务报表分析提供根本依据，其数量和质量决定着财务报

表分析的质量和效果。收集和整理财务报表分析信息的过程，也是财务报表分析的重要步骤。财务报表分析信息应当具备完整性、系统性、准确性、及时性和相关性。常用的财务报表分析评价标准有经验标准、历史标准、行业标准、目标标准等。

年度报告是财务报表分析信息的重要来源，为财务报表分析活动提供财务信息和非财务信息。会计报表主要包括资产负债表、利润表、所有者权益变动表和现金流量表。各会计报表的组成项目及其结构分别为财务报表分析提供不同的相关信息。会计报表附注是对会计报表内容的进一步解释，既包括对报表项目进行详细解释的附表，也包括对报表项目进行定性分析的非财务信息。在财务报表分析过程中，财务报表的局限性主要体现在报表计量、报表内容和报表时间三方面。

审计报告也是财务报表分析的重要信息来源。从审计意见类型来看，审计报告可以分为标准无保留意见、关键审计事项段的无保留意见、保留意见、否定意见和无法表示意见审计报告五类。

在我国，现行的会计法规体系主要包括五个层次：全国人民代表大会及其常务委员会颁布的法律；国务院制定或颁布的法规；财政部或财政部与其他部委联合制定并颁布的法规；地方政府、主管部委和非政府机构制定的法规；企业、非营利组织、行政单位内部财务与会计管理制度。

复习思考题

1. 财务报表分析对财务信息的质量要求有哪些？
2. 财务报表分析的内容包括哪些？
3. 简述财务报表的局限性。
4. 简述目标标准在财务报表分析中的作用。
5. 简述财务报表在财务报表分析中的作用。
6. 如何认识审计报告？

第三章　财务报表分析的程序与方法

第一节　财务报表分析的基本程序

财务报表分析的基本程序，亦称财务报表分析的一般步骤，是指进行财务报表分析所应遵循的一般规程。研究财务报表分析的基本程序是进行财务报表分析的基础与关键，它为人们开展财务报表分析工作、掌握财务报表分析技术指明了方向。

财务报表分析的基本程序如下：

1.确立分析目标，明确分析内容

进行财务报表分析，首先必须明确为什么要进行财务报表分析，是要评价企业经营业绩，进行投资决策，还是要制定未来经营策略。只有明确了财务报表分析的目的，才能正确地搜集、整理信息，选择正确的分析方法，从而得出正确的结论。在明确财务报表分析目的的基础上，应制订财务报表分析计划，包括财务报表分析的人员组成及分工、进度安排、财务报表分析的内容及拟采用的分析方法等。财务报表分析计划是财务报表分析顺利进行的保证。当然，这个计划并不一定要形成文件，可能只是一个草案，也可能是口头的，但没有这个计划是不行的。

2.收集分析资料

确定分析目标和内容后，财务报表分析人员应当按照准备实施的内容收集所需的资料。财务报表分析信息是财务报表分析的基础，信息搜集整理的及时性、完整性、准确性对分析的正确性具有直接的影响。信息的搜集、整理应根据分析的目的和计划进行，但这并不是说不需要经常性、一般性的信息收集与整理。其实，只有平时多积累各种信息，才能根据不同的分析目的及时提供所需信息。

3.选择恰当的分析方法进行对比，做出评价

财务报告分析的目的和范围不同，所选用的分析方法也应该有所区别。常用的分析方法如比较分析法、比率分析法、因素分析法等，各有特点，有时需要结合使用。利用这些分析方法，通过计算分析相应的财务数据和财务指标，可以对企业的财务状况、经营成果和各方面财务能力做出评价。

4.形成综合评价结论

企业财务报表分析的最后一步就是根据上述分析的结果形成综合性的分析结论，包括对企业过去经营绩效的评判与企业未来财务前景的评估两个方面。就服务于各决策主体的财务报表分析来说，还需出具财务报表分析报告，以供各决策主体使用。财务报表分析报告是财务报表分析的最后一步。它将财务报表分析的基本问题、财务报表分析结论以及针对问题提出的措施、建议以书面形式表达出来，为财务报表分析主体及财务报表分析报告的其他受益者提供决策依据。财务报表分析报告是对财务报表分析工作的总结，还可作为历史信息，供以后的财务报表分析者参

考，以保证财务报表分析的连续性。

第二节　比较分析与比率分析

一、比较分析法

比较分析法是指通过对主要项目或指标值变化的对比确定差异，分析和判断企业经营及财务状况的一种方法。比较分析法是财务报表分析中最常用的一种方法。通过比较分析，可以发现所分析数据或指标的问题所在，揭示企业经营活动中的优势和劣势。

要评判优劣就必须进行比较，要比较就必须有一定的标准。如前所述，常见的分析标准有历史标准、行业标准、经验标准和目标标准等。

二、比率分析法

比率分析法是财务报表分析最基本、最重要的方法。正因为如此，有人甚至将财务报表分析与比率分析等同起来，认为财务报表分析就是比率分析。比率分析法实质上是将影响财务状况的两个相关因素联系起来，通过计算比率，反映它们之间的关系，借以评价企业财务状况和经营状况的一种财务报表分析方法。比率分析的形式有三种：一是百分率，如所有者权益比率为60%；二是比率，如速动比率为1；三是分数，如负债为总资产的1/2。比率分析法以其简单、明了、可比性强等优点在财务报表分析实践中被广泛采用。

由于财务报表分析的目的不同、角度不同，在分析中应用的比率多种多样，常用的一般有三种类型：结构比率、相关比率和效率比率。

（一）结构比率

结构比率是计算某项经济指标各个组成部分占指标总体的比重，以分析其构成内容的特征和构成合理性，进一步掌握事物变化的规律性。利用结构比率，可以考察总体中某部分的形成和安排是否合理，以便协调各项财务活动。通常通过编制结构百分比报表的方法来比较，可以发现有显著问题的项目。

（二）相关比率

相关比率是将企业财务和经济活动中两个性质不同但又相互联系的指标，以其中某项指标数值为基数求得的两个指标数值之比，用以反映企业的经营状况和经济效益。两个相关的指标一旦形成相关比率，就能反映各项财务指标间的比例关系是否合理，便于加强管理控制，以对财务与经济活动各环节进行协调平衡。相关比率的形成比较灵活，可根据分析需要进行组合。

（三）效率比率

效率比率是某项财务活动中所费与所得的比例，反映投入与产出的关系。利用效率指标，可以比较、考察经营成果，评价经济效益。

比率分析法的优点是计算简便，计算结果也比较容易判断，而且可以使某些指标在不同规模的企业之间进行比较，甚至能在一定程度上超越行业间的差别进行比较。虽然比率分析法被认为是财务报表分析最基本或最重要的方法，但应用比率分析法时必须了解它的不足：第一，比率的变动可能仅仅被解释为两个相关因素之间的变动；第二，很难综合反映比率与所依据的财务报表的联系；第三，比率给人以不保险的最终印象；第四，比率不能得出财务报表关系的综合观点。

第三节　因素分析与趋势分析

一、因素分析法

因素分析法是依据分析指标与其影响因素之间的关系，按照一定的程序和方法，确定各因素对分析指标差异影响程度的一种技术方法。因素分析法是经济活动分析中最重要的方法之一，也是财务报表分析的方法之一。

（一）因素分析法的常用技术

因素分析法根据其分析特点可分为连环替代法和差额计算法两种。

1.连环替代法

连环替代法将分析指标分解为几个可以计量的因素，并根据各因素之间的依存关系，顺次用各因素的比较值替代基准值，据以测定各因素对分析指标的影响。

【例3-1】某企业20×6年3月某种原材料费用的实际数是4 620元，而其计划数是4 000元。实际数比计划数多620元。因为原材料费用是由产品产量、单位产品材料消耗量和材料单价三个因素的乘积构成的，所以可以把材料费用这一总指标分解为三个因素，然后逐个分析它们对材料费用总额的影响程度。现假定这三个因素的数值见表3-1。

表3-1　**影响材料费用的因素**

项　目	计划数	实际数
产品产量（件）	100	110
单位产品材料消耗量（千克/件）	8	7
材料单价（元/千克）	5	6
材料费用总额（元）	4 000	4 620

根据表3-1，材料费用总额的实际数比计划数增加620元，这是分析对象。运用连环替代法，可以计算各因素变动对材料费用总额的影响程度：

计划指标=100×8×5=4 000（元）　①

第一次替代：110×8×5=4 400（元）　②

第二次替代：110×7×5=3 850（元）　③

第三次替代：110×7×6=4 620（元）　④（实际指标）

产量增加的影响=②-①=4 400-4 000=400（元）

材料节约的影响=③-②=3 850-4 400=-550（元）

材料单价提高的影响=④-③=4 620-3 850=770（元）

全部因素的影响=400-550+770=620（元）

总体来看，由于受产量增加10件、单耗降低1千克、材料单价上涨1元等单个因素变动的共同影响，材料费用增加了620元。

产量增加10件，导致材料费用增加400元，是正常因素。剔除产量因素，材料费用总额并非超支620元，而仅超支了220元。

在剩下的两个因素中，单耗降低1千克，导致材料费用下降550元，是有利因素；材料单价上涨1元，导致材料费用增加770元，是不利因素。材料涨价不仅抵消了材料单耗降低带来的好处，还使材料费用总额上升了220元。

材料涨价是不利因素，它在很大程度上阻碍了材料费用的降低，应将其列为管理重点，为此需要深入分析材料涨价的原因，并提出加强存货管理的建议。

2.差额计算法

差额计算法是连环替代法的一种简化形式，它利用各影响因素的实际数与基期数的差额，在其他因素不变的假定条件下，计算各因素对分析指标的影响。

【例3-2】以表3-1所列数据为例，采用差额分析法计算各因素变动对材料费用的影响：

产量增加的影响=（110-100）×8×5=400（元）

材料节约的影响=110×（7-8）×5=-550（元）

材料单价提高的影响=110×7×（6-5）=770（元）

全部因素的影响=400-550+770=620（元）

（二）因素分析法的注意点

因素分析法的优点是既可以全面分析各因素对某一经济指标的影响，又可以单独分析某个因素对某一经济指标的影响，在财务报表分析中应用广泛。但是，在应用因素分析法的过程中必须注意以下几个问题：

（1）因素分解的相关性问题。所谓因素分解的相关性，是指分析指标与其影响因素之间必须真正相关，即有实际经济意义。各影响因素的变动确实能说明分析指标差异产生的原因。一个经济指标从不同角度来看有不同的经济意义，需要我们在因素分解时，根据分析的目的和要求，找出分析指标变动的真正原因。

（2）分析前提的假定性。所谓分析前提的假定性，是指分析某一因素对经济指标差异的影响时，必须假定其他因素不变，否则就不能分清各单一因素对分析对象的影响程度。但是实际上，有些因素对经济指标的影响是共同作用的结果。共同影响的因素越多，这种假定的准确性就越差，分析结果的准确性也就会有所降低。

（3）顺序替代的连环性。顺序替代的连环性是指在确定各因素变动对分析对象的影响时，将某因素替代后的结果与该因素替代前的结果进行对比，一环套一环。这样既能保证各因素对分析对象影响结果的可分性，又便于检验分析结果的准确性。只有连环替代并确定各因素影响额，才能保证各因素对经济指标的影响之和与分析对象相等。

（4）因素替代的顺序性。按不同顺序计算的结果是不同的。传统的方法是依据数量指标在前、质量指标在后的原则进行排列；现在也有人提出依据重要性原则排列，即主要的影响因素排在前面，次要的影响因素排在后面。一般来说，替代顺序在前的因素对经济指标影响的程度不受其他因素影响或影响较小，排列在后的因素中含有其他因素共同作用的成分。从这个角度来看，为分清责任，将对分析指标影响较大的并能明确责任的因素放在前面可能更好。

二、趋势分析法

趋势分析法是根据企业连续几年或几个时期的分析资料，运用指数或完成率的计算，确定分析期各有关项目的变动情况和趋势的一种财务报表分析方法。趋势分析法既可用于对财务报表的整体分析，即研究一定时期报表各项目的变动趋势，也可对某些主要指标的发展趋势进行分析。

（一）趋势分析法的常用技术

趋势分析法常采用以下三种技术：

1.总量分析

总量分析是将相关项目连续几期的总量进行对比，可以看出相关项目的变动方向是呈上升、下降、不断波动的趋势还是保持相对稳定。

2.环比分析

环比分析就是计算相关项目相邻两期的增长速度，可以看出相关项目的变动方向和变动的幅度。环比增长速度的计算公式为：

环比增长速度=（某项目报告期指标-某项目前期指标）/某项目前期指标×100%

当某项目前期指标为零或者负数时，环比增长速度便失去了意义。

3.定基分析

定基分析就是选定一个固定的时期作为基期，计算各报告期的相关项目指标与基期指标的增长比率，可以看出相邻两期的变动方向和幅度以及一个较长期间内的总体变动趋势，有利于进行长期趋势分析。定基增长速度的计算公式为：

定基增长速度=（某项目报告期指标-某项目基期指标）/某项目基期指标×100%

定基分析中，基期是所有对比分析的基础，零或负数不能作为基期指标。通常选择企业经营状况比较正常、时期比较早的年份作为基期，有利于比较和分析企业的发展趋势。

（二）趋势分析法的注意点

采用趋势分析法时，应注意以下问题：

（1）用于对比的各个时期的指标，在计算口径上必须一致；

（2）剔除偶发性项目的影响，使供分析的数据能反映正常的财务状况；

（3）应用例外原则，应对有显著变动的指标进行重点分析，研究其产生的原因，有利于采取对策，趋利避害。

第四节　财务综合分析评价技术

一、财务报告综合分析

财务报告综合分析是将各项财务报表分析内容和指标作为一个整体，系统、全面、综合地对企业财务状况和经营成果进行分析和评价的活动，借以揭示企业整体的财务状况、经营成果和未来发展趋势等。

二、财务报表分析报告

（一）财务报表分析报告的含义与作用

财务报表分析报告是指财务报表分析主体对企业在一定时期的筹资活动、投资活动、经营活动中的盈利状况、营运状况、偿债状况等进行分析与评价所形成的书面文字报告。

财务报表分析报告是对企业财务报表分析结果的概括与总结，它对企业的经营者、投资者、债权人及其他有关单位或个人了解企业生产经营与财务状况，进行投资、经营、交易决策等都具有重要意义。

第一，财务报表分析报告为企业外部潜在投资者、债权人、政府有关部门评价企业经营状况与财务状况提供参考。企业外部潜在投资者、债权人和政府有关部门等从各自的分析目的出发，经常对企业进行财务报表分析。由于财务报表分析报告能提供许多财务报表所不具备的资料，因此企业财务报表分析报告也就成为企业外部分析者的重要参考资料。

第二，财务报表分析报告为企业改善与加强生产经营管理提供重要依据。企业财务报表分析报告全面揭示了企业的盈利能力、营运效率、支付及偿债能力等方面取得的成绩和存在的问题或不足，为企业改善经营管理指明了方向，提供了信息依据。企业可针对财务报表分析报告中提出的问题，积极采取相应措施加以解决，对改善企业经营管理、提高财务运行质量和经济效益具有重要作用。

第三，财务报表分析报告是企业经营者向董事会和股东会或职工代表大会汇报的书面材料。财务报表分析报告全面总结了经营者在一定时期的生产经营业绩，说明了企业经营目标的实现程度或完成情况，揭示了企业生产经营过程中存在的问题，提出了解决问题的措施和未来的打算。董事会和股东会可根据财务报表分析报告对经营者进行评价和奖惩。

（二）财务报表分析报告的内容

1.对基本财务情况的反映

基本财务情况反映主要说明企业各项财务报表分析指标的完成情况，包括企业盈利能力情况，如利润额及增长率、各种利润率等；企业营运状况，如存货周转率、应收账款周转率、各种资产额的变动和资产结构变动情况、资金来源与运用状况等；企业权益状况，如企业负债结构、所有者权益结构的变动情况，以及企业债务负担情况等；企业偿债能力状况，如资产负债率、流动比率、速动比率的情况等；企业产品成本的升降情况等。一些对外报送的财务报表分析报告，还应说明企业的性质、规模、主要产品、职工人数等情况，以便财务报表分析报告使用者对企业有比较全面的了解。

2.对主要成绩和重大事项的说明

这一部分在全面反映企业总体财务状况的基础上，主要对企业经营管理中取得的成绩及原因进行说明。例如，利润取得较大幅度增长的主要原因是通过技术引进和技术改造提高了产品质量、降低了产品消耗、打开了市场销路等；企业支付能力增强、资金紧张得以缓解的主要原因是产品适销对路、减少了产品库存积压、加快了资金周转速度等。

3.对存在问题的分析

这是企业财务报表分析的关键所在。财务报表分析报告如果不能将企业存在的问题分析清楚，就意味着没有充分发挥分析的作用，至少不能认为这个分析报告是完善的。在分析存在的问题时，一要抓住关键问题，二要辨明原因。例如，假设某企业几年来资金一直十分紧张，经过分析发现，问题的关键在于企业固定资产投资增长过快，流动资产需求加大，即资产结构失衡。又如，企业产品成本居高不下的主要原因在于工资增长速度快于劳动生产率的增长速度等。另外，对于存在的问题，应分清是由主观因素引起的，还是由客观原因造成的。

4.对改进措施意见的提出

财务报表分析的目的是发现问题并解决问题。财务报表分析报告对企业存在的问题必须提出切实可行的改进意见。比如，对于企业资产结构失衡问题，解决的措施是减少固定资产或增加流动资产。在企业资金紧张、筹资困难的情况下，减少闲置固定资产是可行之策。这是因为，在资金本来就十分紧张的情况下，再增加固定资产，势必加剧资金紧张的情况，不利于问题的解决。

应当指出的是，财务报表分析报告的结构和内容不是固定不变的。根据分析目的的不同或针对不同的财务报表分析报告服务对象，分析报告内容的侧重点可以有所不同。有的财务报表分析报告可能侧重于企业基本财务情况反映，有的则可能侧重于存在问题的分析及改进措施意见的提出。

（三）财务报表分析报告需要注意的问题

1.突出重点、兼顾一般，切忌泛泛而谈

编写财务报表分析报告，必须根据分析的目的和要求，突出分析的重点，不能面面俱到。突出重点并不意味着可忽视一般情况。企业经营活动和财务活动都是互相联系、互相影响的，在对重点问题进行分析时，兼顾一般问题，有利于做出全面、正确的评价。

2.要深入剖析，忌浅尝辄止

财务报表分析报告的每一部分都应观点明确，指出企业经营活动和财务活动中取得的成绩和存在的问题，并抓住关键问题进行深入分析，分析主观原因和客观原因。

3.注重时效、客观公正

财务报表分析报告作为一种信息媒体，必须十分注重时效性。财务报表分析报告的客观公正、真实可靠，既取决于财务报表分析基础资料的真实可靠性，又取决于财务报表分析人员是否运用正确的分析方法，客观公正地进行分析评价。

4.报告清楚、文字简练，注重通用性和专用性的结合

财务报表分析报告必须结构合理、言简意赅，论点和论据清晰，结论明确。企业财务报表分析报告应围绕企业领导和职工、外部的利益相关者最关心的热点问题和实际工作中遇到的新问题展开，展示对领导和各利益相关者决策和控制有用的信息。

第五节　图解分析法

一、图解分析法及其作用

图解分析法，亦称图解法，是财务报表分析中经常应用的方法之一。图解分析法的作用在于形象、直观地反映财务活动的过程和结果，将复杂的经济活动及其结果以通俗、易懂的形式表现出来。图解分析法的应用十分广泛，例如，对比分析法、结构分析法、趋势分析法、因素分析法、量本利图解分析法及综合分析雷达图法等，都可以用图解分析法来表达。

二、图解分析法的种类

常见的图解分析法有对比分析图解法、结构分析图解法、趋势分析图解法、因素分解图解法、量本利图解分析法、综合分析雷达图法等。

（一）对比分析图解法

对比分析图解法，是指以图形的形式将某一指标的报告数值与基准数值进行对比，以揭示报告数值与基准数值之间的差异。对比分析图解法是实践中广泛应用的图解分析法之一，其形式多种多样。常见的对比分析图是柱形的，如图3-1所示。

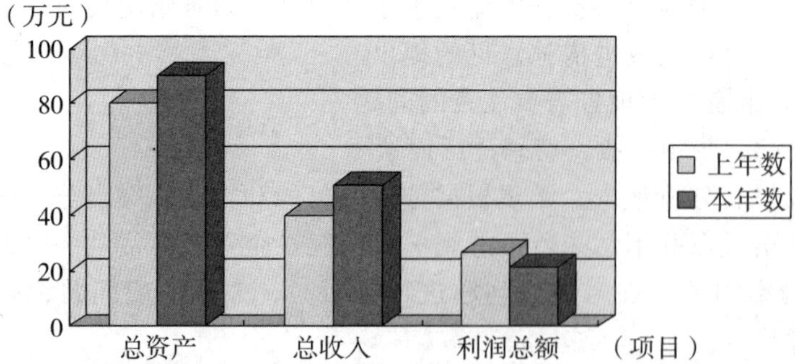

图3-1　对比分析柱形图

图3-1可直观反映本年度总资产、总收入、利润总额与上年对比的情况。可以看出，企业在本年度总资产和总收入都比上年有所增长的情况下，利润总额却有所下降。这说明，企业规模虽然有所增长，但盈利能力或效益却明显下降。

（二）结构分析图解法

结构分析图解法，以图形的形式表示各部分在总体中所占的比重，它实际上是垂直分析法的图解形式。较常见的结构分析图为饼形图。图3-2和图3-3分别反映了某企业的资产结构和权益结构。

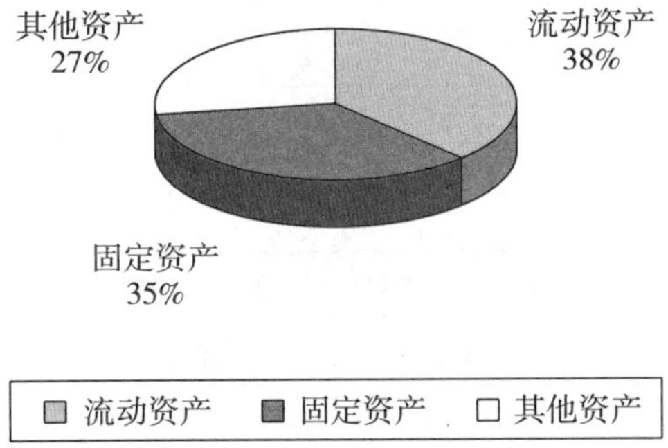

图3-2　资产结构图

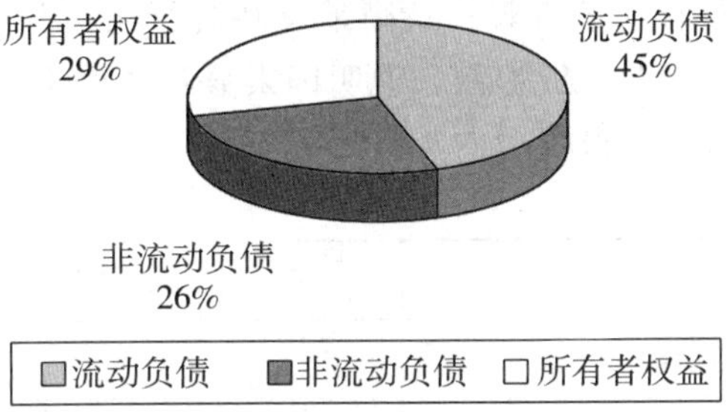

图3-3　权益结构图

图3-2反映企业总资产中流动资产占38%，其他资产占27%，而固定资产占35%，即非流动资产占62%；图3-3说明企业总权益中有71%是负债，而其中45%是流动负债，26%是非流动负债，所有者权益仅占29%。可见，企业资产结构与权益结构是不相适应的，特别是企业的短期偿债能力是有问题的。

（三）趋势分析图解法

趋势分析图解法，通常是指用坐标图反映在一个较长时期内，某一个或某几个指标的变动趋势。坐标图的横轴往往表示时期，纵轴表示指标数值。将不同时期的指标数值用线连接起来就形成了反映指标变动趋势的曲线。图3-4反映了每股收益、利润额和每股股息的变动趋势。

从图3-4可以看出：第一，每股收益与利润额的变动趋势相同；第二，企业利润经历了从下降到较快上升的过程；第三，每股股息平稳或略有增长，说明企业采取的股利政策是固定股利政策。

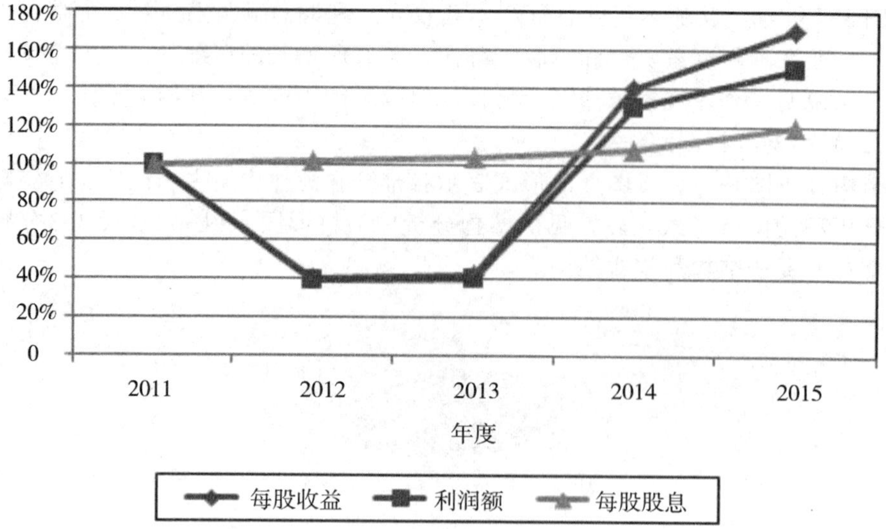

图3-4　趋势分析图

（四）因素分解图解法

因素分解图解法是运用因素分解图来反映某项经济指标的影响因素及影响程度的一种图解分析法。它有利于直观、清晰地反映分析指标与影响因素之间的关系。下面以总资产报酬率的因素分析为例，说明因素分解图解法的应用。

某企业有关计算总资产报酬率的资料见表3-2。

表3-2　**某企业相关资料**　单位：万元

指标	金额
总资产平均余额	325
销售净额	926
销售成本	400
销售毛利	526
销售费用	307
管理费用	209
息税前利润	10

根据表3-2的资料，可计算并分解总资产报酬率，进而制作因素分解图，如图3-5所示。

从图3-5可看出，总资产报酬率较低，原因在于销售利润率较低，而销售利润率低的原因在于销售费用比率和管理费用比率过高。对销售费用和管理费用进行进一步分析，找出降低管理费用与销售费用的办法是解决问题的关键所在。

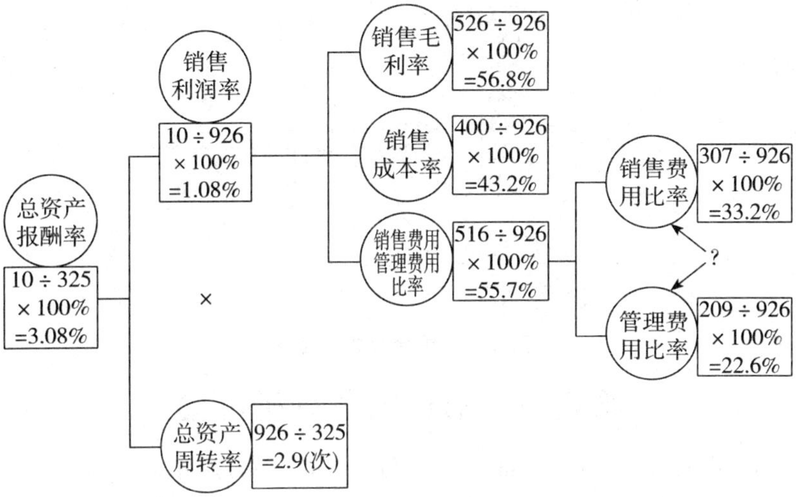

图 3-5　总资产报酬率因素分解

（五）量本利图解分析法

量本利图解分析法通过制作损益平衡图来确定保本销售量和保本销售额。图 3-6 是根据某企业销售量、总成本、固定成本和总收入水平制作的量本利分析图。

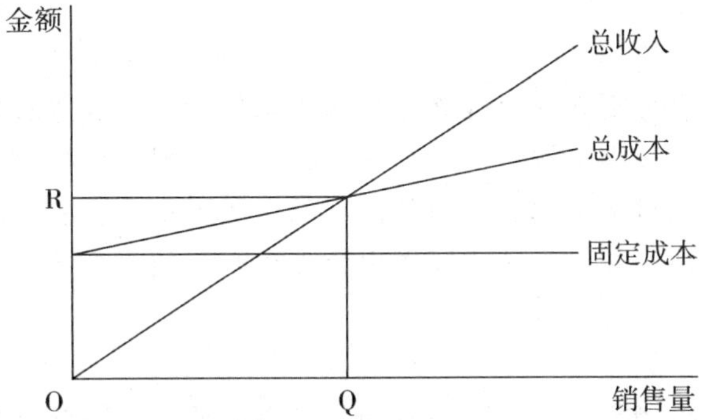

图 3-6　量本利分析图

图 3-6 说明，企业在销售量为 Q 或销售额为 R 时，可实现保本；销售量大于 Q 或销售额高于 R，企业可盈利；销售量小于 Q 或销售额小于 R，企业将发生亏损。

（六）综合分析雷达图法

综合分析雷达图法是从企业的收益性、生产性、流动性、成长性和安全性五个方面在一个较长时期内综合分析、评价企业经营与财务状况的一种图解分析法。图 3-7 反映了两家企业的综合状况。

图 3-7 中的雷达图 1 反映了企业对安全性的绝对重视，同时在收益性和流动性方面也比较理想，但其生产性和成长性却较差；雷达图 2 反映了企业十分重视成长性和生产性，但流动性较差，安全性和收益性则处于一般水平。

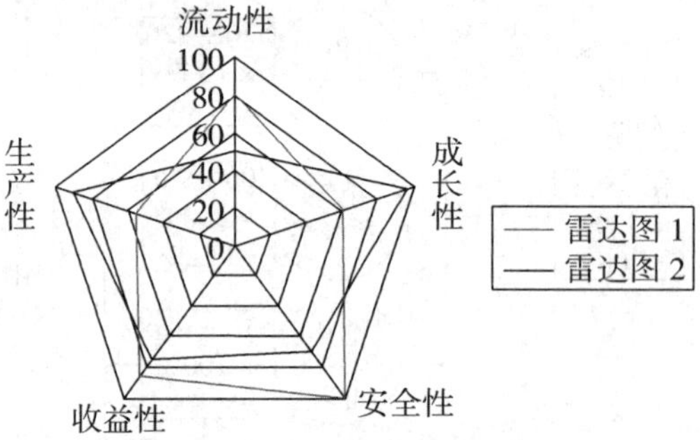

图 3-7　综合分析雷达图

第六节　哈佛财务分析框架

哈佛大学的佩普（K.G.Palepu）、希利（P.M.Healy）和伯纳德（V.L.Bernard）在《运用财务报表进行企业分析与评估》一书中提出了融战略分析和财务分析于一体的“哈佛财务分析框架”，由点及面，对个案研究的结论进行了总结和推广，系统地介绍了完整的逻辑框架，并详细介绍了运用该逻辑框架进行战略分析、会计分析、财务分析和前景分析的主要方法和步骤。本节实际上就是为读者提供进行财务报表分析的“工具箱”。

一、战略分析

合理的财务报表分析必须以战略分析为逻辑出发点。通过战略分析，可以对公司的经营环境进行定性的了解，为后续的会计分析和财务分析奠定牢固的基础。通过战略分析，还可以辨认影响公司盈利情况的主要因素和主要风险，从而评估公司当前业绩的可持续性，并对未来业绩做出合理预测。战略分析一般包括行业分析和竞争战略分析。

（一）行业分析

行业的特征是指特定行业在某一时期的基本属性，它综合反映了该行业的基本状况和发展趋势。评价行业的特征，主要是评价行业的竞争特征、需求特征、技术特征、增长特征和盈利特征这五个方面。

行业生命周期的长短主要由市场对该行业产品的需求状况决定，一般可以分为四个阶段：投入期、成长期、成熟期和衰退期。下面分别介绍行业不同生命周期的情况。

（1）投入期。在这一阶段，公司研究开发费用较高，产品市场需求较少，销售收入较低，因此这些创业公司在财务上可能不但没有盈利，反而普遍亏损。

（2）成长期。在成长阶段，新行业的产品经过广泛的宣传和消费者的试用，市场需求开始上升。生产厂商依靠追加生产、提高生产技术、降低成本、研发新产品来争取竞争优势。

（3）成熟期。在这一时期，竞争中生存下来的少数大厂商垄断了市场，厂商与产品之间的竞争手段逐渐从价格手段转向非价格手段，行业增长速度降到一个更加适度的水平。

(4) 衰退期。由于新产品和替代品的出现，原行业的市场需求不断减少，销售量也开始下降，厂商的数目减少，市场逐渐萎缩，利润率稳定或不断下降。

(二) 竞争战略分析

1.波特分析法

波特教授在1985年出版的《竞争优势》一书中总结了能够为企业带来竞争优势的两大战略：低成本战略和差异化战略。

低成本战略是指以较低的成本提供产品或服务，适用于对产品和服务价格弹性较为敏感的顾客。采用这种战略的企业往往投资于有效的生产规模，重视能够降低生产成本的设计，努力降低管理费用，极少投资于高风险项目的研发，避免为小规模目标客户群提供服务。

差异化战略则是指以低于客户所愿意支付的溢价的增量成本，比竞争对手更好地满足特定目标客户的需求。差异化战略强调的是市场细分，千方百计地满足不同年龄、性别、收入的客户在消费上的独特需求和偏好。在选择了特定的竞争战略后，企业必须获取该战略所必需的核心能力，并以适当的方式搭建其价值链。

2.SWOT分析法

SWOT分析法就是把企业内外部环境所形成的优势（S）、劣势（W）、机会（O）、威胁（T）四个方面的情况结合起来分析，以寻找最适合企业实际情况的竞争优势。

SO战略就是依靠内部优势去抓住外部机会的战略；WO战略是利用外部机会来改进内部弱点的战略；ST战略是利用企业的优势来避免或降低外部威胁的战略；WT战略是克服内部弱点和避免外部威胁的战略。

二、会计分析

(一) 会计信息质量影响因素

美国哥伦比亚大学的佩因曼教授指出，分析人员应当谨慎考虑有关会计信息质量的五个问题：

1.公认会计原则的质量

分析人员应当关注公认会计原则是否存在可能影响报表分析质量的缺陷。

2.审计质量

分析人员应该关注企业的行为是否违背公认会计原则，甚至是否属于财务欺诈。分析人员通常借助于注册会计师的审计意见，但也要对审计失效和注册会计师舞弊保持警惕。

3.公认会计原则的执行质量

分析人员应当关注公司是否滥用公认会计原则操纵财务报表。

4.交易确认时间的质量

分析人员应当关注公司是否通过对业务交易发生时间的操纵来影响财务报表的编制。

5.披露质量

分析人员应当关注公司所披露的会计信息是否足以用来分析该公司的经营情况。

（二）会计分析的步骤

1.辨认关键会计政策

进行财务报表分析时，分析人员应当首先对公司用于衡量成功要素及风险的会计政策及估计进行确认和评估。

2.评估会计政策弹性

对于主要会计政策和估计存在较大灵活性的公司，分析人员应加倍小心，因为管理层有可能通过会计政策和估计的选择来对财务报表施加重大影响；对于主要会计政策和估计具有较强刚性的公司，分析人员则应重点关注统一的会计处理方法是否符合公司的实际情况。

3.评价会计策略

分析人员可以通过回答以下问题来判断管理层的会计策略是否合理：公司选择的关键会计政策与行业惯例是否一致？公司管理层是否存在利用会计弹性进行盈余管理的强烈动机？公司是否变更了会计政策和估计？公司采用的会计政策和估计是否合乎实际情况？

4.评价信息披露质量

会计准则只规定了最低的披露要求，管理层还可以通过多种途径来披露公司的实际经营情况。分析人员可关注公司的经营战略和经营结果是否合理、附注是否充分解释了公司的主要会计政策、公司是否对业绩变动予以说明、公司是否报喜不报忧等。

5.识别危险信号

会计信息系统的特性使得任何舞弊行为都会在财务报表中留下蛛丝马迹。对这些危险信号的识别可以引导分析人员针对特定的项目收集更充分的信息，进行更细致的分析。

6.消除会计信息失真

财务报表分析人员应当利用报表附注、现金流量表以及其他相关信息源，尝试采用现金流量分析法、虚拟资产剔除法、审计报告分析法、关联交易分析法和异常利润剔除法将公司真实情况予以还原。

三、财务分析

（一）趋势分析法

趋势分析法是指在连续数年的财务报表中，以某一年度为基期，计算出其他各期各项目对基期同一项目的趋势百分比，从而描绘出财务报表各项目的时间变化趋势。通过对过去数据的研究和观察，我们不但能够了解各财务报表项目过去的变化趋势，而且能对未来的发展趋势有所预测。

（二）比率分析法

比率分析法是指同一报表或者不同报表中两个项目之间的关系用百分比或者倍数的关系表示出来，是目前财务报表分析中运用最广泛的一项分析工具。运用比率分析法，能够将大量的财务报表项目及财务数据减少为若干比率，从而使财务数据的比较突破时间及规模的限制。

（三）现金流量分析法

现金流量分析法是指对现金流量表上的有关数据进行比较、分析和研究，从而了解企业的财务状况，发现企业在财务方面存在的问题，预测企业未来的财务状况，从而为科学决策提供依据。

四、前景分析

（一）财务预测的基本思路

财务预测是指基于各种合理的基本假设，根据预期条件和各种可能影响未来经营活动、投资活动和筹资活动等重要事项，做出最恰当的预估结果，并将预期的财务状况、经营成果和现金流量变动等信息编制成各项预测财务报表。财务预测是建立在战略分析、会计分析和财务分析的坚实基础之上的，这样能够防止人们在预测过程中出现不切实际的假设。

由于财务报表体系是一个相互关联的有机整体，因此恰当的财务预测应当是全面的预测，不仅需要进行收益预测，而且应该对现金流量和资产负债表数据进行预测。

（二）预测财务报表的编制

（1）预测未来若干时期的销售收入和其他收入。

（2）预测成本费用项目（销售成本、销售费用、管理费用等），并计算息税前收益。

（3）预测支持第一步和第二步预测出的经营水平所需要的资产数额。

（4）预测支持第三步预测出的资产规模所需要的资本结构（负债项目和所有者权益项目）。

（5）确定在第四步中预测出的资本结构产生的融资成本，从前面的经营收益中扣除融资成本和所得税费用，得出净收益，再从预测的净收益中扣除预测股利，得到预测的留存收益变动。

（6）根据预测的利润表和资产负债表，编制预测的现金流量表。

思政园地

在进行财务报告编制时，手脑并用，秉持精益求精的工匠精神和严肃认真的科学精神，处理票据业务要细心精确，审核原始单据要独立公正，编制记账凭证要规范，完成账簿的登记，编制会计报表。在处理公司业务时要自觉维护国家利益、社会利益、集体利益，提供的会计报表要真实准确，客观公正，不粉饰报表。通过以上行动践行“社会主义核心价值观”中公正和诚信理念，养成细心、负责任、有担当等良好的职业素养和职业道德。

一名合格的财务人员要具有健康的世界观、人生观、价值观、法治观和道德观，养成良好的会计职业素养，具备会计职业道德，遵守会计职业行为规范，践行社会主义核心价值观于日常工作之中，做到“爱岗敬业，遵循准则，不做假账”。

请思考如何将社会主义核心价值观践行在日常工作之中。

本章小结

财务报表分析的基本程序，亦称财务报表分析的一般方法，是指进行财务报表分析所应遵循的一般规程。比较分析法是指通过主要项目或指标值变化的对比确定差异，分析和判断企业经营及财务状况的一种方法。常见的比较标准有历史标准、行业标准、经验标准和目标标准等。比率分析法实质上是将影响财务状况的两个相关因素联系起来，通过计算比率，反映它们之间的关系，借以评价企业财务状况和经营状况的一种财务报表分析方法。

因素分析法是依据分析指标与其影响因素之间的关系，按照一定的程序和方法，确定各因素对分析指标差异影响程度的一种技术方法。趋势分析法是根据企业连续几年或几个时期的分析资料，运用指数或完成率的计算，确定分析期各有关项目的变动情况和趋势的一种财务报表分析方法。

财务报告综合分析是将各项财务报表分析内容和指标作为一个整体，系统、全面、综合地对企业财务状况和经营成果进行的分析和评价活动，借以揭示企业整体的财务状况、经营成果和未来发展趋势等。

图解分析法的作用在于形象、直观地反映财务活动过程和结果，将复杂的经济活动及其结果以通俗、易懂的形式表现出来。

哈佛大学的佩普（K.G.Palepu）、希利（P.M.Healy）和伯纳德（V.L.Bernard）在《运用财务报表进行企业分析与评估》一书中提出了融战略分析和财务报表分析于一体的“哈佛财务分析框架”，由点及面，对个案研究的结论进行了总结和推广，系统地介绍了完整的逻辑框架，并详细介绍了运用该逻辑框架进行战略分析、会计分析、财务分析和前景分析的主要方法和步骤。

复习思考题

1.财务报表分析的程序是什么？

2.比较分析法常见的标准有哪些？

3.简述比率分析法的作用与不足。

4.运用趋势分析法时应注意哪些问题？

5.简述财务报表分析报告的内容。

6.简述图解分析法的作用与种类。

7.简述哈佛财务分析框架。

第四章　资产负债表分析

【导入性案例】

广汇能源股份有限公司（简称广汇能源，证券代码：600256）创建于1994年，该公司原名新疆广汇实业股份有限公司。2000年5月，公司股票在上海证券交易所上市。2012年6月，公司更名为广汇能源股份有限公司。经营范围：煤炭销售；液化天然气、石油、天然气、煤炭、煤化工、清洁燃料汽车应用、加注站建设的项目投资与技术服务；一般货物与技术的进出口经营；国内商业购销等。截至2014年12月31日，公司拥有总资产376.36亿元，2014年营业总收入67.17亿元，营业利润16.97亿元，员工8 000余人。

上市之初，广汇能源的主要业务为石材业务，自2002年开始，公司进行产业结构调整，立足于中国新疆维吾尔自治区及中亚地区丰富的石油、天然气和煤炭资源，确立了以能源产业为经营中心的产业发展格局。广汇能源相继进入液化天然气、煤化工和煤炭开发、石油天然气勘探开发领域，同时逐步退出了原有的房地产、商品批发零售贸易、商业物业租赁、石材和塑钢门窗等非能源业务，成功转型为以液化天然气（LNG）、煤炭、煤化工、石油为核心产品，以能源物流为支撑的天然气液化、煤化工、石油天然气勘探开发三大业务板块的专业化能源开发上市公司，成为国内同时具有煤、油、气三种资源的民营企业。广汇能源拥有一个油气田、两个原煤和煤基燃料基地、三个液化天然气工厂，配套建设淖柳公路、红淖三铁路能源物流专用通道，“疆煤东运”产、供、销体系初步形成。广汇能源承担“国家863计划中重型LNG运输车辆开发项目”，利用科技创新优势率先在中重型货运卡车上推广使用公司生产的液化天然气环保燃料，为中国清洁能源汽车产业发展和地区节能减排发挥了重要作用。

2011年，公司同时进入沪深300指数、上证180指数、上证公司治理指数、上证180公司治理指数、中证100指数等5项重要指数的样本股，曾荣获“中国上市公司百强企业”“中国十大明星企业”“中国百强企业领袖”“全国守合同、重信用企业”“中国民营企业上市公司100强”“中国上市公司治理100佳”“中国优秀民营科技企业”等称号。

未来，广汇能源将专注于能源发展战略，瞄准国际石油、天然气同行业先进水平，充分利用“国际国内两种资源，产品、资本两个市场”，抢抓国家“一带一路”国际合作中的新机遇，以提升企业价值、创造社会财富、促进和谐发展为使命，以保障国家能源安全、造福边疆为己任，全力以赴发展能源产业，全面履行经济、社会和环境三大责任，力争成为中国最具成长力的国际能源公司。

广汇能源作为新疆上市公司，一直受众多投资者追捧。根据对该公司多年资产负债表的分析，部分分析者认为该公司财务状况良好，其理由是：(1) 该公司自上市以来总资产呈逐年上升趋势，从一家默默无闻的小企业成长为以能源产业为主的多元化产业集团，到2014年年末，其总资产高达376.36亿元；(2) 该公司股东权益为125.87亿元，具有较雄厚的财务实力；(3) 该公司流动资产占总资产的比率约为16%，非流动资产占总资产的比率在84%左右，资产获利能力较强。

也有分析者认为，该公司虽然有较为雄厚的财务实力，但其财务状况并不理想。理由是：(1) 应收账款呈逐年上涨趋势，从年初的6.71亿元增加到年末的8.73亿元，而且其增长速度远远超过主营业务收入的增长速度；(2) 关联方资金占用比较严重，且数额较大，占应收账款总额的20%左右。

上述两种不同的评价所揭示的问题有：如何对资产负债表进行分析？对资产负债表的分析应从哪些方面入手？怎样结合报表附注和其他方面的信息进行综合分析？怎样对资产负债表的变动做出综合评价？这些也是本章想要解决的问题。

资料来源　根据“广汇能源”(股票代码：600256) 年报及相关资料整理。

第一节　资产负债表分析的目的与内容

一、资产负债表及其作用

资产负债表是反映企业在某一特定日期财务状况的财务报表，如公历每年12月31日的财务状况。由于它反映的是某一时点的情况，所以又称静态报表。

资产负债表的作用主要体现在以下四个方面：

1.提供企业拥有或控制的资源及其分布情况的信息

资产负债表左方提供某一日期资产占用总额及其结构信息，表明企业拥有或控制的资源总量及其分布情况，即企业有多少资产，流动资产、长期股权投资、固定资产等各占多大比例，反映企业资产的配置状况。

2.反映企业资金来源和构成情况的信息

资产负债表右方提供某一日期资金来源的总额及其结构。企业资金来源包括负债和所有者权益。负债表明企业未来需要用资产或劳务清偿的债务，是企业的借入资本；所有者权益表明企业所有者所拥有的权益，是企业的永久性资本。负债和所有者权益之比表示企业的资本结构。资本结构反映企业所有者权益对负债的保障程度，反映企业财务安全程度。

3.反映企业财务实力、偿债能力和营运能力

资产是偿还负债的物资保证，通过资产负债表提供的资产的信息，可反映企业的财务实力。将资产与负债进行比较，计算出流动比率、速动比率等相关指标，可以反映企业的偿债能力和支付能力。

4.预测企业未来的财务趋势

资产负债表分别列示期初数、期末数，通过将两期数据或不同年份数据进行比较，分析资产、负债、所有者权益的变动情况，掌握变动规律，预测企业发展

趋势。

二、资产负债表分析的目的

资本是企业产生、生存与发展的原动力。企业的资本运动是通过资本筹集、资本运用和资本收益分配等一系列资本活动来实现的。筹资活动是企业根据生产经营对资本的需求，通过各种筹资渠道，采用适当的筹资方式取得经营所需资本的行为。筹资活动是企业生存和发展的基本条件，是资本运用的起点。企业的资本来源有两个，一是所有者提供的永久性资本，二是债权人提供的信贷资金，从而形成对一家企业所拥有资产的两种不同要求权。企业取得资本后，必须有目的地投放使用，使其转化为相应的资产，以谋取最大的资本收益。资本收益分配既是企业前期资产运动的终点，也是下期资产运动的起点，它作为资产运动的结果而出现，是对资产运动成果的分配。企业的所有资产活动及其结果可以直接通过资产负债表全面、系统、综合地反映出来，但是，仅通过阅读资产负债表，只能了解企业在某一特定时日所拥有或控制的资产、所承担的经济义务以及所有者对净资产的要求权。尽管这些信息是必要的，却满足不了报表使用者进行决策的需要。借助于对资产负债表的分析，才有可能最大限度地满足报表使用者的这种要求。

资产负债表分析的目的在于了解企业会计对企业财务状况的反映程度，以及企业所提供的会计信息的质量，据此对企业资产和权益的变动情况以及企业财务状况做出恰当的评价，具体来说就是：

1.通过资产负债表分析，揭示资产负债表及相关项目的内涵

从根本上讲，资产负债表上的数据是企业经营活动的直接结果，但这种结果是通过企业会计依据某种会计政策，按照某种具体会计处理方法进行处理后编制出来的。因此，企业采用何种会计政策，使用何种会计处理方法，必然会对资产负债表的数据产生影响。例如，某一经营期间耗用的材料一定时，采用不同存货计价方法进行会计处理，期末资产负债表上的存货金额就会有很大差异。如果不能通过分析搞清楚资产负债表及其相关项目的内涵，就会把由企业会计处理产生的差异看作生产经营活动的结果，从而得出错误的分析结论。

2.通过资产负债表分析，了解企业财务状况的变动情况及变动原因

在企业经营过程中，企业资产规模和各项资产会不断发生变动，与此同时，资产来源也会发生相应的变动，而资产负债表只是静态地反映变动后的结果。企业的资产、负债及股东权益在经过一段时期的经营后发生了怎样的变化，变动的原因是什么，只有通过对资产负债表进行分析才能了解，在此基础上方可对企业财务状况的变动情况及变动原因做出合理的解释和评价。

3.通过资产负债表分析，评价企业会计对企业经营状况的反映程度

资产负债表是否充分反映了企业的经营状况，其真实性如何，资产负债表本身不能说明这个问题。企业管理者出于某种需要，既可能客观、全面地通过资产负债

表反映企业的经营状况，也可能隐瞒企业经营中的某些重大事项。一张不能充分、真实反映企业经营状况的资产负债表，是不能对企业财务状况的变动及其原因做出合理解释的。虽然这种评价具有相当大的难度，对那些不了解企业真实经营状况的外部分析者来说，其难度更大，但这却是资产负债表分析的重要目标之一。

4.通过资产负债表分析，评价企业的会计政策

企业的会计核算必须在企业会计准则的指导下进行，但企业会计在会计政策和会计处理方法选择上也有相当大的灵活性，如存货计价方法、折旧政策等。不同的会计政策和会计处理方法体现在资产负债表上的结果往往不同。某种会计处理总是代表着企业的会计政策和会计目的。企业所选择的会计政策和会计处理方法是否合适，企业是否利用会计政策选择达到某种会计目的，深入分析资产负债表及其相关项目的不正常变动，了解企业选择会计政策的动机，可以揭示企业的意图，评价企业的会计政策，消除会计报表外部使用者对企业会计信息的疑惑。

5.通过资产负债表分析，修正资产负债表的数据

资产负债表是进行财务报表分析的重要基础资料。即使企业没有出于某种目的进行调整，资产负债表数据的变化也不完全是企业经营的结果。会计政策变更、会计估计变更等企业经营以外的因素对资产负债表数据也有相当大的影响。通过资产负债表分析能够揭示资产负债表数据所体现的财务状况与真实财务状况的差异，再通过差异调整，修正资产负债表数据，尽可能消除会计信息的失真，为进一步利用资产负债表进行财务报表分析奠定基础，保证财务报表分析结论的可靠性。

三、资产负债表分析的内容

资产负债表分析主要包括以下内容：

1.资产负债表水平分析

资产负债表水平分析，是指通过对企业各项资产、负债和股东权益的对比分析，揭示企业筹资与投资过程的差异，从而分析与揭示企业生产经营活动、经营管理水平、会计政策及会计估计变更对筹资与投资的影响。

2.资产负债表垂直分析

资产负债表垂直分析，是指通过将资产负债表中各项目与总资产或权益总额的对比，分析企业的资产构成、负债构成和股东权益构成，揭示企业资产结构和资本结构的合理程度，探索企业资产结构优化、资本结构优化及资产结构与资本结构适应程度优化的思路。

3.资产负债表趋势分析

资产负债表趋势分析，是指通过对较长时期企业总资产及主要资产项目、负债及主要负债项目、股东权益及主要股东权益项目变化趋势的分析，揭示筹资活动和投资活动的状况、规律及特征，推断企业发展的前景。

4.资产负债表项目分析

资产负债表项目分析，是指在资产负债表全面分析的基础上，对资产负债表中资产、负债和股东权益的主要项目进行深入分析，包括会计政策及会计估计变更对相关项目影响的分析。

第二节　资产负债表水平分析

一、资产负债表水平分析表的编制

资产负债表水平分析的目的之一就是从总体上了解资产、权益的变动情况，揭示资产、负债和股东权益变动的差异，分析差异产生的原因。资产负债表水平分析的依据是资产负债表。通过采用水平分析法，将资产负债表的实际数与选定的标准进行比较，编制资产负债表水平分析表，并在此基础上进行分析评价。

资产负债表水平分析要根据分析的目的来选择比较的标准（基期）：当分析的目的是揭示资产负债表实际变动情况、分析产生实际差异的原因时，其比较的标准应选择资产负债表的上年实际数；当分析的目的是揭示资产负债表预算或计划执行情况、分析影响资产负债表预算或计划执行情况的原因时，其比较的标准应选择资产负债表的预算数或计划数。

资产负债表水平分析除了要计算某项目的变动额和变动率外，还应计算该项目变动对总资产或权益总额的影响程度，以便确定影响总资产或权益总额的重点项目，为进一步分析指明方向。某项目变动对总资产或权益总额的影响程度可按下式计算：

$$\text{某项目变动对总资产(权益总额)的影响} = \frac{\text{某项目的变动额}}{\text{基期总资产(权益总额)}} \times 100\%$$

金风科技20×8年资产负债表水平分析计算表见表4-1。

二、资产负债表变动情况的分析评价

企业总资产表明企业资产的存量规模。随着企业经营规模的变动，资产存量规模也处在变动之中。资产存量规模过小，将难以满足企业经营的需要，影响企业经营活动的正常进行。资产存量规模过大，将造成资产闲置，使资金周转缓慢，影响资产的利用效率。资产作为保证企业生产经营活动正常进行的物质基础，必须有相应的资金来源。企业通过举债或吸收投资者投资来满足对企业资产的资金融通，从而产生债权人、投资者对企业资产的两种不同要求权，债权人权益和所有者权益共同构成企业的权益。资产、权益分别列示在资产负债表左右两方，反映企业的基本财务状况，对资产负债表变动情况的分析评价也应当从这两大方面进行。

（一）从投资或资产的角度进行分析评价

从投资或资产的角度进行分析评价时，应主要从以下几个方面进行：

第一，分析总资产规模的变动状况以及各类、各项资产的变动状况，揭示资产变动的主要方面，从总体上了解企业经过一定时期经营后资产的变动情况。

表4-1　**金风科技资产负债表水平分析计算表**　金额单位：万元

项　目	20×8年	20×7年	变动情况		对总资产的影响
			变动额	变动幅度	
流动资产：					
货币资金	506 593.86	773 953.33	−267 359.47	−34.54%	−3.67%
交易性金融资产	0.00	1 264.00	−1 264.00	−100%	−0.02%
衍生金融资产	2 533.15	105 000.00	−102 466.85	−97.59%	−1.41%
应收票据	207 222.62	204 693.79	2 528.83	1.24%	0.03%
应收账款	1 482 300.49	1 500 128.19	−17 827.70	−1.19%	−0.24%
应收款项融资	0.00	0.00	0.00		0.00%
预付款项	173 681.27	70 110.13	103 571.14	147.73%	1.42%
其他应收款	128 284.63	98 682.35	29 602.28	30.00%	0.41%
存货	499 668.16	408 301.16	91 367	22.38%	1.26%
合同资产	26 978.43	0.00	26 978.43	0.00	0.37%
持有待售资产	11 429.00	0.00	11 429.00	0.00	0.16%
一年内到期的非流动资产	102 441.06	49 748.06	52 693.00	105.92%	0.72%
其他流动资产	150 617.30	96 251.67	54 365.63	56.48%	0.75%
流动资产合计	3 291 749.96	3 308 132.70	−16 382.74	−0.50%	−0.23%
非流动资产：					
债权投资	30 971.73	116821.00	−8 584 927.00	−73.49%	−1.18%
其他债权投资	5292.94	6606.65	−1313.71	−19.88%	−0.02%
长期应收款	806 614.39	711 600.36	95 014.03	13.35%	1.31%
长期股权投资	366 039.20	239 074.49	126 964.71	53.11%	1.74%
其他权益工具投资	40 871.70	0.00	40 871.70	0.00	0.56%
其他非流动金融资产	67 995.33	0.00	67 995.33	0.00	0.93%
投资性房地产	11 998.84	6 790.42	5 208.42	76.70%	0.07%
固定资产	1 979 203.59	1 807 967.52	171 236.07	9.47%	2.35%
在建工程	571 669.40	475 880.35	95 789.05	20.13%	1.32%
生产性生物资产	0.00	0.00	0.00	0.00%	0.00%
油气资产	0.00	0.00	0.00	0.00%	0.00%
无形资产	330 687.25	246 928.79	83 758.46	33.92%	1.15%
开发支出	46 269.53	8 736.26	37 533.27	429.63%	0.52%
商誉	48 774.89	49 760.06	−985.17	−1.98%	−0.01%

续表

项　目	20×8年	20×7年	变动情况		对总资产的影响
			变动额	变动幅度	
长期待摊费用	7 877.46	5 883.98	1 993.45	33.88%	0.03%
递延所得税资产	163 499.15	160 138.50	3 360.65	2.10%	0.05%
其他非流动资产	366 889.94	134 462.87	232 427.07	172.86%	3.19%
非流动资产合计	4 844 655.32	3 970 651.24	874 004.09	22.01%	12.01%
资产总计	8 136 405.29	7 278 783.94	857 621.35	11.78%	11.78%
流动负债：					
短期借款	203 750.14	205 492.56	−1 742.42	−0.85%	−0.02%
交易性金融负债	0.00	0.00	0.00	0.00%	0.00%
衍生金融负债	0.00	0.00	0.00	0.00%	0.00%
应付票据	622 149.13	466 572.15	155 576.98	33.34%	2.14%
应付账款	1 377 826.80	1 059 116.06	318 710.74	30.09%	4.38%
预收款项	896.26	465 815.74	−464 919.48	−99.81%	−6.39%
合同负债	406 246.33	0.00	406 246.33	0.00%	5.58%
应付职工薪酬	70 270.29	62 899.98	7 370.31	11.72%	0.10%
应交税费	46 291.24	33 540.75	12 750.49	38.01%	0.18%
其他应付款	130 717.22	90 046.95	40 670.27	45.17%	0.56%
持有待售负债	0.00	0.00	0.00	0.00%	0.00%
一年内到期的非流动负债	143 261.30	399 218.66	−255 957.36	−64.11%	−3.52%
其他流动负债	158 649.87	177 328.84	−18 678.97	−10.53%	−0.26%
流动负债合计	3 160 058.58	2 960 031.72	200 026.86	6.76%	2.75%
非流动负债：					
长期借款	1 800 053.57	1 507 604.11	292 449.46	19.40%	4.02%
应付债券	68 624.20	80 976.89	−12 352.69	−15.25%	−0.17%
其中：优先股	0.00	0.00	0.00	0.00%	0.00%
永续债	0.00	0.00	0.00	0.00%	0.00%
租赁负债	0.00	0.00	0.00	0.00%	0.00%
长期应付款	148 832.21	92 313.39	56 518.82	61.22%	0.78%
预计负债	198 289.18	209 689.07	−11 399.89	−5.44%	−0.16%
递延收益	32 350.83	35 426.61	−3 075.78	−8.68%	−0.04%
递延所得税负债	80 684.34	45 242.04	35 442.30	78.34%	0.49%

续表

项 目	20×8年	20×7年	变动情况		对总资产的影响
			变动额	变动幅度	
其他非流动负债	0.00	0.00	0.00	0.00%	0.00%
非流动负债合计	2 328 834.33	1 971 252.12	357 582.21	18.14%	4.91%
负债合计	5 488 892.91	4 931 283.83	557 609.08	11.31%	7.66%
所有者权益：					
股本	355 620.33	355 620.33	0.00	0.00%	0.00%
其他权益工具	199 361.85	149 511.85	49 850.00	33.34%	0.68%
其中：优先股	0.00	0.00	0.00	0.00%	0.00%
永续债	199 361.85	149 511.85	49 850.00	33.34%	0.68%
资本公积	816 771.51	817 518.24	−746.73	−0.09%	−0.01%
减：库存股	0.00	0.00	0.00	0.00%	0.00%
其他综合收益	−54 276.99	17 087.36	−71 364.35	−417.64%	−0.98%
专项储备	0.00	0.00	0.00	0.00%	0.00%
盈余公积	129 887.11	119 731.93	10 155.18	8.48%	0.14%
一般风险准备	0.00	0.00	0.00	0.00%	0.00%
未分配利润	1 048 757.95	809 199.64	239 558.31	29.60%	3.29%
归属于母公司权益合计	2 496 121.76	2 268 669.35	227 452.41	10.03%	3.12%
少数股东权益	151 390.62	78 830.76	72 559.86	92.05%	1.00%
所有者权益合计	2 647 512.38	2 347 500.11	300 012.27	12.78%	4.12%
负债和所有者权益总计	8 136 405.29	7 278 783.94	857 621.35	11.78%	11.78%

资料来源 数据来自“金风科技”（股票代码：002202）年报，格式有调整；由于四舍五入的原因，表中分项之和与合计项之间可能存在尾数差异，下同。

第二，发现变动幅度较大或对总资产变动影响较大的重点类别和重点项目。分析时，首先要注意变动幅度较大的资产类别或资产项目，特别是发生异常变动的项目，其次要把对总资产影响较大的资产项目作为分析重点。某资产项目变动自然会引起总资产发生同方向变动，但不能完全根据该项目本身的变动来说明对总资产的影响。该项目变动对总资产的影响，不仅取决于该项目本身的变动程度，还取决于该项目在总资产中所占的比重。当某项目本身变动幅度较大时，如果该项目在总资产中所占比重较小，则该项目变动对总资产变动的影响就不会太大；反之，即使某个项目本身变动幅度较小，如果其比重较大，那么其影响程度也很大。如本例中开发支出项目，本期变动幅度高达429.63%，但由于该项目仅占总资产的0.56%（46 296.53÷8 136 405.29×100%），所以仅使总资产增加了0.52%（37533.27÷

7 278 783.94×100%)。分析时只有注意这一点，才能突出分析重点。抓住关键问题有助于深入分析，并减轻分析工作量。

第三，注意分析资产变动的合理性与效率性，具体分析见本节“三、资产变动合理性与效率性的分析评价”。

第四，注意观察资产规模变动与股东权益总额变动的适应程度，进而评价企业财务结构的稳定性和安全性。在资产负债表中，资产总额等于负债与股东权益总额之和。如果资产总额的增长幅度大于股东权益的增长幅度，表明企业债务负担加重，这虽然可能是由企业筹资政策变动引起的，但后果是偿债保证程度下降、偿债压力加重。一般来说，为了保证企业财务结构的稳定性和安全性，资产规模变动应与股东权益变动相适应，具体分析见本章第三节“五、资产结构与资本结构适应程度的分析评价”。

第五，注意分析会计政策变动的影响。企业资产的变动主要受生产经营规模的影响，但企业管理人员在进行会计核算和财务报表的编制时所采用的会计政策和会计方法等对企业资产变动的影响也不可忽视。尽管会计准则和会计制度对会计核算乃至财务报表的编制都有相应的要求，但会计准则和会计制度也给企业灵活选择会计政策和会计方法留有相当大的余地。企业管理人员可以通过会计政策变更或灵活地选用会计方法，对资产负债表的数据做出调整。例如，改变存货计价方法，就会引起资产负债表中存货的变化。此外，企业大量的经营业务需要会计人员进行职业判断。例如，对于企业当期的坏账损失占应收账款的比率，会计人员需要做出职业判断，这会使应收账款净值发生变动。因此，分析时首先要了解企业所采用的会计政策，把会计政策变更或会计随意性所造成的影响充分地揭示出来，以便纠正失真的会计数据，使财务报表分析能够依据真实可靠的会计资料进行，保证财务报表分析结论的正确性。其具体分析见本章第四节相关内容。

根据表4-1，可以对“金风科技”总资产变动情况做出以下分析：

该公司总资产本期增加857 621.35万元，增长幅度为11.78%，说明“金风科技”本年资产规模有较大幅度的增长。进一步分析可以发现：

（1）流动资产本期减少16 382.73万元，减少的幅度为0.50%，使总资产规模减少了0.23%；非流动资产本期增加了874 004.08万元，增加的幅度为22.01%，使总资产规模增加了12.01%。两者合计使总资产增加了857 621.35万元，增长幅度为11.78%。

（2）尽管流动资产的各项目都有不同程度的增减变动，但其增长主要体现在以下方面：一是预付款项的增加。预付款项本期增加103 571.14万元，增长幅度为147.73%，对总资产的影响为1.42%。二是一年内到期的非流动资产。一年内到期的非流动资产本期增加52 693.00万元，增长幅度为105.92%，对总资产的影响为0.72%。但是，尽管“预付款项”和“一年内到期的非流动资产”等账户的增加提高了流动资产总额，但是由于受到“货币资金”和“交易性金融资产”等账户大幅下降的冲击，20×8年的流动资产总额比20×7年的流动资产总额少。

（3）本期总资产的增长主要体现在非流动资产的增长上。如果仅从这一变化来看，该公司资产的流动性有所降低。非流动资产的变动主要体现在以下六个方面：一是长期应收款本期增加95 014.03万元，对总资产的影响为1.31%。二是固定资产的增长。固定资产本期增加171 236.07万元，增长幅度为9.47%，使总资产规模增长了2.35%。固定资产规模体现了一家企业的生产能力，但仅仅根据固定资产净值的变动并不能得出企业生产能力上升或下降的结论。固定资产净值反映了企业在固定资产项目上占用的资金，其既受固定资产原值变动的影响，也受固定资产折旧的影响。本例中固定资产净值的增加主要是由于经营规模增长使得购置的机器设备增加及部分在建工程转入，尽管固定资产当年计提折旧造成了其价值的减少，但这种变化对该公司的生产能力不会有太大影响，只是固定资产新旧程度有些差异而已，总体看该公司的生产能力有较大提高。三是在建工程的增长。在建工程本期增加95 789.05万元，增长幅度为20.13%，对总资产的影响为1.32%。四是无形资产的增长。无形资产本期增加83 758.46万元，对总资产的影响为1.15%。五是其他非流动资产的增长。六是长期股权投资的增长。长期股权投资本期增加126 964.71万元，对总资产的影响为1.74%。其他非流动资产本期增加232 427.07万元，对总资产的影响为3.19%。非流动资产的其他项目虽有不同程度的增减，但对总资产的影响极小，分析时可不作为重点。

（二）从筹资或权益角度进行分析评价

从筹资或权益的角度进行分析评价，应主要从以下几个方面进行：

第一，分析权益总额的变动状况以及各类、各项筹资的变动状况，揭示权益总额变动的主要方面，从总体上了解企业经过一定时期经营后权益总额的变动情况。

第二，发现变动幅度较大或对权益总额变动影响较大的重点类别和重点项目，为进一步分析指明方向。

第三，注意分析评价表外业务的影响。例如，按目前会计准则的规定，资产负债表仅反映了企业按历史成本原则核算的现实负债，一家企业所承担的或有负债并不反映在资产负债表上，而这种可能成为企业现实负债的事项及对企业财务状况可能产生的影响也是分析评价时要特别关注的。

另外，在对资产负债表水平分析表进行分析评价时，应结合资产负债表垂直分析和资产负债表项目，同时应注意结合资产负债表附注、利润表、现金流量表相关内容。

三、资产变动合理性与效率性的分析评价

对总资产变动情况进行分析，不仅要观察其增减变动额和变动幅度，还要对其变动的合理性与效率性进行分析，特别是企业经营者进行分析时，更要注意这一

点。任何企业取得资产都不是为了单纯占有资产，而是为了运用资产进行经营活动，以实现企业的目标。资产变动是否合理，直接关系到资产生产能力的形成与发挥，并通过资产的利用效率体现出来。通过比较资产变动与产值变动、销售收入变动、利润变动及经营活动现金净流量变动，可以对资产变动的合理性与效率性做出评价。比较的结果可能有以下几种情况：

（1）增产、增收、增利或增加经营活动现金净流量的同时，资产增加但资产增加幅度小，表明企业资产利用效率提高，形成资金相对节约。

（2）增产、增收、增利或增加经营活动现金净流量的同时，资产不增加，表明企业资产利用效率提高，形成资金相对节约。

（3）增产、增收、增利或增加经营活动现金净流量的同时，资产减少，表明企业资产利用效率提高，形成资金绝对节约和相对节约。

（4）产值、收入、利润、经营活动现金净流量持平，资产减少，表明企业资产利用效率提高，形成资金绝对节约。

（5）增产、增收、增利或增加经营活动现金净流量的同时，资产增加，而且资产增加幅度高于增产、增收、增利或增加经营活动现金净流量的幅度，表明企业资产利用效率下降，资产增加不合理。

（6）减产、减收、减利或减少经营活动现金净流量的同时，资产不减少或资产减少幅度低于减产、减收、减利或减少经营活动现金净流量的幅度，表明企业资产利用效率下降，资产调配不合理。

（7）减产、减收、减利或减少经营活动现金净流量的同时，资产增加，必然造成资产大量闲置，生产能力利用不足，资产利用效率大幅度下降。

分析时还应注意，在全部资产中，有些资产会随产量或销售规模的变动而变动，如应收账款、货币资金、存货等；有些资产与产销规模变动没有直接联系，在产销规模发生变动时，这些资产基本不变或只发生较小的变动，如固定资产、无形资产等。分析时，可将随产销规模变动而变动的资产项目与产销变动情况单独比较，以准确评价资产变动的合理性。

四、资产负债表变动原因的分析评价

前面所做的分析仅限于某项目本身变动，以及该项目变动对资产负债表中资产、权益总额影响的分析，是同类项目相互关系的一种分析。这种分析只着重说明发生了哪些变化，还不能解释资产负债表变动的深层次原因。从资产负债表左右两方的对应关系方面进行分析，对资产负债表变动原因的解释更具有说服力。概括起来，引起资产负债表发生变动的原因可归纳为以下几种类型：

（一）负债变动型

负债变动型是指在其他权益项目不变时，由于负债变动引起资产发生变动。其典型形式见表4-2。

表4-2　　**负债变动型**　　单位：万元

资产	期末余额	年初余额	负债和股东权益	期末余额	年初余额
流动资产			负债	700	500
固定资产			股本	300	300
⋮			盈余公积	100	100
			未分配利润	100	100
资产总计	1 200	1 000	负债和股东权益总计	1 200	1 000

从表4-2可以看出，本期总资产增加200万元，增长率为20%，完全是由负债增加引起的。尽管企业的经营规模扩大了，但这并不代表企业经营出色。对于这种变化，是不能做出良好评价的，只能说这是企业理财的结果。

（二）追加投资变动型

追加投资变动型是指在其他权益项目不变时，由于投资者追加投资或收回投资引起资产发生变动，其典型形式见表4-3。

表4-3　　**追加投资变动型**　　单位：万元

资产	期末余额	年初余额	负债和股东权益	期末余额	年初余额
流动资产			负债	500	500
固定资产			股本	500	300
⋮			盈余公积	100	100
			未分配利润	100	100
资产总计	1 200	1 000	负债和股东权益总计	1 200	1 000

从表4-3可以看出，本期总资产增加是由投资者追加投资引起的，并不是企业通过主观努力搞好经营活动引起的。当一家企业不是依靠自身努力经营，而是依靠投资者追加投资扩大经营规模时，我们很难对其做出良好评价。

（三）经营变动型

经营变动型是指在其他权益项目不变时，由于企业经营引起资产发生变动，其典型形式见表4-4。

表4-4　　**经营变动型**　　单位：万元

资产	期末余额	年初余额	负债和股东权益	期末余额	年初余额
流动资产			负债	500	500
固定资产			股本	300	300
⋮			盈余公积	300	100
			未分配利润	100	100
资产总计	1 200	1 000	负债和股东权益总计	1 200	1 000

从表4-4可以看出，本期盈余公积增加了200万元，并使资产增加，其根本原因是企业当年盈利，从而通过提取盈余公积扩大了企业经营规模。这种变化是企业主观努力的结果，理应给予良好的评价。如果情况相反，则代表因企业经营失败导致企业经营规模缩减。

（四）股利分配变动型

股利分配变动型是指在其他权益项目不变时，由于股利分配原因引起资产发生变动，其典型形式见表4-5。

表4-5 **股利分配变动型** 单位：万元

资产	期末余额	年初余额	负债和股东权益	期末余额	年初余额
流动资产			负债	500	500
固定资产			股本	300	300
⋮			盈余公积	100	100
			未分配利润	300	100
资产总计	1 200	1 000	负债和股东权益总计	1 200	1 000

从表4-5可以看出，由于本期从当年盈利中留用了200万元利润，导致资产增加200万元，这表明企业当年经营还是卓有成效的。实际上，当企业盈利时，盈余公积也会相应增加，这里仅为说明这一类型而假定盈余公积不变；相反，如果股利分配总额超过当年扣除各项提取后的净利润，将会使资产规模缩小，但这并不说明企业经营失败，而是企业实行某种股利政策的结果，是企业财务运作行为，这与企业因经营失败而亏损造成资产减少不能相提并论。

在实务中，很难有一家企业资产负债表的变动与上述几种典型情况之一完全一致，但任何一家企业资产负债表的变动都可以通过以上几种类型的组合来加以说明。

第三节　资产负债表垂直分析

资产负债表结构反映了资产负债表各项目的相互关系及各项目所占的比重。资产负债表垂直分析是通过计算资产负债表中各项目占总资产或权益总额的比重，分析评价企业资产结构和权益结构的变动情况及合理程度，具体包括：①分析评价企业资产结构的变动情况及变动的合理性；②分析评价企业资本结构的变动情况及变动的合理性；③分析评价企业资产结构与资本结构的适应程度。

分析者可以从静态角度和动态角度两方面进行资产负债表垂直分析。从静态角度分析，就是以本期资产负债表为分析对象，分析评价其实际构成情况；从动态角度分析，就是将资产负债表的本期实际构成与选定的标准进行对比分析，对比的标准可以是上期实际数、预算数和同行业的平均数或可比企业的实际数，对比标准的选择视分析目的而定。

一、资产结构分析评价

（一）资产结构分析评价的思路

第一，从静态角度观察企业资产的配置情况，特别关注流动资产和非流动资产的比重以及其中重要项目的比重。分析时，可通过与行业平均水平或可比企业资产结构的比较，对企业资产的流动性和资产风险做出判断，进而对企业资产结构的合理性做出评价。

第二，从动态角度分析企业资产结构的变动情况，对企业资产结构的稳定性做出评价，进而对企业资产结构的调整情况做出评价。

（二）典型的资产结构分析评价

企业资产结构的具体分析评价应特别关注以下几个方面：

1.经营性资产与非经营性资产的比例关系

企业所占有的资产是企业进行经营活动的物质基础，但并非所有的资产都是用于企业自身经营的，其中有些资产被其他企业所运用，如一些债权类资产和投资类资产；有些资产已转化为今后的费用，如长期待摊费用、研发支出和递延所得税资产等。这些资产尽管是企业的资产，但已无助于企业自身经营。如果这些非经营性资产所占比重过大，企业的经营能力就会远远小于企业总资产所表现出来的经营能力。当企业资产规模增长时，从表面上看，企业的经营能力似乎提高了，但如果仅仅是非经营性资产比重增加、经营性资产比重反而下降，就不能真正提高企业的经营能力。

2.固定资产与流动资产的比例关系

一般而言，企业固定资产与流动资产之间只有保持合理的比例结构，才能形成现实的生产能力，否则就有可能造成部分生产能力闲置或加工能力不足。以下三种固流结构政策可供企业选择：

①适中的固流结构政策。采取这种策略，就是将固定资产存量与流动资产存量的比例保持在平均水平。在这种情况下，企业的盈利水平一般，风险程度一般。

②保守的固流结构政策。采取这种策略，流动资产的比例较高。在这种情况下，由于增加了流动资产，企业资产的流动性提高，资产风险会因此降低，但可能导致盈利水平下降。

③激进的固流结构政策。采取这种策略，固定资产的比例较高。这种情况下，由于增加了固定资产，会相应提高企业的盈利水平，同时可能导致企业资产的流动性降低，资产风险会因此提高。

3.流动资产的内部结构

流动资产的内部结构是指组成流动资产的各个项目占流动资产总额的比重。分析流动资产的内部结构可以了解流动资产的分布情况、配置情况、资产的流动性及支付能力。

企业应首先选择一个标准，然后将流动资产内部结构的变动情况与选定的标准进行比较，以反映流动资产变动的合理性。一般来说，选择同行业的平均水平或财务计划中确定的目标为标准还是比较合适的。同行业的平均水平是该产业部门目前已达到的平均水平，具有代表性，应当认为是合理的。企业财务计划中确定的预算是根据企业整体经营目标并结合企业的具体情况制定的，因此也可以作为评价标准。

二、负债结构分析评价

（一）负债结构分析应考虑的因素

负债是指过去的交易、事项形成的现时义务，履行该义务预期会导致经济利益流出企业。根据债务偿还期限，负债可以分为流动负债和非流动负债，需要在一年或超过一年的一个营业周期内偿还的债务称为流动负债，其余则为非流动负债。

负债结构是由于企业采用了不同负债筹资方式形成的，是负债筹资的结果，因此，负债结构分析必须结合其他有关因素进行。

1.负债结构与负债规模

负债结构反映的是各种负债在全部负债中的组成情况。虽然与负债规模相关，却不能说明负债规模的大小。负债结构变化既可能是负债规模变化引起的，也可能是负债各项目变化引起的。换言之，负债规模不变，不等于负债结构不变，而负债结构不变，不等于负债规模不变。分析时，只有联系负债规模，才能真正揭示负债结构变动的原因和趋势。

2.负债结构与负债成本

企业举债，不仅要按期归还本金，还要支付利息，这是企业使用他人资金必须付出的代价，人们通常称之为资金成本。企业在筹集资金时，总是希望付出最小的代价。对资金成本的权衡会影响企业筹资方式的选择，进而对负债结构产生影响。反过来，负债结构的变化也会对负债成本产生影响。这是因为，采用不同的筹资方式所取得的资金，其资金成本是不一样的。任何一家企业都很难只用一种筹资方式来获取资金。当企业用多种筹资方式筹资时，其负债成本的高低除与各种筹资方式的资金成本相关外，还取决于企业的负债结构。

3.负债结构与债务偿还期限

这是负债结构分析要考虑的一个极其重要的因素。负债是必须偿付的，而且要按期偿付。企业在举债时应当根据债务的偿还期限来安排负债结构。企业负债结构是否合理的一个重要标志就是使债务的偿还期与企业现金流入的时间相吻合，使债务的偿还金额与现金流入量相适应。如果企业能够根据其现金流入的时间和流入量妥善安排举债的时间、偿债的时间和债务金额，使各种长短期债务相配合，各种长短期债务的偿还时间合理分布，企业就能及时偿付各种到期债务，维护企业信誉。否则，如果债务结构不合理，各种债务偿还时间相对集中，就可能产生偿付困难，造成现金周转紧张的局面，影响企业的形象，也会增加企业今后通过负债筹资的难度。

4.负债结构与财务风险

企业的财务风险源于企业采用的负债经营方式。不同类型的负债，其风险是不同的。在安排企业负债结构时，必须考虑这种风险。任何企业，只要采取负债经营方式，就不可能完全回避风险，但通过合理安排负债结构来降低风险是完全可以做到的。一般来说，短期负债的风险要高于长期负债，这是因为：①长期负债的偿还期较长，使企业有充裕的时间为偿还债务积累资金，虽有风险，但相对较小；②使用长期负债筹资，在既定的负债期内，由于利率不会发生变动，其利息费用是固定的。如果企业以多期、短期负债相衔接的方式来满足自己对长期资金的需要，一方面，可能因债务周转频繁、未及时取得资金而发生一时无法偿还的情况，从而陷入财务困境，甚至导致企业破产；另一方面，也可能因利率调整而使利息费用发生变动，尤其是在通货膨胀的条件下，可能因当前的短期借款利率超过以往的长期借款利率而使企业利息费用增加。

5.负债结构与经济环境

企业生产经营所处的经济环境也是影响企业负债结构的因素之一，其中，资本市场的资金供求情况尤为重要。当国家紧缩银根时，企业取得短期借款就可能比较困难，其长期债务的比重就会高一些；反之，当企业较容易取得贷款时，其流动负债的比重就会大一些。虽然在这种情况下经济环境对企业负债结构的影响最为重要，但企业自身的努力也会发挥相当大的作用。

6.负债结构与筹资政策

企业负债结构的安排和变动受到许多主客观因素的影响和制约。其中，企业筹资政策可以说是一个纯粹的主观因素。企业根据自身的经营实际和资产配置情况所制定的筹资政策直接决定了企业的负债结构。从这个意义上说，负债结构分析也是筹资政策分析。

（二）典型的负债结构分析评价

根据负债的不同分类方式，可以形成不同的负债结构，因此，对负债结构的分析可以从以下几个方面来进行：

1.负债期限结构分析评价

负债按其期限长短的不同可以分为流动负债和非流动负债。负债的期限结构可以用流动负债比率和长期负债比率来表示。

2.负债方式结构分析评价

负债按其取得方式的不同可以分为银行信用、商业信用、应交款项、内部结算款项、外部结算款项、债券、应付股利和其他负债等。

3.负债成本结构分析评价

各种负债由于其来源渠道和取得方式不同，成本也有较大差异。有些负债基本属于无成本负债，如应付账款等；有些负债属于低成本负债，如短期借款；长期借款、应付债券等则属于高成本负债。根据对各种负债成本的划分及归类整理，就会形成负债成本结构。合理地利用无成本负债是降低企业负债资金成本的重要途径之一。

三、股东权益结构分析评价

股东权益是指所有者在企业资产中享有的经济利益，其金额为资产减去负债后的余额。股东权益是由企业投资者投资和企业生产经营所得净收益的积累而形成的，具体包括投资者直接投资所形成的投入资本、资本公积、提取的盈余公积、未分配利润的积累。

股东权益又称为自有资本、主权资本、权益资金，是企业资金来源中最重要的组成部分，是其他资金来源的前提和基础。权益资金在企业生产经营期间无须返还，是可供企业长期使用的永久性资金，而且没有固定的利息负担。因此，权益资金越多，企业的财务实力越雄厚，财务风险越小。如果企业的资金全部是权益资金，则无财务风险可言。

对股东权益结构进行分析，必须考虑以下因素：

1.股东权益结构与股东权益总量

股东权益结构变动既可能是由股东权益总量变动引起的，也可能是由股东权益内部各项目本身变动引起的，两者的变化可分为：

（1）总量变动，结构变动。例如，当各具体项目发生不同程度变动时，其总量会因此变动，但由于各项目变动幅度不同，其结构会随之变动。

（2）总量不变，结构变动。这是由股东权益内部各项目之间相互转化造成的，例如以盈余公积转增股本。

（3）总量变动，结构不变。当股东权益内部各项目按相同比例同方向变动时，会出现这种情况。

实务中第（3）种情况几乎没有，而第（1）种和第（2）种情况却是普遍存在的。

2.股东权益结构与企业利润分配政策

股东权益虽然由七部分组成，实质上却可以分为两类：投资者投资和生产经营活动形成的积累。一般来说，投资者投资不是经常变动的，因此，由于企业生产经营获得的利润积累而形成的股东权益数量的多少会直接影响股东权益结构，而这完全取决于企业的生产经营业绩和利润分配政策。如果企业奉行高利润分配政策，就会把大部分利润分配给投资者，留存收益的数额就较小，股东权益结构变动就不太明显，生产经营活动形成的股东权益所占比重就较低；反之，其所占比重就会提高。

3.股东权益结构与企业控制权

企业的真正控制权掌握在投资者手里，特别是投资比例较大的投资者。如果企业通过吸收投资者追加投资来扩大企业规模，就会增加股东权益中投入资本的比重，使股东权益结构发生变化，同时也会分散企业的控制权。如果投资者不想分散控制权，就会在企业需要资金时采取负债筹资方式。在其他条件不变时，这种方式既不会引起企业股东权益结构发生变动，也不会分散企业的控制权。

4.股东权益结构与股东权益资金成本

股东权益结构影响股东权益资金成本的一个基本前提是股东权益各项目的资金成本不同。事实上，在股东权益各项目中，只有投资者投入的资本才会发生实际资金成本支出，其余各项目是一种无实际筹资成本的资金来源，其资金成本只不过是机会成本，即它们无须像投入资本那样，分配企业的利润。筹措这类资金既不花费时间，也无须支付筹资费用，因而这类资金的成本要低于投入资本的资金成本。在股东权益中，这类资金比重越大，股东权益资金成本就越低。

5.股东权益结构与经济环境

企业有多条筹资渠道，也有多种筹资方式，企业可以根据需要进行选择。企业选择筹资渠道和筹资方式不仅取决于企业的主观意愿，还受外界经济环境影响。例如，当资金市场比较宽松时，企业可能更愿意通过举债来筹集资金，这样既可以降低整个企业的资金成本，又可以获得财务利益，而当资金市场比较紧张时，企业则会利用产权筹资方式来筹集资金，更注意企业自身的积累，但是会影响股东权益结构。

四、企业资本结构分析评价的思路

第一，从静态角度观察资本的构成，衡量企业的财务实力，评价企业的财务风险，同时结合企业的盈利能力和经营风险，评价其资本结构的合理性。

第二，从动态角度分析企业资本结构的变动情况以及各种资金来源的比例。负债资金的比重增加，会使企业资金成本降低，但同时会使财务风险加大。因此，确定负债的比例至关重要。资金成本和财务风险是企业在确定最优资本结构时考虑的两个重要因素。企业必须通过对资金成本与财务风险的分析，寻求最优资本结构，从而选择最佳的筹资方案。

资本结构是企业各种资金来源的比例关系，而资本结构问题实际上就是负债资金的比例问题。由于负债资金的资金成本明显低于权益资金成本，因此负债具有明显降低企业综合资金成本的作用。适当地增加企业负债的比例，能发挥财务杠杆的作用，增加每股利润，从而增加企业股票价值。但是，当负债的比例超过一定限度后，再增加负债资金会加大企业的财务风险。对于每家企业而言，都存在一个最优的资本结构。在该资本结构下，财务风险处于可控范围内，企业价值最大，企业的综合资金成本也最低。

虽然资金成本和财务风险是确定一家企业最优资本结构最重要的两个因素，但是，影响企业最优资本结构的因素还有很多。其中，内部因素包括管理者的态度、企业销售增长情况及稳定性、经营的持续性、企业的财务状况、资产结构、所有者对融资方式的喜好等；外部因素包括公司所处的产业或行业的因素、债权人的态度、所得税税率、金融及证券市场的现状和未来发展趋势、银行信贷政策及利率水平的变动等。这些因素的变化都会引起资本结构的变化。因此，最优资本结构应该是动态的，随着各因素的变动而变化。判定最优资本结构最好的标准是企业价值最大化，即达到“极限负债结构”（企业可利用的最大负债所对应的资本结构）。这也是财务筹资管理的最终目标。但是，在实践中，难以对企业价值最大化进行分析和计量，因此，最优资本结构应该是一个区间范围。我们可以通过财务指标以下几个方面的表现进行分析和判断，以确定企业的资本结构是否处于最佳区间范围内。

（1）综合资金成本最低化。在风险可控的范围内，企业价值的最大化在很大程度上表现为综合资金成本最低，这可以通过与行业综合资金成本进行比较来加以判断。一般而言，在企业外部筹资环境相同的条件下，当某一企业的综合资金成本在一定程度上低于行业综合资金成本时，可以肯定，该企业的资金结构已经达到“最优”或接近“最优”。

（2）投资收益稳定且最大化。投资收益是企业投入全部资金所获得的收益。一般可用总资产净利率或净资产收益率来表示。总资产净利率能综合反映企业运用经济资源所获得的收益，也能反映经济资源的配置是否合理和恰当。净资产收益率这一指标既能反映企业对经济资源的利用效率，也能反映运用财务杠杆所取得的收益。净资产收益率为总资产净利率和权益乘数的积。权益乘数为总资产与所有者权益的比例，反映资本结构。权益乘数越大，说明负债的比例越高，财务风险越大。只有总资产净利率与权益乘数达到最优组合时，净资产收益率才最大，这时的资本结构就是最优的资本结构。

（3）能够及时满足企业资金需求。企业再生产过程的实现是以资金的正常周转为前提的。资金不足会影响生产经营活动正常有序地进行，从而使预期的息税前利润（EBIT）难以得到保证，就更不用说股东财富最大化了；反之，如果资金过剩，将会影响资金的使用效率，造成资金的闲置和浪费。最优的资本结构必须保证企业正常周转的资金需要。

（4）合理安排财务结构。企业要从资本市场的实际情况出发，从时间和额度上合理筹集和使用资金，科学预测和合理安排长短期资金比例。一般而言，资金流动慢、现金流量小的行业与企业，流动负债的比例应当低一些；资金流动快、现金流量大的行业与企业，流动负债的比例可以高一些，如商业、电信、电力等行业，短期资金的比例就会大大高于长期资金的比例。

五、资产结构与资本结构适应程度的分析评价

企业的资产结构受制于企业的行业性质，行业性质不同，其资金融通的方式也有差异。因此，尽管总资产与总权益在总额上一定相等，但不同投资方式产生的资产结构与不同筹资方式产生的资本结构却不完全相同。虽然资产结构与资本结构的适应程度千差万别，但归纳起来可以大体分为保守结构、稳健结构、平衡结构和风险结构四种类型。

1.保守结构

在这一结构形式中，无论资产负债表左方的资产结构如何，资产负债表右方的资金全部是长期资金，非流动负债与所有者权益的比例高低不影响这种结构形式。其形式见表4-6。

表4-6　**保守结构的资产负债表**

<table>
<tr><td rowspan="2">流动资产</td><td>临时性占用流动资产</td><td rowspan="2">非流动负债</td></tr>
<tr><td>永久性占用流动资产</td></tr>
<tr><td colspan="2">非流动资产</td><td>所有者权益</td></tr>
</table>

从表4-6可以看出，保守结构的主要标志是企业全部资金需求依靠长期资金来源满足。其结果是：①企业风险极低。从前面的风险分析中我们知道，筹资风险是建立在经营风险的基础上的。只要企业资产经营不存在风险，其偿债风险就会消除。由于这一结构形式下的偿债风险极低，因此，即使提高长期的资产比例，资产风险加大，两方综合起来，也会形成一方较大的风险被另一方极小的风险中和，从而使企业风险降低，不至于导致企业通过清算资产以偿还到期债务。②资金成本较高。相对于其他结构形式，这一形式的资金成本最高，但前提是短期债务成本低于长期债务成本；也可以通过将闲置资金投资于短期证券来调节，但必须以存在完善的证券市场为前提，而且这种投资的收益也不一定能消除这种高成本的差异。

实务中这种结构形式很少被企业采用。

2.稳健结构

在这一结构形式中，企业非流动资产的资金需要依靠长期资金来满足，流动资产的资金需要则依靠长期资金和短期资金共同满足，长期资金和短期资金在满足流动资产的资金需要方面的比例不影响这一形式。

稳健结构的主要标志是企业流动资产的一部分资金需要使用流动负债来满足，另一部分资金需要则由非流动负债来满足。其结果是：①企业能够保持相当优异的财务信誉。通过流动资产的变现足以满足偿还短期债务的需要，企业风险较小。②企业可以通过调整流动负债与非流动负债的比例，使负债成本达到企业目标标准，相对于保守结构形式而言，这一形式的负债成本相对较低，并具有可调性。③无论是资产结构还是资本结构，都具有一定的弹性，特别是当临时性资产需要降低或消

失时，可通过偿还短期债务或进行短期证券投资来调整，一旦临时性资产需要再产生，又可以重新举借短期债务或出售短期证券来满足其需要。

这是一种被企业普遍采用的资产与权益对称结构。

3.平衡结构

在这一结构形式中，以流动负债满足流动资产的资金需要，以非流动负债及所有者权益满足非流动资产的资金需要，非流动负债与所有者权益之间的比例不是判断这一结构形式的标志。其形式见表4-7。

表4-7　**平衡结构的资产负债表**

<table>
<tr><td>流动资产</td><td>流动负债</td></tr>
<tr><td rowspan="2">非流动资产</td><td>非流动负债</td></tr>
<tr><td>所有者权益</td></tr>
</table>

这一结构形式的主要标志是流动资产的资金需要全部依靠流动负债来满足，其结果是：①同样高的资产风险与筹资风险中和后，使企业风险均衡。②负债政策要依据资产结构变化进行调整。与其说负债结构制约负债成本，不如说资产结构制约负债成本。③存在潜在的风险。这一形式以资金变现时间和数量与偿债时间和数量相一致为前提，一旦两者出现时间上的差异和数量上的差异，如销售收入未能按期取得现金、应收账款没能足额收回、短期证券以低于购入成本的价格出售等，就会使企业资金周转困难，并有可能陷入财务危机。

这一结构形式只适用于经营状况良好、具有较好成长性的企业，但要特别注意这一结构形式的非稳定性特点。

4.风险结构

在这一结构形式中，流动负债不仅用于满足流动资产的资金需要，而且用于满足部分非流动资产的资金需要。其形式见表4-8。

表4-8　**风险结构的资产负债表**

<table>
<tr><td>流动资产</td><td>流动负债</td></tr>
<tr><td>非流动资产</td><td>非流动负债
所有者权益</td></tr>
</table>

这一结构形式的主要标志是以短期资金来满足部分非流动资产的资金需要，其结果是：①财务风险较大，较高的资产风险与较高的筹资风险不能匹配。流动负债和非流动资产在流动性上并不对称，如果通过非流动资产的变现来偿还短期内到期的债务，必然给企业带来沉重的偿债压力，从而需要企业大大提高资产的流动性。②相对于其他结构形式，其负债成本最低。③企业存在“黑字破产”的潜在危险，由于企业时刻面临偿债的压力，一旦市场发生变动，就可能引发企业资产经营风险，使企业资金周转不灵而陷入财务困境，造成企业因不能偿还到期债务而“黑字

破产”。这一结构形式只适用于处在发展壮大时期的企业，而且只能在短期内采用。

六、新疆上市公司资产负债表垂直分析案例

下述内容为新疆上市公司融资结构分析。

融资结构是指企业资金来源项目构成及其比例关系，融资结构决策是企业财务管理和战略管理的重要内容。揭示新疆上市公司融资结构财务特征，指出其融资结构存在的问题及潜在风险并判断问题产生的原因，对于新疆上市公司的健康持续发展具有重要的现实意义。

（一）新疆上市公司融资结构特征

本部分利用新疆上市公司20×6年、20×7年、20×8年财务报告资料，对新疆上市公司融资结构相关指标分别进行计算，相关数据显示新疆上市公司融资结构具有以下特征：

1.高流动、低长期的债务融资结构

新疆上市公司20×6—20×8年呈现出显著的流动负债比例高、长期负债比例低的债务资本内部结构。表4-9的数据表明，新疆上市公司20×6—20×8年债务资本中流动负债平均占比高达81.78%，是长期负债所占比例的4.49倍，在资本总额的构成中流动负债的比例高出权益资本占比6.42个百分点，显示出新疆上市公司高流动负债比例的融资结构特征。其中啤酒花、美克家居、汇通集团、准油股份20×6—20×8年流动负债占债务资本比例均为100%，国统股份20×6和20×8年均为100%。

表4-9　　**新疆上市公司债务融资结构表**

财务指标 / 年份	20×6年年末（%）	20×7年年末（%）	20×8年年末（%）	平均（%）
流动负债占总负债比率	81.85	80.96	82.52	81.78
流动负债占总资本比率	47.44	49.46	46.7	47.87
长期负债占总负债比率	18.15	19.04	17.48	18.22
资产负债率	57.96	61.09	56.59	58.55
短期借款占流动负债比率	37.31	24.87	26.08	29.42
长期借款占长期负债比率	92.92	88.09	78.86	86.62

资料来源　根据新疆上市公司20×6年、20×7年、20×8年年度财务报告数据整理计算。

20×6—20×8年，新疆上市公司近三年长期负债比例一直很低，长期负债占总负债的比率均未超过20%，长期负债无论占负债总额还是占资本总额的比例均显示其明显的微弱构成和资本地位。除啤酒花、美克家居、汇通集团、准油股份长期负债比例20×6—20×8年为0外，占比非常低的还有伊力特（0.0434%）、宏源证券（0.86%）、ST天宏（0.22%）等。

2.间接债务资本居高不下，公司债券融资严重缺失

银行借款几乎是新疆上市公司债务融资的“不二选择”。表4-9的相关数据资料所反映的20×6—20×8年短期借款占流动负债比例平均达29.42%，长期借款占长期负债的比例高达86.62%，这说明新疆上市公司债务资本的筹集主要采用的是通过银行取得借款的间接融资方式，特别是长期债务融资依赖性更强。与之相反的是，发行公司债券的直接融资方式严重缺失，20×6—20×8年，新疆上市公司通过发行债券筹集长期资本的公司仅有天富能源一家，发行了额度为2.8亿元、期限为10年、票面利率为4.5%、单利按年计息的公司债券。这与2007年8月中国证监会正式发布《公司债券发行试点办法》后，随着全球经济增长的放缓和我国经济过热趋势的缓和，大量资金注入一级市场，债券二级市场呈现出价格上升的趋热行情形成了鲜明的对比，也与其他地区上市公司通过债券融资的现状形成很大反差。

3.权益资本中资本公积比例高

按照现行企业会计准则规定，资本公积是企业收到投资者出资超出其在注册资本或股本中所占的份额以及直接计入所有者权益的利得和损失等。资本公积经过多年的积累通常数额较大，占权益资本比例较高。表4-10的相关数据显示，20×6—20×8年新疆上市公司资本公积与权益资本的平均占比为38.53%，比同期股本占权益资本比例高出7.18个百分点，也高于全国同期平均占比（31.8%）。

表4-10　**上市公司权益融资结构表**

财务指标＼年份	20×6年年末（%）		20×7年年末（%）		20×8年年末（%）		平均（%）	
	新疆	全国平均	新疆	全国平均	新疆	全国平均	新疆	全国平均
资本公积占比	37.49	30.80	39.0	33.0	39.1	31.6	38.53	31.8
留存收益占比	14.9	20.6	21.7	25.8	21.8	28	19.47	24.8
股本占比	36.16	39.90	28.6	32.7	29.3	31.9	31.35	34.83
少数股东权益等占比	11.45	8.7	10.7	8.5	9.8	8.5	10.65	8.57

资料来源　根据新疆上市公司年度财务报告数据整理计算。

4.内源性资本比例偏低

内源性资本来源于企业的内部盈余积累和折旧，内部盈余积累即来自企业的留存收益，通过内源融资扩大权益资本是企业融资的一种重要方式。从表4-10数据可知，新疆上市公司20×6—20×8年三年间留存收益占权益资本比例平均为19.47%，与全国同期留存收益占权益资本比例平均水平（24.8%）相比明显偏低。

（二）新疆上市公司融资结构主要缺陷

1.债务资本内部结构不合理，短期债务资本偏高

新疆上市公司流动负债数额大、比重高，显示出新疆上市公司短期偿债风险

高。假设不考虑流动资产、流动负债诸如长期性、弹性、质量等细节，为按期偿还流动负债，公司必须配置相应的流动资产，若以流动比率为2进行资源配置，流动资产应占到资产总额的95.74%（47.87%×2），20×6—20×8年实际平均水平为44.18%。而95.74%的流动资产构成显然是新疆上市公司不可能也不会进行的资源配置。由此可见，流动资产无法保证较迅速的变现性，新疆上市公司短期内清偿债务能力过低，公司信誉面临较大的压力。

20×6—20×8年新疆上市公司短期借款占流动负债比例平均为29.42%，应付票据占流动负债比例平均为5.91%，长期借款占长期负债比例平均为86.62%。由于短期借款、应付票据（银行承兑汇票）占比远高于长期借款，新疆上市公司偿债风险更倾向于短期。加之短期借款和长期借款已占到负债总额近四成，一旦新疆上市公司无法偿还负债，贷款银行将产生巨大的损失。

长期债务资本内部结构亦不合理，长期借款所占比例过高，长期债务资本的筹集过度依赖长期借款方式。

2.长期债务资本融资方式单一

除天富热能外，新疆其他上市公司均未采用公司债券融资。长期应付款、专项应付款和其他非流动负债所占比例也非常小，表明新疆上市公司通过租赁融资及享受专项资金资助融资这些方式也非常有限。长期借款占非流动负债比例20×6—20×8年平均为86.62%，这表现出长期债务资本融资极其鲜明的银行借款依赖性，单一融资方式的长时间存续趋势明显。

3.内源性融资不足、资本公积臃肿

企业融资活动按照资本来源渠道，可以分为内源性融资和外源性融资。其中，内源性融资主要来源于企业盈余积累形成的留存收益；外源性融资包括股票、债券、租赁、银行借款、商业信用等融资方式。由于内源性融资不需要与投资者签订契约，无须支付筹资费用，所受限制少，通常是企业首选的融资方式。但是，新疆上市公司留存收益占权益资本比例20×6—20×8年平均不足20%，占比低。同时，资本公积占权益资本比重从20×6年年末的37.49%到20×8年年末的39.1%，呈增长态势，且其占比远高于留存收益及股本比例，呈现出权益资本内部结构头重脚轻、缺乏根基、构成状况不理想的状态。

（三）新疆上市公司融资结构缺陷成因分析

（1）导致债务资本内部融资结构现存问题的主要原因如下：一是银行长期贷款的条件较短期贷款要严格得多；二是由于新疆上市公司的“惯性选择”，即大部分上市公司的前身都是国有企业，对银行的依赖性较强；三是新疆受地缘因素的不利影响，其资本市场发展迟缓，融资方式本就不丰富，能够指导上市公司成功运用新的融资方式的中介服务机构及相关专业人士匮乏，阻碍了新疆上市公司对各种债务融资方式的灵活应用；四是新疆上市公司缺乏高水准的财务管理人才，创新意识淡薄。

（2）债券融资缺少的主要原因除发行筹资费用高、筹集时间长及受到相关法规的限制等因素外，还包括企业按期还本付息的偿债压力较银行借款更直接、更强烈，社会成本也更高。公司债券若不能按期付息还本，会引起众多公司债券持有者的不满，社会影响广泛且恶劣。

（3）新疆上市公司内源性融资能力弱化。新疆上市公司留存收益占权益资本比重20×6—20×8年平均不足20%，而且这期间现金股利的分派绝对额也不大，说明新疆上市公司留存收益的比例低是由盈利能力较低所导致的。

（4）资本公积结构臃肿的主要原因如下：一是资本公积的用途受到严格的法规限制，资本公积减少的途径较为狭窄。除国家另有规定外，经投资者审议决定后，资本公积仅可用于转增资本。现行法规取消了通过弥补亏损减少资本公积的途径，明确规定资本公积不得用于弥补公司的亏损。从会计核算的内容看，能令资本公积中资本溢价数额减少的会计事项包括转增资本、回购本公司股票减资、同一控制下企业合并产生借方差额以及与发行权益性证券直接相关的手续费和佣金等交易费用。但上述业务均非上市公司的常态业务，由此导致上市公司实际减少资本公积的机会并不多。二是由于资本公积是企业的自有资本，在进行财务报表分析时，股东或债权人通常认为资本公积占权益资本的比重越大，对注册资本的保障越可靠，债权人也越安全。臃肿的资本公积结构使企业的经营者、所有者、债权人三方利益达到均衡，这是利益相关者所乐于接受的。

面对融资结构缺陷，新疆上市公司应积极选择适当的融资方式调整融资结构，控制财务风险，转变财务管理理念，增强创新意识，不断完善公司筹资方式，以提高新疆上市公司的融资水平和获利能力。

第四节　资产负债表项目分析

一、主要资产项目分析

（一）货币资金

货币资金包括库存现金、银行存款和其他货币资金。货币资金是企业流动性最强、最有活力的资产，同时又是获利能力最低或者说几乎不产生收益的资产，其拥有量过多或过少都会对企业的生产经营产生不利影响。货币资金分析应关注以下几个方面：

1.分析货币资金发生变动的原因

企业货币资金发生变动的主要原因可能是：第一，销售规模发生变动。企业销售商品或提供劳务是取得货币资金的重要途径，当销售规模发生变动时，货币资金存量规模必然会发生相应的变动，并且二者具有一定的相关性。第二，信用政策发生变动。销售规模的扩大是货币资金增加的先决条件，如果企业改变信用政策，则货币资金存量规模会因此而变化。例如在销售时，企业提高现销比例，货币资金存量规模就会变大；反之，货币资金存量规模就会变小。如果企业奉行较严格的收账政策，收账力度较大，货币资金存量规模就会大一些。第三，为大笔现金支出做准备。在企业生产经营过程中，可能会发生大笔的现金支出，如准备派发现金股利、偿还将要到期的巨额银行贷款或集中购货等，企业为此必须提前做好准备，积累大量的货币资金以备需要，这样就会使货币资金存量规模变大。第四，资金调度。一般来说，企业货币资金存量规模过小，会降低企业的支付能力，影响企业的信誉，使企业因此而负担不必要的罚金支出，或因此而丧失优惠进货的机会及最佳投资机会等；反之，如果货币资金存量规模过大，则会使企业丧失这部分资金的获利机会，影响企业资金的利用效果。企业管理人员对资金的调度会影响货币资金存量规模，如在货币资金存量规模过小时通过筹资活动提高其存量规模，而在其存量规模较大时，通过短期证券投资的方法加以充分利用，就会降低其存量规模。第五，所筹资金尚未使用。企业通过发行新股、债券和银行借款取得大量现金，但由于时间关系尚未来得及运用或暂时没有合适的投资机会进行投资，就会形成较大的货币资金余额。

2.分析货币资金规模及变动情况与货币资金比重及变动情况是否合理

货币资金是企业资产中一项特殊资产，其特殊性表现在货币资金是满足企业正常经营必不可少的资产，但它又是几乎不产生收益的资产。货币资金存量过低，不能满足日常经营所需；货币资金存量过高，既影响资产的利用效率，又降低资产的收益水平。因此，企业货币资金存量及比重是否合适应结合以下因素进行分析：一是企业货币资金的目标持有量。企业货币资金的目标持有量是指既能满足企业正常经营需要，又避免现金闲置的合理存量。企业应根据其目标持有量，控制货币资金存量规模及比重。二是资产规模与业务量。一般说来，企业资产规模越大，业务量越大，处于货币资金形态的资产就可能越多。三是企业融资能力。如果企业有良好的信誉，融资渠道畅通，就没有必要持有大量的货币资金，其货币资金的存量与比重就可以低些。四是企业运用货币资金的能力。如果企业运用货币资金的能力较强，能灵活进行资金调度，则货币资金的存量与比重可维持较低水平。五是所处行业特点。处于不同行业的企业，由其不同的行业性质所决定，其货币资金存量与比重会有差异。

（二）应收款项

应收款项主要包括应收账款（应收票据）和其他应收款，两者产生的原因不同，所以应分别进行分析。

1.应收账款（应收票据）

应收账款是因为销售商品或提供劳务产生的。单纯从资金占用的角度讲，应收账款的资金占用是一种很不经济的行为，但这种损失往往可以通过企业扩大销售而得到补偿，所以应收账款的资金占用又是必要的。对应收账款的分析，应从以下几方面进行：

（1）关注企业应收账款的规模及变动情况。企业销售产品是应收账款形成的直接原因，在其他条件不变时，应收账款会随销售规模的增加而同步增加。如果企业的应收账款增长率超过销售收入、流动资产和速动资产等项目的增长率，就可以初步判断其应收账款存在不合理增长的倾向，对此，应分析应收账款增加的具体原因。从经营角度讲，应收账款变动可能出于以下原因：①企业销售规模变动导致应收账款变动。②企业信用政策改变。当企业实行比较严格的信用政策时，应收账款的规模就会小些；反之，则会大些。③企业收账政策不当或收账工作执行不力。当企业采取较严格的收账政策或收账工作得力时，应收账款的规模就会小些；反之，则会大些。④应收账款质量不高，存在长期挂账且难以收回的账款，或因客户发生财务困难，暂时难以偿还所欠货款。

（2）分析会计政策变更和会计估计变更的影响。会计政策变更是指企业对相同的交易或事项由原来采用的会计政策改用另一会计政策的行为。一般情况下，企业每期应采用相同的会计政策，但在某些制度允许的情况下，也可以变更会计政策。涉及应收账款方面的会计政策如果变更，应收账款就会发生变化。例如，在应收账款入账金额的确认上由总价法改为净值法，应收账款余额就会低于按总价法计算的金额，但这不是由应收账款本身减少形成的。又如，在坏账损失的核算上，由直接转销法改为备抵法，应收账款余额就可能因此而降低。此外，由于企业经营活动中内在不确定因素的影响，某些会计报表项目不能精确计量，而只能加以估计。会计估计变更的原因有以下两点：①赖以进行估计的基础发生变化，或者由于取得新的信息、积累更多的经验以及后来的发展变化，可能需要对会计估计进行修订。②会计估计的随意性。企业管理人员为达到特定的目的，如追求高盈利，用带有倾向性的假设对当前业务的未来结果做出预测。如果会计估计变更是因为原因①发生的，那么这种变更会提高财务报表资料的真实性，但如果是因为原因②发生的，那么财务报表资料就可能会掩盖某些事实，造成财务信息人为失真。无论哪种情况发生，对应收账款的会计估计变更最终都会使应收账款发生变动。

（3）分析企业是否利用应收账款进行利润调节。企业利用应收账款进行利润调节的案例屡见不鲜，因此，分析时要特别关注：①不正常的应收账款增长，特别是会计期末突发性的与营业收入相对应的应收账款增长。如果一家企业平时的营业收入和应收账款都很均衡，而唯独第四季度特别是12月份的营业收入猛增，并且与此相联系的应收账款也直线上升，就有理由怀疑企业通过虚增营业收入或提前确认收入进行利润操纵。②应收账款中关联方应收账款的金额与比例。利用关联方交易进行盈余管理，是一些企业常用的手法。如果一家企业应收账款中关联方应收账款的金额增长异常或所占比例过大，则应将其视为企业利用关联方交易进行利润调节的信号。

（4）要特别关注企业是否有应收账款巨额冲销行为。一家企业巨额冲销应收账款，特别是有关联方应收账款的情况，通常是不正常的，其或者是在还历史旧账，或者是在为今后进行盈余管理扫清障碍。

2.其他应收款

其他应收款的发生通常是由企业间或企业内部往来事项引起的。实务中，一些上市公司出于某种目的，常常把其他应收款作为企业调整成本费用和利润的手段，分析时对其他应收款项目应予以充分的注意。对于其他应收款的分析应关注以下几个方面：

（1）其他应收款的规模及变动情况。分析时应注意观察其他应收款增减变动趋势，如果其他应收款规模过大或有异常增长的现象，如其他应收款余额远远超过应收账款余额，其他应收款增长率大大超过应收账款增长率，就应注意分析企业是否有利用其他应收款进行利润操纵的行为。

（2）其他应收款包括的内容。一些企业常常把其他应收款项目当成蓄水池，任意调整成本费用，进而达到调节利润的目的。分析时要注意：①企业是否将应计入当期成本费用的支出计入其他应收款；②企业是否将本应计入其他项目的内容计入其他应收款。

（3）关联方其他应收款余额及账龄。近年来，大股东占用上市公司巨额资金的事例被频繁曝光，已严重威胁上市公司的正常经营。分析时应结合会计报表附注，观察是否存在大股东或关联方长期、大量占用上市公司资金，造成其他应收款余额长期居高不下的现象。

（4）是否存在违规拆借资金。上市公司以委托理财等名义违规拆借资金往往借助其他应收款来实现。

（5）会计政策变更对其他应收款的影响。

3.坏账准备

坏账准备作为应收款项的备抵账户，也经常被用来进行费用调整，从而对资产负债表和利润表产生影响。坏账准备分析应注意以下几个方面：

（1）分析坏账准备的提取方法、提取比例的合理性。按照会计制度的相关规定，企业可以自行确定计提坏账准备的方法和计提的比例。这可能导致一些企业出于某种动机，利用会计估计的随意性选择提取比例，随意选择计提方法，人为地调节应收款项净额和当期利润。

（2）比较企业前后会计期间坏账准备提取方法、提取比例是否改变。一般说来，企业坏账准备的提取方法和提取比例一经确定，不能随意变更。企业随意变更坏账准备的提取方法和提取比例，往往隐藏着一些不可告人的目的。分析时应首先查明当企业坏账准备提取方法和提取比例变更时，企业是否按照信息披露制度的规定，对其变更原因予以说明；然后，分析企业做出变更的理由是否充分合理，是正常的会计估计变更还是为了调节利润。

（3）区别坏账准备提取数变动的原因。坏账准备提取数发生变动，既可能是由应收款项变动引起的，也可能是由会计政策变更或会计估计变更引起的，分析时应加以区别。

（三）存货

存货是企业最重要的流动资产之一，通常占流动资产的一半以上。存货核算的准确性对资产负债表和利润表有较大的影响，因此，应特别重视对存货的分析。存货分析主要包括存货构成分析和存货计价分析。

1.存货构成分析

企业存货资产遍布于企业生产经营全过程，种类繁多，按其性质可分为材料存货、在产品存货和产成品存货。存货构成分析既包括各类存货规模与变动情况分析，也包括各类存货结构与变动情况分析。

（1）存货规模与变动情况分析。存货规模与变动情况分析，主要是观察各类存货的变动情况与变动趋势，分析各类存货增减变动的原因。企业各类存货规模及其变动是否合理，应结合企业具体情况进行分析评价。材料存货和在产品存货是保证企业生产经营活动连续进行必不可少的条件。一般说来，随着企业生产规模的扩大，材料存货和在产品存货相应增加是正常的，其非正常减少会对今后企业生产的连续性产生影响。

（2）存货结构与变动情况分析。存货结构是指各种存货资产在存货总额中所占的比重。各种存货资产在企业再生产过程中的作用是不同的。其中，库存商品和发出商品存货是存在于流通领域的存货，它们不是保证企业再生产过程不间断进行的必要条件，必须压缩到最低限度；材料类存货是维持再生产活动的必要物质基础，然而它只是生产的潜在要素，所以应把它限制在能够保证再生产正常进行的最低水平上；在产品存货是保证生产过程连续性的存货，企业的生产规模和生产周期决定了在产品存货的存量，在企业正常经营条件下，在产品存货应保持一个稳定的比例。企业生产经营的特点决定了企业存货资产的结构，在正常情况下，存货资产结构应保持相对的稳定性。分析时，应特别注意对变动较大的项目进行重点分析。任何存货资产比重的剧烈变动，都可能表明企业生产经营过程中有异常情况发生，因此应深入分析其原因，以便采取有针对性的措施加以纠正。

2.存货计价分析

存货资产是企业流动资产中最重要的组成部分，是生产经营活动重要的物质基础。存货资产的变动，不仅对流动资产的资金占用有极大的影响，而且对生产经营活动也会产生重大影响。存货资产的变动主要受企业生产经营方面的影响，如生产经营规模的扩张和收缩、资产利用效果的大小、资产周转速度的快慢、存货管理水平的高低等。但存货的计价方法、盘存制度和跌价准备的计提等因素的影响也不容忽视。

（1）分析企业对存货计价方法的选择与变更是否合理。可供企业选择的存货计价方法有先进先出法、个别计价法和加权平均法。因为价格的变动，存货的不同计价方法会导致不同的结果。在通货膨胀条件下，存货的不同计价方法对资产负债表和利润表的影响见表4-11。

表4-11 **存货的不同计价方法对资产负债表和利润表的影响**

计价方法	对资产负债表的影响	对利润表的影响
先进先出法	基本反映存货当前价值	利润被高估
个别计价法	基本反映存货真实价值	基本反映真实利润水平
加权平均法	介于两者之间	介于两者之间

由于存货计价方法的选择不同会产生重大的差异，一些企业在实务中往往将存货计价方法的选择作为操纵利润的手段。分析时应结合企业的具体情况、行业特征和价格变动情况，评价其存货计价方法选择的合理性，同时结合财务报表附注对存货会计政策变更的说明，判断其变更的合理性。

（2）分析存货的盘存制度对确认存货数量和价值的影响。存货数量变动是影响资产负债表存货项目的基本因素，企业存货数量的确定主要有两种方法：定期盘存法和永续盘存法。当企业采用定期盘存法进行存货数量核算时，资产负债表上存货项目反映的就是存货的实有数量。如果采用永续盘存法，除非在编制资产负债表时对存货进行盘存，否则，资产负债表上存货项目所反映的只是存货的账面数量。两种不同的存货数量确认方法会造成资产负债表上存货项目的差异，这种差异不是由存货数量本身的变动引起的，而是由存货数量的会计确认方法不同所造成的。

（3）分析存货的计价原则对存货项目的影响。期末存货价值的确定通常采用历史成本法，但会计制度也允许企业采用成本与可变现净值孰低法来确定。当按历史成本法确定的存货低于可变现净值时，按两种方法确定的期末存货价值是一致的。当存货的可变现净值下跌至成本以下时，按成本与可变现净值孰低法确定的存货期末金额就会低于按历史成本法确定的存货期末金额。因此，企业改变存货的计价原则，就会引起资产负债表上存货项目的变动，但这种变动只是一种价值变动，存货数量并不因为计价方法的变更而改变。对报表使用者来说，按成本与可变现净值孰低法对期末存货计价，其资产价值更真实、可信。如果说把历史成本法改为成本与可变现净值孰低法是一种会计政策选择或会计政策变更的话，对可变现净值的确定就是一种会计估计，同样会影响资产负债表中存货的价值。

（四）固定资产

固定资产是企业最重要的劳动手段，对企业的盈利能力有重大影响。固定资产分析主要从固定资产规模与变动情况分析、固定资产结构与变动情况分析、固定资产折旧分析和固定资产减值准备分析四个方面展开。

1.固定资产规模与变动情况分析

固定资产规模与变动情况分析主要从固定资产原值变动情况分析和固定资产净值变动情况分析两个方面来进行。

（1）固定资产原值变动情况分析。固定资产原值是反映固定资产占用量的指标，如果剔除物价变动的影响，也可以说固定资产原值是以价值形式表示固定资产实物量的指标。固定资产原值反映了企业固定资产的规模，其增减变动受当期固定资产增加和当期固定资产减少的影响。当期固定资产增加的主要原因有：①投资转入固定资产；②自行购入固定资产；③自建、自制固定资产；④融资租入固定资产；⑤接受捐赠固定资产；⑥固定资产盘盈；⑦其他原因。当期固定资产减少的主要原因有：①出售转让固定资产；②投资转出固定资产；③固定资产报废清理；④固定资产盘亏及毁损；⑤发生非常损失；⑥其他原因。对固定资产原值变动情况及变动原因的分析，可根据财务报表附注和其他相关资料进行。

（2）固定资产净值变动情况分析。固定资产净值的变动取决于两个方面：一是固定资产原值的变动；二是固定资产折旧的变动，而折旧的变动完全取决于折旧政策的选择。固定资产净值变动情况分析就是分析固定资产原值变动和固定资产折旧变动对固定资产净值的影响。

2.固定资产结构与变动情况分析

固定资产按使用情况和经济用途可以分为生产用固定资产、非生产用固定资产、租出固定资产、未使用和不需用固定资产、融资租入固定资产等。固定资产结构反映固定资产的配置情况，合理配置固定资产，可以使固定资产得到充分利用，进而提高企业的生产能力。在各类固定资产中，生产用固定资产，特别是其中的机器设备，与企业生产经营直接相关，在固定资产中占较大的比重。非生产用固定资产主要指职工宿舍、食堂、俱乐部等非生产单位使用的房屋和设备。企业应在发展生产的基础上，根据实际需要适当增加这方面的固定资产，但增加速度一般应低于生产用固定资产的增加速度，其比重的降低应属正常现象。未使用和不需用固定资产对资金的有效使用是不利的，应该查明原因，采取措施，积极处理，将其压缩到最低限度。如存在因刚刚购入尚未来得及安装或正在进行检修的固定资产，虽属正常现象，但也应加强管理，尽可能缩短安装和检修时间，使固定资产尽早投入生产运营。

根据现行会计制度，企业无须对外披露固定资产的使用情况，企业外部分析人员通常无法获得这方面的相关信息。但是，企业内部分析人员仍有必要分析固定资产的结构与变动趋势，考查固定资产分布和利用的合理性，为企业合理配置固定资产、挖掘固定资产利用潜力提供依据。对于固定资产结构的分析应特别注意以下三个方面：一是生产用固定资产与非生产用固定资产的比例变化情况；二是未使用和不需用固定资产比例的变化情况，以及企业在处置闲置固定资产方面的工作是否得力；三是生产用固定资产内部结构是否合理。

3.固定资产折旧分析

会计准则和制度允许企业使用的折旧方法有平均年限法、工作量法、双倍余额递减法、年限总和法，后两种方法属于加速折旧法。不同的折旧方法由于各期所提的折旧不同，会引起固定资产价值发生不同的变化。固定资产折旧方法的选择对固定资产的影响还隐含着会计估计对固定资产的影响，如对折旧年限的估计、对固定资产残值的估计等。

固定资产折旧分析应注重以下几个方面：

（1）分析固定资产折旧方法的合理性。企业应根据科技发展、环境及其他因素的变化情况，合理选择固定资产折旧方法，对于利用固定资产折旧方法的选择及折旧方法的变更，达到调整固定资产净值和利润的目的的做法，要通过分析比较予以揭示。

（2）分析企业固定资产折旧政策的连续性。固定资产折旧方法一经确定，一般不得随意变更。企业变更固定资产折旧方法，可能是因为一些不可告人的目的，因此，应分析其变更理由是否充分，同时确定折旧政策变更的影响。

（3）分析固定资产预计使用年限和预计净残值确定的合理性。分析时，应注意固定资产预计使用年限和固定资产预计净残值的估计是否符合国家有关规定，是否符合企业实际情况。实务中，一些企业在固定资产没有减少的情况下，往往通过延长固定资产使用年限，使折旧费用大幅减少，以达到“扭亏为盈”的目的。对于这种会计信息失真的现象，分析人员应予以揭示，并加以修正。

4.固定资产减值准备分析

固定资产减值准备分析主要从以下几个方面进行：

（1）固定资产减值准备变动对固定资产的影响。

（2）固定资产可回收金额的确定。这是确定固定资产减值准备提取数的关键。

（3）固定资产发生减值对生产经营的影响。固定资产发生减值使固定资产价值发生变化，既不同于折旧引起的固定资产价值变化，也不同于其他资产因减值而发生的价值变化。固定资产减值是由有形损耗或无形损耗造成的，如因技术进步已不可使用或已遭毁损不再具有使用价值和转让价值等，虽然固定资产的实物数量并没有减少，但其价值量和企业的实际生产能力都会相应变动。如果固定资产实际上已发生了减值，企业不提或少提固定资产减值准备，不仅虚夸了固定资产的价值，同时也虚夸了企业的生产能力。

二、主要负债项目分析

1.短期借款

短期借款数额的多少，往往取决于企业生产经营和业务活动对流动资金的需要量、现有流动资产的沉淀和短缺情况等。企业应结合短期借款的使用情况和使用效果分析该项目。为了满足流动资产的资金需求，一定数额的短期借款是必需的，但如果数额过大，超过企业的实际需要，不仅会影响资金利用的效率，还会因超出企业的偿债能力而给企业的持续发展带来不利影响。短期借款适度与否，可以根据流动负债的总量、当前的现金流量状况和对未来会计期间现金流量的预期来确定。

短期借款发生变化，其原因不外乎两大方面：一是生产经营需要；二是企业负债筹资政策发生变化。具体来说，其变动原因有：

（1）流动资产资金需要，特别是临时性占用流动资产需要发生变化。当季节性或临时性资金需要产生时，企业就可能通过举借短期借款来予以满足，当这种季节性或临时性需要消除时，企业就会偿还这部分短期借款，从而造成短期借款的变化。

（2）节约利息支出。一般来讲，短期借款的利率低于长期借款和长期债券的利率，举借短期借款相对于长期借款来说，可以减少利息支出。

（3）调整负债结构和财务风险。企业增加短期借款，就可以相对减少对长期负债的需求，使企业负债结构发生变化。相对于长期负债而言，短期借款具有风险大、利率低的特点，负债结构变化将会引起负债成本和财务风险发生相应的变化。

（4）增加企业资金弹性。短期借款可以随借随还，有利于企业对资金存量进行调整。

2.应付账款及应付票据

应付账款及应付票据因商品交易而产生，其变动原因有：

（1）企业销售规模的变动。当企业销售规模扩大时，会增加存货需求，使应付账款及应付票据等债务规模扩大；反之，会使其缩小。

（2）充分利用无成本资金。应付账款及应付票据是因商业信用产生的一种无资金成本或资金成本极低的资金来源，企业在遵守财务制度、维护企业信誉的条件下对其加以充分利用，可以减少其他筹资方式的筹资数额，节约利息支出。

（3）提供商业信用企业的信用政策发生变化。如果其他企业放宽信用政策和收账政策，企业应付账款和应付票据的规模就会大些；反之，就会小些。

（4）企业资金的充裕程度。企业资金相对充裕，应付账款和应付票据规模就小些，当企业资金比较紧张时，就会影响到企业对应付账款和应付票据的清偿。

在市场经济条件下，企业之间相互提供商业信用是正常的。利用应付票据和应付账款进行资金融通，基本上可以说是无代价的融资方式，但企业应注意合理使用，以避免造成企业信誉损失。

3.应交税费和应付股利

应交税费反映企业应交未交的各种税金和附加，包括流转税、所得税和各种附加。缴纳税金是每家企业应尽的法定义务，企业应按有关规定及时、足额缴纳。应交税费的变动与企业营业收入、利润的变动相关。分析时应注意查明企业是否有拖欠国家税款的现象。

应付股利反映企业应向投资者支付而未付的现金股利，是因企业宣告分派现金股利而形成的一项负债。支付股利需要大量现金，企业应在股利支付日之前做好支付准备。

4.其他应付款

其他应付款分析的重点是：①其他应付款规模与变动是否正常；②是否存在企业长期占用关联方资金的现象。分析时应结合财务报表附注提供的资料进行。

5.长期借款

长期借款变动的原因有：

（1）银行信贷政策及资金市场的资金供求状况变动。

（2）满足企业对资金的长期需要。

（3）保持企业权益结构的稳定性。

（4）调整企业负债结构和降低财务风险。

三、所有者权益项目分析

对于任何企业而言，其资产形成的资金来源不外乎两个：一是债权人；二是所有者。债权人对企业资产的要求权形成企业的负债，所有者对企业资产的要求权形成企业的所有者权益。因此，所有者权益实质上是所有者在企业资产中享有的经济利益，其金额为资产减去负债后的余额。它包括股本、其他权益工具、资本公积、其他综合收益、专项储备、盈余公积和未分配利润。

解读所有者权益，不仅可以了解企业资本来源，揭示企业法定资本，而且可以明确企业对利润分配、公积金的使用等构成限制的情况，例如，实收资本和资本公积一般不能用于利润分配，盈余公积和未分配利润则是由企业在生产经营过程中所实现的利润留存在企业所形成的等。因此，所有者权益有助于向投资者、债权人等提供有关资本来源、净资产的增减变动、分配能力等对其决策有用的信息。

所有者权益项目可以从以下角度分析：

1.总量判断

如前所述，资产总额代表了一家企业的生产经营规模，掌握一家企业的资产总额固然重要，但更要关注其净资产有多少。净资产表明企业生产经营的最终结果。如果某企业资产总额为1 000万元，而所有者权益总额不足10万元，说明企业逾99%的资产是债权人投入的，该企业处于破产清算的边缘，这时，资产总额越少越好。所有者权益总额为正，则越大越好；若为负数，则表明企业已资不抵债。

2.结构判断

结构判断即将该项目分为内部、外部两大类，然后进行期末与期初的配比。实收资本和资本公积来源于企业外部（投资者）的资本投入，而盈余公积和未分配利润则来源于企业内部（经营者）的资本增值，也称留存收益。外部所有者权益的增长，只能说明投资额的加大，其代表了企业外延式扩大再生产的能力；内部所有者权益的持续增长，才意味着企业经营者的资本保值、增值能力较强，企业拥有充裕的自有资金和良好的偿债能力，其代表了企业内涵式扩大再生产的能力。

所有者权益的详细情况可进一步通过项目分析来考查。

四、新疆上市公司资产负债表项目分析案例

投资性房地产，是指为赚取租金或资本增值，或者两者兼有而持有的房地产。《企业会计准则第3号——投资性房地产》规定已出租的土地使用权、持有并准备增值后转让的土地使用权、已出租的建筑物等属于投资性房地产。投资性房地产后续计量通常应当采用成本模式。只有符合规定条件的，才可以采用公允价值模式进行计量。计量模式一经确定，不得随意变更。成本模式转为公允价值模式的，应当作为会计政策变更，按转换时公允价值与账面价值的差额，调整期初留存收益（未分配利润）。已采用公允价值模式的，不得转为成本模式。

成本模式下，应对投资性房地产计提折旧或摊销。计提折旧或摊销适用固定资产、无形资产有关准则。成本模式下，如存在减值迹象，应按《企业会计准则第8号——资产减值》进行减值测试，并计提相应减值准备。

采用公允价值模式的前提条件如下：

（1）投资性房地产所在地存在活跃交易市场。

（2）企业能够从房地产交易市场取得同类或类似房地产的市场价格及其他相关信息，从而能够对投资性房地产的公允价值做出合理的估计。

采用公允价值模式后续计量的投资性房地产不摊销、不折旧、不计提减值准备，期末按公允价值调整投资性房地产账面价值，其公允价值变动计入当期损益。公允价值变动对当期利润的影响额按照规定不纳税或税前扣除。2014年度全国经济较为低迷，拥有投资性房地产的新疆上市公司，尤其是其中业绩不佳的公司，理应采用公允价值计量，进而享受投资性房地产因公允价值增值带来的利润增长。新疆上市公司中拥有投资性房地产的公司共计22家，投资性房地产占总资产比重较大的公司分别为啤酒花、新中基、百花村、新疆城建、友好集团。逐一考查其投资性房地产后续计量模式，可以发现它们均采用成本模式进行后续计量，其相关资料见表4-12（表中数据均取其母公司数值）。

新疆上市公司为什么都采用成本模式进行投资性房地产的后续计量，即便有些公司已经被“ST”了也不用公允价值模式计量？分析其原因，大致有以下几点：

1.对房地产后续增值空间的顾虑

新疆房地产在2014年度增值幅度较小，面对国家针对房地产的宏观调控，其在以后年度的增值空间具有重大的不确定性，一旦拐点出现，新疆上市公司采用公允价值计量的投资性房地产就必须承担价格下降的公允价值变动损失，这将对公司业绩产生不利的影响，并且一旦采用公允价值模式对投资性房地产进行后续计量，现行企业会计准则不允许企业将其变更为成本模式。随着房地产增值空间的逐渐缩小，公允价值变动收益的不确定性逐渐增大，基于风险收益均衡的考虑，新疆上市公司对其投资性房地产采用成本模式核算更稳妥。

表4-12　**投资性房地产占总资产比重**　金额单位：元

公司名称	投资性房地产	总资产	投资性房地产/总资产
啤酒花	62 666 760.76	1 350 014 353.02	4.64%
新疆天业	10 227 613.79	3 668 303 219.85	0.28%
天利高新	62 560 490.64	3 933 850 489.70	1.59%
新疆众和	11 398 851.30	8 803 902 596.83	0.13%
伊力特	5 416 667.01	2 309 183 021.32	0.23%
天山股份	14 679 360.13	21 627 631 264.76	0.07%
新赛股份	774 348.44	3 360 953 506.09	0.02%
光正集团	4 697 101.20	2 037 067 295.17	0.23%
天富能源	8 889 767.67	14 295 082 472.61	0.06%
美克家居	22 589 983.28	3 996 495 375.60	0.57%
天山纺织	14 736 126.05	2 031 724 038.69	0.73%
新中基	87 952 090.78	1 971 019 546.85	4.46%
百花村	160 778 040.10	4 165 746 970.62	3.86%
国际实业	64 000 658.05	2 968 258 457.12	2.16%
西部建设	19 500 253.62	10 872 893 399.74	0.18%
友好集团	182 048 667.50	7 845 126 328.01	2.32%
天康生物	584 012.32	3 011 100 424.35	0.02%
金风科技	76 592 564.51	45 777 325 707.56	0.17%
新疆城建	343 086 407.10	9 580 249 686.80	3.58%
中粮屯河	26 852 980.44	14 389 468 221.21	0.19%
新研股份	83 393.99	1 274 672 662.02	0.01%
新农开发	9 606 489.07	2 448 058 494.99	0.39%
平均值	54 078 301.26	7 805 369 433.31	0.69%

资料来源　根据新疆上市公司2014年年度财务报告数据整理计算。

2.房地产公允价值收益的税收政策担忧

有关投资性房地产公允价值变动损益的企业所得税相关规定中，目前执行的是《关于执行企业会计准则需要协调的有关所得税处理问题》（征求意见稿），按照规定，上市公司采用公允价值模式计量产生的公允价值变动收益不计入应纳税所得额，损失不得在税前扣除。自2008年1月1日起实施的新的企业所得税法及实施条例并未对企业采用公允价值计量产生的变动损益做出是否纳税的明确规定。在这种情况下，上市公司往往会选择维持现状，等待相关税收政策的出台。

3.成本模式简便易行，会计核算成本低

投资性房地产采用成本模式计量，一方面，由于其初始成本确定后折旧、摊销数额的取得非常简便，与现行企业所得税法的税前扣除相吻合，所得税处理较便捷；另一方面，采用成本模式计量投资性房地产可以避免每一会计期末对投资性房地产公允价值的判断，尽管现行企业会计准则对投资性房地产采用公允价值模式的前提条件做出了规定，但究竟什么是活跃交易市场、如何取得相关信息、什么样的估值才算合理的估计、是否必须经过专业的资产评估机构进行评估以确定其公允价值则并未明确，这些不确定因素都会增加上市公司核算的成本，在面对确定性和不确定性的选择时，公司通常会选择前者。

4.可为公司将来盈余管理留有余地

按照现行企业会计准则的规定，企业一旦选择公允价值模式就不得再转为成本模式，企业在未来对投资性房地产就无法掌控，这对公司未来的盈余管理很不利；而采用成本模式的话，在企业需要进行盈余管理时可以利用投资性房地产模式的转变，并结合其他业务达到有效控制企业经营业绩的目的。如“ST”公司可以在其需要扭亏为盈的年度将以成本模式计量的投资性房地产转变为以公允价值模式计量，并将其出售，按照房地产多年来的增长情况，以成本模式计量的投资性房地产转变为以公允价值模式计量时会有一笔大额的资本公积入账，若将该投资性房地产出售，资本公积会在当期转变为其他业务收入并计入利润，从而达到有效利用其进行盈余管理的目的。然而，公允价值模式后续计量则不能将多年累积的房地产增值额集中在某一期列示在报表中以实现公司盈余管理的目的。

5.2014年度新疆房地产增值预期与实际偏差不大

自国家对房地产市场进行宏观调控以来，内地各省市房地产价格的上涨得到了一定的控制。新疆由于受特殊地理位置和特殊政策的影响，在全国其他省市房地产大幅增值的年度，其房地产价值增幅依然较小。2012—2013年度国家宏观调控政策更加严格，一般预期新疆房地产在2014年度不会有太大的增值空间。在这种预期下，加之公允价值模式核算又有很多的不确定性，一般来说，公司会选择以成本模式进行后续计量。实际上，新疆房地产在2014年度仅出现了极小的增值，这与很多上市公司的预期一致。

6.不希望引起关注

企业会计准则中允许企业采用公允价值计量，但对公允价值的使用却是谨慎、有条件的，公允价值无论在政策方面还是实际操作方面都存在较大的不确定性，上市公司往往不愿意把自己放在风口浪尖上引起太多的关注，从众的心态也使得新疆上市公司选择和其他公司一样采用成本模式计量投资性房地产。

第五节　偿债能力分析

偿债能力分析又称企业偿债风险状况分析或安全性分析，是指企业利用经济资源偿还所欠债务本金和利息的能力。企业全部的经营活动——融资、投资以及经营活动均影响企业的偿债能力。了解企业偿债能力的影响因素并利用财务信息进行企业的偿债能力分析，无论对于关注能否及时收回债权的企业债权人或其潜在债权人来说，还是对于谋求及时偿还债务、降低财务风险的企业自身来说，都有重要的意义。企业偿债能力分析的内容受企业负债和偿债所需资产内容的制约，包括短期偿债能力分析和长期偿债能力分析。

一、短期偿债能力分析

短期偿债能力是指企业偿还流动负债的能力，是衡量企业财务实力和反映企业财务状况的重要标准。在资产负债表中，流动负债与流动资产形成了一种对应关系。一般来说，流动负债要用流动资产偿付，需要用现金来直接偿还，因此可以通过分析流动负债和流动资产之间的关系来判断企业的短期偿债能力。短期偿债能力的强弱关系到企业能否健康发展，关系到债权人和投资者的利益能否得到保障。因此，企业短期偿债能力分析，作为偿债能力分析的重要内容之一，通常被列为财务报表分析的首要项目。

评价企业短期偿债能力的财务指标主要有：

1.营运资金

营运资金是指企业某一时点的流动资产与流动负债的差额，其计算公式为：

营运资金=流动资产-流动负债

其中，流动资产和流动负债通常可以直接取自资产负债表，但需要注意以下两点：

（1）公式中的流动资产中，现金是用来偿还债务的，用于特殊用途的现金不能作为流动资产；以公允价值计量且其变动计入当期损益的金融资产必须是短期持有的；应收账款中包含的来自非正常业务且收账期长于1年的应收账款应予以扣除(其他应收款中的某些特定项目)；存货中应扣除那些超出正常经营需要的存货，同时应注意存货计价方法给资产总额带来的影响。

（2）公式中的流动负债是在1年内准备使用流动资产或其他流动负债偿还的债务，不属于这个范畴的负债应该扣除。

营运资金从绝对数的角度说明了企业的短期偿债能力。当流动资产大于流动负债时，说明企业营运资金有盈余，营运资金越大说明企业的短期偿债能力越强，企业的财务状况越稳定。营运资金为负，说明有部分非流动资产由流动负债提供资金来源，此时企业面临财务风险。

从债权人的角度来说，营运资金越多，债权人的保障程度就越高；但是从企业自身来看，营运资金并非越多越好，因为流动资产的获利性不高，持有较多的流动资产对以营利为目的的企业而言是不利的。

该指标也有一定的局限性：首先，营运资金作为一个绝对数指标，不同行业营运资产的规模有很大的差别，它只能用于同一企业前后各期的比较，在不同行业或不同企业之间缺乏可比性；其次，在实务中，对营运资金的分析并没有多少实际意义，需要结合短期偿债能力的其他指标进行分析。

2.流动比率

流动比率是流动资产对流动负债的比率，它是指每1元的流动负债有多少流动资产作为保障。流动比率用来衡量企业流动资产在短期债务到期以前，可以变现用于偿还负债的能力。其计算公式为：

流动比率=流动资产/流动负债

流动比率和营运资产配置比率所反映的偿债能力是相同的，它们可以相互换算。

流动比率是相对数，排除了企业规模不同的影响，适用于同业比较以及对本企业不同历史时期的比较。该比率越高，流动负债的安全性越高，代表该企业的短期偿债能力越强，债权的安全保障程度越高；反之，则说明企业的短期偿债能力越弱，债权的安全保障程度越低。流动比率的下限为1，即流动资产等于流动负债。若流动比率小于1，则说明企业的部分债务可能无法及时清偿，企业将面临较大的财务危机。

从债权人的角度来说，流动比率越大越好；但是从企业自身来讲，过高的流动比率意味着企业资本成本加大和获利能力降低，以致影响企业的盈利能力。

该指标也存在一定的局限性：流动比率假设全部流动资产都可以变为现金并用于偿债，全部流动负债都需要还清，而实际上，有些流动资产的账面金额与变现金额有较大差异，因此，流动比率是对短期偿债能力的粗略估计。

3.速动比率

速动比率是企业某一时点速动资产与流动负债的比率，也称酸性试验比率。它表示企业每1元的流动负债有多少速动资产作保障，可衡量企业流动资产可以立即变现用于偿还流动负债的能力。其计算公式如下：

速动比率=（流动资产-存货-预付账款）/流动负债

因为非速动资产的变现时间和数量具有较大的不确定性，因此，将可偿债的资产定义为速动资产。速动资产主要包括货币资金、以公允价值计量且其变动计入当期损益的金融资产、应收账款等，不包括存货、预付款项等。速动资产的确定方法有两种：一种是减法，以流动资产扣除存货计算速动资产；另一种是加法，直接将货币资金、以公允价值计量且其变动计入当期损益的金融资产、应收账款净值相加计算速动资产。

与流动比率相比，速动比率能够更加准确、可靠地评价企业资产的流动性及其直接偿还短期债务的能力。该比率越高，表明企业偿还流动负债的能力越强，对债权人的保证程度越强；反之，说明企业的短期偿债能力存在问题。但该比率过高，又说明企业拥有较多的速动资产，会影响企业的盈利能力，因此，对于企业来讲，速动比率不宜过高。国际上一般认为速动比率为1比较合适，此时表明企业既有良好的短期偿债能力，又有合理的流动资产结构。在实际应用中，应结合不同行业、企业的实际情况分析判断速动比率的合理性。

该指标的局限性在于：首先，它是一个静态指标，不能说明企业的未来现金流量；其次，从根本上说，企业偿还债务的资金来源应是经营取得的现金流入量，所以应该结合企业在所处行业中的竞争地位及获利能力来分析其偿债能力。

4.现金比率

现金比率又称即付比率，是企业现金类资产与流动负债的比率，代表企业可以随时偿债的能力或对流动负债支付的及时程度，最能反映企业直接偿付流动负债的能力。其计算公式如下：

现金比率=现金类资产/流动负债×100%

现金类资产包括企业拥有的货币资金和以公允价值计量且其变动计入当期损益的金融资产，相当于资产负债表中“货币资金”和“以公允价值计量且其变动计入当期损益的金融资产”两项目相加的数额，是速动资产减去应收账款的余额。

现金比率越高，说明企业能够随时偿还流动负债的能力越强，企业面临的短期偿债压力越小；反之，则说明企业的短期偿债压力较大。对于债权人来说，现金比率越高越好；但是从企业自身来看，现金是收益性最差的资产，过高的现金比率会使企业资产过多地保留在盈利能力最差的现金资产上，在提高短期偿债能力的同时增大了机会成本，降低了企业的盈利能力。一般而言，现金比率控制在20%左右即可，但实际上不存在适合所有行业中所有企业的“标准”现金比率。

该指标的局限性表现在：单纯计算现金比率是没有意义的，因为现金比率的分子中包含的项目过少，除特殊情况外，该指标的作用并不明显。因此，现金比率的计算和分析必须与流动比率、速动比率结合进行。

二、长期偿债能力分析

长期偿债能力，是指企业偿付未来到期的长期债务的能力，是一家企业保证未来到期的长期债务及时偿还的可靠程度。长期偿债能力的强弱是反映企业财务安全和稳定程度的重要标志。分析长期偿债能力，可以了解企业的财务状况，了解企业所承担的财务风险程度。对长期偿债能力的分析，不论是对于债务人、债权人还是投资者来说，都具有重要的作用。

衡量企业的长期偿债能力，主要使用以下财务指标：

1.资产负债率

资产负债率是企业某时点负债总额与资产总额的比率。它表明企业资产总额中有多少是通过举债得到的，以及总资产对偿还全部债务的保障程度。

资产负债率=负债总额/资产总额×100%

公式中的负债总额是指企业的全部负债，不仅包括长期负债，而且包括流动负债。这是因为流动负债作为一个整体，企业总是长期占用着，可以将其视为长期性资本来源的一部分。

一般情况下，资产负债率越小，表明企业的长期偿债能力越强；反之，则说明企业的长期偿债能力越弱。一般认为，资产负债率的适宜水平是40%~60%。从企业和股东的角度出发，资产负债率并不是越低越好，因为资产负债率过低往往表明企业没有充分利用财务杠杆。因此，在评价企业的资产负债率时，需要在收益与风险之间权衡利弊，充分考虑企业内外部各种因素和外部市场环境，做出正确、合理的判断。

该指标的局限性在于只考虑了资产负债表中量化的信息，并且是建立在清算的基础上的，而不是建立在持续经营的基础上的。

2.所有者权益比率

所有者权益比率是企业的所有者权益与资产总额的比值，是反映企业长期偿债能力的重要指标，反映了在企业的全部资产中，有多少是所有者提供的。其计算公式如下：

所有者权益比率=所有者权益/资产总额×100%

所有者权益比率越高，说明企业资产中由投资者投资所形成的资产越多，债权人的利益越有保障；反之，则说明该企业的长期偿债能力越弱。但是对于一个利润稳定增长或经营状况良好的企业，该比率过高，必然使企业融资成本提高，所有者不能充分利用财务杠杆的作用，因此，所有者权益比率也应适度。

所有者权益比率与资产负债率之和应为100%，但这两个指标的侧重点不同，所有者权益比率的高低能够说明公司对债权人利益的保障程度，特别是在清算状态下，该指标对债权人利益的保障程度就显得更重要了。所有者权益比率存在的局限性与资产负债率相类似。

3.权益乘数

权益乘数也称权益总资产率，是指企业某一时点资产总额相当于所有者权益的倍数。其计算公式如下：

权益乘数=资产总额/所有者权益

权益乘数越小，表明所有者投入企业的资本占全部资产的比重越大，企业的负债程度越低，债权人权益受到保障的程度也越高。通常情况下，权益乘数应当大于1。权益乘数与所有者权益比率互为倒数，是此消彼长的关系。因此，权益乘数和资产负债率的变动方向一致。

4.产权比率

产权比率又称为资本负债率，是企业某一时点负债总额与所有者权益的比率，即债权人所提供资金与所有者提供资金的对比关系，因此它不仅可以反映所有者权益对债务的保障程度，还可以揭示企业资本结构的合理程度、资金成本的高低。其计算公式如下：

产权比率=负债总额/所有者权益×100%

产权比率越高，说明企业偿还长期债务的能力越弱；产权比率越低，说明企业偿还长期债务的能力越强。但是，过低的产权比率也说明企业不能充分地发挥负债的财务杠杆效应。

资产负债率、产权比率和权益乘数表明了资产、负债和所有者权益间的关系，三个比率之间可以互相换算，在表示资本结构和体现长期偿债能力时起基本相同的作用。其主要区别是：资产负债率侧重于分析债务偿付安全性的物质保障程度；产权比率侧重于揭示资本结构的稳健程度以及权益资金对偿债风险的承受能力；而权益乘数侧重于反映企业所有者投入的资本支撑着几倍于自身的经营规模。

5.利息保障倍数

利息保障倍数也称已获利息倍数，是企业息税前利润相当于利息费用的倍数。它反映了企业以当期经营所得利润偿还债务利息的能力。它是利用利润表的有关资料来分析企业长期偿债能力的指标。其计算公式如下：

利息保障倍数=息税前利润/利息费用

公式中的分子“息税前利润”是指包括债务利息与所得税的正常业务经营利润，不包括非正常项目利润。为了更加准确地反映利息保障程度，分母“利息费用”不仅应包括财务费用中的利息，还应包括资本化的利息。

一般情况下，利息保障倍数应该大于1，说明企业具有偿还当期利息的能力，具有长期偿债能力。此比率若低于1，则说明企业取得的经营成果不足以支付当期利息费用，这意味着企业付息能力非常低、财务风险非常高，需要引起高度重视。利息保障倍数越大，说明企业在经营活动中所获得的收益偿还利息的能力越强，但是对于企业和所有者来说，如果很高的利息保障倍数不是由高利润带来的，则说明企业的财务杠杆程度很低，未能充分利用举债经营的优势。

该指标的局限性在于它反映的只是企业偿还利息的能力，无法反映企业能否偿还债务本金，因此只能反映企业举债经营的基本条件。

6.现金利息保障倍数

现金利息保障倍数是指经营活动现金净流量相当于利息费用的倍数，其公式如下：

现金利息保障倍数=经营活动现金净流量/利息费用

现金利息保障倍数是以现金为基础的利息保障倍数，它比以收益为基础的利息保障倍数更可靠，因为实际用以支付利息的是现金而非收益。

7.现金流量债务比

现金流量债务比是指经营活动现金净流量与负债总额的比率，它反映企业用经营活动产生的现金净流量偿还全部债务的能力，体现了企业偿债风险的高低。其计算公式如下：

现金流量债务比=经营活动现金净流量/负债总额×100%

公式中的“负债总额”可以用年末负债总额，也可以用全年平均负债总额。该比率越高，说明企业偿债能力越强，偿债时效保障越好，相应的风险越小；反之，则说明企业偿债能力越弱，偿债时效保障越差，相应的风险越大。

三、短期偿债能力与长期偿债能力的关系

（一）短期偿债能力与长期偿债能力的联系

1.两者都是从特定资产与特定负债的相对关系的角度揭示企业的财务风险

首先，无论是短期偿债能力还是长期偿债能力，反映在财务指标上均是特定资产与特定负债的比较，尽管纳入比较的资产和负债在范围上有所不同，但反映资产对负债的相对关系这一点是相同的。其次，无论是短期偿债能力还是长期偿债能力，均是与企业财务风险相关的财务范畴。

2.两者在指标值方面存在着相互影响、相互转化的关系

首先，企业各种长短期债务在一定程度上只是一种静态的划分，随着时间的推移，长期负债总会变成短期负债，而部分短期负债又可能被公司长期占用。这样，在资产结构及负债规模一定的情况下，当企业长期负债转化为短期负债时，就会导致流动比率、速动比率等指标值下降。其次，长期借款在取得初期，大多以现金的形式存在，这样，长期借款的借入将会导致长期资产对长期负债比率下降的同时，流动比率、速动比率以及现金比率等短期偿债能力指标上升，即指标所反映的长期偿债能力减弱，而短期偿债能力增强。

3.两者从根本上说都受限于企业的经营能力

无论是短期偿债能力还是长期偿债能力，均是与企业的经营能力息息相关的。经营能力强，表明资产周转快。一方面，资产周转快，意味着资产的变现能力强，从而使企业得以维持较强的动态支付能力；另一方面，资产周转快，能使特定数量的资产在一定期间的盈利机会增多，经营利润增大，这样，在利润资本化程度一定的情况下，必将使资产和所有者权益同时增加，进而使资产负债率和产权比率等指标下降，即所反映出的长期偿债能力增强。

（二）短期偿债能力与长期偿债能力的区别

1.两者的实质内容不同

短期偿债能力的实质内容在于现金支付能力；长期偿债能力的实质内容则在于资产、负债与所有者权益的构成及比例关系，即企业的财务结构和资本结构。

2.两者的稳定程度不同

短期偿债能力所涉及的债务偿付一般是企业的流动性支出，这些流动性支出具有较大的波动性，从而使企业短期偿债能力也呈现出较大的波动性；而长期偿债能力所涉及的债务偿付一般是企业的固定性支出，只要企业财务结构和盈利水平不发生显著变化，企业的长期偿债能力就会呈现出相对稳定的特征。

3.两者的物质承担者不同

短期偿债能力的物质承担者是企业的流动资产，流动资产的量与质是企业短期偿债能力的力量源泉；而长期偿债能力的物质承担者是企业的资本结构及企业的盈利水平，合理的资本结构及较强的盈利能力是企业长期偿债能力的力量源泉。

四、影响偿债能力的特别项目

除了流动资产、流动负债、营运资金和现金流量外，在考查企业的流动性和短期偿债能力时还需要关注其他一些因素。

（一）影响短期偿债能力的特别项目

1.授信额度

授信额度赋予了企业在需要资金时随时从银行获取借款的权利，因此其实际上能够增强企业资产的流动性和企业短期偿债能力。

2.准备很快变现的长期资产

由于转变经营范围等特殊原因，企业可能在近期内出售一些长期资产，这无疑将增强企业资产的流动性和企业短期偿债能力。

3.补偿性余额

补偿性余额是对企业资金动用能力的限制，因而在考查企业的流动性和短期偿债能力时，应将补偿性余额部分排除在流动资产之外。

（二）影响长期偿债能力的特别项目

1.或有负债

它是指过去的交易或事项形成的潜在义务，其存在需通过未来不确定事项的发生或不发生予以证实。常见的或有事项包括：

（1）担保责任。企业可能会以本企业的资产为其他企业提供法律担保，但是这种担保责任在会计报表中并未得到反映。在分析企业长期偿债能力时，应根据有关资料判断担保责任带来的潜在的长期负债，考虑企业是否有巨额的法律担保责任。

（2）未决诉讼。由于或有负债在资产负债表日不能确定未来的结果如何，一旦其成为企业现实的负债，则会对企业的财务状况产生重大影响，尤其是金额巨大的或有负债项目，在进行企业偿债能力分析时必须考虑这一因素。

2.重大投资项目

企业一些重大的战略投资项目，由于投资金额巨大，且对企业未来发展有深远的影响，因此项目的成败会对企业长期偿债能力产生影响，项目成功则会给企业带来长远或潜在的利益和竞争优势，项目失败则会导致企业陷入财务困境，甚至破产。

3.资产变现能力

不同的企业，由于其所处行业的不同以及其自身的特点，会拥有不同的资产结构。与短期资产相比，长期资产具有收益低、变现能力差、风险高的特点。因此，企业的偿债能力也不相同。在进行企业长期偿债能力分析时，一定要考虑资产变现能力的影响。

4.企业信誉

企业信誉是企业在资本市场上融通资金的通行证。

五、新疆上市公司偿债能力分析案例

偿债能力是指企业对到期债务的清偿能力，包括短期内对到期债务的实际偿付能力和对未来债务预期的偿付能力。偿债能力的大小直接关系到企业持续经营能力的高低，是企业利益相关者最关心的财务能力之一，是衡量企业财务管理水平的核心内容，也是财务分析的一个重要方面。一个公司的偿债能力反映了这个公司经营风险的大小，而经营风险又是投资者必须考虑的因素，因此分析一个公司的偿债能力就显得十分必要了。准确地分析企业偿债能力，有助于企业渡过难关，使企业免除偿债危机的困扰，有利于企业平稳地发展壮大。

（一）新疆上市公司短期偿债能力分析

一家企业能否长足稳定地发展与其短期偿债能力有着很大的关系。对债权人来说，企业要具有充分的偿还能力才能保证其债权的安全，从而使其按期取得利息，到期取回本金；对投资者来说，如果企业没有足够的短期偿债能力，就意味着企业的筹资难度加大，紧急筹资导致资金成本提高，企业的盈利能力和稳定性就会受到影响；对经营管理人员来说，企业的短期偿债能力弱，他们就不得不耗费大量精力去筹集资金来应付债务，以维持企业的正常运转。

1.流动比率指标分析

（1）整体趋势分析

根据西方企业的经验，人们普遍认为企业的流动比率为2比较适宜。一般情况下，流动比率越大，反映企业短期偿债能力越强，但是流动比率过大则表明企业流动资产占用较多，会影响企业的资金利用效率，进而降低企业的获利能力。但是，也不排除由于存货大量滞销导致流动资产过高所引起的流动比率增大。从表4-13中可以看出，从2014年年末至2018年年末，新疆上市公司的平均流动比率在2上下波动。2015年年末，平均流动比率下降7.60%，但是到2016年年末，流动比率增幅较大，增长幅度达15.67%，抵消了2014年年末至2015年年末的降低幅度。到2018年年末，平均流动比率又有所回落，跌至2.0615。

表4-13 **新疆上市公司平均流动比率表**

项目 \ 时间	2014年年末	2015年年末	2016年年末	2017年年末	2018年年末
平均流动比率	2.0271	1.8731	2.1666	2.4307	2.0615

资料来源 根据新疆上市公司2014—2018年年度财务报告数据整理计算。

（2）企业状况比较

2018年年末，新疆上市公司平均流动比率为2.0615，有12家上市公司超过这一平均水平，其中德展健康、德新交运、香梨股份和东方环宇这4家上市公司在这一指标上表现优异，超过上市公司平均值2倍以上。香梨股份的流动比率异常高于其他公司，且拉动了整个新疆上市公司的流动比率水平，其达到了22.4823，这表示香梨股份的短期偿债能力很强。但是，虽然流动比率大表明公司的短期偿债能力强，不过，对于投资者来说，流动比率过大，并不一定表示财务状况良好，尤其是在公司存在大量应收账款和积压存货的情况下。

2018年流动比率低于新疆上市公司平均水平的43家上市公司中，流动比率在1以下的公司有21家，最低的是合金投资，只有0.1539，与香梨股份相比差距甚大。这说明这几家上市公司对流动负债的保证程度较低，债权人全额收回债权的可靠程度也较低，另外新疆上市公司流动比率差距大，各公司间短期偿债能力差异显著。

（3）与全国水平相比

从表4-14可以看出，新疆上市公司平均流动比率在2014—2018年年末低于全国平均水平，说明相对于全国来说，新疆上市公司的偿债能力仍有待提高。

表4-14　**流动比率指标对比表**

项目 \ 时间	2014年年末	2015年年末	2016年年末	2017年年末	2018年年末
新疆上市公司平均流动比率	2.0271	1.8731	2.1666	2.4307	2.0615
全国上市公司平均流动比率	2.5345	2.4305	2.5752	2.5653	2.3621

资料来源　根据全国和新疆上市公司2014—2018年年度财务报告数据整理计算。

2.速动比率指标分析

（1）整体趋势分析

人们普遍认为企业的速动比率为1比较理想。公司速动比率较高，说明公司不必动用存货，仅仅依靠速动资产就能偿还债务，偿还流动负债的能力较强，但速动比率过高也会造成资金的闲置，影响企业的盈利能力。表4-15中的数据显示，新疆上市公司2014—2018年年末平均速动比率波动比较大，从2015年年末开始，平均速动比率有较大幅度的上升，其中2016年年末上升至最高点，达到2.6704。2017年年末平均速动比率又开始下降，到2018年年末下降至1.7385，接近于2。这说明，与2017年相比，新疆上市公司在2018年调整了公司资产负债结构，在保证偿债能力的同时，确保企业资金也能得到充分利用。

表4-15　**新疆上市公司速动比率平均趋势表**

项目 \ 时间	2014年年末	2015年年末	2016年年末	2017年年末	2018年年末
平均速动比率	1.3346	1.4398	2.6704	2.0308	1.7385

资料来源　根据新疆上市公司2014—2018年年度财务报告数据整理计算。

（2）企业状况比较

2018年年末新疆上市公司的平均速动比率为1.7385，有9家上市公司超过这一平均水平，其中香梨股份、德新交运、德展健康、东方环宇、新疆浩源和新天然气这6家上市公司在这一指标上表现优异，超过上市公司平均值3倍以上。香梨股份的速动比率异常高于其他公司，且拉动了整个新疆上市公司的速动比率水平，其达到了21.2407，表明企业的短期偿债能力有可靠的保障。但是，速动比率过高，亦说明企业在速动资产上占用资产过多，会增加企业投资的机会成本。虽然新疆上市公司平均水平稍高于安全边际值1，但是不能排除类似香梨股份这种大幅度拉高整体速动比率水平的因素存在。

（3）与全国水平相比

从表4-16可以看出，新疆上市公司平均速动比率在2014—2018年年末大多低于全国平均水平，只在2016年年末超过全国平均速动比率。

表4-16 速动比率指标对比表

项目 \ 时间	2014年年末	2015年年末	2016年年末	2017年年末	2018年年末
新疆上市公司平均速动比率	1.3346	1.4398	2.6704	2.0308	1.7385
全国上市公司平均速动比率	1.9753	1.9274	2.0835	2.0808	1.9020

资料来源 根据全国和新疆上市公司2014—2018年年度财务报告数据整理计算。

3.现金比率指标分析

现金类资产包括货币资金和易于变现的有价证券。这一比率主要反映了流动负债所能得到的现金保障程度，其最能体现企业短期偿债能力。一般情况下，现金比率达到0.2，企业直接偿付流动负债的能力就不会有太大问题。通过表4-17可以看出，新疆上市公司现金比率较高，平均达到0.7678，说明新疆上市公司有较强的直接偿付流动负债的能力，但是现金比率过高说明企业的资金大量闲置，没有充分发挥出其潜在获利能力。

表4-17 新疆上市公司现金比率平均值

项目 \ 时间	2014年年末	2015年年末	2016年年末	2017年年末	2018年年末	平均
平均现金比率	0.5733	0.7275	0.9339	0.8302	0.7743	0.7678

资料来源 根据新疆上市公司2014—2018年年度财务报告数据整理计算。

（二）新疆上市公司长期偿债能力分析

长期偿债能力的高低，不仅涉及投资者投资是否安全，而且关系到公司扩展经营能力的强弱。测算公司长期偿债能力的指标主要有资产负债率、产权比率等。

1.资产负债率指标分析

资产负债率是企业负债总额与资产总额之间的比率，通过计算总资产中负债的比重来反映企业长期偿债能力的强弱，也是衡量企业总资产中所有者权益和债权人所投资金比例是否合理的重要指标。

（1）整体趋势分析

新疆上市公司资产负债率变动情况如图4-1所示，从图4-1可以看出，2014—2018年年末新疆上市公司资产负债率在49%至55%之间波动，2014—2015年呈上升趋势，达到最高值54.17%，2015—2017年呈下降趋势，低至49.82%，2017年之后又呈上升趋势。

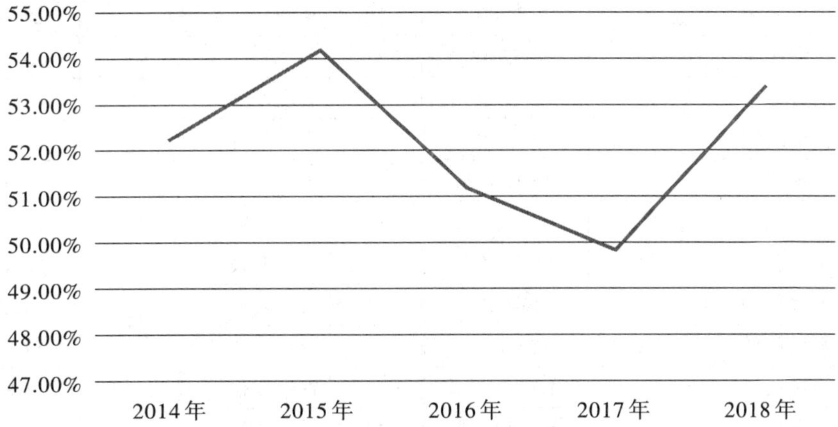

图4-1　新疆上市公司资产负债率变动图

资料来源　根据新疆上市公司2014—2018年年度财务报告数据整理计算。

对于债权人来说，资产负债率的下降意味着负债占企业资产总额的比重减小，债权人的安全程度提高，风险降低。

对于企业经营者来讲，资产负债率是评价经营者理财能力和进取心的重要指标。若企业负债比例很大，超出债权人的心理承受能力，企业就借不到钱；若企业没有负债或比例很小，表明经营者对企业的发展前途信心不足，利用债权人资本进行企业经营和发展的能力较差。

从股东的角度看，企业通过举债筹措的资金与股东提供的资金在经营中发挥的作用相同。因此，股东关心的是全部资本利润率是否超过借入款项的利率。在企业所得的全部资本利润率超过因借款而支付的利息率时，股东所得到的利润就会加大。一般认为，资产负债率的适宜水平是40%～60%。若资产负债率大于1，则表明企业已经资不抵债，可能会面临倒闭。

新疆上市公司平均资产负债率在适宜的范围内，说明其资产负债结构比较合理。

（2）企业状况比较

依表4-18所示，2018年年末新疆上市公司的资产负债率平均为53.29%，55家上市公司中有13家资产负债率指标在40%～60%。在这13家企业中，特卓郎智能、特变电工、光正集团、天顺股份和中粮糖业等8家上市公司在该指标排序中位居前列，说明这8家上市公司有着较强的偿债能力。在42家处于适宜水平之外的上市公司中，有13家上市公司的资产负债率在65%上下浮动，其债务风险尚在可控范围之内；但ST准油、天山生物、友好集团等13家公司的资产负债率超过了70%，明显偏高，说明这些公司存在着较高的债务风险。

表4-18　**新疆上市公司2018年年末资产负债率**

排序	公司名称	资产负债率	排序	公司名称	资产负债率
1	国际实业	21.8470%	29	特变电工	57.9000%
2	申万宏源	79.5250%	30	啤酒花（同济堂）	27.5470%
3	渤海租赁	80.7250%	31	伊力特	23.4320%
4	宏源证券	—	32	冠农股份	61.7960%
5	天山纺织（德展健康）	10.8100%	33	广汇能源	64.2390%
6	天山股份	46.1090%	34	美克家居	44.9840%
7	新中基（ST中基）	63.8970%	35	天利高新（中油工程）	74.9220%
8	中泰化学	66.3160%	36	新农开发	78.4740%
9	天康生物	61.4650%	37	天润乳业	40.2700%
10	金风科技	67.4610%	38	青松建化	51.2970%
11	国统股份	67.2300%	39	香梨股份	5.8990%
12	准油股份（ST准油）	95.3080%	40	天富能源	69.2760%
13	西部建设	64.7070%	41	新赛股份	75.5140%
14	北新路桥	83.5110%	42	新疆城建（卓郎智能）	58.4640%
15	光正集团	55.9750%	43	八一钢铁	79.0780%
16	新疆浩源	14.5160%	44	百花村（*ST百花）	26.3350%
17	麦趣尔	24.7320%	45	中粮屯河（中粮糖业）	51.5090%
18	西部牧业	38.4970%	46	友好集团	84.7170%
19	新研股份	33.0900%	47	新疆众和	64.9530%
20	天山生物	85.3320%	48	西部黄金	37.1280%
21	新疆天业	40.1110%	49	雪峰科技	50.1870%
22	中葡股份（*ST中葡）	22.4490%	50	中油资本	84.0370%
23	合金投资	84.5040%	51	天顺股份	54.0790%
24	贝肯能源	47.3820%	52	新疆交建	75.3460%
25	熙菱信息	63.5900%	53	立昂技术	67.0210%
26	*ST新亿	45.5350%	54	德新交运	14.2680%
27	新疆火炬	23.3570%	55	汇嘉时代	67.8000%
28	新天然气	34.7240%	56	东方环宇	17.5010%

2.产权比率指标分析

产权比率用来表明由债权人提供的和由投资者提供的资金来源的相对关系，反映企业基本财务结构是否稳定。一般来说，所有者提供的资本大于借入资本为好，但也不能一概而论。该指标同时也表明债权人投入的资本受到所有者权益保障的程度，或者说是企业清算时对债权人利益的保障程度。

通过表4-19可知，新疆上市公司平均产权比率在2014—2018年年末总体持平，除2015年和2018年年末偏高以外，基本保持在1.7左右。这说明，总体来看，企业的资本结构比较合理但略有波动，权益资金对偿债风险具有一定的承受能力。

表4-19　　**新疆上市公司长期偿债能力产权比率平均值**

项目 时间	2014年年末	2015年年末	2016年年末	2017年年末	2018年年末
平均产权比率	1.7346	2.0600	1.6856	1.6713	2.0929

资料来源　根据新疆上市公司2014—2018年年度财务报告数据整理计算。

（三）新疆上市公司偿债能力存在的问题

通过分析反映新疆上市公司短期偿债能力的流动比率、速动比率、现金比率指标和反映长期偿债能力的资产负债率、产权比率指标，可以看出新疆上市公司的偿债能力仍然存在很多问题。

1.流动比率水平偏低，流动负债的规模偏大

负债经营能给公司所有者带来收益上的好处，但同时又增大了经营风险。从负债经营的优势来看，负债经营能在保持现有股东控制权的前提下带来股东财富的较快增长，但是“物极必反”，过度的负债经营又会给企业的经营带来极大的危害。通过前面的数据分析可知，新疆上市公司平均流动比率虽然总体持平，但是不够稳定，同时，该指标距离全国平均水平还有很大差距，这种情况的危害在于负债经营本身所含有的风险因素。对于负债性筹资，企业负有到期偿还本金的法定责任。如果企业用负债进行的投资项目不能获得预期的收益率，或者企业整体的生产经营和财务状况恶化，或者企业短期资金运作不当等，这些因素都会使负债经营不仅造成权益资本收益率大幅下降，而且会使企业面临无力偿债的风险。其结果不仅导致企业资金紧张，影响企业声誉，甚至可能使企业破产。

2.短期偿债能力较弱，行业间两极分化现象严重

通常而言，衡量公司短期偿债能力的指标主要有流动比率和速动比率。一般情况下，公司的流动比率大于2，速动比率大于1，说明该公司偿债能力较强；流动比率小于1，速动比率小于0.5，说明公司的偿债能力偏弱。根据上述两个指标对新疆55家上市公司的短期偿债能力进行了严格的划分分析。根据相关数据，在55家可比公司中，偿债能力较强的公司有12家，占总数的22%；偿债能力较差的公司

有11家；其余32家处于中等偏下水平，约占总数的58%。这说明新疆上市公司整体短期偿债能力比较弱，拉高比率的也只是个别公司。偿债能力较弱的公司主要集中于化工、公用事业、商业贸易三大行业，而偿债能力较强的公司则多集中在机械设备、信息服务和化工三大行业。由此可见，化工行业内的公司两极分化现象较为严重。

3.资产负债比率偏高，超四成公司资产负债率超过60%

根据统计，截至2018年年末，新疆55家上市公司中，资产负债率超过60%的有26个，分别属于农业、房地产、钢铁、能源、金融、石油化工、家用电器等行业，占新疆所有上市公司的四成以上。其中，前5个行业中公司的资产负债率超过70%。需要说明的是，由于银行主要依靠存贷款来获取利润，因此其资产负债率普遍偏高。剔除金融行业后，有些行业资产负债率偏高，即农业、房地产、钢铁和能源。但是，从最近几年的数据来看，在供给侧改革影响下，这4个行业的资产负债率呈下降趋势。其中，钢铁行业的资产负债率由2014年年末的92.46%下降至2018年年末的52.22%。资产负债率过高，说明企业的资金来源中，来源于债务的资金较多，来源于所有者的资金较少。资产负债率高，财务风险就相对较高，可能造成企业在现金流不足时资金链断裂，不能及时偿债，从而导致破产的情况。资产负债率高，会导致进一步融资的成本提高。无论是银行还是投资者，都对资产负债率有一定的要求。

（四）提高新疆上市公司偿债能力的措施

1.合理安排债务结构

在实施负债经营策略时，要妥善处理好短期债务和长期债务的结构比例关系。短期负债的偿还期在1年以内，会形成企业短期财务负担，其偿债风险较大，这就要求企业在短期内具有较强的资金调度能力；而长期债务在1年以后偿还，有利于企业的财务结构保持稳定。

合理安排债务结构的另一个原因是对筹资成本的考虑，资本市场上的短期借款利息要低于长期借款，优化债务结构有利于提高企业收益。

此外，企业应加强对市场利率的走向预测。当利率呈上升趋势时，可增加长期借款的比例；而当利率呈下降趋势时，应适当增加对短期借款的利用。

再贷款的难易程度也是一个需要考虑的因素。当企业再贷款的难度较大时，可考虑用长期借款来解决资金缺口问题；而当再贷款较容易时，可提高短期借款的债务比例。

2.把握现金流量

一般来说，企业借款都要由现金来偿还，短期借款要用当期形成的现金进行偿还，而长期借款则要用未来实现的现金来偿还，因此企业现金流量的充分性和稳定性，将对企业债务的及时清偿起保证作用。在西方发达国家，企业破产往往不是因为该企业无法实现利润、亏损严重，而是因为该企业没有足够的现金及时清偿到期债务。在信用制度发达的美国，盈利丰厚的公司突然倒闭已不足为奇。正因为如此，西方发达国家的企业把现金流量看得比利润还重要。因此，企业进行债务筹资决策时，应结合投资项目认真做好现金流量的预测与分析，研究投资项目产生的现金流量对未来偿还债务的保证程度。由于项目投资一般具有长期性，如需借款，应尽量安排长期借款来解决资金需求，以确保现金流量与债务偿还的同步性。在进行现金流量估算时，要充分考虑投资项目未来可能面临的经营风险，建立必要的财务预警系统对未来现金流量进行及时调整。

3.科学举债与优化资本结构、降低财务风险紧密相连

当前各行业竞争十分激烈，很多企业的资金链都相对紧张。在当今的资本市场上，举债的方式可谓种类繁多，由过去单一地向银行借款发展到可利用多种渠道筹集资金，例如向资金市场拆借、使用商业信用、发行企业债券、引进外资等。筹资方式不同，其资金的使用成本、对企业资本结构的影响、风险程度、灵活性也各不相同，政策上也有着不同的限制。例如，向银行借款既要受资金头寸的限制，又要受贷款额度的制约；通过向资金市场拆借筹到的资金可解燃眉之急，但使用时间一般不长，而且资金成本较高；使用商业信用，不仅成本低，而且十分灵活，但要求企业有良好的信誉；对外发行企业债券，可筹集到数额较大的资金，但对企业的资本结构有着很大的影响，会导致企业资本结构中负债的比重提高，财务杠杆的放大效应增大，企业的财务风险加大，当然，如果举债的资金得到合理科学的使用，不但能提高企业自身的偿债能力，而且能合理地利用财务杠杆，大大提高企业的收益。

因此，企业一定要事先进行合理的筹划，将各种举债方式的优缺点与企业自身的实际需要、承受能力、未来可能产生的收益、对自身资本结构的风险影响程度相结合，根据借款的多少、负债的期限长短、紧迫性、结构特点、可承担利率的高低等，慎重选择最适合自己、风险最小的筹资方式，这样才能将无法偿债的风险降到最低。

4.提高上市公司的盈利能力

一个决策正确、管理有效的企业往往表现为同时拥有较高的盈利能力和较强的偿债能力。这是因为盈利能力强的企业往往能获得较多的销售利润，实现较多的净现金流量，从而有助于提高其偿债能力；而当企业有较强的偿债能力，也就是有足够的现金支付各项费用时，其就可以避免停工待料等问题的发生，从而有助于提高其盈利能力。

第六节　营运能力分析

一、营运能力的内涵

资产效率指的是资产在企业生产经营中周转的速度。企业的资产从货币形态开

始，经过一系列环节导致形态发生改变后，又回到货币形态，这种周而复始的过程称为资产周转。资产周转速度越快，利用的机会越多，使用效率越高。资产周转速度的快慢直接影响着企业的流动性。周转速度越快的资产，流动性越强。例如，同是存货，甲存货在1个月内就能完成一次周转，乙存货则需要10个月的时间才能完成一次周转。显然，甲存货的流动性大大优于乙存货。

资产只有在周转运用中才能带来收益。例如，原材料只有投入生产经营，转变为产品并对外销售出去，才能为企业带来收益，积压不用的原材料则不能为企业带来任何收益。资产周转速度的快慢直接影响着企业收益的多少。例如，企业购买10 000元的原材料，将其生产加工为产品对外销售，能获得20 000元。如果企业从购买原材料到卖出产品的这个过程要1年的时间，则这10 000元的原材料投入在1年中只为企业带来了20 000元的收入；如果企业从购买原材料到卖出产品，只需要半年的时间，则企业在1年中可以连续进行两次同样的生产和销售，10 000元的原材料投入在1年中能为企业带来40 000元的收入。因此，资产周转得越快，在同样的时间内为企业带来的收益就越多。

所谓资产效率管理，就是尽可能地加快资产的周转，提高资产的流动性，从而用较少的投入获取较多的收益。企业资产的效率高低即周转速度的快慢，通常称为营运能力。因此，下文的营运能力分析也就是对资产效率即资产周转快慢的分析。

反映企业营运能力即资产周转快慢的指标一般有资产周转率和资产周转期两种。资产周转率又叫资产周转次数，代表一定时期内资产完成循环的次数。资产周转期又叫资产周转天数，代表资产完成一次循环所需要的天数。它们的基本计算公式如下：

$$资产周转率(资产周转次数)=\frac{资产周转额}{资产平均余额}$$

$$资产周转期(资产周转天数)=\frac{计算期天数}{资产周转率}$$

在财务报表分析中通常以1年为计算期，一年的天数通常按360天计算。

二、营运能力分析的内容及目的

（一）营运能力分析的内容

营运能力又称资产管理能力或资产营运状况，是指企业经济资源创造收入的能力。营运能力分析就是通过对反映企业资产营运效率和效益的指标进行计算分析，评价企业资产利用的有效性和充分性，为优化企业资源配置并有效使用各种资金指明方向。营运能力分析包括流动资产营运能力分析、非流动资产营运能力分析和总资产营运能力分析。流动资产营运能力分析反映流动资产周转情况，其评价指标主要包括存货周转率和存货周转期、应收账款周转率和应收账款周转期、流动资产周转率和流动资产周转期；非流动资产营运能力分析反映非流动资产周转情况，其评价指标主要包括固定资产周转率和固定资产周转期、其他非流动资产周转率和其他非流动资产周转期；总资产营运能力分析反映总资产周转情况，其评价指标主要包括总资产周转率和总资产周转期。

（二）营运能力分析的目的

1.评价企业资产的流动性

企业的两大特征是收益性和流动性。企业经营的基本目的就是获取预期的收益。从一定意义上讲，流动性是比收益性更重要的概念。当企业的资产处在静止状态时，根本谈不上什么收益；只有当企业运用这些资产进行经营时，才可能有收益的产生。企业资产的营运效率越高，资产的流动性越好，企业获得预期收益的可能性就越大。流动性是企业资产营运能力的体现，通过对企业资产营运能力的分析，就可以对企业资产的流动性做出评价。

2.评价企业资产的使用效果

提高企业资产的流动性是企业利用资产进行经营活动的手段，其目的在于提高企业资产的使用效果，即资产利用的效益。企业资产营运能力强的本质，就是以尽可能少的资产占用、尽可能快的资产周转，生产出尽可能多的产品，实现尽可能多的营业收入，创造出尽可能多的纯收入。通过企业产出额与资产占用额的对比分析，可以评价企业资产的使用效果，为提高企业经济效益指明方向。

3.发现企业在资产营运中存在的问题，挖掘企业资产利用的潜力

企业资产营运能力的高低取决于多种因素。对企业内部管理层来说，通过企业资产营运能力分析，可以了解企业资金的运用是否合理、资金使用是节约还是浪费，从而促进企业不断挖掘内部资金潜力，改善内部管理，有效利用资金，不断提高企业资金营运能力，改善经营业绩。

4.作为偿债能力和盈利能力分析的基础与补充

对企业外部信息使用者来说，通过企业资产营运能力分析，能有效地为他们提供企业在资产管理或资本利用方面的效果情况，以便于其对企业财务状况和经营成果有一个整体的认识，从而有助于其进行科学的信贷决策和投资决策。如果一家企业的资产营运能力不强，那么很难想象该企业会有良好的偿债能力和盈利能力。

三、流动资产营运能力分析

（一）存货周转率与存货周转期

1.存货周转率

存货周转率又叫存货周转次数，是指企业一定时期的营业成本与存货平均余额的比率，它是衡量和评价企业购入存货、投入生产、销售收回等各环节管理状况的综合指标，反映存货的周转速度，即存货的流动性及存货资金占用量合理与否。其计算公式为：

$$存货周转率=\frac{营业成本}{存货平均余额}$$

其中：

$$存货平均余额=\frac{期初存货余额+期末存货余额}{2}$$

在利用存货周转率指标进行分析时，应注意以下几个问题：

（1）在其他条件不变的情况下，存货周转越快，企业所实现的周转额越大，利润也就越高，所以存货周转率也可以被用来衡量企业的盈利能力，还可以作为分析短期偿债能力的辅助指标。

（2）为了进一步判明存货的内部结构，一般还需要计算原材料、在产品和产成品的周转率，借以分析各个构成部分对整个存货周转率的影响，分析存货周转速度上升或下降的具体原因，进而找出提高存货周转率的有效方法，使企业订货、生产、销售各环节有机结合，将存货保持在较低的水平上，提高存货周转率，缩短存货周转期。这三个指标的计算公式分别为：

$$原材料周转率=\frac{耗用原材料成本}{原材料平均余额}$$

$$在产品周转率=\frac{生产成本}{在产品平均余额}$$

$$产成品周转率=\frac{销售成本}{产成品平均余额}$$

（3）存货批量的不同也会影响存货的周转率。当存货批量很小时，存货可以很快地转换，因而存货周转率较高。当存货批量过小甚至低于安全储备量时，会导致经常性的缺货，影响企业的正常生产经营。

（4）企业采用不同的存货计价方法，将影响存货周转率的高低。如采用先进先出法对存货进行计价，当存货周转速度慢于通货膨胀速度时，存货成本不能准确地反映其现时成本，从而降低了存货价值，导致分析人员低估企业的短期偿债能力。因此，在计算和分析时口径应保持一致。当存货计价方法发生变动时，应对此加以说明，并计算这一变动对存货周转率产生的影响。

2.存货周转期

存货周转期是反映存货周转情况的另一个重要指标，又称为存货周转天数，它是360天与存货周转率之比，其计算公式为：

$$存货周转期=\frac{360}{存货周转率}=\frac{存货平均余额\times 360}{销售成本}$$

1年的天数除以存货1年的周转次数，等于存货周转一次平均需要的天数，也就是从购入存货到卖出存货所需要的天数。与存货周转率类似，存货周转期同样可以针对企业不同类别的存货分别计算和分析。工业企业各阶段存货周转期的计算公式为：

$$原材料周转期=\frac{360}{原材料周转率}=\frac{原材料平均余额\times 360}{耗用原材料成本}$$

$$在产品周转期=\frac{360}{在产品周转率}=\frac{在产品平均余额\times 360}{生产成本}$$

$$产成品周转期=\frac{360}{产成品周转率}=\frac{产成品平均余额\times 360}{销售成本}$$

一般而言，存货周转率高，存货周转期短，表明存货资金周转速度快，企业在采购、储存、生产、销售各环节的存货资金使用和管理效率高，存货转换为现金或应收账款的能力强，存货占用水平低，存货积压的风险也相对较低，而且表明企业具有良好的短期偿债能力和盈利能力。但存货周转率不是越高越好，存货周转率过高也可能表明该企业存货管理中出现问题，如可能导致缺货而影响正常的生产经营活动，或由于采购过于频繁，每次订货量过小而增加存货采购成本。存货周转率过低，存货周转期过长，则往往表明存货管理不善，销售不畅，存货积压，造成资金沉淀。

对存货周转率和存货周转期进行分析时，可以进行横向和纵向比较。通过与同行业平均水平或竞争对手的比较，可以洞悉企业的存货周转速度在整个行业中的水平，与竞争对手相比是快还是慢。如果通过横向比较，发现企业的存货周转率过高或过低（或者存货周转期过长或过短），则应进一步找出原因，并采取措施及时调整。通过与企业以往各期存货周转率和存货周转期进行比较，可以看出企业存货周转速度的变动态势：存货周转速度是越来越快，还是越来越慢，或是基本保持稳定。如果在某一期间存货周转情况突然恶化，则应在进行内部分析时进一步查找原因，看看是因产品滞销所致，还是由材料库存过多引起的，及时制定对策，以防止存货周转情况进一步恶化。

（二）应收账款周转率与应收账款周转期

1.应收账款周转率

应收账款周转率又称应收账款周转次数，是指企业一定时期内商品或产品赊销收入净额与应收账款平均余额的比值。应收账款周转一次指的是从应收账款发生到收回的全过程，其计算公式为：

$$应收账款周转率=\frac{赊销收入净额}{应收账款平均余额}$$

或

$$=\frac{当期销售净收入-当期现销收入}{(期初应收账款余额+期末应收账款余额)\div 2}$$

赊销收入净额=销售收入−现销收入−销售折扣与折让

$$应收账款平均余额=\frac{期初应收账款余额+期末应收账款余额}{2}$$

其中，赊销收入与现销收入对应，指的是没有立即收到货款的销售收入。企业外部人往往无法获取企业赊销收入的数据，因此也可以将现销视为收款期为零的赊销，从而用所有销售收入代替赊销收入。在计算应收账款平均余额时，可以先计算每个月应收账款的平均余额，再将每个月应收账款的平均余额加总除以12，得到全年的平均余额。

2.应收账款周转期

应收账款周转期是反映应收账款周转情况的另一个重要指标，又称为应收账款周转天数，它是360天与应收账款周转率之比。一年的天数除以应收账款一年的周转次数，自然等于应收账款周转一次平均需要的天数，即应收账款从发生到收回平均需要的天数。其计算公式为：

$$应收账款周转期 = \frac{360}{应收账款周转率} = \frac{应收账款平均余额 \times 360}{赊销收入净额}$$

或

$$= \frac{(期初应收账款余额 + 期末应收账款余额) \div 2}{当期销售净收入 - 当期现销收入}$$

3.在计算和使用应收账款周转率时应注意的问题

（1）赊销收入的赊销比例问题。从理论上说，应收账款是由赊销引起的，其对应的流量是赊销额，并非全部销售收入净额（或称销售净收入）。因此，计算时应使用赊销额取代销售收入净额。由于财务报表中一般很少将赊销和现销区分开来，因此财务报表分析者应进一步收集有关资料，以计算赊销的净额，否则将会存在高估应收账款周转率的倾向。但是，通常在进行财务报表分析时或与其他单位进行比较时，企业赊销资料作为商业机密不对外公布，因此可以用销售收入净额代替赊销收入净额来计算。

（2）应收账款年末余额的可靠性问题。应收账款是特定时点的存量，容易受季节性、偶然性和人为因素的影响。在使用应收账款周转率进行企业业绩评价时，应该使用应收账款多个时点的平均数，以减少这些因素的影响。

（3）应收票据是否应计入应收账款周转率的问题。大部分应收票据是由于销售所形成的，其只不过是应收账款的另外一种形式，所以应将其纳入应收账款周转天数进行计算，但是不应包括已贴现且不在外流通的应收票据，应将其从公式分子中剔除。

（4）应收账款的减值问题。财务报表上列示的应收账款是已经计提坏账准备后的净额，而销售收入却没有相应减少。这样，计提的坏账准备越多，应收账款周转率反而越高，周转天数反而越少，这种应收账款周转率的提高和应收账款周转期的减少并不是好的业绩表现，反而说明企业对自己应收账款的管理欠佳。如果企业计提的坏账准备过多，就应进行调整，用计提坏账准备之前的应收账款余额来计算应收账款周转率和应收账款周转天数。

（5）应收账款周转天数是否越少越好的问题。一般来说，应收账款周转率越高，周转期越短，说明应收账款的变现速度越快，账龄越短，应收账款的管理效率越高，收账费用和坏账损失越少，流动资产的投资收益越多，资产的流动性越强，企业的短期偿债能力也越强，在一定程度上可以弥补流动比率和速动比率在分析短期偿债能力方面的不足；反之，则说明企业的营运资金过多地滞留在应收账款上，会影响企业正常的资金周转。但是，如果赊销有可能比现金销售更有利，周转天数就并非越少越好。周转天数太少，也可能说明企业在赊销政策方面存在问题，或为及早收回款项而给予顾客过高的现金折扣，从而降低了企业的盈利水平，或奉行严格的信用政策，致使付款条件过于苛刻，这虽然降低了应收账款数额，但同时抑制了企业销售量的增加，特别是当这种限制的代价（机会收益）大于赊销成本时，会最终影响企业的盈利水平。因此，运用这一指标时，应结合企业的信用政策进行分析。

（6）特殊情况下会影响应收账款周转率和应收账款周转天数计算正确性的有关因素。生产的季节性原因、在产品销售过程中大量使用分期付款方式或大量收取现金、年末销售量大幅增减等因素都会使应收账款周转率不能正确反映企业销售的实际情况。因此，应将公司本期指标和前期指标、行业平均水平或其他类似公司的指标相比较，以判断应收账款周转率的高低和应收账款周转天数的多少。

在对应收账款周转率和应收账款周转期进行分析时，可以进行横向和纵向的比较。通过与同行业平均水平或竞争对手的比较，可以洞悉企业的应收账款周转速度在整个行业中的水平，与竞争对手相比是快还是慢。如果通过横向比较，发现企业的应收账款周转率过高或过低（或者应收账款周转期过长或过短），则应进一步找出原因，并采取措施及时调整。通过与企业以往各期应收账款周转率和应收账款周转期进行比较，可以看出企业应收账款周转速度的变动态势：应收账款周转速度是越来越快，还是越来越慢，或是基本保持稳定。如果在某一期间应收账款周转情况突然恶化，则应在进行内部分析时进一步查找原因，看看是由于产品销售下降引起的，还是由赊销政策过宽导致的，及时制定对策，以防止应收账款周转情况进一步恶化。

（三）流动资产周转率和流动资产周转期

1.流动资产周转率

流动资产周转率又称流动资产周转次数，是指企业一定时期的销售收入净额与流动资产平均余额的比率。它是反映所有流动资产周转速度和利用效率的指标，其计算公式为：

$$流动资产周转率=\frac{销售收入净额}{流动资产平均余额}$$

其中：

$$流动资产平均余额=\frac{期初流动资产余额+期末流动资产余额}{2}$$

流动资产垫支周转率亦称流动资产垫支周转速度是指企业一定时期的营业成本与流动资产平均余额的比值，是评价企业资产利用效率的重要指标，其计算公式如下：

$$流动资产垫支周转率=\frac{营业成本}{流动资产平均余额}$$

2.流动资产周转期

流动资产周转期是反映所有流动资产周转情况的另一个指标，又称为流动资产周转天数。它等于360天与流动资产周转率之比，其计算公式为：

$$流动资产周转期=\frac{360}{流动资产周转率}=\frac{流动资产平均余额\times 360}{销售收入净额}$$

流动资产周转率表明流动资产1年中周转的次数，或者说1元流动资产所支持的销售收入。流动资产周转期表明流动资产周转一次所需要的时间。在正常的生产经营情况下，流动资产周转速度越快，流动资产周转期越短，表明流动资产利用效果越好，以相同的流动资产完成的周转额越多，从而相对节约了流动资金，等同于相对扩大了资产投入，增强了企业的盈利能力和偿债能力。生产经营中任何一个环节的工作改善，都会反映到流动资产周转率指标上来。但是，流动资产周转速度过快可能意味着企业扩张太快或存货等流动资产不足等问题，会对销售造成不利影响。

在对流动资产周转率和流动资产周转期进行分析时，分析者可以进行横向和纵向的比较。通过与同行业平均水平或竞争对手的比较，可以洞悉企业的流动资产周转速度在整个行业中的水平，与竞争对手相比是快还是慢。如果通过横向比较，发现企业的流动资产周转率过高或过低（或者流动资产周转期过长或过短），则应进一步找出原因，并采取措施及时调整。通过与企业以往各期流动资产周转率和流动资产周转期进行比较，可以看出企业流动资产周转速度的变动态势：流动资产周转速度是越来越快，还是越来越慢，或是基本保持稳定。如果在某一期间流动资产周转情况突然恶化，则应在进行内部分析时进一步查找原因，及时制定对策。

下面以表4-20为例，对某企业流动资产周转率进行分析。

表4-20　**流动资产周转率分析资料表**

项目	2×17年	2×18年
销售收入（元）	1 777 028.84	1 816 474.41
流动资产平均余额（元）	1 275 861.31	1 739 929.99
其中：存货平均余额（元）	269 662.75	292 875.96
营业成本（元）	1 402 204.00	1 468 767.12
流动资产周转率（次）	1.39	1.04
流动资产垫支周转率（次）	1.0990	0.8442
成本收入率（%）	126.73	123.67

分析对象=1.04-1.39=-0.35

因素分析：

流动资产垫支周转率的影响=（0.8442-1.0990）×126.73%=-0.32

成本收入率的影响=0.8442×（123.67%-126.73%）=-0.03

计算结果表明，本期流动资产周转速度下降是流动资产垫支周转率下降和成本收入率下降共同造成的，流动资产垫支周转率下降是主要原因。

四、非流动资产营运能力分析

（一）固定资产周转率和固定资产周转期

1.固定资产周转率

固定资产周转率又称固定资产周转次数，是企业一定时期内实现的产品销售收入与固定资产平均余额的比率，主要用于分析对厂房、设备等固定资产的利用效率。该指标意味着投入的每1元固定资产所产生的收入，其计算公式为：

$$固定资产周转率=\frac{销售收入净额}{固定资产平均余额}$$

其中：

$$固定资产平均余额=\frac{期初固定资产余额+期末固定资产余额}{2}$$

2.固定资产周转期

固定资产周转期是反映固定资产周转情况的另一个重要指标。它等于360天与固定资产周转率之比，其计算公式为：

$$固定资产周转期=\frac{360}{固定资产周转率}=\frac{固定资产平均余额\times 360}{销售收入净额}$$

固定资产周转率指标没有绝对的判断标准，一般通过与企业原来的水平相比较加以判断。因为种类、数量、时间均基本相似的机器设备与厂房等外部参照物几乎不存在，所以难以找到外部可以借鉴的标准企业和标准比率。一般来说，固定资产周转率高，固定资产周转期短，说明固定资产的利用率高，固定资产所带来的收入多，也反映出企业的固定资产投资得当，固定资产结构分布合理，企业能够充分发挥固定资产的作用；反之，则说明企业的固定资产使用效率不高，固定资产所带来的收入少，企业的营运能力较差。企业生产经营使用的固定资产越多，生产力利用效率越高，越能增加企业价值。所以，企业应不断改进固定资产，提高设备利用率，加速产品销售和利润实现，提高生产经营活动的经济效果。

下面以表4-21为例，对固定资产周转率进行分析。

表4-21　**固定资产周转率分析资料表**

项目	2×17年	2×18年
销售收入（元）	18 502 140	18 839 860
总产值（元）	18 536 253	18 761 595
固定资产平均余额（元）	8 236 700	8 842 650
固定资产周转率（次）	2.25	2.13
固定资产产值率（%）	225.04	212.17
产品销售率（%）	99.82	100.42

分析对象=2.13−2.25=−0.12

因素分析：

固定资产产值率的影响=（212.17%−225.04%）×99.82%=−0.13

产品销售率的影响=212.17%×（100.42%−99.82%）=0.01

计算结果表明，固定资产周转率下降主要是由固定资产产值率下降造成的，而产品销售率的提高说明企业在销售环节取得了一定的成绩。

（二）其他非流动资产周转率和其他非流动资产周转期

其他非流动资产是指非流动资产中扣除固定资产以外的其他长期资产，主要包括长期股权投资、长期应收款和无形资产等。

1.其他非流动资产周转率

其他非流动资产周转率又称其他非流动资产周转次数，是销售收入与其他非流动资产平均余额的比值。它可以反映企业其他非流动资产的管理效率。其计算公式为：

$$其他非流动资产周转率=\frac{销售收入}{其他非流动资产平均余额}$$

其中：

$$其他非流动资产平均余额=\frac{期初其他非流动资产余额+期末其他非流动资产余额}{2}$$

2.其他非流动资产周转期

其他非流动资产周转期是反映企业所有资产周转情况的另一个重要指标，是360天与其他非流动资产周转率之比。其他非流动资产周转期表明企业其他非流动资产周转一次所需要的天数。其计算公式为：

$$其他非流动资产周转期=\frac{360}{其他非流动资产周转率}=\frac{其他非流动资产平均余额\times 360}{销售收入}$$

在进行其他非流动资产周转率和其他非流动资产周转期分析时主要针对的是投资预算和项目管理，分析投资与其竞争战略是否一致、收购和剥离政策是否合理等。

五、总资产营运能力分析

（一）总资产周转率

总资产周转率也称总资产利用率，是一定时期企业销售收入总额与平均资产总额的比值。它可以反映企业的总资产在一定时期内创造了多少营业收入，即总资产的利用效率。总资产周转率表明企业总资产在1年中周转的次数，也就是企业每1元投资所产生的销售额，其计算公式为：

$$总资产周转率=\frac{销售收入总额}{平均资产总额}$$

其中：

$$平均资产总额=\frac{期初资产总额+期末资产总额}{2}$$

（二）总资产周转期

总资产周转期是反映企业所有资产周转情况的另一个重要指标，它等于360天与总资产周转率之比，表明企业总资产周转一次所需要的天数。其计算公式为：

$$总资产周转期=\frac{360}{总资产周转率}=\frac{平均资产总额\times 360}{销售收入总额}$$

总资产周转率综合反映了企业整体资产的营运效率。它是企业的全部资产在一定时期内完成周转的次数，根据会计恒等式“资产=负债+所有者权益”，即企业的全部资产是企业的负债和所有者权益所代表的全部经济资源的投资对象，因此，总资产周转率又称投资周转率。一般来说，总资产周转率越高，总资产周转期越短，表明企业总资产周转速度越快，企业总资产所创造的销售收入和现金收入越多，营运能力也就越强，企业利用全部资产进行经营的效率越高，进而使企业的偿债能力和盈利能力得到增强。也就是说，总资产周转率越高，说明企业的销售能力越强，资产投资的效益越好；反之，则表明企业利用全部资产进行经营活动的能力越差、效率越低，最终还将影响企业的盈利能力。另外，通过对该指标的对比分析，不但能够反映出企业本年度以及以前年度总资产的营运效率及其变化，而且能够发现企业与同类企业在资金利用上的差距，促进企业提高资金利用效率。

六、新疆上市公司营运能力分析案例

（一）新疆上市公司营运能力的主要特征

企业的营运能力即营业运行能力，是企业营运资本（或企业所拥有的各种资源及其组合的运用）在经营过程中所表现出来的动力特性。广义的营运能力是指企业所有资源要素在营运中所发挥的作用；狭义的营运能力是指企业资产的营运效率，通常是通过对企业经营资金周转速度等相关指标来计算和评价的，不直接体现人力资源、信息资源等的合理使用和有效利用。企业通过营业运行取得营业收入并赚取利润，以维持企业生存、推动企业发展。

在营运能力分析中，关于资产运用效率的分析包括流动资产周转情况分析、固定资产周转情况分析和总资产周转情况分析三个方面，其对应的财务指标为流动资产周转率、固定资产周转率和总资产周转率。这些指标构成了营运能力的指标体系，共同揭示了企业资金的使用效率。

1.流动资产周转率呈上升趋势，但波动较大

（1）应收账款周转率

应收账款周转率是考核应收账款变现能力的重要指标，它反映的是应收账款转化为货币资金的平均次数。应收账款周转率表明在一定时期内每1元应收账款所实现的赊销收入。一般说来，该指标越高，表明企业应收账款变现速度越快，管理效率越高，资金回收越迅速，资产流动性越强，发生呆账或坏账的损失越小；反之，较低的应收账款周转率则表明企业应收账款的管理效率低下，企业需要加强应收账款的管理和催收工作。

2014—2018年全国与新疆上市公司应收账款周转率对比如图4-2所示。

从图4-2可以看出，2014—2018年新疆上市公司应收账款周转率总体呈下降趋势，有一定的波动，整体低于全国上市公司平均水平；全国应收账款周转率总体也呈现下降趋势，2014—2015年下降明显，2016—2017年呈上升趋势，2017—2018年又呈明显下降趋势。根据通常情况下应收账款周转率越低说明企业流动资产营运状况越差可知，2014—2016年新疆上市公司流动资产营运状况在逐年变差，尤其在2016年其应收账款周转率下降幅度最大。从整体上看，新疆上市公司的应收账款周转率呈现平稳下降趋势，并且其平均水平4.02较全国平均水平7.31仍有较大差距。

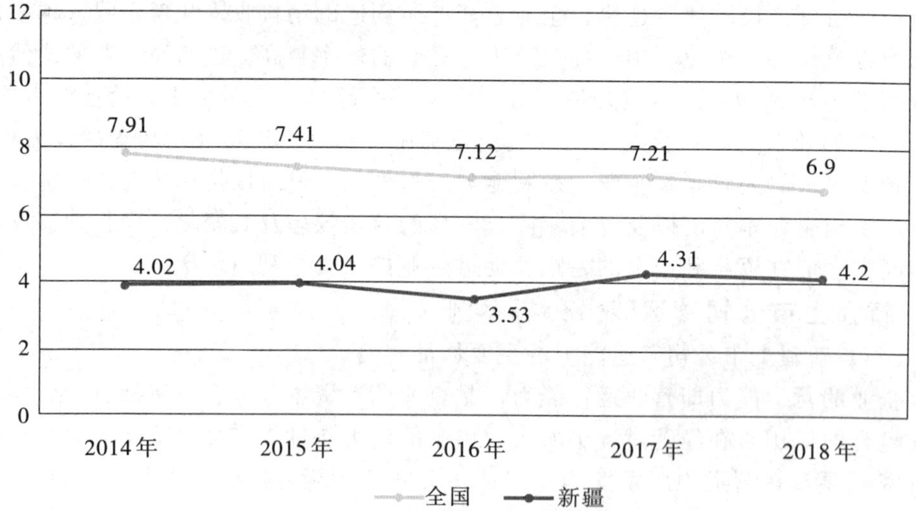

图4-2 2014—2018年全国与新疆上市公司应收账款周转率对比图

资料来源 根据全国与新疆上市公司2014—2018年年度财务报告数据整理计算。

（2）存货周转率

存货周转率是反映企业销售能力和流动资产周转状况的重要指标。一般说来，该指标越高，表明企业存货变现速度越快，企业经营效率越高，存货占用资金越少，销售能力越强；若存货周转率低，表明企业库存物资过多，或生产组织不善造成半成品增加，或产品没有适销对路造成产品积压等，影响企业的获利能力。当然，太高的存货周转率可能是存货水平太低或库存经常中断导致的结果，公司也会因此丧失某些生产和销售的机会。

2014—2018年全国与新疆上市公司存货周转率对比如图4-3所示。

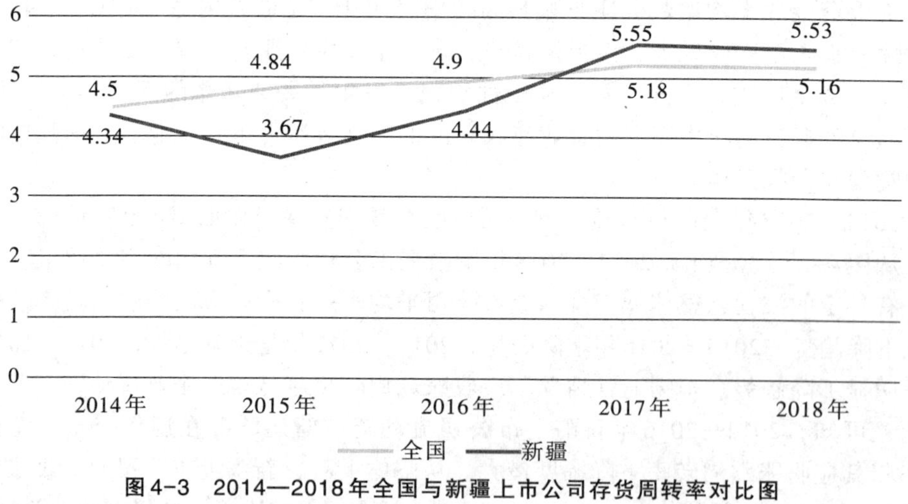

图4-3 2014—2018年全国与新疆上市公司存货周转率对比图

资料来源 根据全国与新疆上市公司2014—2018年年度财务报告数据整理计算。

如图4-3所示，2014—2018年，新疆上市公司存货周转率呈稳步上升趋势，基本维持在4.706的水平。新疆上市公司与全国上市公司的存货周转率变化趋势基本一致：新疆上市公司在2015—2017年呈现明显上升趋势，2014—2015年略有下降；全国上市公司在2014—2017年也呈现明显上升趋势，2017和2018年新疆上市公司存货周转率超过全国上市公司存货周转率。与全国均值4.916相比，新疆上市公司存货周转率的平均水平仍较低，但差距在逐渐缩小。这种情况可能是由于库存物资过多，或生产组织不完善造成半成品增加，或产品没有适销对路造成产品积压等情况造成的。存货周转率的高低影响企业的获利能力，企业应努力提高存货周转率，做到适销对路。

（3）流动资产周转率

流动资产周转率反映企业全部流动资产的利用效率，其是分析流动资产周转状况的综合指标。流动资产周转快，表明企业的经营管理水平高，有着同等经营规模的企业所需占用的流动资金少，可实现更多收益。

2014—2018年全国与新疆上市公司流动资产周转率对比如图4-4所示。

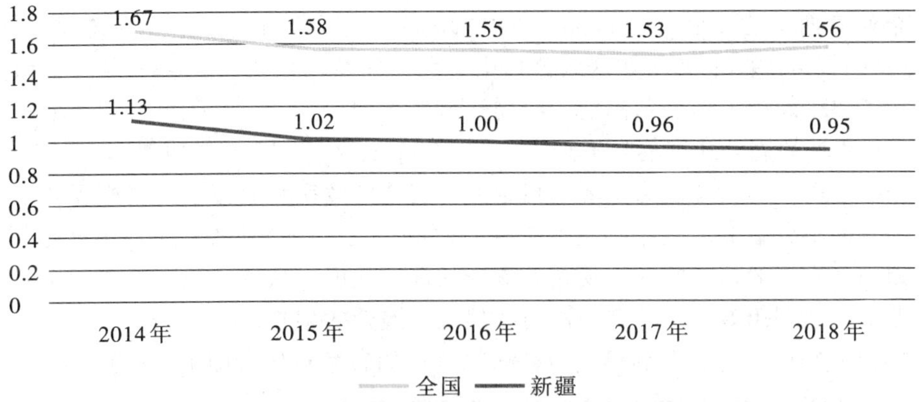

图4-4　2014—2018年全国与新疆上市公司流动资产周转率对比图

资料来源　根据全国与新疆上市公司2014—2018年年度财务报告数据整理计算。

图4-4显示，2014—2018年新疆上市公司流动资产周转率呈现稳步下降趋势，2014—2015年下降较快。2014—2018年新疆上市公司流动资产周转率的均值为1.012，较全国上市公司的平均水平1.578要低。在新疆的上市公司中，2014—2018年流动资产周转率均值高的企业有天润乳业、八一钢铁、友好集团，其流动资产周转率分别为2.67、3.58、3.02。

2.固定资产周转率呈上升趋势，但上升幅度较小

固定资产周转率是指企业一定时期实现的营业收入与固定资产平均余额的比率。一般来说，该指标越高越好。如果企业固定资产周转率较高，则不仅表明固定资产结构比较合理，而且表明固定资产的使用效率比较高。

2014—2018年全国与新疆上市公司固定资产周转率对比如图4-5所示。

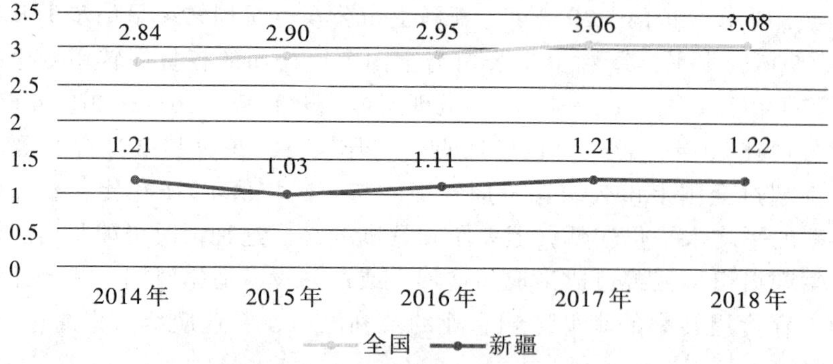

图4-5 2014—2018年全国与新疆上市公司固定资产周转率对比图

资料来源 根据全国与新疆上市公司2014—2018年年度财务报告数据整理计算。

从图4-5可以看出，2014—2018年新疆上市公司固定资产周转率呈上升趋势，但上升幅度小。全国上市公司的平均固定资产周转率也呈稳定上升态势，2016—2017年上升幅度较大。新疆上市公司的固定资产周转率均值1.156比全国上市公司的固定资产周转率均值2.966低了60%以上。在新疆上市公司中，固定资产周转率高的企业有西部建设、北新路桥、伊力特和卓郎智能，其固定资产周转率分别为5.47、13.11、5.19、9.99。在这些公司中，北新路桥固定资产周转率最高，而且已经影响了整个新疆上市公司固定资产周转率的平均水平。

3.总资产的周转速度逐年下降

企业总资产的营运能力主要是指企业总资产的效率和效益。总资产周转率是企业在一定时期营业收入与平均资产总额的比值。它表明企业投资的每1元资产在一定时期内可实现的营业收入，反映总资产的周转速度，从资产流动性方面说明整体上企业资产的利用效率。总资产周转率越低，经营效率越低。

2014—2018年全国与新疆上市公司总资产周转率对比如图4-6所示。

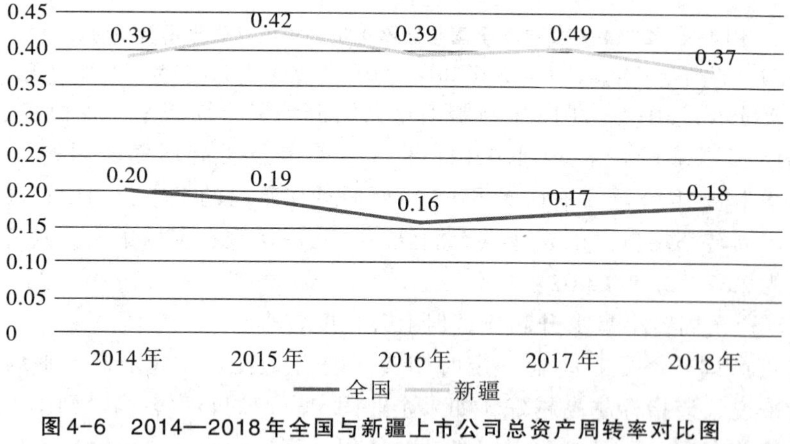

图4-6 2014—2018年全国与新疆上市公司总资产周转率对比图

资料来源 根据全国与新疆上市公司2014—2018年年度财务报告数据整理计算。

从图4-6可以看出，2014—2018年新疆上市公司总资产周转率均值波动幅度较小，总体呈下降趋势，总资产周转率的平均值为0.412，这表明企业投资的每1元资产在一定时期内可实现的营业收入为0.412元。尽管该指标高于全国平均水平（0.18），但其波动的趋势还是值得注意的。

（二）新疆上市公司营运能力存在的问题

目前，我国许多企业没有明确的营运资本政策，仅对传统的营运资本的单个项目，如库存现金、应收账款、存货等较为关注，而对整体的流动资产的投资、融资没有优化控制的标准，且营运资本政策的制定没有考虑到企业价值，更多的是依据经验行事，导致无法获得理想的财务状况。新疆上市公司由于起步晚、发展慢，更是存在这些问题，而且由于新疆特殊的地理位置和发展策略，新疆上市公司的营运能力又有其特殊性。概括而言，新疆上市公司营运能力存在的问题如下：

1.流动资产周转率与全国平均水平差距大

从上面的分析可知，新疆上市公司2014—2018年的流动资产周转率虽然总体持平，但仍低于全国平均水平。尽管新疆上市公司近年来发展迅速，但与全国上市公司的巨大差距也提醒我们要努力做好资金的周转、利用工作。

从存货方面看，2014—2018年全国与新疆上市公司存货周转天数对比如图4-7所示。新疆上市公司存货周转天数整体呈减少趋势，2014—2016年存货周转天数均在80天以上，平均值达到87.37天，较全国的平均水平75.95天多了10余天。2017—2018年，新疆上市公司加强存货的管理，存货周转天数下降明显。在新疆上市的55家公司中，中泰化学的存货管理比较好，值得学习。

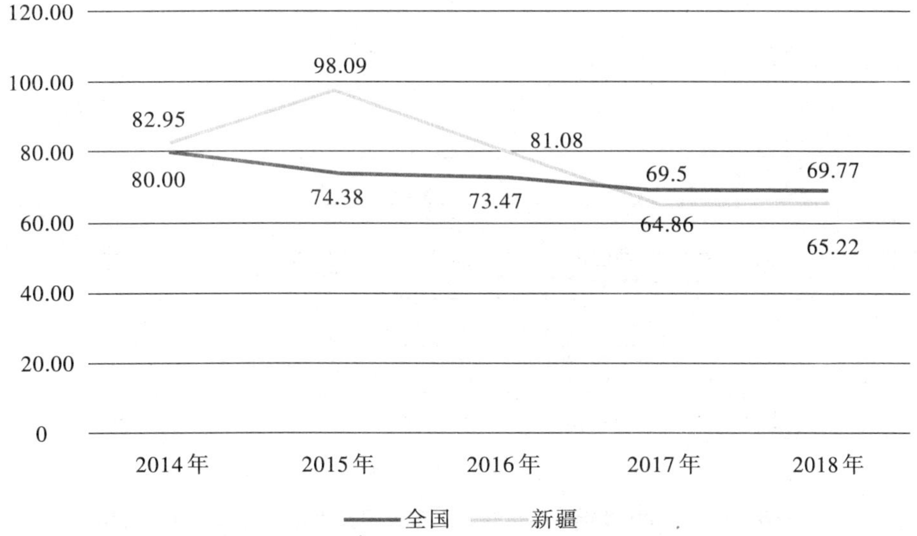

图4-7　2014—2018年全国与新疆上市公司存货周转天数对比图

数据来源　根据全国与新疆上市公司2014—2018年年度财务报告数据整理计算。

2.固定资产管理不到位

新疆上市公司固定资产的管理存在如下问题：（1）固定资产清查制度不严谨；

(2) 固定资产管理混岗现象较为严重，交接手续不完善；(3) 固定资产的管理工作未得到充分重视，导致出现固定资产“重投入，轻管理”的现象；(4) 固定资产管理体系不完善，缺乏可操作的规章制度。

3.总资产周转率有待进一步提高

总资产周转率的高低，取决于营业收入和资产两个因素。增加营业收入或减少资产，都可以提高总资产周转率。新疆的上市公司中能源企业及经营单一产品的企业较多，因此其营业收入和非流动资产相对固定，总资产周转率受流动资产的影响较大。虽然2014—2018年新疆上市公司总资产周转率维持在0.394的水平，高于全国平均水平0.18，但仍有待进一步提高，以使企业的经营效率越来越好。

（三）新疆上市公司营运能力问题产生的原因

1.流动资产周转天数长，赊销措施不完善

（1）在以信用交易为主的现代公司中，公司的信用政策是以货款收现期的长短来表示的。一般情况下，应收账款周转天数越少越好。如果公司实际收回应收账款的天数超过了公司规定的天数，一方面说明债务人拖欠时间过长，资信度低，发生坏账损失的可能性大；另一方面说明公司催收应收账款不力，造成了流动资产不流动，不利于公司经营活动的正常运行。但是，如果应收账款周转天数太少，则说明公司信用政策严苛，有可能降低营业额。

2014—2018年全国与新疆上市公司应收账款周转天数对比如图4-8所示。

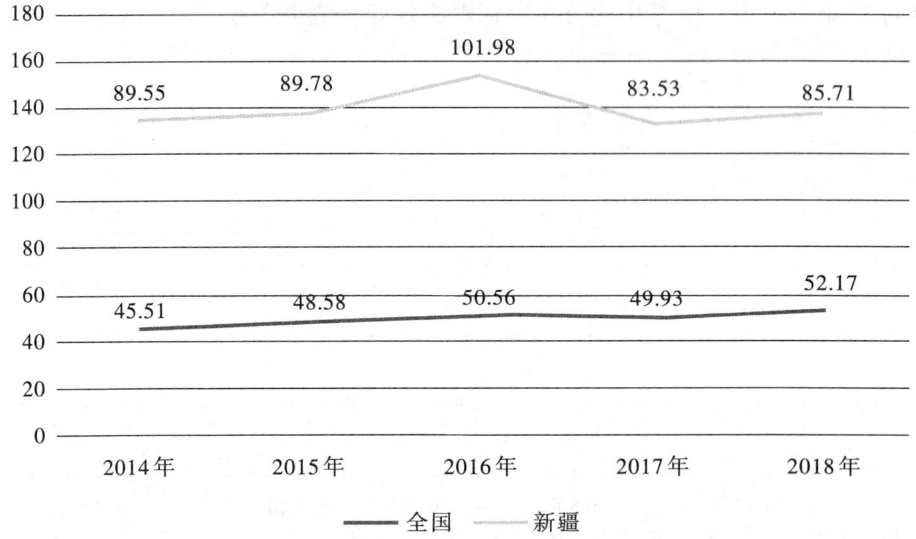

图4-8　2014—2018年全国与新疆上市公司应收账款周转天数对比图

数据来源　根据全国与新疆上市公司2014—2018年年度财务报告数据整理计算。

由图4-8可以看出，新疆上市公司2014—2018年的应收账款周转天数均值为90.11，而全国平均水平为49.35。相对于全国平均水平而言，其周转天数太多，赊销措施不完善。

（2）新疆上市公司由于起步晚，各项政策措施不够完善，应收账款存在问题的原因有以下几点：

①销售合同条款不够完善，给一些信用不良的客户以可乘之机。对于不能追回的账款，公司可以考虑采取法律手段，但某些新疆上市公司有关人员的法治观念淡薄也导致了一些不必要的损失。

②个别公司赊销前对客户的信用调查管理不够，采取了错误的赊销策略。同时，在出现拖欠账款时，催收账款的力度不够，有时候考虑到催收成本，就可能放弃催收了。

2.固定资产管理体系不健全

新疆上市公司2014—2018年固定资产周转率平均值为1.156，亟待加强管理。固定资产管理存在问题的原因有：首先，固定资产的账面价值和实际价值不符。其次，固定资产的使用和维护不当。在目前日益激烈的市场竞争环境中，仍有企业在盲目扩建或盲目进行生产调整，在尚未完成相关部署的情况下就进行了设备的采购，导致很多固定资产处于闲置状态。最后，固定资产管理缺乏科学有效的方式方法。目前，一些企业仍未意识到固定资产管理的重要性，要么没有设置专门的部门加以管理，导致固定资产管理权责不明、监控不力，要么没有建立起有效的绩效考核制度，导致固定资产管理具有很大的随意性。

3.总资产受流动资产影响大

按照现代财务理论，决定企业价值的关键因素是企业的资本投资决策，但是所有企业的长期战略决策最终都要通过短期财务控制等手段来实现。因此，营运资本管理作为企业财务管理不可或缺的重要组成部分，直接影响着企业经营的成败。目前，企业对营运资本的管理还是倾向于从营运资本的单个项目着手，具体表现为企业往往只重视应收账款的积极回收，减少存货占用，保持货币资金最佳持有量等，而对如何有序安排营运资本以及如何处理好营运资本与其他形式资本的关系缺乏研究，造成企业资本流动不协调。

流动资产是流动性较强、风险较小的资产，总资产的质量好坏与其密切相关。总资产运用效率的高低取决于流动资产周转率的高低。企业的资金循环包括短期资金循环和长期资金循环，长期资金循环必须依赖短期资金循环，因此流动资产周转速度的快慢是决定企业总资产周转速度的关键因素。新疆上市公司流动资产周转率低，进而影响了总资产的周转速度。

（四）新疆上市公司营运能力存在问题的对策

1.采取宽严适度的收账政策，加强存货和流动资金的管理

（1）加强应收账款的管理，减少坏账损失。随着市场经济的不断发展，商业竞争的日趋加剧，公司的应收账款数额明显增多，应收账款已成为流动资产管理的重要项目。应收账款管理的目的就是正确衡量信用成本和信用风险，合理确定信用政策，及时收回账款，从而保证流动资产价值的真实性。加强应收账款管理的具体措

施如下：

①应收账款是商业信用的直接产物，因此应建立完善的信用评估体系，设立信用标准，对有着不同信用水平的企业采用不同的营销策略，根据其信用情况决定赊销金额的大小，以此来减少坏账损失。对信用风险的评估可以采用5C评估法，即品质（character）、能力（capacity）、资本（capital）、抵押品（collateral）和条件（condition）。

②控制应收账款的数额，减少应收账款的周转天数，使应收账款能及时收回，提高资金的利用效率。同时，针对个别应收账款周转天数过高或过低的企业，如中葡股份、八一钢铁等，应及时调整其信用政策，将周转天数控制在合理范围内。

③采取宽严适度的收账政策。公司的信用政策影响着坏账损失，为了避免和减少坏账损失，公司应对不同的客户制定不同的收账政策。公司为了扩大销售量，往往对客户逾期未付款项规定一个拖欠期限，超过拖欠期限公司就会催收账款。如果收账政策过宽，会导致客户拖欠更长的时间，容易引起坏账；如果收账政策过严，催收过急，又可能伤害与客户的关系，影响公司未来的销售利润。因此，收账政策应宽严适度，必要时可以采用现金交易或信用证交易，同时应增强法律意识，加强对赊销合同等的管理。

（2）加强存货管理。其具体措施如下：

①完善存货管理系统，结合历史数据和企业实际情况进行管理。在物价上涨时，存货具有保值作用，会随物价的上涨而上涨，此时可适当增加对存货的购买，持有货物比持有货币划算；反之，在物价下跌时，应减少对存货的购买或大量卖出存货，以减少损失。

②制订合理的存货管理计划，及时了解企业的存货情况，控制存货水平，提高存货的运营效率。企业在采购原材料时既要保证生产和销售的需要，又要做到尽量减少资金占用。对存货的管理关键在于做到成本与效益的平衡，因此企业应及时了解市场行情，多方搜集信息，以制订科学合理的采购计划，降低采购成本。

③增强产品的竞争力。企业要注意创新，积极进行产品研发，提高产品的市场竞争力，以争取顾客，占领更多的市场份额。产品的畅销有利于加快存货周转速度，防止存货积压，以实现产销平衡。

（3）加强营运资金的管理。一方面，企业盈利的多少很大程度上取决于资金的周转速度。如果产品盈利水平不变，营运资金周转速度提高一倍，经济效益会同比例增长。营运资金周转速度的衡量不存在通用标准，一般是与本企业历史水平、其他企业或行业平均水平相比较来进行分析的。如果周转速度过慢，说明营运资金使用效率太低，尚有销售潜力。另一方面，企业盈利也会使营运资金增值，二者相辅相成。

2.建立完整的固定资产监督体系

（1）建立专业的固定资产管理队伍，贯彻责任到位的管理制度。固定资产的管理需要专业的管理人员来进行，因此，要让管理人员充分了解企业目前的管理形式，不断提高固定资产管理人员的素质。通过规范化、精细化管理，达到保证固定资产安全和提高其使用效率的目的。确定可行的固定资产管理业务流程，明确固定资产的增加、处置、变动和清理等问题，使固定资产账面价值和实际价值基本保持一致。

（2）建立固定资产奖惩机制。在固定资产管理方面，对于因管理过错出现的问题，应有明确的制度规定，追究相关责任。一方面，财务部门要严格履行职责，及时发现问题，及时处理；另一方面，固定资产使用部门要承担相应的责任，明确固定资产的使用情况。

（3）提高固定资产管理信息的共享程度和利用效率。企业可以借助会计电算化，建立固定资产管理的电子档案，与固定资产卡片账进行核对，及时发现固定资产使用中的各种问题，以提高固定资产的使用效率。

3.提高总资产的利用效率

总资产周转率是考查企业资产运营效率的一项重要指标，体现了企业经营期间全部资产从投入到产出的流转速度，反映了企业全部资产的管理质量和利用效率。新疆上市公司总资产周转率的变化趋势与流动资产周转率的变化趋势相同，这说明总资产受流动资产的影响较大。加强对流动资产的有效管理，可以提高总资产的管理水平。

思政园地

自2019年4月1日起，国家为减轻制造业和小微企业税收负担，增强企业发展后劲，进一步深化增值税改革，将制造业等行业现行的16%的税率降至13%，将交通运输业、建筑业等行业现行的10%的税率降至9%，确保主要行业税负明显降低。同时，对出口退税率也做了适当调整，将原增值税税率16%且出口退税率16%的降为13%；将原增值税税率10%且出口退税率10%的降为9%。这一重大利好，使企业增值税税负大为降低。保持6%一档的税率不变，但通过采取对生产、生活性服务业增加10%的税收抵扣等配套措施，确保所有行业税负只减不增，继续向推进税率三档并两档、税制简化方向迈进。这一举措，对以现代服务业为主的企业实现了税负的大大降低。

由于增值税是一种价外税，可转嫁到消费者身上，所以增值税税率下调也会降低普通老百姓的消费成本。例如，国家发改委在调整油价时就提出，自2018年5月1日起降低部分行业和货物增值税税率，其中成品油增值税税率也要下调。据此，国内汽油、柴油最高零售价格都有不同程度的降低，不少汽车企业也因增值税税率下降而调低了汽车的销售价格。例如原先增值税税率是16%时，车辆销售价格是计税价格的116%，现在增值税税率调整到13%，销售价格就调成了计税价格的

113%。也就是说，降税后的销售价格就是降税前售价的97.41%，相当于降幅约为2.5%。

请以践行“社会主义核心价值观”的理念结合该案例谈谈你对“偷税抗税违法，纳税协税光荣”这句话的理解。

本章小结

通过对资产负债表进行分析，可以揭示资产负债表及相关项目的内涵，了解企业财务状况的变动情况及变动原因，评价企业会计对企业经营状况的反映程度，评价企业的会计政策，修正资产负债表的数据。

资产负债表水平分析是在运用水平分析法编制资产负债表水平分析表的基础上，从资产和权益两方面对其进行分析评价。

资产负债表垂直分析是在运用垂直分析法编制资产负债表垂直分析表的基础上，首先从静态角度对资产结构和权益结构进行分析评价，然后从动态角度对资产结构和权益结构的变动情况进行分析评价。在理解负债结构影响因素的基础上，应从负债期限结构、负债方式结构和负债成本结构三方面进行分析评价。对股东权益结构的分析评价应区分投入资本和内部形成的权益资金两个方面。在分别分析资产结构、负债结构和股东权益结构的基础上，根据资产结构与权益结构的相应情况，将其概括为保守结构、稳健结构、平衡结构和风险结构四种类型。

货币资金、应收账款、其他应收款、存货、固定资产、银行借款、应付账款、其他应付款是资产负债表中的重要项目，不仅需要搞清影响这些项目变动的原因及变动情况，更应注意分析评价其会计政策和会计估计变更带来的影响。

复习思考题

1.试单述资产负债表分析的目的。

2.如何对资产负债表的变动情况进行分析？

3.如何评价资产负债表变动的几种类型？

4.如何进行资产负债表结构分析？

5.试阐述不同对称结构的主要标志和结果。

6.存货会计政策分析应从哪些方面进行？

7.固定资产会计政策分析应侧重于哪几个方面？

第五章　所有者权益变动表分析

【导入性案例】

“外界纷纷传言格力将涉足新能源汽车制造领域，今天我来捅破这层窗户纸：格力收购新能源企业，真的要开始造汽车了。”珠海格力电器股份有限公司（以下简称格力集团）董事长董明珠在博鳌亚洲论坛2015年年会上宣称。

格力集团是一家集研发、生产、销售、服务于一体的国际化家电企业，2005年至今，格力家用空调产销量连续10年领跑全球。2012年，格力集团实现营业总收入1 001.10亿元，成为中国首家营业总收入超过千亿的家电上市公司；2014年，格力集团实现营业总收入1 400.05亿元，净利润141.55亿元，纳税148.07亿元，连续13年位居中国家电行业第一纳税企业。2015年，格力集团位列“福布斯全球2 000强”第385名，家用电器类全球第一位。

然而，2015年格力集团遇到了前所未有的挑战。其2015年年报显示，公司实现营业总收入1 005.64亿元，同比下降28.17%；归属于上市公司股东净利润126.24亿元，同比下降10.82%。这是上市20年来，格力的营业总收入和净利润首次出现“双降”，而且均为两位数的大幅度下滑。业内分析认为，空调业务占格力集团营业总收入的比例超过85%，对空调业务的高度依赖，是格力集团遭遇市场变化后难以寻求转变的主要原因。

统计数据显示，2015年中国国内企业共生产家用空调10 385万台，同比下降12%；累计销售10 660万台，同比下降8.6%。2016年3月份的数据也显示，家用空调当月销售1 188.49万台，比2015年同期下滑20.8%——空调行业整体处于下行态势。

格力集团在面对市场变化时，主动选择了降价去库存的举措。2015年格力集团对空调价格进行主动调整，降价幅度从200元至1 000元不等。同时格力集团进行了多元化转型。格力集团2016年2月22日在深圳证券交易所申请停牌，其后接连发布多份《关于发行股份购买资产停牌公告》，宣布收购珠海银隆新能源有限公司。数据显示，2015年，该公司新能源汽车销售订单7 000辆，完成生产纯电动客车3 189辆，纯电动客车年销售量全国排行第7名。其具备年产纯电动客车3.3万辆，运动型多功能电动车10万辆的生产能力。同时，最近几年来，格力集团进行多元化投资，电冰箱、电饭煲、手机等产品接连面世。

2015年格力集团年报合并所有者权益变动表显示，2014年年末股本为30.08亿元，2015年年末股本为60.16亿元。股本增加来源于资本公积转增。2016年3月7日格力集团发布《格力电器：关于发行股份购买资产停牌公告》，该公告称：“现公司确定进行上述交易且该交易初步认定为构成发行股份购买资产，但初步判断不构成重大资产重组，该交易标的为珠海银隆新能源有限公司"；"就被收购标的珠海银隆新能源有限公司的各项尽职调查工作正在加紧进行中"。

家电行业人士预计，此次并购也是格力集团加强非消费市场类业务的一个表现。"从格力这几年的发展看，虽然其培育了一系列新业务，但相比于空调业务，其他几种业务（如冰箱、小家电、手机等）并没有预计的那么乐观。同时，格力空调业务开始遭遇成长瓶颈，利润增长率较前几年有明显下滑。从产业角度看，商用业务的高毛利将是未来维持格力业绩增速的重要手段。"在收购银隆新能源之后，其将会让格力集团的强项——智能制造与新能源汽车进行深度融合。值得注意的是，格力集团的现金流充裕，2015年年末公司账面的现金达886亿元。有资料显示，2016年2月，银隆新能源估值为50亿元。银隆新能源的资产体量相对于格力集团的现金储备而言并不大，格力集团为何不采用现金收购而是以股份支付？难道是格力集团现有股东不支持现金收购？格力集团的多元化扩张转型能成功吗？

第一节 所有者权益变动表分析的目的与内容

一、所有者权益变动表的内涵

所有者权益（或股东权益）变动表（以下简称"所有者权益变动表"）是反映公司本期（年度或中期）内截至期末所有者权益变动情况的报表。所有者权益变动表应当全面反映一定时期所有者权益变动的情况。我国《企业会计准则第30号——财务报表列报》（2006年）颁布以前，公司所有者权益变动情况是以资产负债表附表形式予以公布的。新准则颁布后，其要求上市公司于2007年正式对外呈报所有者权益变动表。所有者权益变动表将成为与资产负债表、利润表和现金流量表并列披露的第四张财务报表。

所有者权益变动表是全面反映一定时期所有者权益变动情况的动态报表。随着资本市场的不断发展和完善，企业的所有者（股东）越来越重视自己的收益，他们迫切需要了解自己的权益状况。新会计准则定义的所有者权益变动表，就是用于向企业的投资者（或股东）反映其权益增减变动，并评估企业管理者的受托管理责任履行效果的报表。通过对所有者权益变动表的分析，报表使用者既能了解所有者权益的变化，也能考核企业管理者对企业的管理是否高效，所谓"一举两得"。所有者权益是指企业资产扣除负债后由股东享有的"剩余权益"，也称净资产，是所有者投资资本与经营过程中形成的留存收益的集合，是所有者投资和公司发展实力的资本体现。所有者权益变动表反映不同年度的同一日期，企业的资产总额在抵偿了同期的一切债务后的差额，即所有者享有的份额的变化情况。根据所有者权益变动的性质，分别按照当期净利润、直接计入所有者权益的利得和损失项目、股东投入资本和向股东分配利润、提取盈余公积等情况分析填列。

所有者权益变动表一般应单独列报以下项目：

（1）综合收益总额。

（2）会计政策变更和差错更正的累积影响金额。

（3）所有者投入资本和向所有者分配利润等。

（4）提取的盈余公积。

（5）实收资本或股本、资本公积、其他综合收益、盈余公积、未分配利润的期初和期末余额及其调节情况。其中，反映直接计入所有者权益的利得和损失的项目即为其他综合收益项目。

二、编制所有者权益变动表的意义

1.编制所有者权益变动表体现了综合收益的理念，符合全面收益改革的国际趋势

综合收益也可以称作全面收益，是指企业与所有者以外的其他各方之间的交易或事项所引起的资产和负债的变化如何在财务报告中列报的问题。我国在会计准则（新会计准则应用指南）中首次正式提出这一概念。但是国际会计准则，以及美国、英国等国的会计准则中早已提出这一概念，并已将其应用于会计实务中。从国外会计准则制定机构关于财务业绩报告的改革过程来看，其改革业绩报告的目标基本一致，都要求报告更全面、更有用的财务业绩信息，以满足使用者投资、信贷及其他经济决策的需要。国际会计准则理事会（IASB）、英国会计准则委员会（ASB）、美国财务会计准则委员会（FASB）要求财务报表中必须有一个独立的组成部分，突出显示企业的全部利得和损失，在利润表之外报告全面收益。

美国财务会计准则委员会在原《第3号财务会计概念公告——企业财务报表要素》中，首次提出了不同于传统收益概念的新概念——“全面收益”，并将其定义为：“一个主体在某一期间与非业主方面进行交易或发生其他事项和情况所引起的权益（净资产）变动。它包括这一期间内除去业主投资和派给业主款以外的交易、事项和情况所产生的权益的一切变动。”根据FASB提出的全面收益概念，全面收益应该包括净利润（net income）和其他全面收益（other comprehensive income）两大类。另外在《报告全面收益》（FAS130）、《衍生工具和套期保值活动会计》（FAS133）中列举的其他全面收益项目包括：外币折算调整项目；可供销售证券的未实现利得或损失；最低养老金负债调整；金融衍生产品未实现的利得或损失。这些项目的共同特点在于它们都是未实现的，都不能够包括在净利润中，而是在资产负债表上作为所有者权益的组成部分加以列示。与传统收益概念相比，全面收益包括的内容更广泛，其不仅包括已实现的净利润，还包括未实现的绕过利润表直接在资产负债表所有者权益中列示的利得和损失。

《企业会计准则——基本准则》对所有者权益要素作了以下规定：“所有者权益的来源包括所有者投入的资本、直接计入所有者权益的利得和损失、留存收益等。”

由所有者权益变动表的内容可知，我国的所有者权益变动表包括本年净利润和

直接计入所有者权益的利得和损失，其体现的就是企业的全面收益。我国改革后的所有者权益变动表能更好地帮助投资者获得与其决策相关的全面收益信息。

2.编制所有者权益变动表是公司所有者权益日益受到重视的体现

随着资本市场的发展，企业的所有者（股东）越来越重视自己的收益，他们迫切需要详细地了解自己的权益状况，而原先的所有者权益变动表仅仅是将所有者权益项目进行重复的简单列示，这满足不了所有者的需求，因此设计新的所有者权益变动表向企业的所有者（股东）反映权益的增减变动，评估企业管理层的受托责任的履行情况是十分必要的。所有者权益变动表可以反映股东所拥有的权益，使其能够据以判断资本保值、增值的情况以及对负债的保障程度。投资人可以通过所有者权益变动表分析被投资方的投资价值、股利发放、员工红利等各项权益变动因素，以预测投资效益。

从受托责任的角度看，编制所有者权益变动表，既是对投资者负责，也是对公司自身负责。

3.编制所有者权益变动表能更清晰地体现会计政策变更和前期差错更正对所有者权益的影响

会计政策变更和前期差错更正会对所有者权益期初余额产生影响。企业会计制度主要调整资产负债表的年初金额、利润表上年金额的相关被影响项目，并在财务报表附注中披露，一般容易被报表使用者忽视。而新准则在所有者权益变动表上直接将上述两项列示出来，使会计政策变更和前期差错更正对所有者权益的影响一目了然。

三、所有者权益变动表分析的目的

所有者权益变动表分析，是通过分析所有者权益的来源及其变动情况，了解会计期间内影响所有者权益增减变动的具体原因，判断构成所有者权益各个项目变动的合法性与合理性，为报表使用者提供较为真实的所有者权益总额及其变动信息。

所有者权益变动表分析的具体目的如下：

第一，了解企业财务实力的强弱以及抵抗财务风险的能力。对所有者权益变动表进行分析，可以清晰地体现会计期间构成所有者权益各个项目的变动规模与结构，了解其变动趋势，反映公司净资产的实力，提供保值增值的重要信息。

第二，为投资者的投资决策提供全面信息。对所有者权益变动表进行分析，可以进一步从全面收益的角度报告更全面、更有用的财务业绩信息，以满足报表使用者投资、信贷及其他经济决策的需要。

第三，使所有者了解会计政策变更和会计差错更正对所有者权益造成的影响。对所有者权益变动表进行分析，可以反映会计政策变更的合理性以及会计差错更正的幅度，具体报告会计政策变更和会计差错更正对所有者权益的影响数额。

四、所有者权益变动表的分析内容

所有者权益变动表的分析内容包括：

第一，所有者权益变动表的水平分析。

第二，所有者权益变动表的垂直分析。

第三，所有者权益变动表的主要项目分析。

第四，股利决策对所有者权益影响的分析。

第二节　所有者权益变动表的一般分析

一、所有者权益变动表的水平分析

所有者权益变动表的水平分析，是将所有者权益各个项目的本期数与基准数（可以是上期数等）进行对比，揭示公司当期所有者权益各个项目的水平及其变动情况，解释公司净资产的变动原因，从而进行相关决策的过程。以新疆金风科技股份有限公司（以下简称：金风科技）所有者权益变动表为基础资料，编制所有者权益变动表水平分析表的例子，见表5-1。

表5-1　　金风科技所有者权益变动表水平分析表　　金额单位：万元

项　目	2018年度	2017年度	差异额	差异率
一、上年年末余额	2 347 500.10	2 069 879.44	277 620.66	13.41%
加：会计政策变更	−19 488.50			—
前期差错更正				
同一控制下企业合并				
其他				
二、本年年初余额	2 328 011.60	2 069 879.44	258 132.16	12.47%
三、本年增减变动金额（减少以“−”号填列）	319 500.77	277 620.67	41 880.10	15.09%
（一）综合收益总额	282 702.22	343 291.20	−60 588.98	−17.65%
（二）所有者投入和减少资本	118 646.93	−205.94	118 852.87	−57 712.38%
1.所有者投入的普通股	100 889.24	6 489.50	94 399.74	1 454.65%
2.其他权益工具持有者投入资本	49 850.00		49 850.00	100.00%
3.股份支付计入所有者权益的金额				
4.其他	−32 092.31	−6 695.44	−25 396.87	379.32%
（三）利润分配	−81 848.38	−65 464.59	−16 383.79	25.03%
1.提取盈余公积				
2.提取一般风险准备				

续表

项　目	2018年度	2017年度	差异额	差异率
3.对所有者（或股东）的分配	−74 707.28	−58 364.59	−16 342.69	28.00%
4.其他	−7 141.10	−7 100.00	−41.10	0.58%
（四）所有者权益内部结转				
1.资本公积转增资本（或股本）				
2.盈余公积转增资本（或股本）				
3.盈余公积弥补亏损				
4.设定受益计划变动额结转留存收益				
5.其他综合收益结转留存收益				
6.其他				
（五）专项储备				
1.本期提取	5 915.61	3 379.74	2 535.87	75.03%
2.本期使用	−5 915.61	−3 379.74	−2 535.87	75.03%
（六）其他				
四、本年年末余额	2 647 512.37	2 347 500.11	300 012.26	12.78%

资料来源　根据金风科技（股票代码：002202）2017—2018年年报等相关资料整理。

从表5-1可以看出，金风科技2018年所有者权益比2017年增加300 012.26万元，增幅为12.78%；从影响的主要项目看，2018年“综合收益总额”在减少，比2017年同期减少60 588.98万元，减幅为17.65%，但是2018年的“所有者投入和减少资本”大幅增加，其增幅为57 712.38%，同时，2018年“所有者投入的普通股”也有较大增长，增幅为1 454.65%。

由此可见，所有者投入资本及所有者投入的普通股的增加是2018年金风科技经营资本增加的源泉，也是所有者权益增长的重要途径。

二、所有者权益变动表的垂直分析

所有者权益变动表的垂直分析，是对所有者权益各个子项目变动占所有者权益变动的比重予以计算，并进行分析评价，以揭示公司当期所有者权益各个子项目的比重及其变动情况，解释公司净资产构成的变动原因，从而进行相关决策的过程。以金风科技所有者权益变动表为基础资料，编制所有者权益变动表垂直分析表的例子，见表5-2。

表 5-2 **金风科技所有者权益变动表垂直分析表** 金额单位：万元

项 目	2018年所有者权益	2017年所有者权益	2018年构成	2017年构成	构成差异
一、上年年末余额	2 347 500.10	2 069 879.44	88.67%	88.17%	0.50%
加：会计政策变更	−19 488.50		−0.74%		−0.74%
前期差错更正					
同一控制下企业合并					
其他					
二、本年年初余额	2 328 011.60	2 069 879.44	87.93%	88.17%	−0.24%
三、本年增减变动金额（减少以“-”号填列）	319 500.77	277 620.67	12.07%	11.83%	0.24%
（一）综合收益总额	282 702.22	343 291.20	10.68%	14.62%	−3.95%
（二）所有者投入和减少资本	118 646.93	−205.94	4.48%	−0.01%	4.49%
1.所有者投入的普通股	100 889.24	6 489.50	3.81%	0.28%	3.53%
2.其他权益工具持有者投入资本	49 850.00		1.88%		1.88%
3.股份支付计入所有者权益的金额					
4.其他	−32 092.31	−6 695.44	−1.21%	−0.29%	−0.93%
（三）利润分配	−81 848.38	−65 464.59	−3.09%	−2.79%	−0.30%
1.提取盈余公积					
2.提取一般风险准备					
3.对所有者（或股东）的分配	−74 707.28	−58 364.59	−2.82%	−2.49%	−0.33%
4.其他	−7 141.10	−7 100.00	−0.27%	−0.30%	0.03%
（四）所有者权益内部结转					
1.资本公积转增资本（或股本）					
2.盈余公积转增资本（或股本）					
3.盈余公积弥补亏损					
4.设定受益计划变动额结转留存收益					
5.其他综合收益结转留存收益					
6.其他					
（五）专项储备					
1.本期提取	5 915.61	3 379.74	0.22%	0.14%	0.08%
2.本期使用	−5 915.61	−3 379.74	−0.22%	−0.14%	−0.08%
（六）其他					
四、本年年末余额	2 647 512.37	2 347 500.11	100.00%	100.00%	

资料来源 根据金风科技（股票代码：002202）2017—2018年年报等相关资料整理。

*此部分有尾差调整。

从表5-2可以看出，金风科技2018年与2017年相比，所有者权益项目年初余额结构比重下降了0.24%，但是2018年所有者权益年末余额比2017年增长了300 012.27万元，增幅为12.78%。综合收益总额下降了3.95%，对所有者（或股东）的分配比重下降0.33%，但是2018年所有者投入和减少资本比重上升4.49%，同时，所有者投入的普通股比重上升3.53%。因此所有者投入资本和所有者投入的普通股增加是2018年所有者权益上升的主要因素。至于公司净利润变动的因素分析，在利润分析章节中介绍，在此暂不详述。

三、所有者权益变动表主要项目的分析

所有者权益变动表主要项目的分析，是将组成所有者权益的主要项目进行具体剖析对比，分析其变动成因、合理合法性、有无人为操控的迹象等事项的过程。

所有者权益变动表的主要项目，可以通过以下公式具体理解：

本期所有者权益变动额=净利润+直接计入所有者权益的利得-直接计入所有者权益的损失+会计政策变更和会计差错更正的累积影响数+所有者投入资本-向股东分配利润-提取盈余公积

为了避免与资产负债表分析重复，本章所有者权益变动表主要项目的分析应该包括以下三点：

1.直接计入所有者权益的利得与损失分析

利得是指由企业非日常活动所形成的、会导致所有者权益增加的、与所有者投入资本无关的经济利益的流入。损失是指由企业非日常活动所发生的、会导致所有者权益减少的、与向所有者（或股东）分配利润无关的经济利益的流出。

直接计入所有者权益的利得和损失，是指不应计入当期损益的、会导致所有者权益发生增减变动的、与所有者投入资本或者向所有者（或股东）分配利润无关的利得或者损失。

一般而言，已实现的利得与损失在发生当年计入利润表，未实现确认的利得与损失可能在资产负债表中确认，同时，所有者权益变动表涵盖了这些信息。利润表反映公司在会计年度内已实现的损益。若出现未实现的损益，公司的资产价值就会有增减，资本公积也会随之增减，但未实现的损益不在年度利润表中披露，而是直接计入所有者权益。

利润表不予披露的未实现损益通常包括：固定资产重估产生的未实现损益、货币折算价差产生的未实现损益以及长期商业投资重估产生的未实现损益等。

（1）固定资产重估产生的未实现损益。公司对固定资产（比如房地产）的价值进行市估时，资产负债表中资产的价值就会有所增减，资本公积也会随之增减。除非公司后来将该资产出售，否则这笔重估损益就一直无法实现，也不在利润表中体现。

（2）货币折算价差产生的未实现损益。若美国某公司拥有一家英国子公司，在合并报表时，就要将该子公司的资产价值折算为等值的美元。不同报表日的汇率不

同，就会造成资产价值的升降。这种由于货币折算而产生的资产价值的增减变化也是一种未实现损益。

（3）长期商业投资重估产生的未实现损益。对非子公司、非联营企业和合资企业的其他公司的股权投资，若股票市场上被投资方的股价发生变化，那么商业投资的价值就会发生变化，因此将出现未实现损益。

在所有者权益变动表中，直接计入所有者权益的利得和损失内容包括：第一，权益法下被投资单位其他所有者权益变动的影响；第二，与计入所有者权益项目相关的所得税影响；第三，其他。

通过直接计入所有者权益的利得与损失的分析，可以进一步说明会计期间所有者权益是如何增减变化的，具体理解见【例5-1】。

【例5-1】C公司20×6年实现净利润400万元，分配股利90万元，增发新股300万元，长期投资于A单位，股权占40%，A单位本年亏损50万元，试确定所有者权益变动额。

解：根据净利润与所有者权益变动额关系的公式，本题所有者权益变动额具体结果为：

$$\text{本期所有者权益变动额}=\text{净利润}+\text{直接计入所有者权益的利得}-\text{直接计入所有者权益的损失}+\text{会计政策变更和会计差错更正的累积影响数}+\text{所有者投入资本}-\text{向股东分配利润}-\text{提取盈余公积}$$

$$=400-20-90+300=590\text{（万元）}$$

具体变动情况，见表5-3。

表5-3　C公司所有者权益变动简表

项　目	金额（万元）
净利润	400
减：直接计入所有者权益的损失	20（50×40%）
减：分配股利	90
加：所有者投入资本	300
所有者权益净增加额	590

2.会计政策变更的分析

（1）会计政策与会计政策变更。会计政策，是指会计主体在会计核算过程中所采用的原则、基础和会计处理方法。其中，原则实质上包含了会计的基本假设、会计的一般原则和具体原则、会计处理方法，甚至还包含某些非会计假设。

会计政策变更，是指企业对相同的交易或事项由原来采用的会计政策改用另一会计政策的行为，这也意味着企业在不同的会计期间执行不同的会计政策。一般情况下，企业采用的会计政策，在每一会计期间和前后各期应当保持一致，不得随意变更，否则势必削弱会计信息的可比性。但是，在下述两种情况下，企业可以变更会计政策：第一，法律、行政法规或国家统一的会计制度等要求变更；第二，会计政策变更能够提供更可靠、更相关的会计信息。比如，企业原先一直采用直接转销法核算坏账，由于信用环境的改变，应收账款演变为坏账的可能性增大，继续使用直接转销法核算坏账将会虚增企业某一会计期间的资产和盈利，因此备抵法的会计政策更能体现应收账款的账面价值。

（2）会计政策变更在表中的列示与分析。会计政策变更能够提供更可靠、更相关的会计信息的，应当采用追溯调整法进行处理，就会计政策变更累积影响数调整列报前期最早期初留存收益。其中追溯调整法，是指对某项交易或事项变更会计政策，视同该项交易或事项初次发生时即采用变更后的会计政策，并以此对财务报表相关项目进行调整的方法。

会计政策变更的累积影响数，是指按照变更后的会计政策，对以前各期追溯计算的列报前期最早期初留存收益应有金额与现有金额之间的差额。会计政策变更的累积影响数需要在所有者权益变动表中单独列示。

对会计政策变更累积影响数的分析，主要目的在于合理区分属于会计政策变更和不属于会计政策变更的业务或事项。对会计政策变更的认定，直接影响会计处理方法的选择。因此，在会计实务中，企业应当正确认定属于会计政策变更的情形。通常下列两种情况不属于会计政策变更：①当期发生的交易或事项与以前相比具有本质差别而采用新的会计政策。例如，某企业一直通过经营租赁方式租入设备进行生产，但从本年度起，新租入的设备采用融资租赁方式，故企业本年度采用融资租赁的会计处理方法进行设备租入和使用的记录与报告。由于经营租赁与融资租赁具有本质区别，因而这种变化不属于会计政策变更。②对初次发生的或不重要的交易或事项采用新的会计政策。例如，企业第一次发生跨年度的劳务供应合同项目，对这种项目采用完工百分比法于年末确认收入。对企业来说，虽然采取了新的收入确认方法，但这种做法不属于会计政策变更。又比如，企业一直将因购买办公用品而发生的费用直接记入“管理费用”账户，从本期开始，企业决定凡购买的办公用品都要先记入“物料用品”账户，然后在领用后转入有关费用账户。由于办公用品支出属于企业的零星开支，且这种改变对资产、费用和利润的影响很小，属于不重要的事项，因而这种变更不必作为会计政策变更的内容进行专门披露。

3.前期差错更正的分析

（1）前期差错与前期差错更正。前期差错，是指由于没有运用或错误运用以下两种信息，而对前期财务报表造成遗漏或误报。第一，编报前期财务报表时能够合理预计取得并应当加以考虑的可靠信息。第二，前期财务报表批准报出时能够取得的可靠信息。前期差错通常包括：计算错误、应用会计政策错误、疏忽或曲解事实，以及舞弊产生的影响、存货和固定资产盘盈等。

前期差错更正，是指企业应当在重要的前期差错被发现后的财务报表中，调整前期相关数据。前期差错更正主要采用追溯重述法。追溯重述法是指在发现前期差错时，视同该项前期差错从未发生过，从而对财务报表相关项目进行更正的方法。

（2）前期差错更正在表中的列示与分析。本期发现与以前期间相关的重大会计差错，如果其影响损益，应按其对损益的影响数调整发现当期期初留存收益，财务报表其他相关项目的期初数也应一并调整；如其不影响损益，应调整财务报表相关项目的期初数。

对于前期差错更正累积影响数的分析，主要目的在于及时发现与更正前期差错，合理判断和区分相关业务是属于会计政策变更还是属于会计差错更正，以确保信息的准确性。

会计差错发生的原因可归纳为三类：①会计政策使用上的差错。例如，按照国家统一的会计制度，为购建固定资产而发生的借款费用，在固定资产达到预定可使用状态后，其发生额应计入当期损益，若继续予以资本化，则属于采用了法律或会计准则等行政法规、规章所不允许的会计政策。②会计估计上的差错。由于经济业务中不确定因素的影响，企业在会计估计过程中出现了差错。例如，国家规定企业可以根据应收账款期末余额的一定比例计提坏账准备，企业有可能在期末多计提或少计提坏账准备，从而影响损益的计算。③其他差错。在会计核算中，企业有可能发生除以上两种差错以外的其他差错。例如，错记借贷方向、错记账户、漏记交易或事项、对事实的忽视和滥用等。

会计差错只要发生就会使报出信息失真，按其影响程度的不同，会计差错可分为重大会计差错和非重大会计差错。重大会计差错是指影响财务报表可靠性的会计差错，其特点是差错的金额比较大，足以影响财务报表使用者对企业财务状况、经营成果和现金流量做出正确判断。按照重要性原则，如果某项差错占有关交易或事项金额的10%以上，则可以被认为是重大会计差错。非重大会计差错是指不足以影响财务报表使用者对企业财务状况、经营成果和现金流量做出不正确判断的会计差错。无论是不是重大会计差错，都应在发现差错的当期进行差错更正，在所有者权益变动表中适时披露。

第三节　股利决策对所有者权益变动影响的分析

一、派现与送股对公司所有者权益的影响

我国股份有限公司采用的股利分配形式主要有现金股利与股票股利两种。二者对公司财务状况的影响不同：现金股利使公司的资产和所有者权益同时减少，股东手中的现金增加；股票股利使流通在外的股份数增加，公司账面的未分配利润减少，股本增加，每股账面价值和每股收益被稀释。

（一）派现

1.派现的含义

现金股利即派现，是公司以现金的形式向股东支付股利。公司是否支付现金股利，除了必须有足额的、未指明用途的未分配利润外，还取决于公司的投资需要、现金流量以及股东意愿等因素。

2.派现对所有者权益的影响

派现会导致公司现金流出，减少公司的资产和所有者权益规模，降低公司内部筹资的总量，既影响所有者权益内部结构，又影响整体资本结构。

【例5-2】D公司流通在外的普通股为1 000万股，每股股价为8元，公司市场价值为8 000万元。表5-4是D公司上年简化资产负债表。

表5-4　**资产负债表（支付股利前）**　单位：万元

资　产		负债和所有者权益	
货币资金	1 500	负　债	0
其他资产	6 500	所有者权益	8 000
总　计	8 000	总　计	8 000

假设D公司本年度决定按照每股1元发放现金股利，支付股利后的公司资产负债表见表5-5。

表5-5　**资产负债表（支付股利后）**　单位：万元

资　产		负债和所有者权益	
货币资金	500	负　债	0
其他资产	6 500	所有者权益	7 000
总　计	7 000	总　计	7 000

由表5-4可知，如果该公司决定每股发放1元的额外现金股利，则需支付现金1 000万元，由此使公司资产的市场价值和所有者权益均下降到7 000万元，每股市价下降到7元。

派现将减少公司的资产和留存收益规模，降低公司的财务弹性，并影响公司整体的投资与筹资决策。所以，管理层在决定派现时，应当权衡各方面的因素。一般而言，公司作出派现决策的动机如下：

第一，消除不确定性动机。投资者对股利和资本利得有不同的偏好，大多数投资者认为，现金股利是在本期收到的实惠，而未来的资本利得则具有很大的不确定性，公司通过派现将消除投资者期望收益的不确定性，树立良好的市场形象。

第二，传递优势信息动机。根据股利传播信息论，在非完善资本市场中，派现常常被管理者用作表示公司未来有良好前景的工具。当管理者对公司未来发展前景看好时，就会通过一定的派现向市场传递公司的绩优信息，从而提高公司的股票价格。

第三，减少代理成本动机。将剩余的现金流量以股利的形式发放给股东，可以降低经营者控制企业资源的能力，从而降低因所有者和经营者之间的冲突而产生的代理成本。

第四，返还现金动机。大多数公司都会走向成熟期，在这个阶段，公司很难找到投资收益率超过投资者要求的必要收益率的项目，这时就应该考虑向投资者派现，以稳定投资者的信心。

（二）送股

1.送股的含义

送股即股票股利，是指公司以股票的形式向投资者发放股利的方式。其具体做法是：在公司注册资本尚未足额时，以股东认购的股票作为股利支付，也可以发行新股支付股利。在实际操作过程中，有的公司增发新股时，预先扣除当年应分配股利，减价配售给老股东，有的公司发行新股时进行无偿增资配股，即股东无须缴纳任何现金和实物即可取得公司发行的股票。

公司选择送股的动机如下：①送股固然不会增加股票的内在价值，但是对股东来说将收益作为本金留存于公司是一种再投资行为。只要公司经营被大家长线看好，股票红利就很诱人。②从市场评价来看，送股题材相当吸引人。大量送股后每股收益被稀释，填补每股盈利的缺口对公司经营提出了更高的要求。根据信号理论，大量送股给市场这样一个信号——公司对盈利增长有信心。③公司送股决策最直接的动因还是更多地筹资。如承销商会建议某些小盘股，先送红股将盘子做大，然后配股，这样配股价不致太高，还可以多筹资。④送股还有避税、降低交易成本等优点。

2.送股对所有者权益的影响

送股是一种比较特殊的股利发放形式，它不直接增加股东的财富，不会导致企业资产的流出或负债的增加，不影响公司的资产、负债及所有者权益总额的变化，所影响的只是所有者权益内部有关项目及其结构的变化，即将未分配利润转为股本（面值）或资本公积（股本溢价）的情况。

3.送股对每股收益和每股市价的影响

送股后，如果盈利总额不变，会由于普通股股数增加而引起每股收益和每股市价下降，但由于股东所持股份的比例不变，每位股东所持股票的市场价值总额仍保持不变。

发放股票股利对每股收益和每股市价的影响，可以通过对每股收益、每股市价的调整直接算出。其计算公式如下：

$$\text{发放股票股利后的每股收益} = \frac{E_0}{1 + D_S}$$

式中：E_0——发放股票股利前的每股收益；

D_S——股票股利发放率。

$$\text{发放股票股利后的每股市价} = \frac{M}{1 + D_S}$$

式中：M——除权日的每股市价。

【例 5-3】假定X公司本年净利润为25 000万元，股利分配时的股票市价为20元/股，发行在外的流通股股数为20 000万股，股利分配政策为10股送0.5股，则其送股后每股收益和每股市价的计算如下：

$$送股后的每股收益 = \frac{25\,000 \div 20\,000}{1+5\%}=1.19（元）$$

$$送股后的每股市价 = \frac{20}{1+5\%}=19.05（元）$$

4.转增股本与送股

转增股本是指公司将资本公积金转化为股本，转增股本并没有改变股东权益，但却增加了股本的规模，因而客观结果与送股相似。

二、股票分割对公司所有者权益的影响

1.股票分割的含义

股票分割是在保持原有股本总额的前提下，将每股股份分割为若干股，使股票面值降低而增加股票数量的行为。

股票分割对中小投资者购买股票更具吸引力，具体说来可归纳为：

（1）股票分割可降低公司股票的市场价格，从而使其易于在市场上流通。这有利于吸引投资者买卖公司股票。

（2）股票分割实际上是向投资者传递公司发展前景良好的信息。因为股票分割意味着公司想以较低的发行价吸引投资者购买公司的新股票，公司的股票价格有上升趋势。

（3）如果股票分割后的每股现金股利比股票分割前高，股东可获得较多的收益，从而对公司的发展充满信心，并且不会随便出售手中持有的股票。这无疑有利于稳定公司的股票价格。当然，公司如果认为流通中的股票价格过低，可通过反分割的方法将每股价格提高。在国际上，股票的分割和反分割都会受到有关法律的限制。

2.股票分割对所有者权益的影响

股票分割不属于股利分配，但与股票股利在效果上有一些相似之处，即股票分割也不直接增加股东的财富，不影响公司的资产、负债及所有者权益的金额变化。与送股的不同之处在于股票股利影响所有者权益有关各项目的结构，使其发生变化，而股票分割则不会改变公司的所有者权益结构。

3.股票分割对每股收益和每股市价的影响

虽然股票分割不属于某种股利，但和股票股利一样，它会对公司的每股收益、每股市价等产生影响。在其他条件不变的情况下，进行股票分割会使公司的每股收益、每股市价下降。

三、所有者权益变动表中的库存股

1.库存股的概念

如果公司不希望过度筹资，提高股利支付率是途径之一，另一个办法即股票回购，财务上称为库存股。库存股是发行总股本的减项，可以被理解为将股利一次性支付给股东，属于间接股利分配形式。

库存股是指公司收回已发行的且尚未注销的股票。它同时具备以下四个特点：①库存股是本公司的股票；②库存股是已发行的股票；③库存股是收回后尚未注销的股票；④库存股是可以再次出售的股票。根据定义，我们也可以作如下理解：凡是公司未发行的股票、公司持有的其他公司的股票或者是公司已收回并注销的股票都不能被视为库存股。

除了股票回购外，本公司股东或债务人以股票抵偿公司的债务、股东捐赠本公司的股票等行为都会形成库存股。

2.库存股对公司所有者权益的影响

（1）库存股不是公司的一项资产，而是所有者权益的减项，其原因如下：①股票是股东对公司净资产要求权的证明，而库存股不能使公司成为该类股票的股东并且享有公司股东的权利，否则将会损害其他股东的权益。②资产不可以注销，而库存股可注销；在公司清算时，资产可变现而后分给股东，但库存股并无价值。正因为如此，西方各国普遍规定：公司收购股份的成本，不得高于留存收益或者留存收益与资本公积之和。③留存收益中把相当于库存股的那部分股本单独列示，是为了限制其分配股利，以免侵蚀法定资本的完整性。这种限制在再次发行库存股或注销库存股时方可取消。

（2）库存股的变动不影响损益，只影响权益。由于库存股不是公司的一项资产，因此再次发行库存股时，其所产生的收入与取得时的账面价值之间的差额不会引起公司损益的变化，而是引起公司所有者权益的增加或减少。

（3）库存股的权利受限。由于库存股没有具体股东，因此，库存股的权利会受到一定的限制。比如，它不具有股利分派权、表决权、优先认购权、分派剩余财产权等。

3.分析库存股应该注意的问题

从实质影响看，股票回购可以认为是将股利一次性支付给股东，属于间接股利分配，但它比高股利政策更有财务影响力，因为：①合理增加库存股能进一步提高股票价格，吸引投资者。公司通过增加库存股可以减少发行在外的流通股，从而达到提高每股净收益和每股股利的目的，以保持或提高股价。②合理增加库存股可减少股东人数，化解外部控制或减少施加重大影响的公司和企业，以避免公司自身被收购或者恶意运作。③公司通过对库存股的合理运用，可以调整自身的资本结构，保证股东和债权人的利益。

库存股会影响公司的股价、资本结构、公司形象等，因此在报表分析中应该注意以下几个方面：

（1）法律、法规、章程等对发行在外的股票数量及金额的限制。

（2）法律、法规、章程等因持有库存股而对其股利分配的限制。

（3）依法回收股票的原因、库存股的增减变动状况。

（4）法律、法规、章程对库存股所享有的股东权利的限制。

（5）若子公司于母公司财务报表期间持有母公司股票，母公司利润表应揭示相关资料，并在财务报表附注中揭示子公司购入的股数及账面价值、再出售股数及售价、期末持有数及市价等信息。

（6）有无利用股票回购内幕操纵股价、粉饰财务数据、误导投资者、做出公司管理层短期行为的动机等。

四、广汇能源股利决策对所有者权益变动影响的案例分析

（一）股利分配决策概述

股利分配决策是指企业向股东分派股利，是企业利润分配的一部分，包括股利支付程序中各日期的确定、股利支付比率的确定、支付现金股利所需资金的筹集方式的确定等。上市公司管理层在制定股利分配政策时要遵循一定的原则，并充分考虑影响股利分配政策的相关因素与市场反应，使公司的收益分配规范化。其具体方式如下：

现金股利：以现金支付的股利，它是股利支付最常见的形式。

股票股利：是公司以增发股票的形式所支付的股利。

（二）广汇能源简介

广汇能源股份有限公司（简称“广汇能源”，股票代码“600256”）始创于1994年，原名为新疆广汇实业股份有限公司，2000年5月在上海证券交易所成功挂牌上市。2002年开始进行产业结构调整，2012年成功转型为专业化的能源开发上市公司，同年6月5日正式更名为广汇能源股份有限公司。

目前，公司已形成以煤炭、LNG、醇醚、煤焦油、石油为核心产品，以能源物流为支撑的天然气液化、煤炭开采、煤化工转换、油气勘探开发四大业务板块，它是国内唯一一家同时拥有煤、气、油三种资源的民营企业。

在国家“一带一路”倡议的指引下，公司今后一个时期的战略发展方向是，致力于能源开发全产业链经营，稳定发展中亚市场，积极开拓北美市场，重点做好“四个三工程”。

（三）广汇能源股利支付方式多样

广汇能源自上市以来，财务状况良好，坚持在公司盈利、现金流充裕和满足公司未来发展的前提下，进行利润分配。表5-6根据广汇能源2009—2018年年报，整理计算出其2009年至2018年的股利支付方式。

表5-6 **广汇能源2009—2018年股利支付方式**

分红方案	年份数	所占比重
不分配	1	10%
派现	1	10%
转增	1	10%
派现+派息	4	40%
派现+送股+派息	2	20%
派现+送股+转增+派息	1	10%

资料来源 根据广汇能源（股票代码：600256）2009—2018年年报整理得出。

由表5-6可以看出，2009—2018年，广汇能源在股利支付方式上的表现为：不分配、派现、转增、派现+派息、派现+送股+派息、派现+送股+转增+派息六种。其中，以派现+派息的形式发放股利的年份居多，分别为2014年、2016年、2017年及2018年，占比为40%，其次是以派现+送股+派息形式发放股利的年份，分别为2009年和2010年，占比为20%。在对广汇能源的股利支付方式进行分析后，得到的结论是：广汇能源进行股利分配的形式多样，近几年以派现+派息的形式为主。

（四）广汇能源股利决策对所有者权益变动的影响

1.广汇能源现金股利决策的动机分析

由图5-1可以看出，2013年其净利润在减少，现金分红总额在增加，现金股利支付率为45.18%；2014年净利润为163 803.86万元，净利润在增加，但现金股利支付率在降低，降到15.94%；2016年净利润金额不大，而现金股利支付率为76.19%。2017—2018年，现金股利支付总额随着净利润的增加而增加。这说明，广汇能源的派现决策动机是消除不确定性和传递优势信息。当广汇能源的净利润较低时，其采取了高派现的政策，这样不仅可以消除投资者期望收益的不确定性，树立良好的市场形象，还可以向市场传递公司的绩优信息，从而提高公司的股票价格。

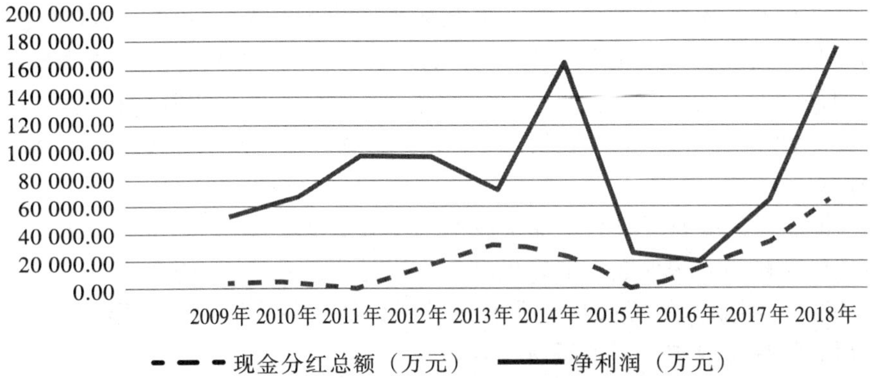

图5-1　2009—2018年广汇能源现金分红总额与净利润变化趋势图

2.广汇能源支付现金股利政策与所有者权益变动的关系分析

广汇能源2009年—2018年股利分配情况见表5-7。由表5-7可以看出，广汇能源在2009—2018年的大部分年份中都进行了分红，现金分红会导致广汇能源现金流出，减少企业的未分配利润，因此会减少广汇能源的资产和所有者权益规模。

2009—2013年进行现金分红的年度中现金股利支付率在不断上升，分别为7.09%、10.79%、18.18%和45.18%；2014年现金股利支付率下降到15.94%，原因是2014年净利润增加，而现金分红金额下降；2016年现金股利支付率增加到76.19%，原因是2016年净利润为205 598 786.81元，而支付的现金股利为

156 642 740.52元。2017年—2018年现金分红总额随着净利润的增加而增加，但是现金股利支付率却在下降。

表5-7　　广汇能源2009—2018年股利分配情况

分红年度	分红方案（每10股）			现金分红总额（万元）	净利润（万元）	现金股利支付率
	送股（股）	转增（股）	派息（元）			
2009年	3	0	1	3 810.67	53 740.32	7.09%
2010年	5	0	0.5	7 430.81	68 837.85	10.79%
2011年	0	8	0	0	97 662.90	0
2012年	3	2	0.5	17 521.81	96 400.32	18.18%
2013年	0	0	0	33 936.11	75 108.01	45.18%
2014年	0	0	0.5	26 107.12	163 803.86	15.94%
2015年	0	0	0	0	24 838.80	0
2016年	0	0	0.3	15 664.27	20 559.88	76.19%
2017年	0	0	0.5	33 685.52	65 538.40	51.40%
2018年	0	0	1.0	67 939.75	174 380.65	38.96%

资料来源　根据广汇能源（股票代码：600256）2009—2018年年报和公告整理得出。

派现会导致公司现金流出，减少公司的资产和所有者权益规模，降低公司内部筹资的总量，既影响所有者权益内部结构，又影响整体资本结构。在计提的时候，会计处理是：借：利润分配，贷：应付股利。这时候是影响所有者权益的。发放的时候，会计处理是：借：应付股利，贷：银行存款。这时候只涉及资产负债的转移，不涉及权益。

3.广汇能源分配股票股利增加了股本，降低了每股收益

每股收益越高，说明公司股东的获利水平越高。从表5-8中可以看出，2009年至2012年，广汇能源的每股收益受股票股利这种股利分配形式的影响，在发放股票股利后，增加了股本，降低了每股收益。

表5-8　　发放股票股利前后每股收益对比分析表

发放股利年度	发放股票股利前		发放股票股利后		每股收益变动率	股本变动率
	每股收益（元/股）	股本（元）	每股收益（元/股）	股本（元）		
2009年	0.5 641	952 667 370	0.4 339	1 238 467 581	−23.08%	30.00%
2010年	0.5 641	1 238 467 581	0.3 706	1 857 701 372	−34.30%	50.00%
2011年	0.5 114	1 946 868 038	0.2 876	3 504 362 468	−43.76%	80.00%
2012年	0.2 751	3 504 362 468	0.1 834	5 256 543 702	−33.33%	50.00%

资料来源　根据广汇能源（股票代码：600256）2009—2012年年报和公告整理得出。

经2009年度股东大会批准，2010年4月9日，公司以2009年12月31日总股本952 667 370股为基数，向全体股东每10股送红股3股派发现金红利0.4元的利润分配方案实施，总股本由952 667 370股变更为1 238 467 581股，增加了30%，公司2009年度基本每股收益由0.5641元摊薄至0.4339元，降低了23.08%。

经2010年度股东大会审议通过，2011年3月31日，公司实施每10股送红股5股，总股本由1 238 467 581股变更为1 857 701 372股，增加了50%，公司2010年度基本每股收益由0.5641元摊薄至0.3706元，降低了34.30%。2011年5月17日向9名特定投资者发行89 166 666股人民币普通股（A股）后，公司总股本由1 857 701 372股变更为1 946 868 038股。

经2011年度股东大会审议通过，公司于2012年5月24日实施资本公积金每10股转增8股，公司总股本由1 946 868 038股增加至3 504 362 468股，增加了80%，公司2011年度基本每股收益由0.5114元摊薄至0.2876元，降低了43.76%。

经2012年度股东大会审议通过，公司于2013年6月24日实施利润分配，每10股转增2股，每10股送红股3股，派发现金红利0.5元（含税）后，公司总股本由3 504 362 468股变更为5 256 543 702股，增加了50%。2013年11月15日回购股份数量为35 119 018股，完成注销后公司总股本为5 221 424 684股，减少了0.67%。公司2012年度基本每股收益由0.2751元摊薄至0.1834元，减少了33.33%。

（五）总结

从广汇能源的股利决策对所有者权益变动影响的分析中，我们可以看出，分配现金股利会导致公司现金流出，减少公司的资产和所有者权益规模；分配股票股利不会直接增加股东的财富，不影响公司的资产、负债及所有者权益总额的变化，但会影响每股收益以及所有者权益内部有关项目及结构的变化。

思政园地

近年来，上市公司利用盈余管理操控利润的现象屡见不鲜。上市公司利润操控会降低财务报表信息的质量，对信息使用者进行决策造成误导。针对这种现象，一方面，监管者需加强对上市公司信息披露的监督；另一方面，投资者要加强识别上市公司盈余管理手段的能力，学会从错综复杂的交易和会计处理中看清本质。

某上市公司2017年主营业务表现不佳，出现了巨额亏损，但净利润却扭亏为盈，其主要原因是公司有着巨额的营业外收入，对此公司的解释为利用资产处置进行盈余管理。从公司概况可得知，其最终实际控制人是某省人民政府国有资产监督管理委员会。由于上市公司可以提高地方就业率，保障地方财政收入，地方政府往往给予一些财政补贴或政策优惠来支持上市公司，避免上市公司被“ST”，甚至摘牌。某省人民政府批准该公司暂停提取安全生产费可以使其减少计入成本或当期损益的费用，从而对公司利润产生影响，从某种程度增加了公司利润，削弱了公司被

“ST”的风险。

无论该公司利用资产处置还是利用地方政府政策进行盈余管理，其目的都是增加公司利润，粉饰财务报表。追究其更深层次的原因：一方面，公司领导层刚换届，在前任领导层经营不力导致公司财务亏空较大的情况下，新任领导需要发布利好消息，以赢取广大投资者的信任；另一方面，上市公司处置长期亏损的不良资产可以优化上市公司资源配置，有利于公司注入质量优良、具有较好市场发展空间的资产，增强公司的盈利能力和发展潜力，切实提升上市公司价值，最终实现上市公司转型跨越发展和可持续发展的战略目标。

近年来上市公司利用盈余管理进行利润操纵的行为普遍存在，虽然在短期内其达到了扭亏为盈的目的，但不利于企业长期可持续发展。结合“失去信用而赚的钱应结算在损失里”这句话，谈谈你如何看待企业利用会计政策变更进行盈余管理的行为。

本章小结

所有者权益变动表是反映公司本期（年度或中期）内截至期末所有者权益增减变动情况的报表。

所有者权益是指企业资产扣除负债后由股东享有的“剩余权益”，也称为净资产。

所有者权益变动表的水平分析，是将所有者权益各个项目的本期数与基准数（可以是上期数等）进行对比，以揭示公司当期所有者权益各个项目的水平及变动情况，解释公司净资产的变动原因，从而进行相关决策的过程。所有者权益变动表的垂直分析，是对所有者权益各个子项目的变动占所有者权益变动的比重予以计算，并进行分析评价，以揭示公司当期所有者权益各个项目的比重及变动情况，解释公司净资产构成的变动原因，从而进行相关决策的过程。所有者权益变动表的主要项目分析，是对组成所有者权益的主要项目进行具体剖析对比，分析其变动成因、合理合法性、是否有人为操控的迹象等的过程。

复习思考题

1.什么是所有者权益变动表？它反映哪些内容？

2.如何分析所有者权益变动表中列示的会计政策变更？

3.简述公司派现的动机及其对所有者权益的影响。

4.简述公司送股的动机及其对所有者权益的影响。

5.简述库存股的概念及特点。

第六章　利润表分析

【导入性案例】

万福生科全称万福生科（湖南）农业开发股份有限公司（股票代码300268），成立于2003年，2009年完成股份制改造，2011年9月在深圳证券交易所挂牌上市。2012年8月22日，万福生科发布了上市后的第一份半年报。在半年报中，管理层讨论与分析后称：今年上半年，公司实现的净利润由于受到原材料价格上涨、计提资产减值损失等因素的影响同比有所下降，但公司又称，公司在2011年年度报告中披露公司2012年经营目标是：力争公司2012年销售收入达到63 000万～65 000万元，净利润达到7 200万～7 400万元。此时，湖南证监局上市公司检查组正在万福生科进行上市后的例行现场检查，检查组很快发现了万福生科2012半年报预付账款存在重大异常：公开披露的资产负债表显示，预付账款余额为1.46亿元，而科目余额表显示，万福生科预付账款余额超过3亿元，预付账款“账表不符”；财务总监解释称为了让报表好看一点，将一部分预付账款重分类至“在建工程”等其他账户，但检查组凭借职业敏感意识到如此畸高的预付账款绝对不正常，因为上年同期只有0.2亿元，那么这些预付款去哪里了？

检查组立即追查到银行，以追踪资金真实去向，结果不查不知道，一查吓一跳，银行真实的资金流水显示，企业账面列示的预付8 036万元设备供应款根本就没有打给供应商（法人），而是打给了自然人；再一比对，发现下游回款根本不是客户（法人）打进来的，而是自然人打进来的。现场检查组发现万福生科银行回单涉嫌造假之后，湖南证监局立即于2012年9月14日宣布立案调查，案情上报之后得到了证监会的高度重视，9月17日中国证监会稽查总队宣布对其立案调查。

在铁的事实面前，万福生科财务总监无奈地交出私人控制的56张个人银行卡，稽查大队又在现场截获存有2012年上半年真实收入数据的U盘，从此揭开了一个伪造银行回单14亿元、虚构收入9亿多元的惊天大案。截至2013年5月，证监会对该造假案件的行政调查已终结。调查结果显示，一方面，万福生科涉嫌欺诈发行股票和违法信息披露。万福生科上市前的2008—2010年分别累计虚增销售收入约46 000万元，虚增营业利润约11 298万元；上市后披露的2011年年报和2012年半年报累计虚增销售收入44 500万元，虚增营业利润10 070万元，同时隐瞒重大停产事项。另一方面，相关中介机构未能勤勉尽责。保荐机构平安证券、审计机构中磊会计师事务所和法律服务机构湖南博鳌律师事务所在相关业务过程中未能保持应有的谨慎性和独立性，出具的报告存在虚假记载。

第一节　利润表分析的目的与内容

一、利润及其意义

利润是企业在一定会计期间的经营成果，包括收入减去费用后的净额、直接计入当期利润的利得和损失等，亦称财务成果。企业经营活动过程是资本的耗费过程和资本的收回过程，包括发生各种成本费用和取得各项收入。经营活动的目的在于以较低的成本费用，取得较多的收入，实现更多的利润。利润表全面、综合地反映了企业的经营活动状况及其结果，利润分析是经营活动分析的核心。利润表是反映企业在一定会计期间经营成果的报表。例如，反映1月1日至12月31日经营成果的利润表，由于它反映的是某一期间的情况，所以又称为动态报表。有时，利润表也称为损益表、收益表。

研究利润表分析的意义或作用，首先要搞清利润本身的意义与作用。利润的意义主要表现在以下几个方面：

第一，利润是企业经营的基本目的和反映企业经营成果的最综合指标，现代企业经营和发展的直接目标是利润。无论企业追求的是企业价值最大化，还是股东权益最大化，其基础都是利润。利润可以反映企业在一定期间内的经营成果。企业生产经营的供产销、人财物各环节、各因素的变动无不影响着利润的增减变动，企业某一环节或因素出现问题就会影响利润增长，反之，企业各环节和各因素状况好，企业利润就高。利润是评价企业经营成果的最重要、最综合的指标。

第二，利润不仅是经营成果，还是企业分配和积累的源泉。企业实现的利润有两个分配途径：一是分给企业投资者，即消费；二是留在企业内部，即积累。企业没有利润就没有企业和社会积累，也就无法扩大再生产。

第三，利润是企业投资与经营决策的重要依据。企业决策是企业经营管理的核心问题。企业的任何决策都无法离开利润这一依据或指标，预测和揭示利润的形成过程、结果及利润构成情况，可以为企业投资和经营决策提供重要依据，也是投资者和债权人十分关心的问题。

二、利润表分析的目的

利润表分析正是实现上述利润作用的手段或途径。

第一，利润表分析有利于正确评价企业各方面的经营业绩。通过对利润表的分析，可以评价企业一定会计期间内的收入实现、费用耗费情况及生产经营活动的成果；通过不同环节的利润分析可以准确说明各环节的业绩。

第二，利润表分析有利于及时、准确地发现企业经营管理中存在的问题。通过比较、分析利润表中各项构成要素，并与以前各期相比较，可以了解企业各项收入、费用和利润的升降趋势及其变化幅度，找出原因所在，发现经营管理中存在的问题。

第三，利润分析有利于为投资者、债权人的投资与信贷决策提供正确信息。还可以分析企业利润的形成结构，对利润进行结构分析，为企业的经营决策提供依据。

三、利润表分析的内容

利润表分析应从这些方面进行：

（一）利润表项目分析

1.企业收入分析

收入是影响利润的重要因素。企业收入分析的内容包括：收入的确认与计量分析；影响收入的价格因素与销售量因素分析；企业收入的构成分析等。

2.成本费用分析

成本费用分析包括产品销售成本分析和期间费用分析两部分。产品销售成本分析包括销售总成本分析和单位销售成本分析；期间费用分析包括销售费用分析、财务费用分析和管理费用分析。

3.资产减值损失分析

资产减值损失分析主要分析资产减值损失的构成和变动原因。

4.投资收益分析

投资收益分析主要分析投资收益的构成和变动原因。

（二）利润表水平、垂直分析

就是主要通过利润额增减变动分析、利润结构变动情况分析，揭示企业在利润形成与分配各环节的会计政策、管理业绩及存在的问题。

1.利润额增减变动分析

利润额增减变动分析，通过对利润表的水平分析，从利润的形成和分配两方面反映利润额的变动情况，揭示企业在利润形成与分配各环节的会计政策、管理业绩及存在的问题。

2.利润结构变动情况分析

利润结构变动情况分析，主要是在对利润表进行垂直分析的基础上，揭示各项利润及成本费用与收入的关系，以反映企业的各环节的利润构成、利润及成本费用水平。

（三）利润质量分析

利润质量是衡量企业盈利能力的一个非常重要的维度，应从利润的含金量、利润的持续性以及利润结构与企业战略的吻合性等三个方面来考察企业的利润质量。

第二节　利润表项目分析

企业的利润取决于收入和费用、直接计入当期利润的利得和损失金额的计量。分析企业利润应根据利润表附注提供的资料进一步对影响利润的各项因素进行分析。

一、营业收入项目分析

（一）营业收入确认与计量分析

1.营业收入确认分析

营业收入的规模及其成长性是评价财务业绩的关键所在，营业收入的重要性一点也不逊色于净利润。根据《企业会计准则第14号——收入》对收入的定义，收入是指企业在日常活动中形成的、会导致所有者权益增加的、与所有者投入资本无关的经济利益的总流入。企业应当在履行了合同中的履约义务，即在客户取得相关商品控制权时确认收入，并且按照分摊至各单项履约义务的交易价格计量收入。其中“日常活动”是指企业为完成其经营目标所从事的经常性活动以及与之相关的活动。营业收入主要包括销售商品收入、提供劳务收入和让渡资产使用权收入。按照不同的行业可分为产品销售收入、商品销售收入、营运业务收入、工程价款收入、各种劳务或服务性收入等，但在不同行业的企业，具体表现也不一样。比如，工业企业制造并销售产品、商品流通企业销售商品、保险公司签发保单、咨询公司提供咨询服务、软件企业为客户开发软件、安装公司提供安装服务、商业银行对外贷款、租赁公司出租资产等，均属于企业为完成其经营目标所从事的经常性活动，由此产生的经济利益的总流入构成收入。工业企业转让无形资产使用权、出售不需用原材料等，属于与经常性活动相关的活动，由此产生的经济利益的总流入也构成收入。企业代第三方收取的款项，应当作为负债处理，不应当确认为收入。

对企业收入的确认在明确收入内涵的基础上，应着重进行以下几方面分析：

（1）收入确认时间合规性分析，即分析本期收入与前期收入或后期收入的界限是否清晰。判断是属于在某一时段内履行履约义务还是属于在某一时点履行履约义务：对于在某一时段内履行的履约义务，企业应当在该段时间内按照履约进度确认收入，但是，履约进度不能合理确定的除外。

（2）特殊情况下企业收入确认的分析。新收入准则中明确具体规定了特定交易的会计处理原则，例如，区分总额和净额确认收入、附有质量保证条款的销售、附有客户额外购买选择权的销售、向客户授予知识产权许可、售后回购、无须退回的初始费等。

（3）收入确认方法合理性的分析。企业应当考虑商品的性质，采用产出法或投入法确定恰当的履约进度进而确定收入。其中，产出法是根据已转移给客户的商品对于客户的价值确定履约进度；投入法是根据企业为履行履约义务的投入确定履约进度。对于类似情况下的类似履约义务，企业应当采用相同的方法确定履约进度进而确定收入。

2.营业收入确认原则

确认收入的一般原则是实现原则。

（1）销售商品。企业应当在履行了合同中的履约义务，即在客户取得相关商品控制权时确认收入。取得相关商品控制权，是指能够主导该商品的使用并从中获得几乎全部的经济利益。新收入准则以控制权的转移为收入确认的原则，统一了收入确认的“五步骤”模型：①识别与客户订立的合同；②识别合同中包含的各单项履约义务；③确定交易价格；④分配交易价格至单独的履约合同；⑤履行各单项合同义务时确认收入。与原收入准则相比，新收入准则中收入的确认标准更加明确、更具体，收入确认过程有章可循，实务中更具有操作性。

（2）提供劳务。新收入准则中规定，企业应当按照分摊至各单项履约义务的交易价格计量收入，在确定交易价格时，企业应当考虑可变对价、合同中存在的重大融资成分、非现金对价、应付客户对价等因素的影响。除此之外，新收入准则中还对合同中包含多项履约义务，以及单独售价无法直接观察、存在合同折扣等情形时如何计量收入给出了明确的指引。相比旧收入准则，新收入准则中对于收入的计量仍然以合同金额为基础，但同时注意了合同单项义务的拆分，考虑了更多非合同因素对交易价格的影响，使得收入的计量更加可靠。

（3）让渡资产使用权。企业因让渡资产使用权而发生的利息收入、使用费收入和现金股利收入按有关合同或协议规定的收费时间和方法确认，并同时满足相关的经济利益很可能流入企业及收入的金额能够可靠计量这两个条件时才确认收入。

3.营业收入计量分析

营业收入计量分析，主要是判断企业采用的计量收入的方法是否符合会计准则和企业会计制度的规定，并据此评价报表中收入信息的准确性。

企业的营业收入是指全部营业收入减去销售退回、折扣与折让后的余额。因此，营业收入计量分析，关键在于确认销售退回、折扣与折让的计量是否准确。根据会计准则规定，销售退回与折让的计量比较简单，而销售折扣问题相对较复杂，应作为分析重点。分析时应根据商业折扣与现金折扣的特点，分别分析折扣的合理性与准确性以及对企业收入的影响。

（二）收入的质量分析

1.收入变动的影响因素分析

在分析营业收入总量变动的基础上，采用因素分析法具体确认销售数量和销售价格对其影响程度。企业营业收入的大小主要受销售量和销售价格的影响。营业收入分析还应进一步确认销售量和价格对其影响程度。

第一，计算营业收入增长额和增长率：

$$营业收入增长额=本期实际营业收入-基期营业收入$$

$$营业收入增长率=\frac{营业收入增长额}{基期营业收入}\times 100\%$$

第二，计算销售量变动对收入的影响：

$$销售量变动对营业收入的影响=基期营业收入\times 销售量增长率$$

$$销售量增长率=\left[\frac{\sum(产品实际销售量\times 基期单价)}{\sum(产品基期销售量\times 基期单价)}-1\right]\times 100\%$$

第三，计算价格变动对收入的影响：

价格变动对收入的影响=营业收入增长额-销售量变动对营业收入的影响

2.收入的效益分析

计算总资产周转率，评价企业的经营业绩；计算营业收入增长率，评价企业经营业绩变动的趋势；计算营业利润率，评价企业营业活动的获利水平；计算营业现金比率，评价企业经营活动获取现金的能力。

（三）企业收入构成分析

对企业收入分析既要研究其总量，也应分析其结构及变动情况，以了解企业的经营方向和会计政策选择。

1.主营业务收入与其他业务收入构成分析

企业的营业收入主要包括主营业务收入和其他业务收入两大类。

对于主营业务收入的具体分析包括：①是否按规定确认主营业务收入的实现，按已实现的收入入账，计入当期损益。②主营业务收入在全部收入中所占的比重及其变化趋势。③收入品种的构成。④市场占有情况。⑤主营业务收入增长率及其变化态势。⑥本企业的主营业务收入与同行业相同业务收入比较及与企业主营业务利润比较。⑦收入的抵消项目情况。

企业的其他业务收入不是企业的主要经营范围的收入，主要包括出售材料收入、技术转让收入、固定资产出租收入、包装物出租出售收入、受托代销商品手续费收入、非运输企业的运输业务收入及其他非工业性劳务出售等收入，其比重较小，不是企业经常性的利润来源，通常不作为分析重点。但是，如果企业其他业务收入增长速度较快，其比重逐年增加，则应考察企业经营战略是否改变。另外，在进行共同比利润表分析时，如果发现企业其他业务收入有异动现象，则应作为重点加以分析。

2.现销收入与赊销收入构成分析

分析现销收入与赊销收入的结构及其变动情况，可了解与掌握企业产品销售情况及其战略选择，分析判断其合理性。现销收入与赊销收入构成可以反映企业的产品适销程度、企业竞争战略、会计政策选择等多个因素的影响。当然，赊销政策是商业秘密，企业不披露其赊销收入情况，因此，这种分析方法更适用于企业内部分析。

3.视同销售行为的收入占比分析

现行税法规定，下列行为应当视同销售：

①将货物交付他人代销；②销售代销货物；③设有两个以上机构并实行统一核算的纳税人，将货物从一个机构移送至其他机构用于销售，但相关机构设在同一县（市）的除外；④将自产、委托加工的货物用于非应税项目；⑤将自产、委托加工的货物用于集体福利或个人消费；⑥将自产、委托加工或购买的货物作为投资，提供给其他单位或个体经营者；⑦将自产、委托加工或购买的货物用于分配给股东或

投资者；⑧将自产、委托加工或购买的货物无偿赠送他人。

上述视同销售行为属税法规定的范畴，在具体的会计处理中若做视同销售处理，将增加营业收入，但是该事项毕竟不是实质上的销售行为，会影响营业收入的质量。视同销售行为带来的收入占营业收入的比重大意味着营业收入的质量欠佳。

4.营业收入的产品构成分析

企业能否持续盈利和企业的综合竞争优势分不开，而企业的综合竞争优势体现在企业的产品上，分析企业是否有意开发具有未来发展潜力并且代表企业未来发展方向的产品、是否对产品的品种构成做出调整，将有利于企业提高营业收入的质量。

5.营业收入的地区构成分析

一般来说，不同地区的居民销售偏好和销售习惯是不同的，分析营业收入在不同地区的构成情况将有利于研究企业产品在不同地区的市场潜力和未来发展趋势。在具体的分析中要考虑以下几个方面：①是否离企业注册地较近。若离企业注册地较近，则说明政府扶持的影响较大，企业过度依赖政府将会使未来的发展受到局限。②分析地区的经济发展和经济结构调整对企业业务发展的影响，一个地区的发展后劲影响企业的未来市场。③考虑地区的政治经济因素。有些地区的政治经济环境中的不确定因素较多，比如政治经济政策的调整等都会对企业所在地区和行业造成影响。

6.关联方交易对营业收入的贡献程度分析

由于关联方之间的特殊利益关系，应密切关注关联方交易中产品的价值和合同本身是否符合公允的条件，以防为了企业的业绩而“制造”交易业务，只有将产品、业务推向整个市场才能够使企业具有核心竞争力。

（四）收入操纵的案例分析

众所周知，上市公司出于种种原因存在盈余管理的动机。盈余管理是指公司管理层为实现自身效用或公司市场价值最大化等目的，进行会计政策的选择，从而调节公司盈余的行为。盈余管理只能在会计准则或制度的范围内进行，不能超越会计准则或制度的规定，一旦超越，即为利润操纵。其中，收入操纵是典型方法之一，以下选取一些经典案例进行说明。

案例一：獐子岛失踪的扇贝

獐子岛集团股份有限公司（002069）是一家综合性海洋性食品企业，2006年公司在深交所上市，然而在品牌逐渐走出国门之际，2014年10月30日，獐子岛集团发布公告称因受到北黄海异常冷水团的影响，公司105.64万亩即将进入收获期的虾夷扇贝绝收，进而计提存货减值，导致公司利润巨亏8.12亿元，利润同比下滑8 429.37%，全部计入三季度，全年预计将大幅亏损。一场“海洋冷水团”寒流，竟然令一家公司巨亏8亿多元，而事情的蹊跷之处在于，与獐子岛集团养殖基地在同一片海域的海产品养殖业上市公司壹桥苗业并未经历“冷水团”的困扰。投资者们纷纷质疑“扇贝都去哪儿了”。2016年1月，2 000多位獐子岛岛民实名举报獐子岛，称2014年的“冷水团造成收获期的虾夷扇贝绝收事件”原因是提前采捕和播苗造假，并非自然灾害。在一团质疑声中公司选择在2014年和2015年大额计提资产减值准备，并且计提的减值准备也直接计入当期损益，獐子岛集团的行为的动机则是利用资产减值进行盈余管理，利用巨额冲销的方式在亏损年度大额计提资产减值准备，在亏损年度集中释放风险，为下一年度实现扭亏为盈打下基础，从而避免退市风险。

另据獐子岛2018年1月20日公告，獐子岛集团控股股东因敏感期内有减持股票，避损金额达1 131.6万元，收到大连市人民检察院起诉书。

案例二：乐视网的盈余管理手段[①]

曾经辉煌一时，走在付费视频APP前端的乐视网，连续4年遭监管部门问询，最后大股东宣布破产，留下令人唏嘘的结局。乐视的衰亡开始于被出具无法表示意见的审计报告，但是公司的破产并不源于此，我们回顾一下乐视网为了虚增利润避免在A股退市所做的盈余管理行为：2014年至2016年，乐视网仅仅在2014年的合并报表中计提了版权减值554 697.13元，在2015年以及2016年便再也没有计提无形资产减值。这样做会使无形资产看起来有较高的价值，但是同时也伴随着较高的财务风险。所以从乐视网如此高估其无形资产的价值来看，其存在盈余管理行为。

2014年以来，乐视网研发投入持续增多，所以相应的被资本化的研发支出也在快速增长，从2014年的4.8亿元至2016年的11.8亿元上涨了约1.5倍，虽然在2017年下降为7亿元，但是这四年间乐视网的研发支出资本化比例始终处于60%左右，一直处于较高的状态。乐视选取的研发支出资本化比例会对企业的净利润产生较大的影响，公司通过调节资本化比例来实现对利润的操控。

应收账款是伴随着企业的销售行为发生而形成的一项债权，像乐视网这样处于激烈竞争环境的公司，赊销会成为其抢占市场的一种方式，同时在战略目标增长的推动下，应收账款也会大幅增长。在应收账款这样持续恶化的情况下，乐视网1年以内的坏账计提比例仍然只有3%。另外，2017年经营状况出现严重恶化后，乐视网的未确认递延所得税资产可抵扣亏损骤然上升为约152.95亿元，加上乐视网管理层的更新，可能对于其递延所得税资产处理更加严谨，因此递延所得税资产迅速下降为约0.55亿元。综合以上分析，乐视网管理层很有可能在以前年度通过递延所得税资产进行盈余管理来调节利润，其实也就是将当前的亏损额推迟到以后年度再进行确认。

在关联方交易的过程中，人们从2016年的财务报告中了解到，乐视网将大概约37亿元的产品直接或间接“销售”给了与乐视网有关联的买方，但是并没有收到货款。仅仅凭借这部分应收账款，该企业的总体营业收入便可以增加将近数十亿元。但是这些产品是否真的已经卖给了关联方或者由这些关联方卖到了消费者手

① 引用自知网：《乐视网的盈余管理案例研究》。

中，还是囤在了其他关联方公司，人们无从知晓。在乐视网的存货于2016年年末较2015年年末减少了约1.94亿元的情况下，很难明确地指出企业完全没有进行转移存货从而虚增营业收入的行为。

在过于复杂的关联方交易掩盖下，交易过程中的产品售价是否公允、公正，购买方还款的方式是否合理、合规等交易细节都被掩藏了起来。很多企业都曾经像乐视网一样采取这样的方式，“巧妙”地进行利润操纵。

案例三：紫鑫药业进行关联交易舞弊的手段

1.隐瞒关联方

我国会计准则规定，无论是否有发生关联方交易，只要存在控制关系的关联方企业都应该在财务报表的附注中将该关联方关系进行披露，具有多层控制关系的，应将该关联关系披露到底层企业。经调查发现，紫鑫药业并未在年报中披露有关的关联方关系，其2010年业绩的惊人增长主要是来自上下游大客户“通化系”和“延边系”的业务往来，然而，这些大客户与紫鑫药业却并不如资料中显示的那样毫无关联，紫鑫药业的实际控制人郭春生及其亲属与这些大客户存在着相当复杂的关联关系。

2.隐瞒关联方交易

据紫鑫药业2010年的年报，营业收入前五名客户分别为四川平大生物制品有限责任公司、亳州千草药业饮品厂、吉林正德药业有限公司、通化立发人参贸易有限公司、通化文博人参贸易有限公司。这五家公司为紫鑫药业带来的收入约占紫鑫药业总收入的1/3。但是，事实上这五家公司都属于紫鑫药业的关联方，可见其隐瞒了存在关联方交易这一事实。紫鑫药业与其关联方存在数额较大的应收款项，从其年末统计的前五名客户的应收款项期末余额表中可以看到该公司2010年应收账款位列前五名的客户中有两个都是其隐藏的关联方，这两个客户的应收账款合计占应收账款总额的10.12%，另外，紫鑫药业还与其关联方存在数额较大的预付款项，从其2010年年末统计的前五名供应商的预付款项期末余额表可以看到：①延边嘉益人参贸易有限公司预收紫鑫药业人参采购款7 140万元；②延边耀宇人参贸易有限公司预收紫鑫药业人参采购款6 000万元；③延边欣鑫人参贸易有限公司预收紫鑫药业人参采购款4 050万元；④延边劲辉人参贸易有限公司预收紫鑫药业人参采购款2 500万元。公司2010年度财务报表中对于预付账款和应收账款期末余额的表述为“期末余额中无持有本公司5%（含5%）以上表决权股份的股东单位的款项”。但是，其年报披露的与“通化系”客户之间的应收账款和与“延边系”供应商之间的预付款项的本质却是属于关联方交易带来的款项。因此，可以判断紫鑫药业存在隐瞒关联方交易的舞弊行为。

3.形成体内自买自卖的关联方交易链条

紫鑫药业建立了下游“通化系”客户和上游“延边系”供应商共八家壳公司，并依托两家房地产公司，进行体内自买自卖的关联方交易。从紫鑫药业2010年的资金流可以看出，公司曾提前预付“延边系”四家供应商2亿元的人参采购款，由于“通化系”和“延边系”的八家公司都是由同一集团所控制的，所以在收到这些采购款后便可将其由各种渠道轻松转到“通化系”公司去，再由“通化系”公司拿这些款项到紫鑫药业采购人参产品，最终导致相关款项重新流回紫鑫药业。通过利用这样一条完整的体内交易链来控制上、中、下游企业，使得由郭春生控制的紫鑫药业可以随意调节现金流和营业收入，最终达到操控企业利润的目的。

二、成本费用分析

成本费用是利润表中营业成本、税金及附加、销售费用、管理费用、财务费用、资产减值损失等项目的统称。进行财务成果分析，应在揭示财务成果完成情况的基础上，进一步进行成本费用分析，以找出影响成本升降的原因，为降低成本费用、促进财务成果的增长指明方向。

（一）产品销售成本分析

销售成本分析包括全部销售成本分析和单位销售成本分析两部分。

1.全部销售成本分析

第一，计算全部销售成本增减变动额和变动率。

$$全部销售成本增减变动额=本年全部实际销售成本-上年全部实际销售成本$$

$$全部销售成本增减变动率=\frac{全部销售成本增减变动额}{上年全部实际销售成本}\times 100\%$$

第二，计算主要产品和非主要产品的销售成本降低额和降低率，以及对全部销售成本降低率的影响。

$$主要产品销售成本降低额=本年主要产品实际销售成本-上年主要产品实际销售成本$$

$$非主要产品销售成本降低额=本年非主要产品实际销售成本-上年非主要产品实际销售成本$$

$$主要产品销售成本降低率=\frac{主要产品销售成本降低额}{上年主要产品实际销售成本}\times 100\%$$

$$非主要产品销售成本降低率=\frac{非主要产品销售成本降低额}{上年非主要产品实际销售成本}\times 100\%$$

$$\begin{matrix}主要产品销售成本降低\\对全部销售成本的影响\end{matrix}=\frac{主要产品销售成本降低额}{按本年实际销售量计算的上年实际销售总成本}\times 100\%$$

$$\begin{matrix}非主要产品销售成本降低\\对全部销售成本的影响\end{matrix}=\frac{非主要产品销售成本降低额}{按本年实际销售量计算的上年实际销售总成本}\times 100\%$$

第三，计算各主要产品销售成本降低额和降低率，以及它们对全部产品销售总成本降低率的影响。计算方法可采用上述全部销售成本降低额和降低率的计算公式，以及（主要和非主要）产品销售成本降低对全部销售成本降低率影响程度的公式。

下面举例说明全部销售成本完成情况分析的方法。根据W公司2018年度和2017年度生产、销售成本表的资料，按照分析的目的和要求整理出所需资料，见表6-1。

表6-1　　**产品销售成本资料表**　　金额单位：万元

产品名称	实际销售量	实际单位成本		实际总成本	
		上年	本年	上年	本年
主要产品				311 000	304 000
其中：A产品	500	86	80	43 000	40 000
B产品	800	180	170	144 000	136 000
C产品	200	620	640	124 000	128 000
非主要产品				30 900	31 400
其中：D产品	200	90	94	18 000	18 800
全部产品				341 900	335 400

根据表6-1的数据，对该企业全部销售成本分析如下：

第一步，计算全部销售成本增减变动额和变动率：

全部销售成本降低额=335 400−341 900=−6 500（万元）

全部销售成本降低率=−6 500÷341 900×100%=−1.90%

企业全部销售成本比上年有所下降，降低额为6 500万元，降低率为1.90%。

第二步，确定主要产品和非主要产品销售成本变动情况及对全部销售成本的影响：

主要产品销售成本降低额=304 000−311 000=−7 000（万元）

主要产品销售成本降低率=−7 000÷311 000×100%=−2.25%

主要产品销售成本降低对全部销售成本降低率的影响=−7 000÷341 900×100%=−2.05%

非主要产品销售成本降低额=31 400−30 900=500（万元）

非主要产品销售成本降低率=500÷30 900×100%=1.62%

非主要产品销售成本降低对全部销售成本降低率的影响=500÷341 900×100%=0.15%

全部销售成本之所以比上年有所下降，关键是由主要产品销售成本下降引起的。主要产品销售成本比上年降低了2.25%，使全部销售成本降低了2.05%。而非主要产品的销售成本却比上年提高了，成本超支率为1.62%，使全部销售成本上升了0.15%。

第三步，分析各主要产品销售成本完成情况及对全部销售成本的影响：

A产品销售成本降低额=40 000−43 000=−3 000（万元）

A产品销售成本降低率=−3 000÷43 000×100%=−6.98%

A产品销售成本降低对全部销售成本降低率的影响=−3 000÷341 900×100%=−0.88%

B产品销售成本降低额=136 000−144 000=−8 000（万元）

B产品销售成本降低率=−8 000÷144 000×100%=−5.56%

B产品销售成本降低对全部销售成本降低率的影响=−8 000÷341 900×100%=−2.34%

C产品销售成本降低额=128 000−124 000=4 000（万元）

C产品销售成本降低率=4 000÷124 000×100%=3.23%

C产品销售成本降低对全部销售成本降低率的影响=4 000÷341 900×100%=1.17%

可见，企业全部销售成本比上年下降是由主要产品销售成本下降引起的，而非主要产品的销售成本是上升的；在主要产品成本中，A产品和B产品销售成本有所下降，而C产品销售成本有所上升，应抓住关键产品对其成本升降情况进行进一步的分析。

2.单位销售成本分析

单位销售成本是影响和决定销售成本的重要因素。进行单位销售成本分析，首先应明确单位销售成本与单位生产成本的关系，它们之间的关系可通过以下关系式反映出来：

某产品单位销售成本=某产品销售总成本÷该产品销售量

某产品销售总成本=本期生产总成本+期初结存成本-期末结存成本

某产品单位生产成本=该产品本期生产总成本÷当期生产量

可见，单位销售成本与单位生产成本的差异主要受期初和期末结存成本变动的影响，如果企业当期生产产品当期全部销售出去，则当期单位销售成本与当期单位生产成本是相同的。在这种情况下，对单位销售成本的分析与对单位生产成本的分析是一致的，可利用主要产品单位成本表的资料进行分析。假设某子公司的C产品期初无库存，且当期生产的产品当期全部销售出去，其产品单位成本简表见表6-2。

表6-2 **C产品单位成本简表** 金额单位：万元

成本项目	上年度实际		本年度实际	
直接材料	380		400	
直接人工	130		140	
制造费用	110		100	
产品单位成本	620		640	
明细项目	单位用量	金额	单位用量	金额
直接材料：Ⅰ	40	240	38	228
直接材料：Ⅱ	20	140	20	172
直接人工工时	65		60	
产销量	160		200	

运用水平分析法对单位销售成本完成情况进行分析，见表6-3。

表6-3 **C产品单位销售成本分析表** 金额单位：万元

成本项目	上年度实际	本年度实际	增减变动		影响单位销售成本
			增减额	增减率	
直接材料	380	400	20	5.26%	3.23%
直接人工	130	140	10	7.69%	1.61%
制造费用	110	100	-10	-9.09%	-1.61%
合　计	620	640	20	3.23%	3.23%

企业C产品单位销售成本比上年增加了20万元，增长3.23%，主要原因是直接人工成本和直接材料成本上升，它们使单位销售成本增加了30万元，但由于制造费用的下降，单位销售成本又降低了10万元。综合来看，单位销售成本上升20万元，上升率为3.23%。企业还应对各项消耗和价格的变动进行分析，以找出单位销售成本升降的最根本原因。

（二）各项费用完成情况的分析

与财务成果直接相关的费用有销售费用、管理费用和财务费用等。三项期间费用在发生时要和企业的营业收入相配比，使之不亏。对各项费用进行分析可采用水平分析法和垂直分析法。运用水平分析法可将各费用项目的实际数与上期数或预算数进行对比，以揭示各项费用的完成情况及产生差异的原因；运用垂直分析法则可揭示各项费用的构成变动，说明费用构成变动的特点。

从上述案例某子公司的实际情况看，销售费用在各项费用总额中的比例最大，下面就通过对某公司销售费用的分析，说明企业费用分析的方法。根据该公司2018年度和2017年度销售费用资料，运用水平分析法分析销售费用的完成情况，见表6-4。

表6-4　　**销售费用完成情况分析表**　　金额单位：万元

项　目	2017年	2018年	增减额	增减率
工　资	4 600	5 860	1 260	27.39%
福利费	560	810	250	44.64%
招待费	1 750	1 690	-60	-3.43%
运费	4 060	5 600	1 540	37.93%
广告费	3 300	4 900	1 600	48.48%
差旅费	1 600	1 800	200	12.50%
修理费	830	910	80	9.64%
合　计	16 700	21 570	4 870	29.16%

从表6-4可以看出，企业销售费用比上年度增长了4 870万元，增长率为29.16%；销售费用变动的主要原因，是除招待费以外其余的费用均大幅度增长。其中，涨幅较大的，一是广告费比上年度增长了48.48%；二是工资及福利费分别比上年度增长了27.39%、44.64%；三是运费比上年度增长了37.93%。原因是公司业务扩大，运费、广告费增加，销售人员增多，人工成本、差旅费等增加。

为了深入说明销售费用变动情况及其合理性，还应进一步从结构方面及销售收入、销售费用方面进行分析。

管理费用分析可采用相同的分析方法。

需要特别说明的是最新的资产负债表新增了一个资产类科目“开发支出”，利润表新增了一个费用类科目“研发费用”。有了这两个科目，所有的研发支出在财务报表中都有了落脚处。开发阶段的支出可以资本化的部分，记入“开发支出”科目即可；研究阶段的支出直接费用化，记入“研发费用”科目即可。研发费用是企业进行研究与开发过程中发生的费用化支出，反映企业未来进行创新的潜力。

三、资产减值损失分析

利润表中资产减值损失项目的构成以及增减变动情况，通常是在财务报表附注中，以编制资产减值准备明细表的形式加以说明。具体包括坏账准备、存货跌价准备、长期股权投资减值准备、固定资产减值准备、在建工程减值准备、工程物资减值准备、无形资产减值准备、商誉减值准备等。这些看似不重要的“小项目”也可能会给企业利润带来“大损失”。

根据金风科技财务报表附注中有关资产减值损失的资料，可编制资产减值损失分析表，见表6-5。

表6-5　　**金风科技资产减值损失分析表**　　单位：万元

项　目	2017年	2018年	增减额
坏账损失	0	25 793.35	25 793.35
存货跌价损失及合同履约成本减值损失	-1 798.25	-995.569	802. 681
固定资产减值损失	1 002. 23	0	-1 002.23
在建工程减值损失	740. 029	0	-740.029
商誉减值损失	1 199.8	0	-1 199.8
合　计	1 143.809	24 797.781	23 653.972

金风科技2018年度资产减值损失增大，主要是2018年度公司固定资产减值、在建工程减值、商誉减值损失的减少程度远低于坏账损失的程度。

其中，固定资产减值损失2018年度为0万元，而该项减值损失2017年度为1 002.23万元，在建工程减值损失较2017年减少了740.029万元，商誉减值损失较2017年度减少了1 199.8万元；但是坏账损失2017年为0万元，2018年却为25 793.35万元，主要原因系应收账款、应收票据及长期应收款等的坏账损失，同时存货跌价损失及合同履约成本减值损失2018年的-995.569万元与2017年的-1 798.25万元相比增加了802.681万元。综合作用导致资产减值损失共增加23 653.972元。

四、投资收益分析

利润表中的投资收益，是指企业在一定的会计期间对外投资所取得的回报。投资收益包括对外投资所分得的股利和收到的债券利息、投资到期收回或到期前转让所得款项高于账面价值的差额，以及按权益法核算的股权投资在被投资单位增加的净资产中所拥有的数额等。投资也可能遭受损失，投资收益减去投资损失则为投资净收益。利润表中反映的就是投资净收益，是企业营业利润的重要组成部分。

在利润表主表中，可以看到金风科技投资收益是变动很大的项目，根据金风科技财务报表附注中有关投资收益的资料，可编制投资净收益分析表，见表6-6。

表6-6 **金风科技投资净收益分析表** 单位：万元

项目	2017年	2018年	增减额
权益法核算的长期股权投资收益	21 031.04	26 645.71	5 614.67
处置长期股权投资产生的投资收益	—	—	—
交易性金融资产在持有期间的投资收益	—	—	—
处置交易性金融资产取得的投资收益	0	4 271.55	4 271.55
其他权益工具投资在持有期间取得的股利收入	0	891.57	891.57
以摊余成本计量的金融资产	—	—	—
其他债权投资在持有期间的投资收益	1 084.1	0	-1 084.1
处置以摊余成本计量的金融资产取得的投资收益	—	—	—
处置债权投资取得的投资收益	—	—	—
丧失控制权后，剩余股权按公允价值重新计量产生的利得	30 941.53	62 762.67	31 821.14
债权投资在持有期间取得的利息收入	0	1 938.164	1 938.164
其他债权投资在持有期间取得的利息收入	—	—	—
处置其他债权投资取得的投资收益	—	—	—
处置子公司产生的投资收益	38 777.84	31 388.98	-7 388.86
处置非上市可供出售权益工具产生的投资收益	5 548.741	0	-5 548.741
银行理财收益	2 854.878	0	-2 854.878
处置合营公司和联营公司产生的投资收益	13 665.15	521.2 416	-13 143.9 084
收购日原持有股权公允价值评估增值收益	429.6925	0	-429.6 925
本年终止确认的其他权益工具投资的股利收入	0	41.60	41.6
其他	6 957.964	6 182.699	-775.265
合计	121 290.94	134 644.18	13 353.24

金风科技的投资净收益本年比上年增幅较大，其主要原因在于丧失控制权后，剩余股权按公允价值重新计量产生的利得、权益法核算的长期股权投资收益增幅较大，其中丧失控制权后，剩余股权按公允价值重新计量产生的利得2018年增加31 821.14万元，权益法核算的长期股权投资收益2018年与2017年相比增加5 614.67万元；同时，处置交易性金融资产取得的投资收益比2017年增加4 271.55万元，债权投资在持有期间取得的利息收入增加1 938.164万元。各项目综合作用导致金风科技2018年投资净收益增加13 353.24万元。

五、财务费用分析

财务费用下新增二级科目——“利息费用”和“利息收入”，反映企业为筹集生产经营所需资金等发生的应予以费用化的利息支出和企业确认的利息收入。这样让它们单独列示更有利于深入分析和揭示企业存在的问题。

根据金风科技财务报表附注中有关财务费用的资料，我们可以进一步对财务费用进行分析，所编制的财务费用分析表见表6–7。

表6–7　　金风科技财务费用分析表　　单位：万元

项目	2017年	2018年	增减额
利息支出	86 536.289	110 691.289	24 155
减：利息收入	7 504.20	22 240.92	14 736.72
减：利息资本化金额	4 758.099	3 561.235	−1 196.864
汇兑损失/（收益）	−1 661.41	1 816.67	3 478.08
银行手续费	5 120.323	11 718.02	6 597.697
现金折扣及其他	850.1 559	−2 739.28	−3 589.436
合计	78 583.06	95 684.54	17 101.49

金风科技财务费用2018年比2017年大幅度上升，其主要原因是利息支出和银行手续费增加。2018年利息支出110 691.289万元与2017年利息支出86 536.289万元相比，增加24 155万元，公司公告反映为公司本年度平均借款余额增加所导致；2018年银行手续费11 718.02万元与2017年5 120.323万元相比，增加6 597.697万元；同时，利息收入较2017年增加14 736.72万元，汇兑损失较2017年增加3 478.08万元。各项目综合作用，导致财务费用增加17 101.49万元。

六、营业外收支

根据金风科技的财务报表附注，我们进一步对营业外收支进行分析。

1.营业外收入分析

从利润表主表分析可看出，金风科技本年营业外收入变动较大，从财务报表附注中可找到营业外收入变动的资料，据此编制营业外收入分析表，见表6–8。

表6–8　　金风科技营业外收入变动分析表　　单位：万元

项目	2017年	2018年	增减额
债务重组利得	—	—	—
非货币性资产交换利得	—	—	—
接受捐赠	—	—	—
政府补助	—	—	—
其他	822.86	543.08	−279.78
合计	822.86	543.08	−279.78

注：合计和增减额存在尾数差异，是由于四舍五入所致，下同。

金风科技2018年营业外收入减少，主要是由于公司营业外收入的其他项目增加所致，其他项目有可能是罚款收入、违约金收入或者往来款清理等，最终导致营业外收入共减少279.78万元。

2.营业外支出分析

从利润表主表分析可看出，金风科技本年营业外支出变动较大，从财务报表附注中可找到营业外支出变动的资料，据此编制营业外支出分析表，见表6-9。

表6-9　**金风科技营业外支出变动分析表**　单位：万元

项目	2017年	2018年	增减额
债务重组损失	—	—	—
非货币性资产交换损失	—	—	—
对外捐赠	829.776	705.4 473	-124.33
罚款支出	1 349.346	2 797.856	1 448.51
物料报废及其他	456.23	639.03	182.80
合计	2 635.352	4 142.333	1 506.98

金风科技2018年营业外支出增加，主要是由于公司营业外支出以下各项目变动所引起的：罚款支出、物料报废及其他项目分别增减1 448.51万元、182.80万元；对外捐赠减少124.33万元。各项目综合作用，导致营业外支出共增加1 506.98万元。

七、资产处置收益

“资产处置收益”反映企业出售划分为持有待售的非流动资产或处置组时确认的处置利得或损失，以及处置未划分为持有待售的固定资产、在建工程、生产性生物资产及无形资产而产生的处置利得或损失。债务重组中因处置非流动资产产生的利得或损失和非货币性资产交换中换出非流动资产产生的利得或损失也包括在本项目内。该项目应根据“资产处置损益”账户的发生额分析填列；如为处置损失，则以“-”号填列。金风科技资产处置收益变动分析表，见表6-10。

表6-10　**金风科技资产处置收益变动分析表**　单位：万元

资产处置收益的来源	2017年	2018年	增减额
非流动资产处置损失	-245.62	-294.20	-48.58

八、其他收益

“其他收益”反映与企业日常活动相关的政府补助。该项目应根据“其他收益”账户的发生额分析填列，与企业日常活动无关的政府补助计入营业外收入。

根据金风科技的财务报表附注，我们进一步对其他收益进行分析。金风科技其他收益变动分析表，见表6-11。

表6-11　　**金风科技其他收益变动分析表**　　单位：万元

产生其他收益的来源	2017年	2018年	增减额
政府补助	30 019.06	27 801.43	-2 217.63

金风科技政府补助分析表，见表6-12。

表6-12　　**金风科技政府补助分析表**　　单位：万元

项目	2017年	2018年	增减额
直接计入损益的政府补助：	—	—	—
企业发展扶持基金及奖励金	10 252.15	5 236.247	-5 015.903
研发项目补助	483.2 991	309.9	-173.399
增值税减免收入	13 221.59	10 029.52	-3 192.07
其他	1 564.824	446.9 559	-1 117.868
小计	25 521.86	16 022.62	-9 499.24
由递延收益摊销结转至损益的其他收益	4 497.19	11 778.8	7 281.610
合计	30 019.05	27 801.42	-2 217.64

金风科技政府补助项目中变动幅度最大的是由递延收益摊销结转至损益的其他收益，相比2017年增加了7 281.610万元；企业发展扶持基金及奖励金相比2017年减少了5 015.903万元，综合各项目，金风科技政府补助项目2018年比2017年减少2 217.64万元。

第三节　利润表水平、垂直分析

一、利润表水平分析

利润表水平分析亦称利润增减变动情况分析，就是将利润表的实际数与对比标准或基数进行比较，以揭示利润变动差异的分析方法。利润表水平分析的目的在于揭示利润额的差异及产生原因。由于利润对比标准或基数不同，其分析目的或作用也不同。当以利润表预算为对比基数时，分析的目的在于评价利润预算完成情况，揭示影响利润预算完成情况的原因；当以上年利润表为对比基数时，分析的目的在于评价利润增减变动情况，揭示本年利润与上年对比产生差异的原因。

以上年利润表作为对比基数，目的就是从总体上概括了解营业利润、利润总额、净利润的变动情况，揭示出营业利润、利润总额、净利润变动的差异，分析其差异产生的原因。

（一）利润表水平分析表的编制

利润表水平分析表的编制一般采用增减变动额和增减变动率两种方式。例如，根据金风科技股份有限公司（股票简称：金风科技，股票代码：002202）2018年度、2017年度的利润表编制的水平分析表，见表6-13。

表6-13　　金风科技利润表水平分析表　　金额单位：万元

项　目	2018年度	2017年度	增减额	增减率
一、营业总收入	2 873 060.73	2 512 945.60	360 115.13	14.33%
营业收入	2 873 060.73	2 512 945.60	360 115.13	14.33%
利息收入	—	—	—	—
已赚保费	—	—	—	—
手续费及佣金收入	—	—	—	—
二、营业总成本	2 683 825.09	2 311 526.42	372 298.67	16.11%
营业成本	2 127 122.94	1 753 045.78	374 077.16	21.34%
手续费及佣金支出	—	—	—	—
退保金	—	—	—	—
赔付支出净额	—	—	—	—
提取保险合同准备金净额	—	—	—	—
保单红利支出	—	—	—	—
分保费用	—	—	—	—
税金及附加	15 966.74	16 092.89	-126.15	-0.78%
销售费用	166 572.50	190 578.45	-24 005.95	-12.60%
管理费用	161 197.39	147 184.08	14 013.31	9.52%
研发费用	106 202.54	100 125.75	6 076.79	6.07%
财务费用	95 684.54	78 583.06	17 101.48	21.76%
其中：利息费用	107 130.05	81 778.20	25 351.85	31.00%
利息收入	22 240.92	7 504.20	14 736.72	196.38%
信用减值损失	9 934.63	0.00	9 934.63	—
加：其他收益	27 801.43	30 019.06	-2 217.63	-7.39%
投资收益（损失以“-”号填列）	134 644.18	121 290.94	13 353.24	11.01%
其中：对联营企业和合营企业的投资收益	26 645.71	21 031.04	5 614.67	26.70%

续表

项　目	2018年度	2017年度	增减额	增减率
以摊余成本计量的金融资产终止确认产生的收益（损失以“－”号填列）	—	—	—	—
净敞口套期收益（损失以“－”号填列）	—	—	—	—
公允价值变动收益（损失以“－”号填列）	20 406.74	−1 566.89	21 973.63	−1 402.37%
汇兑收益（损失以“－”号填列）	—	—	—	—
资产减值损失（损失以“－”号填列）	1 143.81	25 916.41	−24 772.60	−95.59%
资产处置收益（损失以“－”号填列）	−245.62	−294.20	48.58	−16.51%
三、营业利润（亏损以“－”号填列）	371 842.37	350 868.09	20 974.28	5.98%
加：营业外收入	543.08	822.86	−279.78	−34.00%
减：营业外支出	4 142.33	2 635.35	1 506.98	57.18%
四、利润总额（亏损总额以“－”号填列）	368 243.12	349 055.60	19 187.52	5.50%
减：所得税费用	39 983.32	34 174.93	5 808.39	17.00%
五、净利润	328 259.80	314 880.67	13 379.13	4.25%
（一）按经营持续性分类				
1.持续经营净利润（净亏损以“－”号填列）	328 259.80	314 880.67	13 379.13	4.25%
2.终止经营净利润（净亏损以“－”号填列）	—	—	—	—
（二）按所有权归属分类				
1.归属于母公司所有者的净利润（净亏损以“－”号填列）	321 660.39	305 465.69	16 194.70	5.30%
2.少数股东损益（净亏损以“－”号填列）	6 599.41	9 414.98	−2 815.57	−29.91%
六、其他综合收益的税后净额	−45 557.58	28 410.54	−73 968.12	−260.35%

续表

项　目	2018年度	2017年度	增减额	增减率
（一）归属母公司所有者的其他综合收益的税后净额	-45 557.58	28 410.54	-73 968.12	-260.35%
1.不能重分类进损益的其他综合收益	-25 215.14	—	-25 215.14	—
（1）重新计量设定受益计划变动额	—	—	—	—
（2）权益法下不能转损益的其他综合收益	—	—	—	—
（3）其他权益工具投资公允价值变动	-25 215.14	—	-25 215.14	—
（4）企业自身信用风险公允价值变动	—	—	—	—
（5）其他	—	—	—	—
2.将重分类进损益的其他综合收益	-20 342.44	28 410.54	-48 752.98	-171.60%
（1）权益法下可转损益的其他综合收益	-459.08	16 792.61	-17 251.69	-102.73%
（2）其他债权投资公允价值变动	—	—	—	—
（3）可供出售金融资产公允价值变动损益	—	5 101.21	-5 101.21	-100.00%
（4）金融资产重分类计入其他综合收益的金额	—	—	—	—
（5）其他债权投资信用减值准备	—	—	—	—
（6）现金流量套期储备	-3 155.56	1 605.25	-4 760.81	-296.58%
（7）外币财务报表折算差额	-16 727.80	2 311.09	-19 038.89	-823.81%
（8）其他	—	—	—	—
（9）处置被投资单位其他综合收益转出的份额	—	4 895.29	-4 895.29	-100.00%
（10）处置可供出售金融资产其他综合收益转出的份额	—	-2 294.91	2 294.91	-100.00%

续表

项 目	2018年度	2017年度	增减额	增减率
（二）归属于少数股东的其他综合收益的税后净额	—	—	—	—
七、综合收益总额	282 702.22	343 291.21	-60 588.99	-17.65%
（一）归属于母公司所有者的综合收益总额	276 102.81	333 876.23	-57 773.42	-17.30%
（二）归属于少数股东的综合收益总额	6 599.41	9 414.97	-2 815.56	-29.91%
八、每股收益：				
（一）基本每股收益（元/股）	0.8844	0.8390	0.0454	5.41%
（二）稀释每股收益（元/股）	0.8844	0.8390	0.0454	5.41%

资料来源 根据“金风科技”（股票代码：002202）2017—2018年年报等相关资料整理。

（二）利润表水平变动情况的分析评价

利润表水平变动情况的分析评价主要从以下几个方面进行：

1.净利润分析

净利润是企业所有者最终取得的财务成果，或可供所有者分配或使用的财务成果。从表6-13中我们可以看到，金风科技2018年实现净利润328 259.80万元，较2017年增加了13 379.13万元，增幅达4.25%。公司净利润增长的主要原因是利润总额比上年增加了19 187.52万元，增幅达5.50%；所得税费用比上年增加5 808.39万元，增幅达17.00%，两者相加，导致净利润增加了13 379.13万元。

2.利润总额分析

利润总额是反映企业全部财务成果的指标。它不仅反映企业的营业利润，而且反映企业的营业外收支情况，金风科技2018年利润总额368 243.12万元，比上年增加了19 187.52万元，增幅达5.50%。主要是公司的营业利润增加了20 974.28万元引起的，增幅达5.98%，营业外收入减少了279.78万元，降幅达34%，营业外支出增长了1 506.98万元，增加了57.18%，三项因素共同影响利润总额的增加。

3.营业利润分析

营业利润是指企业的营业收入与营业成本、税金及附加、期间费用、资产减值损失、其他收益、资产变动净收益的差额，它既包括企业的主营业务利润和其他业务利润，又包括企业资产处置收益、公允价值变动净收益和对外投资净收益，它反映了企业自身生产经营业务的财务成果。金风科技营业利润的增加主要是公允价值变动收益和利息收入的增加所致。从营业收入来看，营业收入增加了360 115.13万元，增幅达14.33%。公司年报称，得益于公司对于风火同价趋势的预判及应对战略的有效落实，公司在主要业务板块及产业链、新能源领域积极布局的成效得以显现；以技术创新为引领、降本增效为目标的市场策略，也为公司销售收入、利润的持续增长提供了有力保障。营业成本增加374 077.16万元，增幅达21.34%，公司年报称，公司在主要业务板块及产业链、新能源领域积极布局导致营业成本增加；税金及附加减少126.15万元，降幅达0.78%；销售费用减少24 005.9万元，管理费用增加14 013.31万元，财务费用增加17 101.48万元，增幅分别为-12.60%、9.52%、21.76%；资产减值损失减少了24 772.60万元，降幅达95.59%；投资收益增加了13 353.24万元，增幅达11.01%。这几个因素综合作用，导致营业利润增加了20 974.28万元，使得增减相抵后营业利润增幅达5.98%。

二、利润表垂直分析

利润表垂直分析亦称利润表结构变动情况分析，是通过计算利润表中各项目占营业收入的比重或结构，反映利润表中的项目与营业收入关系及其变动情况，分析说明财务成果的结构及其增减变动的合理程度。

利润表垂直分析，既可从静态角度分析评价实际（报告期）利润构成状况，也可从动态角度将实际利润构成与标准或基期利润构成进行对比分析评价；对于标准与基期利润构成，既可用预算数，也可用上期数，还可用同行业可比企业数。不同的比较标准将实现不同的分析评价目的。

以上年利润表作为对比基数，通过计算各项目的比重，分析各项目在企业经营收入中的重要性。

（一）利润表垂直分析表的编制

利润表垂直分析表的编制一般采用编制共同比利润表，计算各因素或各种财务成果在营业收入中所占的比重。例如，根据金风科技股份有限公司2018年度、2017年度的利润表编制的垂直分析表见表6-14。

表6-14　**金风科技利润表垂直分析表**　金额单位：万元

项目	年度		结构百分比		
	2018年	2017年	2018年	2017年	差异
一、营业总收入	2 873 060.73	2 512 945.60	100.00%	100.00%	—
营业收入	2 873 060.73	2 512 945.60	100.00%	100.00%	—
利息收入	—	—	—	—	—
已赚保费	—	—	—	—	—
手续费及佣金收入	—	—	—	—	—
二、营业总成本	2 683 825.09	2 311 526.42	93.41%	91.98%	1.43%
营业成本	2 127 122.94	1 753 045.78	74.04%	69.76%	4.28%
手续费及佣金支出	—	—	—	—	—
退保金	—	—	—	—	—

续表

项目	年度		结构百分比		
	2018年	2017年	2018年	2017年	差异
赔付支出净额	—	—	—	—	—
提取保险合同准备金净额	—	—	—	—	—
保单红利支出	—	—	—	—	—
分保费用	—	—	—	—	—
税金及附加	15 966.74	16 092.89	0.56%	0.64%	-0.08%
销售费用	166 572.50	190 578.45	5.80%	7.58%	-1.79%
管理费用	161 197.39	147 184.08	5.61%	5.86%	-0.25%
研发费用	106 202.54	100 125.75	3.70%	3.98%	-0.29%
财务费用	95 684.54	78 583.06	3.33%	3.13%	0.20%
其中：利息费用	107 130.05	81 778.20	3.73%	3.25%	0.47%
利息收入	22 240.92	7 504.20	0.77%	0.30%	0.48%
信用减值损失	9 934.63	0.00	0.35%	0.00	0.35%
资产减值损失	1 143.81	25 916.41	0.04%	1.03%	-0.99%
其他收益	27 801.43	30 019.06	0.97%	1.19%	-0.23%
投资收益	134 644.18	121 290.94	4.69%	4.83%	-0.14%
其中：对联营企业和合营企业的投资收益	26 645.71	21 031.04	0.93%	0.84%	0.09%
公允价值变动收益	20 406.74	-1 566.89	0.71%	-0.06%	0.77%
资产处置收益	-245.62	-294.20	-0.01%	-0.01%	—
汇兑收益	—	—	—	—	—
三、营业利润	371 842.37	350 868.09	12.94%	13.96%	-1.02%
加：营业外收入	543.08	822.86	0.02%	0.03%	-0.01%
减：营业外支出	4 142.33	2 635.35	0.14%	0.10%	0.04%
四、利润总额	368 243.12	349 055.60	12.82%	13.89%	-1.07%
减：所得税费用	39 983.32	34 174.93	1.39%	1.36%	0.03%
五、净利润	328 259.80	314 880.67	11.43%	12.53%	-1.10%
归属于母公司所有者的净利润	321 660.39	305 465.69	11.20%	12.16%	-0.96%
少数股东损益	6 599.41	9 414.98	0.23%	0.37%	-0.14%

续表

项目	年度		结构百分比		
	2018年	2017年	2018年	2017年	差异
六、其他综合收益的税后净额	−45 557.58	28 410.54	−1.59%	1.13%	−2.72%
七、综合收益总额	282 702.22	343 291.21	9.84%	13.66%	−3.82%
归属于母公司所有者的综合收益总额	276 102.81	333 876.23	9.61%	13.29%	−3.68%
归属于少数股东的综合收益总额	6 599.41	9 414.97	0.23%	0.37%	−0.14%

资料来源　根据“金风科技”（股票代码：002202）2017—2018年年报等相关资料整理。

（二）利润结构变动分析评价

从表6-14中可看出企业各项财务成果的构成情况，2018年度营业成本占营业收入的比重为74.04%，比2017年度的69.76%增加了4.28个百分点；2018年度税金及附加占营业收入的比重为0.56%，比2017年度的0.64%减少了0.08个百分点；2018年度销售费用占营业收入的比重减少了1.79个百分点，管理费用占营业收入的比重减少了0.25个百分点，财务费用占营业收入的比重增加了0.2个百分点；资产减值损失占营业收入的比重降低了0.99个百分点；2018年度投资收益占营业收入的比重为4.69%，比2017年降低了0.14个百分点。这几个因素综合作用，导致营业利润占营业收入的比重降低了1.02个百分点；营业外收支净额占营业收入的比重减少了0.05个百分点（−0.01%−0.04%），进而导致2018年度利润总额占营业收入的比重比2017年度减少了1.07个百分点。2018年度公司净利润比2017年降低了1.10个百分点。主要原因是营业成本、财务费用比重的上升以及营业外收支净额比重增加所致。

三、营业利润水平分析

营业利润是企业从事“主业”而获得的经营利润。比如，一家公司是农用机械企业，那么，在开展农用机械经营活动中产生的利润就是公司的营业利润。一般来说，营业利润是实现利润的“大头”。如果营业利润在利润总额中所占比重较大，一方面说明公司经营主体的行业与方向，另一方面可说明经营主体盈利水平较强，并具有持续增长的稳定性与抗经济波动能力。

（一）营业利润水平分析表的编制

营业利润水平分析表是按照营业利润的计算公式（营业利润=营业收入−营业成本−税金及附加−销售费用−管理费用−财务费用−研发费用−资产减值损失+公允价值变动收益−资产处置损失+投资收益）编制水平分析表，见表6-3。

营业利润一般归入经常性损益概念，相对应的非营业利润就成了“非经常性损益”，它包括利得、损失两部分。“非经常性损益”不具有经常性。除补贴收入享受的是中央级政策比较稳定外，其他政府补贴都有受政策调整而变化的可能。财务分析人员应该仔细看一看每股收益与净资产收益率在扣除“非经常性损益”后的差异是大是小：差异大的，说明公司主营业务不理想，前景黯淡；差异小的（甚至出现负数的），说明公司主营业务不错，收益不错。

（二）营业利润水平分析评价

1.营业利润分析

金风科技营业利润水平分析表见表6-15。

表6-15 **金风科技营业利润水平分析表** 金额单位：万元

项目	2018年	2017年	增减额	增减率
一、营业收入	2 873 060.73	2 512 945.60	360 115.13	14.33%
减：营业成本	2 127 122.94	1 753 045.78	374 077.16	21.34%
二、营业毛利	745 937.79	759 899.82	−13 962.03	−1.84%
减：税金及附加	15 966.74	16 092.89	−126.15	−0.78%
销售费用	166 572.50	190 578.45	−24 005.95	−12.60%
管理费用	161 197.39	147 184.08	14 013.31	9.52%
研发费用	106 202.54	100 125.75	6 076.79	6.07%
财务费用	95 684.54	78 583.06	17 101.48	21.76%
其中：利息费用	107 130.05	81 778.20	25 351.85	31.00%
利息收入	22 240.92	7 504.20	14 736.72	196.38%
资产减值损失	1 143.81	25 916.41	−24 772.60	−95.59%
信用减值损失	9 934.63	0.00	9 934.63	—
加：公允价值变动收益	20 406.74	−1 566.89	21 973.63	−1 402.37%
投资收益	134 644.18	121 290.94	13 353.24	11.01%
其中：对联营企业和合营企业的投资收益	26 645.71	21 031.04	5 614.67	26.70%
资产处置收益	−245.62	−294.20	48.58	−16.51%
其他收益	27 801.43	30 019.06	−2 217. 63	−7.39%
三、营业利润	371 842.37	350 868.09	20 974.28	5.98%

资料来源 根据“金风科技”（股票代码：002202）2017—2018年年报等相关资料整理。

从表6-15来看，金风科技2018年实现营业收入2 873 060.73万元，比上年增加了360 115.13万元，增长率为14.33%，增幅比较大。公司营业利润减少主要是由于营业毛利比上年减少13 962.03万元，投资收益比上年增加13 353.24万元，增长率达11.01%；销售费用减少24 005.95万元，管理费用增加14 013.31万元，财务费用增加17 101.48万元，都会对营业利润的增长产生一定的不利影响。增减因素相抵，导致营业利润增加了20 974.28万元。

2.营业毛利分析

营业毛利是指企业营业收入与营业成本之间的差额。表6-15中金风科技营业毛利比上年减少13 962.03万元，降幅为1.84%。这是由于营业成本的增幅高于营业收入的增幅。2018年营业收入实现2 873 060.73万元，较上年增加360 115.13万元，增幅为14.33%，而同时营业成本较上年增加374 077.16万元，增幅为21.34%，这对营业毛利造成不利影响。

四、分部报告水平分析

分部报告，是指企业对外提供的财务会计报告中，按照确定的企业内部组成部分（业务分部或地区分部）提供的各组成部分有关收入、资产和负债等有关信息的报告。分部报告包括在年度财务报表中，是利润表的附表。

根据企业会计准则，企业应当以内部组织结构、管理要求、内部报告制度为依据确定经营分部，以经营分部为基础确定报告分部，并披露分部信息。原有关确定地区分部和业务分部以及按照主要报告形式、次要报告形式披露分部信息的规定不再执行。

金风科技分部信息用两种分部形式列报：第一种按主要分部报告，即业务分部；第二种按次要分部报告，即地区分部。根据目前金风科技2018年年报的信息，金风科技拥有风机制造、风电服务、风电场投资与开发三大主要业务以及水务等其他业务，为我们提供多元化盈利渠道。金风科技凭借在研发、制造风机及建设风电场所取得的丰富经验，不仅能为客户提供高质量的风机，还开发出包括风电服务及风电场开发的整体解决方案，能满足客户在风电行业价值链多个环节的需要。公司机组采用直驱永磁技术，拥有1.5MW、2S、2.5S、3S和6S系列化机组，可适用于高温、低温、高海拔、低风速、沿海等不同运行环境。在市场拓展方面，公司在巩固国内市场的同时积极拓展全球风电市场，发展足迹已遍布全球。

（一）业务分部报告分析

金风科技业务分部报告，是分部报告的主要报告形式，业务分部报告分析包括业务分部增减变动分析和业务分部结构变动分析。

1.业务分部增减变动分析

业务分部增减变动分析，可运用水平分析法。以下选取了金风科技风机及零部件销售、风电服务、风电场开发分部，这三个分部的营业收入都占公司所有分部营业收入合计的10%以上，符合纳入分部报表编制范围的条件。因此，以金风科技风机及零部件销售、风电服务、风电场开发为例，编制业务分部水平分析表，见表6–16。

表6–16 **业务分部水平分析表** 单位：万元

项目	风机及零部件销售			风电服务			风电场开发		
	2018年度	2017年度	差额	2018年度	2017年度	差额	2018年度	2017年度	差额
一、营业收入	2 223 984.13	1 944 538.82	279 445.31	165 246.40	206 089.08	–40 842.68	391 537.87	325 477.31	66 060.56
减：营业成本	1 804 166.47	1 453 908.36	350 258.11	132 658.82	174 447.13	–41 788.31	140 300.90	110 949.62	29 351.28
二、营业毛利	419 817.66	490 630.46	–70 812.80	32 587.58	31 641.95	945.63	251 236.97	214 527.69	36 709.28

（1）风机及零部件销售2018年度实现的营业毛利为419 817.67万元，比2017年度减少70 812.79万元，从水平分析表看，2018年营业毛利减少主要是由成本增长的差额大于收入增长的差额引起的。由于风机及零部件销售的2018年度的营业收入为2 223 984.13万元，比2017年度增加279 445.31万元；2018年度营业成本为1 804 166.47万元，比2017年度增加350 258.11万元，二者相抵，使本年营业毛利净减少70 812.80万元。

（2）风电服务业务2018年度实现的营业毛利为32 587.58万元，比上年度增加945.63万元，通过水平分析可以看出，其增加的原因在于收入减少的差额小于成本下降的差额，2018年度风电服务业务的营业成本为132 658.82万元，比2017年度减少41 788.31万元，降低幅度大于收入降低幅度，是2018年度营业毛利增加的原因之一。

（3）风电场开发业务2018年度实现的营业毛利为251 236.97万元，比2017年度增加36 709.28万元，通过水平分析可以看出，2018年度营业收入为391 537.87万元，比2017年度增加66 060.56万元；2018年度营业成本为140 300.90万元，比2017年度增长29 351.28万元，二者相抵，使本年营业毛利净增加36 709.28万元。另外，风机及零部件销售营业毛利率下降的总额超过风电服务业以及风电场开发业务营业毛利增长的总额，这也是影响金风科技盈利能力的重要因素。

2.业务分部结构变动分析

业务分部结构变动分析采用垂直分析法进行。以金风科技的风机及零部件、风电服务和风电场开发分部为例，编制业务分部垂直分析表，见表6–17。

从表6–17可以看出，风机及零部件销售2018年的营业毛利占营业收入的比重为18.88%，与2017年度的25.23%相比降低了6.35个百分点；风电服务业务2018年的营业毛利占营业收入的比重为19.72%，比2017年度的15.35%增长了4.37个百分点；风电场开发业务2018年的营业毛利占营业收入的比重为64.17%，比2017年度的

表6-17　**业务分部垂直分析表**　金额单位：万元

项目	风机及零部件		风电服务		风电场开发	
	2018年度	2017年度	2018年度	2017年度	2018年度	2017年度
一、营业收入	2 223 984.13	1 944 538.82	165 246.40	206 089.08	391 537.87	325 477.31
减：营业成本	1 804 166.47	1 453 908.36	132 658.82	174 447.13	140 300.90	110 949.62
二、营业毛利	419 817.66	490 630.46	32 587.58	31 641.95	251 236.97	214 527.69
营业收入毛利率（%）	18.88%	25.23%	19.72%	15.35%	64.17%	65.91%

65.91%降低了1.74个百分点。可见，风机及零部件销售盈利能力和上年相比有所下降，但是变化的幅度不是特别大，风电服务业务营业收入毛利率增长的幅度也并不是很大，风电场开发业务的营业收入毛利率下降的幅度较小。从营业毛利的结构变化来看，营业成本的比重上升是导致营业收入毛利降低的主要原因。

（二）地区分部报告分析

地区分部报告是分部报告的次要报告形式。地区分部报告分析与业务分部报告分析的原理基本相同。一般运用水平分析法进行地区分部增减变动分析，运用垂直分析法进行地区分部结构变动分析。因为方法相同，此处不再举例分析。

第四节　利润质量分析

利润质量是指企业利润的形成过程以及利润结果的合规性、效益性及公允性。高质量的企业利润，应当表现为资产运转状况良好，企业所开展的业务具有较好的市场发展前景，企业有良好的购买能力、偿债能力、缴纳税金及支付股利的能力。高质量的企业利润能够为企业未来的发展奠定良好的资产基础。反之，低质量的企业利润，则表现为资产运转不畅，企业支付能力、偿债能力减弱，甚至影响企业的生存能力。我们认为，考察利润的质量，可以通过以下五个方面来分析：第一，利润的真实性。利润的真实性是利润质量分析的基础；第二，利润的成长性。第三，利润的波动性。第四，利润的持续性。从长远角度来看，利润既要有稳定的增长性，又要避免其具有波动性，这样更有利于对企业长期发展走势的预测判断；第五，利润的含金量。利润的含金量意味着企业当期创造的利润能带来多少相应的现金流量，可以反映企业的支付能力。

利润与企业战略的吻合性，企业不同的发展战略会导致不同的资产结构，直接带来不同的盈利模式和产生不同的利润结构，因此利润结构和资产结构的吻合度可以在一定程度上反映出企业战略的实施效果。

一、利润的真实性分析

利润的真实性是利润质量的基础。只有在真实性的基础上各种分析才能发挥作用，否则，利润不真实，分析人员的各种分析得出的结论的真实性也可想而知，因此，利润质量分析应以利润真实程度分析为前提，分析利润真实性也可以用如下指标作为参考：

收益现金比率=每股现金流量÷每股收益

其中，每股现金流量=经营活动产生的现金净流量÷流通的普通股股数

每股收益=净利润÷流通的普通股股数

若仅从一个会计期间看，当期实现利润中可能有相当一部分未收回现金，该比率会出现小于1的情况，但从公司持续经营的角度分析，本期收入中的一部分会递延到以后各期才能收回现金，同时，本期收到的现金中也会包含一部分以前年度的应收款项，公司的销售业务通常不会出现大起大落，经营性现金流量中也未减去折旧等项目，因此，正常情况下每股现金流量应高于每股收益，即收益现金比率通常应该大于1。由于人为的利润操纵并不能带来真正的现金流入，因而该比率可作为一个良好的警示性指标，若指标值太小则应当关注公司利润的真实性。

高盈利的公司不一定最具投资价值。判断公司投资价值不仅要看其账面盈利，更要看它能创造多少实实在在的现金流量。另外，需要特别提及的是，要进一步明确利润的真实水平，还应当考虑公司的销售方式（是否存在大规模分期收款发出商品）、相关的信用政策（是否存在重大政策事项的调整）以及所属行业的具体特征（是否属于房地产等一次投资分期回收现金的行业），才能得出比较正确的结论。

下列行为都违反了利润的真实性：（1）虚增收入：①提前确认收入。②虚假交易增收。③关联交易增收。（2）压低成本：①费用走现金不记入账。②滥用扣除项目，比如将本来不能在税前抵扣的费用全都抵扣掉了，这样应缴的税费就降低了，审查时就要注意看相关的扣除项目是否合规。③利用关联交易压低成本。（3）少计利润：①压低收入。②递延确认收入：有提前确认就会有递延确认，本应在本年度就确认的收入被“合理”安排到下一年度中。③虚假交易减收：例如虚拟或者故意安排了一些不合理的交易，然后宣称交易赔了本或者宣称违约需要交违约金，这样收入就降下来了。④关联交易减收：有增收就有减收，比如由税负高的公司承担亏损，由税负低的公司“提供”利润。（4）虚增成本：①提供虚假票据。②虚假交易增加财务费用。③关联交易增加成本。上面举的这些例子都是基于报表出发，但是如果要真正核查出来，通常都会审查合同、票据、库存等手段相结合。

二、利润的成长性分析

成长性是企业发展的灵魂，是衡量企业财务状况和预测企业发展前景的重要方面。成长性需结合企业的发展阶段进行分析，处于成长期的企业一般成长率较高但是规模不大，当进入成熟期以后其成长率逐步稳定，处于衰退期的企业的成长率呈下降趋势。只有保持稳健的、扎实的成长率，才能是健康的发展状态，不一定成长率越高就越好，分析者要从企业自身的发展阶段出发综合评判。由于在利润的构成中，核心利润最能体现企业在行业中的竞争地位和核心竞争力，因此，可通过核心利润及核心利润率的增长幅度来分析企业在核心业务上的盈利能力变化趋势。核心

利润的高低关键取决于产品销售等业务带来的营业收入的增长幅度，因此，通常情况下，营业收入的增减变化也可以在一定程度上反映出企业的成长性和未来的发展趋势。此外，企业毛利及毛利率的走势也是分析企业核心竞争力变化的一个非常重要的方面。

（1）营业收入增长率。营业收入增长率往往是衡量企业经营状况和市场占有能力，预测企业经营业务拓展趋势的重要标志。不断增加的营业收入是企业生存的基础和发展的条件。通常具有高成长性的企业都是主营业务绩效突出，经营比较单一的企业。营业收入增长率越高，表明企业产品的市场需求越大，业务扩张能力越强。营业收入增长率的计算公式为；

$$营业收入增长率=\frac{本期的营业收入-上期的营业收入}{上期的营业收入}\times 100\%$$

营业收入增长率可以作为衡量公司的产品生命周期的一个重要参考指标，用以判断公司发展所处的阶段。经验数据告诉我们，在不考虑行业差异的情况下，如果营业收入增长率超过10%，则说明企业产品处于成长期，将继续保持较好的增长势头，尚未面临产品更新的风险，属于成长型企业。如果一家企业的营业收入增长率能连续几年保持在30%以上，那么可以认为这家企业具备高成长性，往往会成为市场上受追捧的投资对象。如果营业收入增长率在5%~10%，则说明企业的产品已进入稳定期，不久将进入衰退期，需要着手开发新产品，而如果该比率低于5%，就基本上说明企业的产品已进入衰退期，保持市场份额已经很困难，业务利润开始滑坡，如果没有开发出新产品，企业将日趋衰落。

（2）毛利与毛利率的走势。行业毛利率的平均水平会在一定程度上反映出所处行业的基本特征，如行业的竞争状况、行业的成熟程度等，行业内企业毛利率的相对水平又会在一定程度上反映出企业产品在市场上的相对竞争实力，而产品的竞争力又是企业核心竞争力的重要决定因素。因此，分析企业毛利率的水平及其走势非常必要。

三、利润的波动性分析

利润的波动性是指企业利润无法保持相对稳定而出现波动变化的情况，可以通过企业各期利润的相对变化幅度来衡量业绩变化的区间范围。企业和投资者都希望看到企业呈现出来的利润走势是平滑的而非波动较大的。一般情况下，如果企业的利润构成中存在某些无法持续发生的“非经常性损益”项目，就会在一定程度上影响企业利润的波动性。在此基础上，还要分析企业所面临的内外部环境、自身的竞争优势以及战略调整情况等各方面因素对利润波动性可能带来的影响。

非经常性损益是指公司发生的与经营业务无直接关系，以及虽与经营业务相关，但由于其性质、金额或发生频率而影响了真实、公允地反映公司正常盈利能力的各项收入、支出。我们对于哪些项目应该属于非经常性损益项目难以穷举，只能依据会计准则进行实质性判断。

在判断某项损益是否为非经常性损益时，除了考虑该项损益与生产经营活动的联系外，更重要的是考虑该项损益的性质、金额或发生频率的大小。

（1）经营活动可能涉及的非经常性损益项目。企业在商品经营活动中，对于显失公允的关联购销交易产生的损益、资产的处置或置换损益、债务重组损失、有关资产的盘盈或盘亏，以及相关的补贴收入税收优惠等应作为非经常性损益处理。这些项目通常在利润表中体现为“营业外收入（或支出）”项目。需要说明的是，营业外收入中包含的各种税收优惠及税收返还、财政补助等其他各种补贴收入，若符合相关规定，且能在未来较长期限内获得，则应该将这些收益作为企业经常性损益的组成内容。信息使用者可以结合营业外收入（或支出）项目的附注说明来加以判断。

（2）投资活动可能涉及的非经常性损益项目。企业发生的投资活动通常包括股权投资和债权投资两种基本类型，由此获取的投资收益能否作为企业的经常性损益，应该根据其形成的具体来源进行分析。①企业基于战略发展的考虑进行各种长期投资，其主要目的并不在于短期内转让以获取价差收益。因此，通过对外的长期股权、债权投资在持有期间所获取的正常投资收益，应该作为经常性损益。但是，长期投资的处置收益属于“一次性”的偶发业务，由此而产生的损益应该全部作为非经常性损益处理，否则无法合理地评价企业的盈利能力。②企业进行各种短期投资（包括委托理财产品）的目的主要在于获取短期内的差价收益。由于在经营活动中收入和支出之间存在时间差，可能导致部分资金闲置，因此，如果企业利用暂时闲置的资金（而非借入的资金）直接进行（而非委托其他单位进行）短期投资，则可以将此类投资产生的收益作为企业的经常性损益处理。因此，在实务中，利润表中的“公允价值变动收益”通常不列入非经常性损益，但由于它属于未实现损益，如果在企业利润构成中占比过大，那就要额外关注该项目对企业利润持续性所造成的影响。

四、利润的持续性分析

利润的持续性是指企业盈利能力在过去与未来一段时期内持续发展的状况，能够源源不断地提供利润给企业的项目越多越好。一般情况下，我们说企业具有较强的盈利能力，应该强调它在行业中保持相对稳固的竞争地位和核心竞争力，具有较光明的市场发展前景，而不是仅仅关注当期盈利的规模，盈利规模会受到某些偶发的政策性、市场性或者企业内部某些因素的影响。企业实现的利润水平是否具有持续性是判断企业投资价值的核心要素。不具备持续盈利能力的企业，其前景处于高度不确定状态，持续经营的会计基本假设可能摇摇欲坠。此外，如果企业某一期间所实现的利润规模是采用人为手段粉饰（甚至造假）的结果，那么这样的利润因缺乏持续性迟早会露出马脚。因此，利润的持续性分析应成为衡量企业利润质量的另一重要方面。通常来讲，核心利润和毛利润占企业利润总额的比例越高，利润的持续性就越好。

五、利润的含金量分析

利润的含金量是指企业的主要利润构成项目获得现金流量的能力。利润的含金量分析实际上是对利润的结果进行分析。从利润给企业带来的结果来看，企业利润各项目均会引起资产负债表项目的相应变化：企业收入的增加，对应资产的减少或负债的增加。从利润主要项目所对应的资产债表项目来看，主要涉及货币资金、应收账款、应收票据、其他应收款（或应收股利、应收利息）、存货（在易货贸易的条件下，企业营业收入的增加将对应存货的增加）、长期股权投资、固定资产、无形资产等。但一般认为企业赚取利润最终能够带来充足的可自由支配的现金，应该是最理想的状态，因此，在分析企业利润的质量时，有必要分析利润的含金量。

会计上的利润是基于权责发生制核算出来的企业经营成果，收入和费用的确认时间与企业实际收付现金的时间并不一致。但是一般来说，在企业回款和付款等各项经营活动相对正常的情况下，利润与现金流量之间会保持一个大体稳定的比例关系。此外，在核算过程中，无论是收入的确认还是成本费用的确认，都会受到会计政策主观选择性的影响，存在一定的人为因素，同时也不可避免地给企业提供了一定的利润操纵空间，出于判断利润真实性的考虑，也需要在一定程度上关注利润的含金量。因此，考察企业利润的含金量就成为衡量利润质量非常必要的一个方面。具体操作是，通过对企业利润的各主要项目与相应的现金流量项目进行比较分析，来判断企业利润的含金量。具体地说，我们应该主要关注以下三个利润项目的含金量。

核心利润是企业开展核心业务实现的利润，与经营活动密切相关，因此通过与经营活动产生的现金流量净额进行比较，就可以反映核心利润产生现金净流量的能力。核心利润可以按照如下公式进行调整：

核心利润=营业收入-营业成本-税金及附加-管理费用-研发费用-销售费用+其他收益

值得注意的是，把财务费用剔除在公式外的原因是财务费用反映的是企业外部筹资的资本成本，与企业自身积累的“与日常经营活动相关的资金”无关。还有其他收益一定是持续性的（比如在可预见的未来能够持续收到的政府补助），而非一时的、政策性的（比如家电下乡政府补贴）。

①核心利润的含金量分析。核心利润是企业开展经营活动所赚取的经营成果，因此通过与经营活动产生的现金净流量进行比较，就可以反映核心利润产生现金净流量的能力。

②投资收益的含金量分析。一般而言，投资收益主要有两大来源：投资性资产的持有收益，即在持有期间从被投资企业获取的一定形式的利润分享；投资性资产的处置收益，即在处置投资性资产时，售价与初始取得成本之间的差额。由于投资企业对合营企业和联营企业的长期股权投资采用权益法，将被投资企业所实现的净利润（或者发生的净亏损）的相应份额确认为投资收益，因此这种投资收益的含金量取决于被投资企业的分红政策。投资企业对其子公司的长期股权投资采用的是成

本法，将子公司所宣告分派的现金股利按照其持股比例确认为投资收益，因此投资企业（即母公司）的这种投资收益的含金量基本上是有保障的。其他投资性资产在持有期间所带来的投资收益，无论是股利还是利息，一般情况下都会带来相应的现金流入。

③营业外收入的含金量分析。从目前上市公司的实际情况来看，构成企业营业外收入的项目主要有：政府补贴收入、债务重组收益和非流动资产的处置收益等。其中，政府补贴的形式主要有财政拨款、财政贴息、税收返还和无偿划拨非货币性资产等，因此政府补贴收入是否有含金量要视具体补贴形式而定；债务重组收益主要是企业债权人给予企业减免的部分借款本金或者利息，对企业来说是一种现金流出的“节省”，因此并不会带来实际上的现金流入，而非流动资产的处置收益如投资收益中的处置收益一样，它是非流动资产的净售价与账面价值之间的差额。在现金流量表上“处置固定资产、无形资产和其他长期资产收回的现金净额”主要取决于各项非流动资产的售价高低，因此这种处置收益的含金量也具有很大的不确定性，难以一概而论。

六、营业利润与投资收益的关系

从会计核算的过程来看，企业的营业利润与投资收益在数量上并没有直接关系，企业的营业利润规模主要与企业的经营活动有关，投资收益则主要与企业的对外投资活动相关（短期或者长期）。但是，在我国部分上市公司中，往往在企业扭亏为盈或保持盈利势头的关键年份，出现了其营业利润与投资收益在数量上呈现出互补性变化的态势。这里所说的“营业利润与投资收益在数量上的互补性变化”是指在营业利润较高的年份，投资收益往往较低，而在营业利润较低、企业实现目标利润总额和净利润的压力较大的年份，投资收益往往会“挺身而出”，充当“中流砥柱”的角色，以较高金额帮助企业扭亏为盈或者继续保持其盈利的形象。

企业的投资收益在数量上不存在与其营业利润保持互补性关系的基础。“营业利润与投资收益在数量上互补性变化”的原因，可能是：

（1）企业通过预防性投资组合的调整，投资收益的数量变化是投资组合变化的正常反映。

这里的“预防性投资组合的调整”是指，在企业预见到其营业利润将不可避免地下降的时候，利用其控制的各方面资源，对企业的投资结构进行调整，将企业盈利能力较差的投资置换为盈利能力较强的投资或直接用企业的现金购买优质股权。可见，在企业通过预防性投资组合的调整而使其投资收益的数量变化与营业利润出现互补性变化的条件下，这种数量关系是投资组合变化的正常反映。

（2）在企业投资组合没有重大调整的情况下，企业原有的对外投资项目表现出较高（或相反）的利润，投资收益的数量变化是投资内在质量变化的正常反映。在企业投资组合没有重大调整的情况下，由于企业的投资方向所对应的产品生命周期存在较大差异，会出现在投资方营业利润下降（或相反）的同时，其对外投资项目表现出较高（或相反）的盈利能力和利润规模。在这种情况下，我们完全可以认为，投资收益的数量变化是投资内在质量变化的正常反映。

(3) 在企业投资组合没有重大调整、投资结构的盈利能力没有根本性变化的情况下，投资收益的数量变化仅仅是企业对投资进行了不恰当会计处理的反映。

在企业投资组合没有重大调整、投资结构的盈利能力没有根本性变化的情况下，企业的投资收益在年度间不会出现重大变化。有时，企业为了故意调高或调低企业特定会计期间的利润总额和净利润，一方面，在运用权益法进行投资收益的确认方面大做文章，故意调高或调低企业的投资收益；另一方面，在计提投资减值准备方面大做文章，故意多计提或少计提投资减值准备。

七、利润分配情况分析

（一）企业的利润分配

企业的利润分配，包括税前弥补亏损、缴纳所得税以及税后利润分配。按照规定，企业当年实现的利润，必须依照税法规定的税率，及时、足额地缴纳所得税，然后按照下列顺序分配。

1.弥补以前年度亏损

现行制度规定，企业发生的年度亏损，可用下一年度的利润弥补，下一年度的，可在五年内用所得税前利润继续弥补，五年内不足以弥补的，应用税后利润弥补。

2.提取法定盈余公积

法定盈余公积金按照税后利润的10%提取，当企业盈余公积金已达到注册资本的50%时，可不再提取。提取法定盈余公积金主要是为了保全资本，防止企业滥分税后利润。

3.提取公益金

公益金一般用于本企业职工集体福利设施的支出，按照税后利润的5%～8%提取。

4.向投资者分配利润

企业以前年度的未分配利润，可以并入本年度向投资者分配。

（二）股份有限公司的利润分配

对于股份有限公司，企业可在提取公益金后按照如下顺序分配利润。

1.支付优先股股利

按照公开发行的优先股股数、面值和股利率计算支付。

2.提取任意盈余公积

任意盈余公积提取与否及提取比例的大小，可在公司章程中进行规定，或由股东会决定。

3.支付普通股股利

公司弥补亏损和提取法定盈余公积所余利润，可按普通股东持有的股份比例分配。公司当年无利润的，原则上不得分配普通股股利。

利润分配情况分析，主要是检查企业利润分配是否符合国家规定的顺序和分配比例，正确处理国家、集体和个人三者之间的关系，从而确定分配的合理性和合法性。

第五节 盈利能力分析

盈利能力通常是指企业在一定时期内赚取利润的能力。盈利能力的大小是一个相对的概念，即利润相对于一定的资源投入、一定的收入而言。利润率越高，盈利能力越强；利润率越低，盈利能力越差。利润是企业内外有关各方都关心的中心问题，是投资者取得投资收益、债权人收取本息的资金来源，是经营者经营业绩和管理效能的集中表现，也是职工集体福利设施不断完善的重要保障。企业盈利能力分析是财务分析的核心，现已成为企业以及其他利益相关群体极为关注的一个重要内容，而对于企业盈利能力的反映则要力求客观、全面、准确，理清企业盈利能力分析的思路和主要方法对于一家企业的发展有着极为重要的作用。

一、盈利能力分析的目的

盈利能力分析是通过计算企业有关盈利能力效率与效益的指标，分析、评价企业在一定时期内赚取利润的能力。盈利能力分析的根本目的是通过分析及时发现问题，改善企业的资本结构，提高企业的偿债能力、经营能力，最终提高企业的盈利能力，促进企业持续稳定的发展。企业利益相关者关注的角度不同，对企业进行盈利能力分析的具体目的也各不相同。

（一）投资者的分析目的

对于投资者而言，投资的直接目的就是获得更多的利润，因此对于信用相同或相近的几家企业，人们总是将资金投向盈利能力强的企业。投资者关心企业赚取利润的多少并重视对利润率的分析，是因为投资者的股利与企业的盈利能力是紧密相关的。此外，企业盈利能力增强还会使上市公司的股票价格上升，从而使股东们获得资本利得。因此，盈利能力分析的结果对于投资者而言，可以作为进行投资决策的重要依据。

（二）债权人的分析目的

对于债权人而言，利润是企业偿债的重要来源，盈利能力的强弱直接影响企业的偿债能力，关系到债权人的贷款本息能否全额收回。因此，盈利能力分析的结果既是债权人进行贷款决策的重要依据，也是债权人对已贷出款项进行日常监督管理的内容。

（三）经营管理者的分析目的

对于经营管理者而言，利润是经营管理者经营业绩和管理效能的衡量标准。经营管理者通过分析企业盈利能力并与该企业的历史水平、计划水平或同行业其他企业相比较，衡量各部门、各环节的工作业绩，评价其工作效率和效果。同时，盈利能力也是企业各环节经营活动的具体表现，企业经营的好坏会通过盈利能力表现出来。经营管理者通过对盈利能力的深入分析，可以发现经营管理中的重大问题，进而采取措施，解决问题，提高企业的收益水平。

二、盈利能力分析的内容和方法

利润额受企业规模或投入总量的影响较大，在不同规模的企业之间不便于对比，也不能准确地反映企业的盈利能力和盈利水平，因此必须对利润率进行分析。盈利能力分析主要通过计算利润表及利润表与资产负债表有关项目之间的比率来分析、评价企业一定时期的经营成果和未来的发展趋势。

企业盈利能力分析按照其性质可以分为经营盈利能力分析、投资盈利能力分析和上市公司盈利能力分析三个方面的内容。

（一）经营盈利能力分析

经营盈利能力是指企业生产经营活动创造利润的能力。衡量生产经营盈利能力的比率指标可分为两类：一类是各种利润额与收入之间的比率，统称为收入利润率；另一类是各种利润额与成本之间的比率，统称为成本利润率。

1.收入利润率

反映收入利润率的指标主要有营业收入利润率、营业收入毛利率、营业收入净利率、总收入利润率、销售息税前利润率等。不同的收入利润率，其内涵不同，揭示的收入与利润的关系不同，在分析评价中的作用也不同。

（1）营业收入利润率

营业收入利润率是指营业利润与营业收入之间的比率。它是衡量企业生产经营盈利能力的指标，反映了在不考虑非营业成本的情况下，企业管理者通过生产经营活动获取利润的能力。

$$营业收入利润率=\frac{营业利润}{营业收入}\times100\%$$

（2）营业收入毛利率

营业收入毛利率是指营业毛利与营业收入之间的比率。营业毛利是营业收入与营业成本的差额，营业毛利是企业利润的初始源泉。只有营业收入扣除营业成本后有余额，才能在进一步抵补企业的各项费用后形成营业利润。因此，营业收入毛利率是企业最终盈利的基础，没有足够大的营业毛利率就不能形成企业的盈利。

$$营业收入毛利率=\frac{营业收入-营业成本}{营业收入}\times100\%=\frac{营业毛利}{营业收入}\times100\%$$

（3）营业收入净利率

营业收入净利率是指净利润与营业收入之间的比率，表明企业营业收入创造净利润的能力。

$$营业收入净利率=\frac{净利润}{营业收入}\times100\%$$

在分析营业收入净利率时应注意：营业收入包含主营业务收入和其他业务收

入，但是净利润的形成并非都是由营业收入产生，它还受到投资收益、营业外收支、所得税费用等因素的影响。对上市公司营业收入净利率的分析要注意其投资收益、营业外收入等一次性的偶然收入突然上升，防止企业利用资产重组、非货币性资产置换、股权投资转让、资产评估、非生产性资产与企业建筑物销售收入等手段调节利润。

（4）总收入利润率

总收入利润率是指利润总额与总收入之间的比率，总收入包括营业收入、投资收益净额和营业外收入，表明企业各项收入创造利润的能力。

$$总收入利润率=\frac{利润总额}{总收入}\times100\%$$

（5）销售息税前利润率

销售息税前利润率是指息税前利润与营业收入之间的比率。息税前利润是指利润总额与利息支出之和。

$$销售息税前利润率=\frac{净利润+所得税费用+利息支出}{营业收入}\times100\%$$

下面以金风科技公开披露的财务报告为例，利用2017年、2018年利润表中的有关数据和计算公式编制收入利润率分析表，见表6-18。

表6-18 **收入利润率分析表** 金额单位：万元

项目	2018年度	2017年度	差异
营业收入	2 873 060.73	2 512 945.60	360 115.13
营业成本	2 127 122.94	1 753 045.78	374 077.16
营业利润	371 842.37	350 868.09	20 974.28
利润总额	368 243.11	349 055.60	19 187.51
净利润	328 259.79	314 880.66	13 379.13
利息支出	110 691.28	86 536.30	24 154.98
所得税费用	39 983.32	34 174.94	5 808.38
总收入	2 901 405.24	2 635 059.4	266 345.84
营业收入利润率	12.94%	13.96%	-1.02%
营业收入毛利率	25.96%	30.24%	-4.28%
营业收入净利率	11.43%	12.53%	-1.10%
总收入利润率	12.69%	13.25%	-0.56%
销售息税前利润率	16.67%	17.33%	-0.66%

计算结果表明，金风科技2018年的各项收入利润率指标均低于2017年，说明2018年与2017年相比，盈利能力有较大下降。其中，营业收入利润率比2017年降低1.02个百分点，营业收入毛利率比2017年降低4.28个百分点，营业收入净利率比2017年降低1.10个百分点，总收入利润率比2017年降低0.56个百分点，销售息税前利润率比2017年降低0.66个百分点。

收入利润率变动主要受销售价格、销售数量、销售结构、产品单位成本、期间费用、投资收益、营业外收支、所得税税率、会计政策等诸多因素的影响，因此，对收入利润率的分析需要结合对销售、利润、成本费用等的分析进行。

2.成本利润率

反映成本利润率的指标主要有营业成本利润率、期间费用利润率、全部成本费用利润率等。

（1）营业成本利润率

营业成本利润率是指营业利润与营业成本之间的比率。其计算公式如下：

$$营业成本利润率=\frac{营业利润}{营业成本}\times 100\%$$

（2）期间费用利润率

期间费用利润率是指营业利润与三项期间费用（包括销售费用、管理费用、财务费用）之间的比率。其计算公式如下：

$$期间费用利润率=\frac{营业利润}{销售费用+管理费用+财务费用}\times 100\%$$

期间费用利润率既可以计算、分析营业利润与三项期间费用总额之间的比率，又可以计算、分析营业利润与各单项期间费用，即与销售费用、管理费用或财务费用之间的比率。

（3）全部成本费用利润率

全部成本费用利润率是指利润总额与全部成本费用（包括营业成本、税金及附加、期间费用、资产减值损失和营业外支出）之间的比率。其计算公式如下：

$$全部成本费用利润率=\frac{利润总额}{营业成本+税金及附加+期间费用+资产减值损失+营业外支出}\times 100\%$$

全部成本费用利润率也可以用净利润做分子计算全部成本费用净利润率。

以上各种利润率指标反映了企业投入产出水平，即所得与所费的比率，体现了增加利润是以降低成本及费用为基础的。这些指标的数值越高，表明生产和销售产品的每1元成本及费用取得的利润越多，劳动耗费的效益越高；反之，则说明每耗费1元成本及费用实现的利润越少，劳动耗费的效益越低。成本利润率也是正指标，即指标值越高越好。分析评价时，可将各指标实际值与标准值进行对比。标准值可根据分析的目的与管理要求确定。

下面根据金风科技公开披露的财务报告，利用2017年、2018年利润表中的有关数据和计算公式编制成本利润率分析表，见表6-19。

表6-19 **成本利润率分析表**

项目	2018年	2017年	差异
营业成本利润率	17.48%	20.01%	-2.53%
期间费用利润率	87.81%	84.27%	3.54%
全部成本费用利润率	14.32%	15.77%	-1.45%
全部成本费用净利润率	12.76%	14.22%	-1.46%

计算结果表明，金风科技2018年的各项成本利润率（除了期间费用利润率）指标均低于2017年，说明2018年的各项成本费用投入产出效益比2017年有所下降，盈利能力稍微下降。其中，营业成本利润率比2017年降低2.53个百分点，全部成本费用利润率比2017年降低1.45个百分点，全部成本费用净利润率比2017年降低1.46个百分点；期间费用利润率比2017年增高3.54个百分点。总体来看，各项成本利润率保持在相对稳定的状态，变化差异较小。

如同收入利润率一样，成本利润率也受诸多因素的影响，也需要结合对销售、利润、成本费用等的分析进行。

（二）投资盈利能力分析

企业所获利润的多少是与企业的投资紧密相连的。一般来说，企业的投资额大，收入相对就多，利润的绝对数也就多；反之，企业的投资额少，收入相对就少，利润的绝对数也较少。投资报酬是指投资所取得的利润，投资报酬率是指投入资本与所取得的利润之间的比率关系，它能从投入产出角度反映企业的盈利能力。

投资盈利能力分析可以分为资产经营盈利能力分析和资本经营盈利能力分析两个层面。

1.资产经营盈利能力分析

资产经营盈利能力，是指企业运营资产而产生利润的能力。它从企业经营者视角观察企业运用资产经营的获利能力。基本财务知识告诉我们，企业投资资产有所有者资产和债权人资产两种来源。资产经营盈利能力分析侧重于分析经营者运用资产获取盈利的能力。衡量企业资产经营获取利润能力的比率指标主要包括总资产报酬率、总资产利润率、流动资产利润率及固定资产利润率等。其中总资产报酬率是核心指标。

总资产报酬率是指企业一定时期内实现的息税前利润与平均总资产的比率。它表示企业全部资产获取收益的能力，全面反映了企业的盈利能力和投入产出状况，是评价企业资产运营效益的重要指标。息税前利润是指企业当年实现的利润总额与利息支出的合计数，平均总资产是指期初资产总额与期末资产总额的平均值。总资产报酬率的计算公式如下：

$$总资产报酬率=\frac{利润总额+利息支出}{平均总资产}\times 100\%$$

$$平均总资产=\frac{期初资产总额+期末资产总额}{2}$$

总资产报酬率高，说明企业资产的运用效率好，也意味着企业的资产盈利能力强，所以，这个比率越高越好。评价总资产报酬率时，需要与企业前期的比率、同行业其他企业的这一比率等进行比较，并进一步找出影响该指标的不利因素，以利于企业加强经营管理。

根据总资产报酬率指标的经济内容，可将其做如下分解：

总资产报酬率=总资产周转率×销售息税前利润率

可见，影响总资产报酬率的因素有两个：一个是总资产周转率，另一个是销售息税前利润率。总资产周转率表示的是企业的每1元资产所能够带来的收入，该指标作为反映企业资产运营能力的指标，可用于说明企业资产的运用效率，是企业资产经营效果的直接体现。销售息税前利润率反映的是每1元销售收入所能带来的利润额，该指标反映了企业资产经营的盈利能力，产品盈利能力越强，销售利润率越高。可见资产经营盈利能力受商品经营盈利能力和资产运营效率两方面影响。

在上述总资产报酬率因素分解式的基础上，运用连环替代法或差额计算法可以分析总资产周转率和销售息税前利润率变动对总资产报酬率的影响。下面以金风科技有关资料为例，有关指标的计算见表6-20。

表6-20 **资产经营盈利能力分析表** 金额单位：万元

项目	2018年	2017年	差异
营业收入	2 873 060.73	2 512 945.60	360 115.13
利润总额	368 243.11	349 055.60	19 187.51
利息支出	110 691.28	86 536.30	24 154.98
息税前利润	478 934.39	435 591.90	43 342.49
平均总资产	7 707 594.61	5 711 240.00	1 996 354.61
总资产周转率	0.3728次	0.44次	-0.0672次
销售息税前利润率	16.67%	17.33%	-0.66%
总资产报酬率	6.21%	7.63%	-1.42%

总资产报酬率差异=6.21%-7.63%=-1.42%

因素分析：

①总资产周转率变动的影响=（0.3728-0.44）×17.33%=-1.17%

②销售息税前利润率变动的影响=（16.67%-17.33%）×0.3728=-0.25%

分析结果表明，该企业2018年总资产报酬率比2017年下降了1.42%，是销售息税前利润率降低使总资产报酬率下降了0.25%，总资产周转率降低使总资产报酬率下降了1.17%，二者共同作用的结果。由此可见，要提高企业的总资产报酬率，增强企业的盈利能力，就要从提高企业的总资产周转率和销售息税前利润率两方面努力。

2.资本经营盈利能力分析

资本经营盈利能力，是指企业的所有者通过投入资本经营而取得利润的能力。它从企业所有者视角观察企业运用投入资本的获利能力。衡量资本经营盈利能力的比率指标有净资产收益率、资本保值增值率等。其中净资产收益率是核心指标。

净资产收益率是指企业本期净利润与净资产的比率，又称股东权益报酬率、净值报酬率、权益报酬率，是衡量企业获利能力的重要指标。其计算公式是：

$$净资产收益率=\frac{净利润}{平均净资产}\times 100\%$$

式中，净利润是指企业当期税后利润；净资产是指企业资产减去负债后的余额，也就是资产负债表中的所有者权益部分。平均净资产一般取期初与期末的平均值，称为全面摊薄净资产收益率；但是，如果要通过该指标观察分配能力，则取年度末的净资产更为恰当，称为加权平均净资产收益率。

净资产收益率反映股东权益的收益水平，用以衡量公司运用自有资本的效率。该指标值越高，说明投资带来的收益越高。该指标体现了自有资本获得净收益的能力。影响净资产收益率的因素主要有总资产报酬率、负债利息率、企业资本结构和所得税税率等。可以运用杜邦分析法，连环替代法或差额计算法，分析各因素变动对净资产收益率的影响。

净资产收益率是反映盈利能力的核心指标。因为企业的根本目标是所有者权益或股东价值最大化，而净资产收益率既可直接反映资本的增值能力，又会影响企业股东价值的大小。该指标越高，反映企业盈利能力越好。评价标准通常包括社会平均利润率、行业平均利润率或资本成本等。

下面以金风科技公开披露的财务报告为例进行分析。按照证监会的行业分类，金风科技属于综合类，其主要从事天然气开采业务。沪深市场石油和天然气开采类的公司共有8家。行业比较参照公司，是按照东方财富网业务相似性前5家的公司选取的，其余4家公司所有比较数据均根据公开披露的财务报告计算整理得来。表6-21是同行业公司2018年12月31日净资产收益率比较分析信息。

表6-21　**同行业公司净资产收益率比较分析**　金额单位：万元

简称	2017年12月31日所有者权益合计	2018年12月31日所有者权益合计	2018年度净利润	净资产收益率
金风科技	2 347 500.11	2 647 512.38	328 259.79	12.40%
龙源电力	5 353 708.05	5 676 928.61	501 244.24	8.83%
东方电气	2 843 055.44	3 069 390.86	115 826.57	3.77%
大唐新能源	1 436 889.40	1 528 136.60	142 638.50	9.33%
泰坦能源技术	63 068.60	57 086.20	4 210.30	7.38%

从表6-21可以看出，金风科技的净资产收益率在同行业公司中处于较高的位置，其盈利能力与同行业大规模公司相比，具有明显差距。

（三）上市公司盈利能力分析

上市公司自身特点决定了其盈利能力除可以通过一般企业盈利能力的指标分析外，还应进行一些特殊指标的分析，特别是一些与企业股票价格或市场价值相关的指标分析，如对每股收益、普通股权益报酬率、股利发放率、价格与收益比率等指标的分析。

1.每股收益

每股收益的基本含义是指每股发行在外的普通股所能分摊到的净收益额。这一指标与普通股股东的利益关系极大，他们往往根据它来进行投资决策。每股收益又分为基本每股收益与稀释每股收益。

（1）基本每股收益

基本每股收益是指归属于普通股股东的当期净利润与发行在外的普通股加权平均数之比。

$$\text{基本每股收益}=\frac{\text{净利润}-\text{优先股股利}}{\text{发行在外的普通股加权平均数（流通股股数）}}$$

由于优先股股东对股利的受领权优于普通股股东，因此在计算普通股股东所能享有的收益额时，应将优先股股利扣除。公式中分母采用加权平均数，是因为本期内发行在外的普通股股数只能在增加以后的这一段时期内产生收益，减少的普通股股数在减少以前的期间仍产生收益，所以必须采用加权平均数，以正确反映本期发行在外的股份数额。发行在外的普通股加权平均数按下列公式计算：

$$\begin{array}{c}\text{发行在外的普通股}\\\text{加权平均数}\end{array}=\begin{array}{c}\text{期初发行在外的}\\\text{普通股股数}\end{array}+\begin{array}{c}\text{当期新发行的}\\\text{普通股股数}\end{array}\times\frac{\text{已发行时间}}{\text{报告期时间}}-\begin{array}{c}\text{当期回购的}\\\text{普通股股数}\end{array}\times\frac{\text{已回购时间}}{\text{报告期时间}}$$

已发行时间、报告期时间和已回购时间一般按照天数计算；在不影响计算结果合理性的前提下，也可以采用简化的计算方法。

（2）稀释每股收益

稀释每股收益是指当企业存在稀释性潜在普通股时，应当分别调整归属于普通股股东的当期净利润和发行在外的普通股加权平均数，并据此计算稀释每股收益。

所谓稀释性潜在普通股，是指假设当期转换为普通股会减少每股收益的潜在普通股，如可转换公司债券、认股权证和股份期权。

①计算稀释每股收益时，应当根据下列事项对归属于普通股股东的当期净利润进行调整：当期已确认为费用的稀释性潜在普通股的利息；稀释性潜在普通股转换时将产生的收益或费用。同时应当考虑相关的所得税影响。

②计算稀释每股收益时，对当期发行在外的普通股加权平均数的调整。调整后的股数应当为计算基本每股收益时普通股的加权平均数与假定稀释性潜在普通股转换为已发行普通股而增加的普通股股数的加权平均数之和。计算稀释性潜在普通股

转换为已发行普通股而增加的普通股股数的加权平均数时，以前期间发行的稀释性潜在普通股，应当假设在当期期初转换；当期发行的稀释性潜在普通股，应当假设在发行日转换。

举例如下：

假设甲公司2018年1月1日发行1 000万份认股权证，行权价格为7元，2018年度归属于普通股股东的净利润为3 500万元，发行在外的普通股加权平均数为5 000万股。该普通股平均每股市场价格为8元。则：

$$基本每股收益=\frac{3\,500}{5\,000}=0.7（元）$$

$$调整增加的普通股股数=1\,000-1\,000\times\frac{7}{8}=125（万股）$$

$$稀释每股收益=\frac{3\,500}{5\,000+125}=0.68（元）$$

假设乙公司2018年1月1日发行利率为4%的可转换公司债券，面值为2 000万元，每100元债券可转换为1元面值普通股80股。2018年度净利润为4 800万元，2018年度发行在外的普通股加权平均数为6 000万股，所得税税率为25%，则：

$$基本每股收益=\frac{4\,800}{6\,000}=0.8（元）$$

$$调整增加的净利润=2\,000\times4\%\times（1-25\%）=60（万元）$$

$$调整增加的普通股股数=\frac{2\,000}{100}\times80=1\,600（万股）$$

$$稀释每股收益=\frac{4\,800+60}{6\,000+1\,600}=0.64（元）$$

2.普通股权益报酬率

普通股权益报酬率是指净利润扣除应发放的优先股股利后的余额与普通股权益之比。其计算公式如下：

$$普通股权益报酬率=\frac{净利润-优先股股利}{普通股权益平均数}\times100\%$$

该指标从普通股股东的角度反映企业的盈利能力，指标值越高，说明盈利能力越强，普通股股东可得收益也越多。普通股权益报酬率应作为独立指标对企业盈利能力、投资收益水平进行分析。

3.股利发放率

股利发放率是普通股每股股利与每股收益的比值，反映普通股股东从每股的全部获利中分到多少。其计算公式如下：

$$股利发放率=\frac{每股股利}{每股收益}\times100\%$$

或 $$=\frac{股利总额}{净利润总额}\times100\%$$

公式中每股股利是指实际发放给普通股股东的股利总额与流通股股数的比值。股利发放率反映了企业的股利政策，其高低要根据企业对资金需要量的具体情况而定，没有一个固定的衡量标准。

4.价格与收益比率

价格与收益比率，亦称市盈率，反映普通股的每股市场价格与当期每股收益之间的关系，可用来判断企业股票与其他企业股票相比较所具有的潜在价值。其计算公式如下：

$$价格与收益比率=\frac{每股市价}{每股收益}$$

或
$$=\frac{市价总值}{净利润总额}$$

该指标在一家企业内的数值能够表明企业盈利能力的稳定性，可在一定程度上反映企业管理部门的经营能力和企业盈利能力及潜在的成长能力。同时，该指标还反映此股票是否具有吸引力，把多家企业的股票价格与收益比率进行比较，并结合对其所属行业的经营前景的了解，可以作为选择投资目标的参考。

在一般情况下，发展前景较好的企业通常都有较高的价格与收益比率，发展前景不佳的企业，这个比率较低。但是必须注意，当总资产利润率很低或企业发生亏损时，每股收益可能为零或负数，因此价格与收益比率很高。在这一特殊情况下，仅仅利用这一指标来分析企业的盈利能力，常常会错误地估计企业的发展前景，所以还必须结合其他指标，予以综合考虑。

以金风科技公开披露的财务报告为例，仍采用前述同行业公司选取办法，进行上市公司盈利能力行业比较分析，见表6-22。

表6-22 **上市公司盈利能力行业比较分析**

公司简称	基本每股收益（元）	净资产收益率	股利发放率	市盈率
金风科技	0.88	12.89%	0.227	11.01%
龙源电力	0.56	7.97%	0.196	7.53%
东方电气	0.37	3.95%	0.351	11.37%
大唐新能源	0.15	9.84%	0.133	5.00%
泰坦能源技术	0.04	-7.04%	—	3.31%

从表6-22可以看出，金风科技的盈利能力，与同为风电工业行业，同在港股上市的公司相比处于领先地位。

5.托宾Q值

托宾Q（Tobin Q）值是指公司的市场价值与其重置成本之比。托宾Q值由美国经济学家詹姆士·托宾（James Tobin）提出。托宾认为股票价格会影响企业投资，企业的市场价值与其重置成本之比可以作为衡量要不要进行新投资的标准，这个比率用Q来表示。企业的市场价值就是企业股票的市场价值总额，因此Q等于企业股票的市场价值总额除以新建造企业的成本。如果Q小于1，说明买旧的资产（企业）比新建造便宜，因此就不会投资；Q大于1则会有新的投资。可见，股票价格上升时，投资会增加。托宾Q值可以排除市盈率的局限性。该指标也是企业价值评估的重要指标。其计算公式如下：

托宾Q值=总资产的市场价值÷总资本的重置成本

=（年末流通股市值+非流通股市值+长期负债+短期负债）÷年末账面总资产

其中，由于中国上市公司的重置成本难以获取，实务中该指标采用上市公司年末的账面总资产替代。非流通股是指优先股和限制出售的股份，实务中采用账面价值。债务资本的市场价值采用账面的短期负债和长期负债的合计数来计算。不过若可以衡量或估计其市场价值，则应当使用市场价值。如公司有发行公司债券，则债务的市场价值应当采用债券的市场价值。

金风科技2018年年末有关资料见表6-23，相关分析如下：

表6-23 **托宾Q值计算表**

项目	数额
流通在外普通股股数（万股）	355 620.33
股票价格（元/股）	9.99
非流通股市值（万元）	—
长期负债+短期负债账面价值（万元）	4 931 283.83
所有者权益账面价值（万元）	2 347 500.11
总资产账面价值（万元）	7 278 783.94
托宾Q值	1.17

托宾Q值=（9.99×355 620.33+4 931 283.83）÷7 278 783.94=1.17

由计算结果可知，该公司的托宾Q值大于1，表明市场上对该公司的估价水平高于其自身的重置成本，该公司的市场价值较高。

不过，在运用托宾Q值判断公司盈利能力和市场价值时，如有市场投机性炒作时，市场在乐观情绪以及资金的推动下往往会出现非理性上涨。有可能导致托宾Q值不能真实反映公司的价值。因而在用托宾Q值判断公司盈利能力和市场价值时，要根据资本市场的现实状况做出一定的判断或调整。

思政园地

为切实解决我国企业相关会计实务问题，进一步规范我国政府补助的确认、计量和披露，提高会计信息质量，财政部结合我国实际，同时保持与国际财务报告准则的持续趋同，于2017年5月印发修订《企业会计准则第16号——政府补助》（以下简称修订准则）。

广汇能源于2000年5月在上海证券交易所上市之后，近些年享受政府补助力度较大。由于广汇能源的子公司散布在全国各地，因此广汇能源获得的政府补助具有地区多元化的特征，其中，2013年广汇能源获得一次性补助高达1.3亿元，2016年累积获得政府补助2.94亿元，可见政府补助的政策引导性较大。

2015—2017年，广汇能源获得政府补助金额依次为27.47千万元、29.46千万元、28.43千万元，其中经营扶持资金分别为26.7千万元、27.73千万元、0.13千万元。广汇能源2015—2017年的营业总收入分别为482.5千万元、419.4千万元、813.7千万元；营业利润分别为5.68千万元、-1.83千万元、95.46千万元；净利润分别为23.00千万元、14.46千万元、49.05千万元。

政府补助对广汇能源的总体影响是增加营业外收入从而增加了企业的净利润，从财务报表附注可知大部分的政府补助都是与收益相关的。从2015年和2016年广汇能源的具体财务数据和获得政府补助的数额中可以看出，营业利润数额较小，加入营业外收入（准则修订前政府补助全部计入营业外收入）的影响后净利润出现了大幅度的增长，尤其是2016年营业利润为负，但净利润为正，由此可见大额政府补助对广汇能源的影响是巨大的。2017年广汇能源的营业利润大幅提升，政府补助力度相应减少，可见由于前期的政府补助帮助企业渡过困境，扭亏为盈，可谓是企业利润的大补灵丹。基于前期奠定的良好基础，2017年广汇能源的利润才能达到新高。

政府补助会计准则修订后，政府补助会对企业的利润及经营产生新的影响。在政府补助会计准修订前，不区分是否与经营活动相关，所有的政府补助直接计入营业外收入，不影响企业的营业利润，只影响利润总额。在准则修订后，区分是否与企业经营活动相关，与经营活动不相关的政府补助计入营业外收入，与经营活动相关的政府补助收到时先计入递延收益，再逐步结转进损益或者冲减成本费用，这就会影响企业的营业利润，影响企业的经营活动。

1.思考政府补助是如何带给企业实惠的？

2.如何理解政府补助的经济社会意义？

本章小结

企业利润通常是指企业在一定会计期间收入减去费用后的净额以及直接计入当期的利得和损失等，亦称为财务成果或经营成果。在商品经济条件下，企业追求的根本目标是企业价值最大化或股东权益最大化。而无论是企业价值最大化，还是股东权益最大化，其基础都是企业利润，利润已成为现代企业经营与发展的直接目标。

利润表项目分析包括企业营业收入分析、成本费用分析、资产减值损失分析、投资收益分析等内容。收入是影响利润的重要因素，企业收入分析的内容具体包括收入的确认与计量分析、影响收入的价格因素与销售量因素分析、企业收入的构成分析等。成本费用分析包括产品销售成本分析和期间费用分析两部分，产品销售成本分析包括销售总成本分析和单位销售成本分析，期间费用分析包括销售费用分析、财务费用分析和管理费用分析。资产减值损失分析包括资产减值损失的构成分析以及资产减值损失变动原因分析。投资收益分析包括投资收益的构成分析以及投资收益变动原因分析。还有新增的资产处置收益和其他收益分析。此外，还可以根据不同企业利润表的资料，对一些重要项目进行深入分析，如本章对营业外收支的变动情况进行分析等。

利润表水平、垂直分析包括利润额增减变动分析、利润结构变动情况分析。通过营业利润水平分析，反映企业营业利润数量的增减变动，揭示影响营业利润的主要因素。

利润表分部分析包括分部报表分析和营业利润分析。通过对分部报表的分析，反映企业各经营分部的经营状况和成果，为加强企业内部组织结构、明确管理要求、优化产业结构、完善内部报告制度、进行战略调整指明方向。

利润表质量分析包括利润的真实性分析、利润的成长性分析、利润的波动性分析、利润的持续性分析和利润的含金量分析

盈利能力通常是指企业在一定时期内赚取利润的能力。盈利能力分析的内容主要包括三个方面：经营盈利能力分析、投资盈利能力分析和上市公司盈利能力分析。由于上市公司股权流通、股票价格公开等因素，因而具有一些特殊的指标，所以还应对上市公司的盈利能力指标进行分析。

复习思考题

1.简述利润表分析的作用与内容。

2.对利润水平分析表应如何进行分析评价？

3.简述业务分部报告水平分析的基本思路。

4.对利润表分析评价为什么要进行会计调整？

5.简述成本费用分析的内容。

6.如何进行全部销售成本完成情况分析？

7.影响资本经营盈利能力的因素有哪些？

8.简述上市公司盈利能力指标与一般企业盈利能力指标的关系。

扩展案例

华东数控盈余管理并未助其走出困境

（一）行业背景及公司介绍

威海华东数控股份有限公司（以下简称“华东数控”）属于机床行业。我国的机床制造在全世界处于领先地位，更是世界第三大、亚洲第一大机床制造国，但机床行业目前发展前景并不乐观。由于日本、德国拥有机床的核心技术，国内机床企业市场引入核心技术的成本较高，造成机床的售价较高，使得国内机床企业的市场份额正在逐渐减少。

1.华东数控概况

华东数控公司主要经营数控大型机床及功能部件，属于我国高新技术企业。由于公司自身发展潜力巨大，各方面表现良好，2008年6月，该公司由中国证监会批准在深圳证券交易所中小板成功上市，并先后荣获“中国专利山东明星企业”“山东省技术创新新产品一等奖”等多项荣誉。但由于机床行业低迷、公司经营不善等多重原因，华东数控公司在2012年至2017年第三季度期间，一直处于亏损状态。2015年公司试图以债务重组的方法走出困境，但由于公司高管在很多方面都无法达成一致，导致重组失败。长期的财务状况和经营状况不佳，导致公司连年亏损，最终证监会对公司实施“退市风险警告”。公司于2017年下半年通过盈余管理运作，扭亏为盈，成功实现“脱星摘帽”。

华东数控的市场定位是重型机床生产，下行的行业和市场背景，给华东数控的经营产生了很大的压力。面临国内同质性产品的竞争和来自国外先进、个性化机床的挑战，华东数控主打的重型机床的销售一直处于低迷状态，而新产品的开发由于资金匮乏问题，一直没有得到有效推进，导致其盈利能力随之降低。

2.华东数控财务状况分析

巨大的经营压力造成了公司连年的亏损。根据华东数控历年公布的年度报告可知，从2012年至2017年第三季度，公司一直处于亏损的状态。其2015年经审计的净利润为-212 983 570.92元，2016年为-231 778 889.57元。2017年4月，该公司被实施了“退市风险警告”的处理，股票名称由“华东数控”变为“*ST东数”。根据深交所要求，若2017年的财务报表的净利润数值依旧保持为负，则公司股票将被责令停止上市。股票被施加“退市风险警告”后，如果一个法定年度内仍不能扭亏，公司股票将面临退市的风险。2017年度公司主要财务指标如图6-1所示。

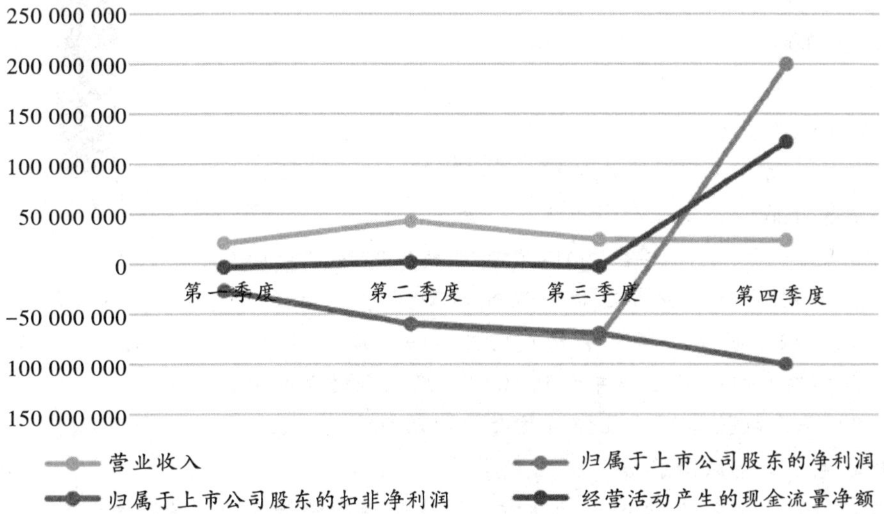

图6-1　2017年度公司主要财务指标

2017年是扭亏的关键年度。从图6-1中可以看出：公司在2017年，营业收入没有明显变化；扣非净利润一直为负，从第一季度以来，其数额处于直线下降的趋势；归属于母公司经营净利润在前三季度一直为负，但第四季度公司净利润直线上升，最终摆脱亏损，起死回生。可以注意到，“归属于上市公司股东的净利润”和“归属于上市公司股东的扣非净利润”的区别在于非经常性损益的部分。信永中和会计师事务所最终对*ST东数2017年度报告出具了带强调事项段的无保留意见。华东数控近三年净利润情况见表6-24。

表6-24 **华东数控近三年净利润情况** 单位：万元

	归属于母公司的净利润	累计未分配利润	流动资产小于流动负债
2015年	−21 175.31	−23 660.69	30 571.39
2016年	−23 299.27	−46 959.96	46 039.01
2017年	3 713.73	−43 246.23	24 161.87

2015年、2016年连续两年公司处于亏损状态，到2017年净利润突然为正，这些利润主要来自政府补助和资产处置收益，且连续三年公司的流动资产都小于流动负债。所以，审计人员认为“对公司持续经营能力产生重大疑虑和重大不确定性”。2017年*ST东数分季度非经常性损益如图6-2所示。

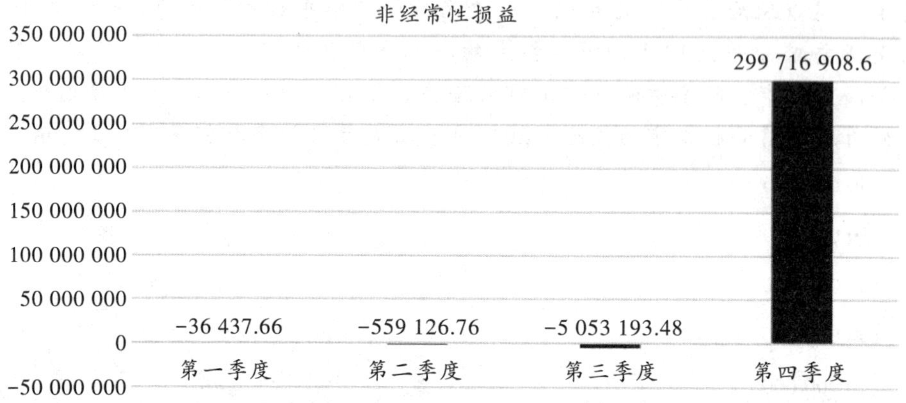

图6-2 2017年*ST东数分季度非经常性损益

2017年公司的非经常性损益数额达到了净利润数额的8倍，由图6-2可知，2017年的非经常性损益项目主要发生在第四季度，占全年的101.92%，可以看出，第四季度非经常性损益是华东数控2017年度利润转型的关键部分。

（二）华东数控非经常性损益盈余管理动机

1.避免“退市风险警告”

2017年，华东数控公司成功扭亏为盈，实现净利润3 713.73万元，避免了由于连续两年亏损后的“退市风险警告”处理。我国证券市场的特别规定是，若连续两年归属于母公司净利润为负，则其挂牌上市的股票前会加“*ST”字样。这不仅使公司面临着日涨幅不得高于5%的严格要求，更会造成公司在二级市场直接融资减少的问题，给投资者十分不好的印象。事实证明，上市公司股票被处以“退市风险警告”处理后，对公司投资者信心、直接融资、再上市等都会产生很严重的不良后果。因此，避免“*ST”是大多公司进行盈余管理的动机。为了粉饰财务报表，公司采用盈余管理手段。由于公司外部的经营环境和资本市场的环境瞬息万变，另一方面，公司决策者不可避免地会做出一些错误的决策，这使公司总是处于亏损的危险之中。若这种亏损现象保持较长时间，则会被贴上“*ST”的标签，因此，用盈余管理来粉饰财务报表是最方便的。由于地方保护主义的存在，地方政府为了保证当政业绩，总是会对当地上市公司采取一定的诸如政府补助等的救济措施。

2.威高集团借壳上市

威高集团实际上是拯救“*ST东数”的幕后助推者。通过对威高集团的研究发现，威高集团的主要经营产业为医疗产业。在威高集团实施对华东数控的并购行动之前，集团下属的子公司只有一家实现了在香港证券交易所上市。威高集团一直寻求在内地上市的机会，但由于我国对IPO的审核严格，其想要上市，则需要“排队”接受审核，等待时间将很长。威高集团于2017年上半年借壳恒基达鑫失败，若集团想要寻求短时间内上市，则必须并购其上游机床制造公司——华东数控。

华东数控的主营业务为机床制造业，虽然号称国内机床生产的龙头企业，但其机床制造的核心技术一直被德国和日本掌握，核心技术前后相差几十年，这个巨大的差距在短时间内是不可能赶上的。核心技术的巨大差别，必然造成公司的经营长时间内不具备比较优势。但医疗行业作为我国的新兴产业，其发展前景一片大好，若此次并购能够成功，则对一直处于巨大竞争压力下的华东数控公司无疑是一个可以摆脱现状的好机会。可见，并购两方的意愿，和被并购公司本身的财务危机，共同促成了此次非经常性损益盈余管理的成功实施。

（三）非经常性损益盈余管理手段分析

1.处置子公司

公司于2017年12月12日发布了《威海华东数控公司关于转让全资子公司》的公告。公告披露：公司董事会同意将华东数控全资子公司——威海智创机械设备有限公司以百分之百转股的方式转让给威高集团。在12日公布转让子公司的公告时，威高集团占华东数控5%的股份，因此，交易不属于关联方的内部交易。威高医疗投资集团于2017年12月19日，以28 300万元高价收购华东数控49 376 000股的股票，以16.06%的占股成为公司第一大股东。作为威高集团有限公司控股股东的威高医疗，其持股比例高达89.83%，因此上述交易构成关联方交易。

经双方协商，威高集团以第三方机构的评估价格为对价收购华东数控子公司，在协议生效日后10日内，威高集团向华东数控支付本次转让对价的70%，余款在不晚于2018年6月30日之前支付完成。根据公告，威高集团已于2017年12

月28日支付股权转让价款15 400万元，并在工商登记部门完成子公司的股权转让手续。

从整个股权转让过程的披露信息来看，不论是华东数控公司转让子公司的原因还是过程，都合情合理，但由公司当时的财务现状来看，此次关联方交易的真实目的是获取巨额的处置收益，以此来冲掉2017年前三季度为负的净利润，达到保市的目的，而并非简单的剥离亏损资产、降低公司经营成本这么简单。

首先，华东数控转移其全资子公司的主要目的是获得巨额的处置收益。此次转让的全资子公司为华东数控于2017年11月16日以自有土地使用权及地上建筑物等实物资产出资设立的全资子公司，其注册资本为12 688.42万元。但公司的设立公告与威高集团的股权转让公告于同日发布。因此有理由怀疑，子公司在设立之初就有转让的意图。

其次，对威高集团此次股权收购过程的动机和过程进行分析。*ST东数于2017年12月20日发布公告称，华东数控公司于2017年12月19日上午在威海经济开发区人民法院，将其持有的49 376 000股公司股票进行拍卖，这部分股票原本由大连高金公司持有，上述拍卖的股票最终由威海威高医疗投资有限公司以2.83亿元的高价竞得。加上上文论述的拍卖所得的16.06%的股权，威海威高集团成为公司第一大股东。但此时的华东数控仍然面临着退市的风险，为保证华东数控成功实现扭亏为盈，威高集团以2.3亿元的价格收购其新设的全资子公司智创公司。通过分析子公司的报表可知，公司从设立之初到转让结束，并没有完整的经营过程，而是只在第一个月计提了832.64万元的资产减值损失。经财务部门估算，在此次收购过程中，华东数控收益为8 500万元。从时间节点中不难发现，2017年11月10日大连中院暂停了对大股东股票拍卖，2017年11月16日智创机械便成立。在大连中院恢复拍卖程序的第二日即12月11日，华东数控董事会立刻将智创机械出售给威高集团。随后，在威高集团母公司威高医疗竞拍大连高金股票的交易中，威高集团成功向华东数控转移8 500万元的利润。因此，此次的股权转让的意图是明显的，子公司的市场估价的真实性和可信度也是值得商榷的。

2.获取政府补助收入

华东数控2017年度的营业总收入为110 912 990.07元，营业总成本为414 748 738.33元，营业利润为-72 331 128.82元，营业外收入为70 593 475.84元，计入政府补助的收入为138 524 100元，占营业外收入的47.11%，是数额巨大的非经常性损益项目。

政府补助明细如图6-3所示。

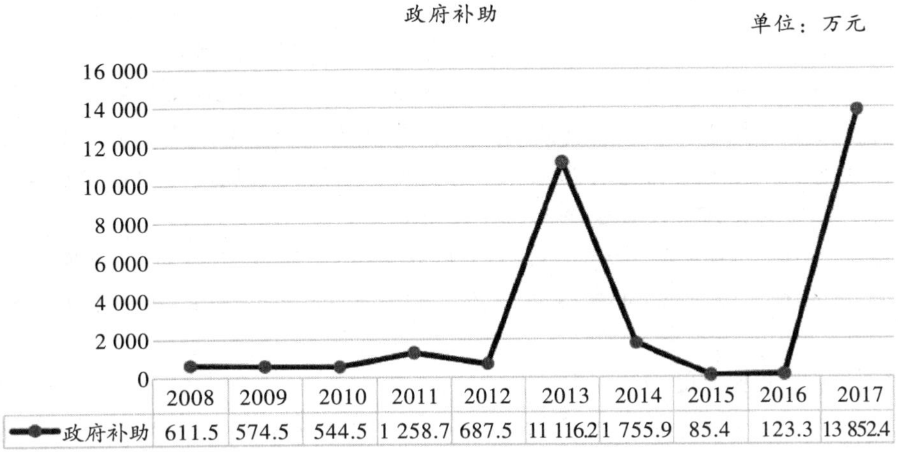

图6-3　政府补助明细

从图6-3中可以看出，华东数控公司对政府补助的依赖性呈逐渐走高的趋势，从2008年的611.5万元，一直到2017年达到峰值的1.4亿元，总补助额达到了净利润的4倍。从上表中可知，政府补助的金额在2013年、2014年和2017年这三个年度有较大的波动。

2013年公司年报披露，由于2012年和2013年两年连续亏损，若2014年公司仍然不能扭亏为盈，则公司面临着退市风险。说明公司在2013年的情况和2017年面临的情况是一样的。在2013年，当地政府为了保住华东数控的上市资格，对公司大规模拨款，帮助公司保市。其中包括厂区建设专用资金6 084万元、企业发展专项资金4 038万元、2012年第三批山东半岛蓝色经济区建设合作贷款贴息500万元、2013年山东省重点领域首台技术装备奖励资金250万元等之前年度都没有出现的补助项目。2014年是公司保壳的关键一年，通过研究2014年度报告可知，2014年度的非经常性损益为129 565 987.90元，其中政府补助收入为17 558 687.00元，占非经常性损益项目的13.5%。2014年度公司新增国际合作项目补助220万元和2013年战略发展产业基金1 920万元。2017年，华东数控政府补助收入总计13 852.41万元，主要来自经济开发区财政局发布的《关于下达专项资金指标的通知》（威经技区财预指〔2017〕119号），收到的财政扶持资金13 560.00万元。2017年度华东数控公司的政府补助大多数来源于“其他收益”项目，其补助的总额为122 524 100元，占政府补助总额的88.4%。

从华东数控2017年年度财务报表，华东数控获得的政府补助大多与收益相关。通过查阅*ST东数在获得补助时发布的公告可知，这部分政府补助是直接对前期研发费用的补助，可以直接计入当期损益。*ST东数直接获得了13 560万元的当期收入。但是，这部分政府补助的理性是值得推敲的。通过公告可知，政府补助主要是对以前年度的研发费用的补助。通过查阅年报中披露的政府补助的明细和研发人员与费用的投入情况可知，公司的研发人员数量、研发投入金额比披露数据庞大许多。

单从公司的研发投入情况来看，公司每年坚持进行研发活动，有少量的研发支出，其成果大多是一些无形资产。但再分析公司2016年和2017年年报可以发现并没有与研发费用相匹配的无形资产的增加，无形资产的发生主要是专利和土地的累计摊销的发生。公司不仅没有无形资产的增加，也没有在规定时间内完成既定的科研目标，但仍然收到科技部退还的研发费用补助。

综上所述，公司在2017年第四季度收到大量的政府补助，大多是当地政府挽救华东数控上市公司资格的行为。但这种行为无法扭转公司目前的经营状况。

3.利用债务重组收益

根据华东数控近十年的财务报告，从上市之初到2017年，只有2017年度发生了“债务重组收益”。在连续亏损的2015年和2016年后，该公司已被中国证监会发布“退市警告”。由于公司本身存在资产负债率高、现金流动率低等问题，公司在2017年年末进行了债务重组。本次发生的债务重组收益共计51 394 612.86元，占非经常性损益的17.48%，是非经常性损益非常重要的组成部分。通过对债务重组收益的进一步研究可知，本次的债务重组涉及了63家供应商和2家借款单位。主要是从借款的豁免和货款的豁免两个方面进行。

研究债务豁免的明细发现，华东数控直接被豁免的债务为49 679 704.99元，占债务重组收益的96.7%。华东重工是华东数控的全资子公司之一，并未上市。因此，这次债务豁免的“保壳”目的是显而易见的。除了上述的债务豁免之外，*ST东数还收到了一笔巨额的无息贷款。2017年12月5日，公司宣布与威海东部滨海新城实业有限公司成功达成了一笔巨额的无息借款协议，并用公司新设的智创机械作为担保方。作为担保方的智创机械的账面价值为2.2亿元，但公司却获得了3亿元的无息贷款。这笔无息贷款若是按银行标准利率4.32%来算，一年仍可获得108.75万元的利息，而且贷款的担保资产和贷款金额也不成正比。这笔贷款的出借方威海东部滨海新城实业有限公司是由威海滨海新区国资委全资设立的，因此这笔贷款可能蕴含着当地政府帮扶上市公司的意味。非经常性损益变动如图6-4所示。

由图6-4可知，2012年至2017年5年间，归属于上市公司母公司的扣非净利润数值保持为负，表明公司本身由于经营不善造成长期亏损。根据证监会的要求，只要“归属于上市公司母公司的净利润”数目为正，则公司可以成功“脱星摘帽”。因此，在2017年，企业经营者利用盈余管理来粉饰财务报表，使得年报中“归属于上市公司母公司的净利润”数值为正，达到重新上市的目的。总之，通过分析华东数控2009年至2017年的生产经营活动现金净流量可知，2017年华东数控的经营能力没有得到任何提升。

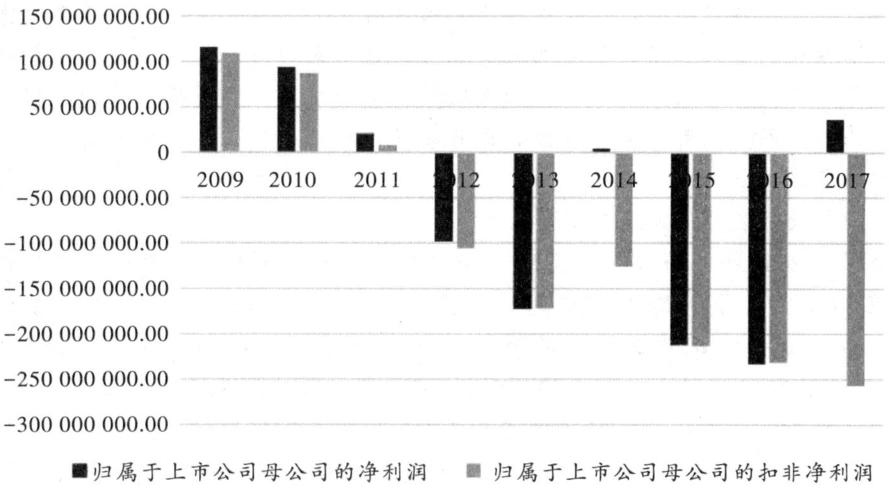

图6-4　非经常性损益变动

4.递延所得税收益

2017年公司递延所得税资产高达1 979 764.30元，而2016年该项目的余额为-17 481 182.87元，增加了19 460 947.17元。由会计盈余计算标准与纳税基础不同，形成了一定的会税差异，即递延所得税资产。这部分项目与暂时性差异是相互对应的。新会计准则规定：当将递延所得税资产账面价值减去其计税基础，将差值乘以税率得到的结果，即为在以后年度可进行抵扣的递延所得税资产的金额。分析华东数控2017年度财务报表可知，其转回的递延所得税资产，在年度财务报表中仅仅披露了金额，但没有对各项目分录进行详细说明，各项目转回原因也没有说明。其原因可能是为了对当年的净利润数据进行操控。

（四）华东数控非经常性损益盈余管理结果

通过公司披露的2018年度第三季度财务报表，可以清晰地看到，公司在2018年前三季度归属于母公司净利润为-56 784 521.85元，扣除非经常性损益后的净利润为-64 307 636.46元。非经常性损益中，占比最大的是政府补助，高达10 533 000.00元。由经营产生的净利润为-13 542 563.52元。

1.华东数控成功实现“脱帽摘星”

华东数控公司通过2017年度的非经常性损益盈余管理，2017年度的“归属于母公司的净利润”达到3 713.73万元，扭转了连续两年净利润为负的亏损现状，达到了证监会要求的在被“退市风险警告”的当年实现净利润为正的要求，成功实现了“脱帽摘星”。在2018年初深圳证券交易所开市时，华东数控公司的股票由“*ST东数”成功变为“华东数控”。

2.华东数控债务压力没有得到缓解

华东数控从2015年至2017年连续三年的年度财务报告显示，公司流动资产远小于流动负债，说明公司自身的债务压力巨大。虽然在2017年公司进行盈余管理的过程中豁免了部分债务，控股方威高集团偿清了部分债务，但公司总体的资产负债率仍然较高。巨大的债务压力造成了公司面临巨额的财务费用，进一步加深了公司的亏损。公司的发展是离不开资金支持的，这种情况对公司摆脱亏损现状和未来发展是很不利的。因此，华东数控利用非经常性损益进行盈余管理并没有解决公司巨大的债务压力。

3.华东数控经营状况没有得到改善

公司在2018年业绩快报中提到，2018年度机床产业竞争压力大，产品利润空间被压缩，公司采用降低价格的方式扩大市场份额，但同时原材料的价格上升，这是造成公司毛利润减少的原因之一。公司2018年的营业收入为8 308.41万元，相比2017年度的11 091.30万元下降25.09%；归属于上市公司股东的净利润为-57 508.82万元，比2017年度的3 713.73万元下降了-1 648.55%。如此大的数额一方面反映出公司2018年整体经营业绩的惨淡，另一方面反映出公司的盈余管理只是帮助公司度过了一时的风险，对其真实的经营能力并没有任何帮助。

综上所述，华东数控公司在2017年度实现的非经常性损益，只是在短期内帮助公司度过“退市风险警告”的难关，但没有在根本上改善公司的经营困境。因此，华东数控的经营、财务状况并没有由于盈余管理得到显著改善，也就是说非经常性损益带来的收入质量不高，还是踏实做好主业，提高产品或服务的核心竞争能力才能够带来高质量的利润流入，使企业走得更远。

第七章　现金流量表分析

【导入性案例】

1975年10月，美国最大的商业企业之一W.T.Grant公司宣告破产，引起了人们的广泛注意。令人不解的是，Grant公司在破产的前一年，即1974年，其营业净利润近1 000万美元，经营活动提供的营运资金为2000多万美元；银行扩大贷款总额达6亿美元。而在1973年年末，公司股票价格仍按其收益20倍的价格出售。为什么净利润和营运资金都为正数的公司会在一年后宣告破产？为什么投资者会购买一个濒临破产公司的股票，而银行也乐于为其发放贷款？问题就出在投资者和债权人未对该公司的现金流动状况做深入的了解和分析。如果分析一下该公司的现金流量表，就会发现早在破产前5年（1970年），该公司的现金净流量就已出现负数。若现金流量的相关信息对外公开，投资者就不会对一个现金严重短缺、毫无偿债能力的公司进行投资。这一事件使投资者认识到，简单地分析资产负债表、利润表已不能完全满足投资决策的需要。他们需要了解企业的现金流动状况，需要知道为什么盈利企业会走向破产，为什么亏损企业会发放股利，为什么经营净利润与经营现金净流量不相等。这类问题均可通过分析现金流量表得以解答。

现金被喻为企业的血液，只有现金循环周转顺畅，企业才能焕发勃勃生机，而经营活动产生现金流量的能力则是企业自身的造血功能，如果企业无法持续产生充足的经营现金流量，需要不断地筹资来填补资金缺口，那么必然会遭遇资金链断裂的厄运。所以现金流量表分析的作用不容忽视。

第一节　现金流量表分析的目的与内容

一、现金与现金流量表

现金流量表是反映企业一定会计期间现金及现金等价物流入量和流出量的报表。与其他主要财务报表相比较，现金流量表是以收付实现制为基础编制的。因此，现金流量表也可以定义为以现金为基础编制的，反映企业一定时期现金流量增减变化情况的报表。

现金流量表中的现金是一个广义的概念，它包括现金和现金等价物。这里的现金是指企业库存现金以及可以随时用于支付的存款，一般就是资产负债表上“货币资金”项目的内容。准确地说，确定这里的现金时还应剔除那些不能随时动用的存款，如保证金专项存款等。现金等价物，则是指企业持有的期限短、流动性强、易于转换为已知金额现金、价值变动风险很小的投资，一般是指在资产负债表上“以公允价值计量且其变动计入当期损益的金融资产”项目中符合上述条件的短期投资。

现金流量，是指企业现金和现金等价物的流入和流出的数量。企业从银行提取现金、用现金购买短期的国库券等现金和现金等价物之间的转换不属于现金流量。

现金流量根据产生的原因或者所依赖的企业经济活动的性质，通常可分为经营活动现金流量、投资活动现金流量和筹资活动现金流量。现金流量根据其流程，又可分为现金流入量、现金流出量和现金净流量。

我国会计准则规定现金流量表分别按照经营活动、投资活动、筹资活动列报现金流量。分别列报的各项现金流量又要按照现金流入总额和现金流出总额列示，并同时计算填列各项活动现金流量的净额。在此基础上确定企业当期现金及现金等价物的净额。该净额等于三项活动产生的现金及现金等价物净增加额，再加上汇率变动对现金及现金等价物的影响。现金流量表的基本格式见表7-1。

表7-1 **合并现金流量表**

编制单位：新疆金风科技股份有限公司　　2018年度　　单位：元

项　　目	本年金额	上年金额
一、经营活动产生的现金流量		
销售商品、提供劳务收到的现金	26 530 351 461.89	23 041 839 397.88
收到的税费返还	250 206 061.06	308 144 140.02
收到其他与经营活动有关的现金	980 085 673.92	1 078 365 371.41
经营活动现金流入小计	27 760 643 196.87	24 428 348 909.31
购买商品、接受劳务支付的现金	17 619 226 278.32	15 098 291 633.90
支付给职工以及为职工支付的现金	2 548 480 589.08	2 110 132 735.95
支付的各项税费	1 565 561 111.73	1 888 874 947.37
支付其他与经营活动有关的现金	2 902 020 705.35	2 250 015 457.00
经营活动现金流出小计	24 635 288 684.48	21 347 314 774.22
经营活动产生的现金流量净额	3 125 354 512.39	3 081 034 135.09
二、投资活动产生的现金流量		
收回投资收到的现金	2 093 887 203.26	237 359 642.24
取得投资收益收到的现金	206 857 202.54	312 725 982.37
处置固定资产、无形资产和其他长期资产收回的现金净额	4 344 540.57	4 548 134.33
处置子公司及其他营业单位收到的现金净额	18 044 599.15	297 107 262.36

续表

项　　目	本年金额	上年金额
收到其他与投资活动有关的现金	99 415 041.53	249 554 376.54
投资活动现金流入小计	2 422 548 587.05	1 101 295 397.84
购建固定资产、无形资产和其他长期资产支付的现金	6 025 882 137.42	4 905 364 601.86
投资支付的现金	522 761 275.34	1 176 556 243.56
质押贷款净增加额	—	—
取得子公司及其他营业单位支付的现金净额	995 570 322.01	1 804 016 844.72
支付其他与投资活动有关的现金	992 246 779.27	370 890 296.48
投资活动现金流出小计	8 536 460 514.04	8 256 827 986.62
投资活动产生的现金流量净额	－6 113 911 926.99	−7 155 532 588.78
三、筹资活动产生的现金流量		
吸收投资收到的现金	1 008 892 400.00	64 895 000.00
其中：子公司吸收少数股东投资收到的现金	1 008 892 400.00	64 895 000.00
取得借款收到的现金	12 527 203 027.55	8 139 078 359.45
发行债券收到的现金	498 500 000.00	—
收到其他与筹资活动有关的现金	58 424 935.82	2 216 221.63
筹资活动现金流入小计	14 093 020 363.37	8 206 189 581.08
偿还债务支付的现金	10 870 498 855.19	3 327 343 247.47
分配股利、利润或偿付利息支付的现金	1 920 259 466.28	1 457 160 215.23
其中：子公司支付给少数股东的股利、利润	35 011 162.00	36 537 666.64
支付其他与筹资活动有关的现金	100 842 672.69	39 795 809.50
筹资活动现金流出小计	12 891 600 994.16	4 824 299 272.20
筹资活动产生的现金流量净额	1 201 419 369.21	3 381 890 308.88
四、汇率变动对现金及现金等价物的影响	52 971 272.33	−87 671 135.16
五、现金及现金等价物净增加额	−1 734 166 773.06	−780 279 279.97
加：期初现金及现金等价物余额	6 746 183 497.10	7 526 462 777.07
六、期末现金及现金等价物余额	5 012 016 724.04	6 746 183 497.10

资料来源　根据“金风科技”（股票代码：002202）2018年年报等相关资料整理.

企业除了披露上述现金流量表的基本信息外，还可以通过报表附注提供现金流量表的补充资料，以使现金流量表发挥出更好的作用，更有效地披露相关信息，使现金流量信息与资产负债表和利润表的信息衔接起来。企业提供的现金流量表补充资料，其主要内容之一就是反映将净利润调整为经营活动现金净流量的项目和过程。现金流量表补充资料见表7-2。

表7-2　　**财务报表附注：现金流量表补充资料（节选一）**

2018年度

单位：元

项　　目	本年金额	上年金额
一、将净利润调节为经营活动现金流量		
净利润	3 282 597 943.56	3 148 806 613.45
加：资产减值准备	11 438 086.57	259 164 131.48
固定资产折旧、油气资产折耗、生产性生物资产折旧	1 213 687 817.36	1 063 803 668.53
无形资产摊销	134 772 877.12	57 437 887.72
长期待摊费用摊销	27 934 331.60	15 368 684.52
处置固定资产、无形资产和其他长期资产的损失（收益以“-”号填列）	—	—
固定资产报废损失（收益以“-”号填列）	—	—
公允价值变动损失（收益以“-”号填列）	-204 067 427.52	15 668 861.73
财务费用（收益以“-”号填列）	1 071 300 490.66	817 782 012.00
投资损失（收益以“-”号填列）	-1 346 441 773.62	-1 212 909 358.11
递延所得税资产减少（增加以“-”号填列）	-33 606 446.77	-83 994 472.28
递延所得税负债增加（减少以“-”号填列）	354 422 950.02	351 554 322.24
存货的减少（增加以“-”号填列）	-869 008 165.72	-847 910 619.68
经营性应收项目的减少（增加以“-”号填列）	-3 357 324 504.76	-2 933 860 080.91
经营性应付项目的增加（减少以“-”号填列）	3 003 297 897.20	2 424 284 331.71
经营活动产生的现金流量净额	3 125 354 512.39	3 081 034 135.09

资料来源　根据“金风科技”（股票代码：002202）2018年年报等相关资料整理.

除此之外，在现金流量表的补充资料中，还提供了某些不涉及现金流量发生变化的重大业务活动的内容，以使报表使用者能拥有更为全面的观察视角，见表7-3。

表7-3 **财务报表附注：现金流量表补充资料（节选二）**

2018年度 单位：元

项 目	本年金额	上年金额
二、不涉及现金收支的重大投资和筹资活动		
债务转为资本	—	—
一年内到期的可转换公司债券	—	—
融资租入固定资产	—	—
三、现金及现金等价物净变动情况		
现金的期末余额	4 864 796 604.05	4 448 575 750.76
减：现金的期初余额	4 448 575 750.76	5 108 364 510.11
加：现金等价物的期末余额	147 220 119.99	2 297 607 746.34
减：现金等价物的期初余额	2 297 607 746.34	2 418 098 266.96
现金及现金等价物净增加额	1 734 166 773.06	−780 279 279.97

资料来源 根据“金风科技”（股票代码：002202）2018年年报等相关资料整理.

二、现金流量表与资产负债表、利润表的关系

现金流量表是按收付实现制原则编制的，而资产负债表和利润表是按权责发生制原则编制的。由于两类报表确认的基本原则不同，因此其反映的内容和结果也有较大的不同。但它们又都源自企业的各项经济活动，并不是相互脱离、彼此独立的，它们之间有着内在的钩稽关系。

（一）资产负债表与现金流量表的关系

现金流量表中的现金是广义的现金，其期末数额反映在资产负债表的货币资金及以公允价值计量且其变动计入当期损益的金融资产项目中。如金风科技2018年年报中，现金流量表期末现金余额为5 012 016 724.04元，资产负债表中的货币资金期末余额为5 065 938 592.95元，二者的差异是因为存在少量受限制的货币资金。针对货币资金，公司在2018年年报的财务报表主要项目注释中有详细的说明，见表7-4。

一般情况下，这两项数额是相等的。

此外，企业在经营及投资和筹资活动中动用现金对存量资产或负债的影响会在资产负债表中反映出来。我们可以在不同的报表中找到彼此的身影。

我们还可以根据资产负债表的平衡等式分析来寻找影响现金净流量的因素：

资产=负债+所有者权益

现金+非现金流动资产+非流动资产=流动负债+非流动负债+所有者权益

现金=流动负债+非流动负债+所有者权益-非现金流动资产-非流动资产

表7-4 **货币资金**

2018年12月31日 单位：元

项　　目	期末余额	年初余额
库存现金	67 399.74	650 502.27
银行存款	5 027 571 180.18	6 755 464 230.22
其他货币资金	38 300 013.03	983 418 573.63
合计	5 065 938 592.95	7 739 533 306.12

资料来源　根据“金风科技”（股票代码：002202）2018年年报等相关资料整理.

其中：

所有者权益=实收资本（或股本）+资本公积+盈余公积+留存收益

留存收益=净利润+年初未分配利润-提取的公积金-应付利润（股利）

以上分析表明，影响公司净现金流量的因素与资产负债表和利润表有关，非现金资产类项目与净现金流量呈反方向变化；负债与所有者权益类项目与净现金流量呈同方向变化。在其他因素不变的条件下，所有者权益的变化主要与留存收益有关，而后者主要取决于公司经营活动创造的净利润以及公司的股利政策。

公司在一定时期创造的净现金流量是经营活动、投资活动和筹资活动净现金流量的总和。该总和又可以是资产负债表中期末货币资金（包括现金等价物）与期初货币资金的差额。

比较资产负债表中期末货币资金（包括现金等价物）与期初货币资金的差额，其目的在于分析公司一定时期净现金流量变动的动因。如果要进行深入的分析就要利用现金流量表。

（二）利润表与现金流量表的关系

现金流量表的附注信息之一，是将净利润调节为经营活动现金流量，非常清晰地描述了现金流量表与利润表的关系，也展现了将净利润调整到经营活动净现金流量的完整过程。在净利润的基础上，加上非经营活动损失（筹资和投资活动的损益），如处置固定资产、无形资产和其他长期资产的损失，固定资产报废损失，财务费用，投资损失（减收益）；加上不支付现金的费用，如计提的减值准备、计提固定资产折旧、无形资产摊销、长期待摊费用摊销和预收账款增加；加上非现金流动资产减少，减去非现金流动资产增加；加上经营性应付项目增加，减去经营性应付项目减少等，最终得到当期经营活动现金净流量的金额。

这样的调整既反映了从净利润到经营净现金流的调节过程，也描述了企业经营净现金流与企业净利润的差异。将净利润与经营净现金流联系起来进行分析，可以帮助人们对企业盈利的质量进行判断。

三、现金流量对企业生存发展的意义

现金流量表反映了企业在一定时期内创造的现金数额，揭示了在一定时期内现金流动的状况，而这一状况在很大程度上决定了企业的生存和发展。

现代理财的观念之一就是“重现金”而“轻利润”，因为“利润是做出来的，现金是数出来的”。利润的确认涉及规则、假设、估计（职业判断），作假比较容易，现金作假就比较难。

虽然现代的会计核算基础是权责发生制，不要求企业交易“一手钱一手货”，但必须关注最终的结果——收到现金的数额。而现金流量表就提供了此类信息。

案例：现金与利润，谁更重要

案例一　盈利企业也会破产

【例7-1】甜梦面包店于某年1月1日开业，主要向一些专卖店提供烤制的面点。假定房屋设施是老板自己的，不需额外投入，开业时有银行存款10 000元。假定前3个月每月营业收入分别为20 000元、30 000元和45 000元，营业成本占营业收入的60%，另外每月需支付10 000元销售费用。

再假定刚开业对专卖店客户的付款要求比较宽松，基本上保证60天内收到钱款。营业成本主要是向供货商支付的面粉及辅助配料款，由于是刚开业，供货商允许延迟30天付款。下面计算比较两组数据：

第一，面包店的月利润；

第二，面包店的月现金结余。

（1）面包店前3个月的月利润：

1月：亏损2 000元（20 000–12 000–10 000）；

2月：盈利2 000元（30 000–18 000–10 000）；

3月：盈利8 000元（45 000–27 000–10 000）。

（2）面包店前3个月的月现金结余：

1月末：0元（10 000–10 000）；

2月末：–22 000元（0–12 000–10 000）；

3月末：–30 000元（–22 000+20 000–18 000–10 000）。

继续下去会怎样呢？

销售增加，利润增加，现金亏空也将增加；面包店并不因为账面上有利润就能继续生存。

由此看来，该面包店必须调整财务政策，否则只有破产，即经营不错，财务不行；利润可以，现金不行。该面包店需要财务专家解决筹资问题。

案例二　亏损企业得以生存

【例7-2】美美工艺品店于某年1月1日开业。地处繁华闹市，主要从事零售业务。房屋设施是租入的，没有其他投入，开业时有银行存款10 000元。假定前3个月每月营业收入分别为50 000元、75 000元和95 000元，营业成本占营业收入的70%，另外每月需支付30 000元销售费用（含租金）。

工艺品店销售均面向零星客户，全部是现金交易。营业成本主要是批发购入工艺品的成本，由于是刚开业，批发商允许延迟30天付款。

下面同样计算两组数据：

第一，工艺品店的月利润；

第二，工艺品店的月现金结余。

（1）工艺品店前3个月的月利润：

1月：亏损15 000元（50 000-35 000-30 000）；

2月：亏损7 500元（75 000-52 500-30 000）；

3月：亏损1 500元（95 000-66 500-30 000）。

（2）工艺品店前3个月的月现金结余：

1月末：30 000元（10 000+50 000-30 000）；

2月末：40 000元（30 000+75 000-35 000-30 000）；

3月末：52 500元（40 000+95 000-52 500-30 000）。

继续下去会怎样呢？

销售增加，会开始盈利，现金也将增加；工艺品店并不会因为账面上的亏损而立刻倒闭。

需要注意：加强经营，控制费用，切不可盲目动用现金结余，否则也可能出现困境，即经营不是很好，财务不错；利润不行，现金不错。需要经营管理专家帮助控制成本、费用。

思考：有利润与有现金之间是什么关系？

由此可以得出一个基本结论：维持企业生存的是现金，而不是利润。

无怪乎某公司老总在年底的中层干部会议上说："明年我宁可不要利润也要现金。"

四、现金流量表分析的目的与思路

（一）现金流量表分析的目的

编制现金流量表的目的是向报表使用者提供企业报告期内现金流入和流出的信息。为此，现金流量表对现金的流入、流出和净流量的情况做了一般性的描述，但要使这些信息得到充分的利用，还必须对现金流量表进行分析。现金流量表分析就是以现金流量表为主要信息来源，利用多种分析方法，进一步揭示企业现金流量的信息，并从现金流量角度对企业的财务状况和经营业绩做出评价。为此，企业要做出正确的理财决策，就要求企业的理财人员掌握现金流量表的分析方法和技巧，掌握现金流量形成的规律和内在结构，科学地评估企业资产的流动性和财务弹性，评价企业的收益能力和财务风险，以保证企业理财行为的最优化。

在对资产负债表和利润表的分析中，经常会遇到一些无法进一步解释的问题，而这些问题通过对现金流量表的分析，便可以得到确切的答案。美国注册会计师协会出版的《会计研究文集》中，曾列举了通过现金流量表的分析所能回答的12个问题：

（1）企业的利润到哪里去了？

（2）为什么股利不能更多些？

（3）为什么可以超过本期利润或是在本期有亏损的情况下分发股利？

（4）为什么企业净收益增加了，现金周转却出现了困难？

（5）为什么报告期是亏损的，但现金净额还会增加？

（6）为什么当购置固定资产的金额低于净收益和折旧时，须借款以供应这笔资金？

（7）企业扩展厂房所需的资金是从哪里来的？

（8）企业收缩经营而出售的固定资产的资金是如何处置的？

（9）企业的债务是如何偿付的？

（10）增加发行的股票所得的资金到哪里去了？

（11）发行债券所得的资金到哪里去了？

（12）现金的增加是如何筹措的？

对于这些问题，在进行短期现金流量表的比较分析后便可以得到准确的答案。如果将企业较长时期的现金流量表进行比较，还可以进一步观察和评价投资者利润支付、资本性支出所需资金的筹措、企业债券的使用和管理以及企业股利分配政策等所采取的方针和运用的理财方式。为此，可以将现金流量表分析的目的归结为以下几点：

第一，了解公司一定期间内现金流入及流出的原因。

资产负债表中货币资金项目反映了企业一定时期现金变动的结果，是静态上的现金存量；企业从哪里取得现金，又将现金用于哪些方面，只有通过现金流量表的分析，才能从动态上说明现金的变动情况，并揭示现金变动的原因。

第二，进一步说明公司获取及支付现金的能力。

现金余额是企业现金流动的结果，并不能表明现金流量的大小，通过对现金流量表进行现金流量分析，能够对企业产生现金的能力做出判断。

第三，进一步提供理财、投资及经营的成果信息。

企业的经营成果一般是通过营业利润、营业收入等指标反映的，但这些指标是按照权责发生制原则确认并计算的，包含不少水分。现金流量是按照收付实现制原则确认的，可以在很大程度上剔除不良因素的影响，使业绩评价更为客观。比如，可以计算每股现金流，以补充每股收益，更好地反映股东的收益；计算现金流动负债比，以客观评价企业短期偿债能力等。

第四，与资产负债表、利润表相结合，反映企业综合财务状况，评价企业盈利的质量。

利润是按权责发生制计算的，用于反映当期的财务成果；利润不代表真正实现的收益，账面上的利润满足不了企业的资金需要。因此，盈利企业仍然有可能发生财务危机，高质量盈利必须有相应的现金流入作保证。这就是为什么人们更重视现金流量的原因之一。

最后，揭示上述各个方面存在的问题，并提出改进建议。

（二）现金流量表分析的思路

1.现金流量表解读

在进行现金流量表分析时，首先要对企业现金流量表进行解读。现金流量表的内容主要说明了三个方面的问题：

（1）企业的本期现金主要来自何方，即有多少来自经营活动，又有多少来自投资活动和筹资活动；这些现金流量又是由哪些业务形成的，从而了解企业现金的来源。

（2）企业本期所取得的现金用在何方，即经营活动用去多少现金，投资活动和筹资活动又用去多少现金，企业当年的现金都用到哪里去了。

（3）现金余额发生了什么变化，在现金流量表中除了反映现金的来龙去脉以外，还反映企业本期现金余额的增减变化及其原因。

2.总体情况分析

在对现金流量表的内容进行解读后，应对现金流量的总体状况加以分析，以使目标人群对企业的现金流转有一个最初的了解。对于总体情况的分析可以利用比较报表和结构报表来进行，其目的是找出进一步分析的方向。

3.具体项目分析

在对现金流量表进行总体情况分析后，根据现金流量增减变动和结构变动的结果，对影响现金流量变动的具体项目进行分析。其目的是找出各类活动以及各项目变动的真实原因，并针对其原因提出建议或结论。

进行具体项目分析时要了解现金流量的变化结果与变化过程的关系；在现金流量表中，对于各类活动的现金流量最终要确定当年现金流量净增加额。对任何一家企业而言，其现金流量净增加额不外乎有三种情况：一是现金流量净增加额大于零；二是现金流量净增加额小于零；三是现金流量净增加额等于零。不论出现哪种情况，均不能简单地评价为企业现金流动状况是好转、恶化或维持不变。这种期末与期初数量的简单对比，并不足以说明企业更多的财务状况问题。要揭示现金流量的变动原因，需要分析各因素对现金流量影响的具体原因。因此，对现金流量变化过程的分析远比对现金流量变化结果的分析更为重要。

4.结合其他报表分析

结合资产负债表、利润表以及现金流量比率分析，进一步说明变动的原因。

（三）现金流量表分析应注意的问题

1.经营发展周期对现金流量的影响

企业经营状况的好坏与企业经营发展所处的不同时期密切相关。企业的经营发展周期有开发期、成长期、成熟期和衰退期。不同的经营发展时期，其获取现金的能力不同。

（1）开发期企业现金流量的特征。当企业处于开发阶段，市场竞争者较少，利润率较高，成本耗费较多。由于企业发展速度较快，资金需求量大，而企业的生产经营活动还未走上正轨，企业从经营活动中获取现金的能力较差。为了扩大产品的生产能力和市场占有率，企业必然加大投资支出和营销支出。在这一阶段，现金流量表现的特征为：经营活动产生的现金流量净额较小，投资活动产生的现金流出量大于现金流入量，企业更多地依赖于筹资活动产生的现金流量，以满足生产经营活动的资金需要。

（2）成长期企业现金流量的特征。当企业处于成长阶段，新的竞争者不断加入，市场竞争激烈。同行业产品尚未形成明显差别，客户还未对企业的产品产生偏好，企业产品销售势头趋好。处于这种快速成长阶段的企业，必须不断地扩充固定资产，以便迅速发展壮大。在这一阶段，现金流量表现的特征为：经营活动获取现金流量的能力不断增强，但还不能满足企业对现金流量的需求；对外筹资仍然是解决资金需求的主要方式。随着企业的发展壮大，投资支出逐渐减少，投资活动产生的现金流入量相应提高，对筹资需求降低，企业筹资活动产生的现金流量的比重逐渐下降。

（3）成熟期企业现金流量的特征。当企业处于成熟期，公司面临市场缓慢增长和竞争日益加剧的局面。在这个阶段，企业往往采取低价格销售策略扩大销售额，销售支出不断增加，产品的销售和市场需求基本趋于稳定。在这一阶段，现金流量表现的特征为：经营活动获取现金流量的能力达到最大，成为企业现金流量的主流，且处于一种稳定状态；企业能够向股东支付较多的股利，并偿还借款；对外筹资需求相对减少，筹资活动产生的现金流量常常为巨额的现金流出。由于企业的投资机会减少，企业对资本的需求较小，投资活动产生的现金流出量开始减少。

（4）衰退期企业现金流量的特征。随着企业生命周期由成熟期向衰退期过渡，企业必须寻求新的利润增长点，开发新产品、开拓新市场。衰退阶段的公司倾向于保留股利和举债以维持生存。在这一阶段，现金流量表现的特征为：经营活动产生现金流量的能力大大降低；为了弥补现金流量的不足，企业常常要增加债务，筹资活动产生的现金流入量大幅增加。同时，为了寻求新的利润增长点，又要增大投资，进而产生新的资金需要。这样企业又进入了开发期，开始新一轮的循环。

因此，在进行现金流量表分析和评价企业获取现金的能力时，应当结合企业的经营周期对现金流量的影响，才能做出正确的评价。

2.经营特点对现金流量的影响

不同的企业以及同一企业不同的时期，其经营特点是不一样的。如实行对外扩张战略的企业，常采用多元化经营方式，企业会根据其投资项目的好坏来决定投资活动现金流量比重的大小；投资活动在企业中占有一定的地位，经营活动所获取现金流量的比重不一定是居于主要地位，企业现金流量的大小主要取决于投资项目效益的好坏和投资资金的需求状况。实行内部发展战略的企业，以一业为主，通过内部挖潜，提高产品的技术含量，从而提高抵抗风险的能力；现金流量主要取决于经营活动获取现金的能力，而投资活动和筹资活动取得现金的能力居于次要地位。因此，不同的企业或同一企业的不同时期，其经营发展战略不同，对企业现金流量形成的影响也会不同。

3.市场环境对企业现金流量的影响

市场环境是决定企业经营状况的重要因素之一，它对企业现金流量的形成也会产生一定的影响。当市场环境处于经济循环的收缩阶段，市场衰落，产品销售下降，企业经营活动支出减少，但随着清理应收账款收回现金以及廉价处理存货，会提高经营活动产生的现金流量。同时，企业新增或重置固定资产的现金流出会相应减少，而折旧收回的现金会不断增加。所以，企业现金流量的来源仍以经营活动产生的现金流量为主。当市场环境处于经济恢复并进入扩张阶段，产品销售增长，经营活动支出增加，同时受繁荣和经济景气的鼓励，对固定资产的投资支出也将大大增加，企业对外筹资的需求也会不断扩大。所以，在这种市场环境中，经营活动和筹资活动是企业获取现金的主要来源，而投资活动产生的现金流量会减少，甚至会出现负数。

五、现金流量表分析的内容

（一）现金流量表分析分类

现金流量表分析包括现金流量表一般分析、现金流量表比较分析、现金流量表结构分析和现金流量表主要项目分析。

（二）现金流量表所反映的盈利质量分析

通过对现金流量表补充资料的分析，将经营活动产生的现金流量与实现的净利润联系起来，分析企业盈利的质量。

（三）现金流量表财务比率分析

分析现金流量表，也需要计算相关的财务比率。通过计算和分析这些比率，可以更好地评价企业的现金流量状况。

第二节　现金流量表分析

一、现金流量表项目分析

（一）经营活动产生的现金流量

经营活动是指企业投资活动和筹资活动以外的所有交易和事项。经营活动主要包括：销售商品、提供劳务、经营性租赁、购买商品、接受劳务、广告宣传、推销产品、缴纳税费等。

经营活动产生的现金净流量一般应当保持在大于零的水平，这显示出企业经营状况较为稳定，通过日常经营获取现金的能力较强，自我造血能力强，要注意经营收入现金流量能否补偿非付现成本费用。如果企业经营现金出现较大的负流量，就需要密切关注。经营活动产生的现金流入量小于现金流出量，即经营活动的现金净流量小于零，反映出企业经营活动产生的现金流量自我适应能力不够强，企业入不敷出，通过经营活动收取的现金，不能够满足经营本身的需要，其差额部分还需要利用投资尤其是筹资的现金流量来予以弥补，否则将极有可能影响企业的正常经营活动。如果企业自身的资金积累消耗殆尽，又难以从外部取得资金，则企业将会陷入财务危机。形成这种情况的主要原因可能是销货款的回笼不及时，或存货大量积压无法变现。当然，也可能是企业某些项目处于初创期或季节性销售等原因所致。

1. 经营活动流入的现金

主要包括：销售商品、提供劳务收到的现金；收到的税费返还；收到其他与经营活动有关的现金。

销售商品、提供劳务收到的现金项目反映企业本期销售商品、提供劳务收到的现金，以及前期销售商品、提供劳务本期收到的现金（包括销售收入和应向购买者收取的增值税销项税额）和本期预收的款项，减去本期销售本期退回的商品和前期销售本期退回的商品支付的现金。

此项目是企业现金流入的主要来源，通常具有数额大、所占比例高的特点。其与利润表中的营业收入项目相对比，可以计算经营收入现金流量，用以判断企业销售收现情况。计算经营收入现金流量指标时需要注意，销售商品、提供劳务收到的现金项目当中包含了向购买者收取的增值税销项税额，而营业收入项目当中，却不包含销项税额，分析时应当进行适度调整。一般比率在1.2～1.5之间合适，表明企业产品定位正确，适销对路，并已形成卖方市场的良好经营环境。

收到的税费返还项目反映企业收到返还的增值税、所得税、消费税、关税和教育费附加等各种税费。此项目通常数额不大，对经营活动现金流入量影响也不大。

收到其他与经营活动有关的现金项目反映企业收到的往来款、政府补助、罚款收入、经营租赁收到的租金等其他与经营活动有关的现金流入金额，金额较大的应当单独列示。此项目具有不稳定性，数额不应过多。

2. 经营活动流出的现金

主要包括：购买商品、接受劳务支付的现金；支付给职工以及为职工支付的现金；支付的各项税费；支付其他与经营活动有关的现金。

购买商品、接受劳务支付的现金项目反映企业本期购买商品、接受劳务实际支付的现金（包括增值税进项税额），以及本期支付前期购买商品、接受劳务的未付款项和本期预付的款项，减去本期发生的购货退回收到的现金。

此项目应是企业现金流出的主要方向，通常具有数额大、所占比重大的特点。将其与利润表的营业成本相比较，可以判断企业购买商品付现率的情况，借此可以了解企业资金的紧张程度或企业的商业信用情况，从而可以更加清楚地认识到企业目前所面临的财务状况如何。

支付给职工以及为职工支付的现金项目反映企业本期实际支付给职工的工资、奖金、各种津贴和补贴等职工薪酬，但是应由在建工程、无形资产负担的职工薪酬以及支付给离退休人员的职工薪酬除外。

支付的各项税费项目反映企业本期发生并支付的、本期支付以前各期发生的以及预交的教育费附加、矿产资源补偿费、印花税、房产税、土地增值税、车船税等税费，计入固定资产价值、实际支付的耕地占用税，本期退回的增值税和所得税等税费除外；此项目会随着企业销售规模的变化而变动。

支付其他与经营活动有关的现金项目反映企业支付的罚款支出，支付的差旅费、业务招待费、保险费，经营租赁支付的现金等其他与经营活动有关的现金流出，金额较大的应当单独列示，该项目主要与利润表的销售费用以及管理费用项目相对应。

（二）投资活动产生的现金流量

投资活动是指企业非流动资产的购建和处置以及不包括在现金等价物范围内的投资性资产的取得和处置活动。投资活动产生的现金净流量一般会小于零，因为企业的发展与扩张都会采用扩大投资、增加投资支出的方式。而投资的收回又往往是通过经营活动实现的。因此，在一定会计期间内，企业进行各项投资产生的现金流出总量，往往大于通过处置资产等收回现金的总量。当企业处于较稳定的发展阶段时，投资支出的规模可能较小，也会出现现金流入量大于现金流出量的情况。投资活动现金流量大于零或等于零，可能存在以下原因：企业投资收益显著；因为财务危机，不得不处置一些长期资产；战略进行了调整。

1. 投资活动流入的现金

主要包括：收回投资收到的现金；取得投资收益收到的现金；处置固定资产、无形资产和其他长期资产收回的现金净额。

收回投资收到的现金项目反映企业出售、转让或到期收回除现金等价物以外的交易性金融资产、长期股权投资而收到的现金，以及收回长期债权投资本金而收到的现金，但长期债权投资收回的利息除外，此项目不能绝对地追求数额较大。投资扩张是企业未来创造利润的增长点，缩小投资可能意味着企业在规避投资风险、投资战略改变或企业存在资金紧张的问题。

取得投资收益收到的现金项目反映企业因股权性投资而分得的现金股利，从子公司、联营企业或合营企业分回利润而收到的现金，以及因债权性投资而取得的现金利息收入，但股票股利除外。此项目存在发生额说明企业进入投资回收期。该项目金额同利润表当中的投资收益项目进行对比分析，可以考察投资收益的收现状况，同资产负债表当中的投资资产金额进行对比分析，可以考察投资资产的现金回报情况。

处置固定资产、无形资产和其他长期资产收回的现金净额项目反映企业出售、报废固定资产、无形资产和其他长期资产所取得的现金（包括因资产毁损而收到的保险赔偿收入），减去为处置这些资产而支付的有关费用后的净额，但现金净额为负数的除外。此项目一般金额不大，如果数额较大，表明企业产业、产品结构有所调整，或者表明企业未来的生产能力将受到严重的影响，已经陷入深度的债务危机之中，靠出售设备来维持经营。

2. 投资活动流出的现金

主要包括：购建固定资产、无形资产和其他长期资产支付的现金；投资支付的现金。

购建固定资产、无形资产和其他长期资产支付的现金项目反映企业购买、建造固定资产，取得无形资产和其他长期资产所支付的现金及增值税税款，支付的应由在建工程和无形资产负担的职工薪酬现金支出，但为购建固定资产而发生的借款利息资本化部分、融资租入固定资产所支付的租赁费除外。此项目表明企业扩大再生产能力的强弱，可以了解企业未来的经营方向和获利能力，揭示企业未来经营方式和经营战略的发展变化。

投资支付的现金项目反映企业取得的除现金等价物以外的权益性投资和债权性投资所支付的现金以及支付的佣金、手续费等附加费用。此项目表明企业参与资本市场运作、实施股权及债权投资能力的强弱，可用于分析投资方向与企业的战略目标是否一致。

（三）筹资活动产生的现金流量

筹资活动是指导致企业权益资本及债务资本的规模和构成发生变化的活动。筹资活动现金流量大于零的时候，要看企业的动机，是主动还是被动。筹资活动现金流量小于零，表明企业处于扩张阶段，建议企业理智扩张，避免盲目乐观快速发展。筹资活动产生的现金净流量分析更要有全局观念，应当同企业理财政策以及前两项业务活动引起的现金流量方向结合起来分析。如果筹资活动产生的现金流出量远远大于现金流入量的话，有可能是企业执行了高股利分配政策，或者是已经进入债务偿还期；经营活动产生的现金流量如果也是负的话，企业可能出现较大的资金缺口，需要筹集资金予以弥补。如果企业筹资活动产生的现金流入量明显大于现金流出量，说明企业吸收资本或举债的步伐加快；联系投资的现金净流量，如果投资的现金净流出量也非常明显的话，则意味着企业加快了投资和经营扩张的步伐，这可能意味着企业有了新的获利增长点；联系经营活动的现金净流量，如果经营活动的现金净流出量明显的话，则说明吸收资本或举债的资金部分地补充了经营上的资金短缺。

1. 筹资活动流入的现金

主要包括：吸收投资收到的现金；借款收到的现金。

吸收投资收到的现金项目反映企业以发行股票、债券等方式筹集资金实际收到的款项，减去直接支付给金融企业的佣金、手续费、宣传费、咨询费、印刷费等发行费用后的净额；此项目表明企业通过资本市场筹资能力的强弱。

取得借款收到的现金项目反映企业举借各种短期、长期借款而收到的现金。此项目数额的大小，表明企业通过银行筹集资金能力的强弱，在一定程度上代表了企业商业信用的高低。

2. 筹资活动流出的现金

主要包括：偿还债务支付的现金；分配股利、利润或偿付利息支付的现金。

偿还债务支付的现金项目反映企业以现金偿还债务的本金。此项目有助于分析企业资金周转是否已经达到良性循环状态。

分配股利、利润或偿付利息支付的现金项目反映企业实际支付的现金股利、支付给其他投资单位的利润或用现金支付的借款利息、债券利息。利润的分配情况可以反映企业现金的充裕程度。

（四）现金流量表项目整体分析

经营活动现金流量、筹资活动现金流量、投资活动现金流量内容和结果，是与企业的各项经济活动密切相关的，这三者之间也是密切关联着的，在分析时需要时时注意。

现金流量活动分析见表7-5。

（五）新疆上市公司经营活动现金流量财务特征分析案例

现金流量表是财务报表的四个基本报表之一，是反映企业在一定会计期间现金和现金等价物流入和流出的报表。现金流量表应当分别经营活动、投资活动和筹资活动列报现金流量。

随着现金流量与企业的盈利质量关系越来越紧密，企业的财务人员也更加注重运用现金流量进行财务决策，现金流量表在分析企业财务状况时也是一个不可多得的工具。了解现金流量管理是现代企业理财活动的一项重要任务，建立完善的现金流量管理体系，是确保企业生存与发展的保障。本书通过比较分析新疆和全国上市公司20×4—20×9年现金流量表，揭示经营活动现金流量各项目与全国上市公司的差异，总结新疆上市公司经营活动现金流量财务特征，可为新疆上市公司经营活动现金管理提供必要的参考，有利于促进新疆上市公司经营活动现金管理的科学化。

1. 新疆上市公司销售和购买商品是经营活动现金流量的主线，但规模较小

表7-6、表7-7显示，新疆上市公司20×4—20×9年销售商品、提供劳务收到的现金和购买商品、接受劳务支付的现金两项目均逐年增加，与全国上市公司趋势相同。但新疆上市公司销售和购买商品的现金流量平均金额较全国上市公司相应项目的平均值差异较为明显，全国上市公司销售商品、提供劳务收到的现金流量平均金额是新疆上市公司的2.48至3.38倍，全国上市公司购买商品、接受劳务支付的现金流量平均金额是新疆上市公司的2.37至3.66倍。相关数据表明，20×4—20×9年全

表 7-5　　**现金流量活动分析**

经营活动现金流量	筹资活动现金流量	投资活动现金流量	一般分析解释
-	+	+	企业靠借债维持经营活动所需资金，财务状况可能恶化，应重点分析投资活动现金流量净额是源于投资回收还是投资收益，如为前者企业将面临非常严峻的形势
-	-	+	企业财务状况已经十分危险，偿还债务依靠投资活动现金流量，如果投资活动现金流量主要来自投资收回，则已面临破产，要高度警惕
-	+	-	企业靠借债维持日常经营活动，且维持扩大生产规模，企业如处于投入时期且行业前景可观，一旦渡过难关还可能发展，否则非常危险
-	-	-	这种情况往往发生在高速扩张的企业，由于对市场预测的失误等原因，经营活动现金流出大于流入，投资效率低下，投入资金难以收回，财务状况非常危险
+	+	+	表明企业经营和投资收益良好，但其仍在继续筹资，需要了解是否有良好的投资机会，否则会造成资金浪费
+	-	+	企业债务已进入偿还期，有足够强的偿还能力，企业经营和投资活动良性循环，财务状况稳定、安全
+	+	-	这种情况往往发生在企业扩张时期，在经营状况良好的前提下，通过筹措资金进行投资，此时应注意分析投资项目的未来回报率
+	-	-	企业经营状况良好，在偿还债务的同时还在继续投资和扩建，应关注经营状况的变化，防止财务风险加大

国、新疆上市公司平均销售商品、提供劳务收到的现金占经营活动现金流量比例分别为94.12%、87.67%，说明该项目现金流量是经营活动现金流入的重要内容，无论是新疆上市公司还是我国其他上市公司经营活动现金流入的质量都较好。新疆上市公司销售商品、提供劳务收到的现金占经营活动现金流量比例与全国相比尚有6.45个百分点的差距，也说明新疆上市公司还要加强销售商品、提供劳务款项收回的力度。

表 7-6　　上市公司销售商品、提供劳务平均收到的现金对比表

年份	项目		
	全国（万元）	新疆（万元）	倍数
20×4	273 566	110 399	2.48
20×5	329 264	109 968	2.99
20×6	383 030	123 077	3.11
20×7	538 400	159 467	3.38
20×8	635 335	196 190	3.24
20×9	623 196	226 401	2.75

资料来源：国泰君安数据整理.

表 7-7　　上市公司购买商品、接受劳务平均支付的现金对比表

年份	项目		
	全国（万元）	新疆（万元）	倍数
20×4	211 028	89 075	2.37
20×5	257 482	85 072	3.03
20×6	301 810	92 931	3.25
20×7	412 448	120 012	3.44
20×8	529 980	144 772	3.66
20×9	459 252	172 802	2.66

资料来源：国泰君安数据整理.

在经营活动的现金流入中，新疆上市公司20×4—20×9年销售商品、提供劳务收到的现金流入发展稳定，逐年增加，这表明新疆上市公司经营状况良好。同时，来自销售商品、提供劳务收到的现金在经营活动现金流入中的比例占绝对优势，这表明新疆上市公司取得的经营活动现金流入很大程度上来自公司主营业务，其经营状况良好，经营活动现金流入结构较合理。但是，新疆上市公司平均购买商品、接受劳务支付的现金占经营活动现金流出比例与全国该项目占比相差2.71个百分点，而新疆上市公司销售商品、提供劳务收到的现金占经营活动现金流量比例与全国该项目占比相比却有6.45个百分点的差距。收到现金差距大，支付现金差距小，应引起管理者的重视。

2. 销售和购买商品现金流量增幅不及全国

从全国、新疆上市公司20×4—20×9年平均销售商品、提供劳务收到的现金对比

图（如图7-1所示）和全国、新疆上市公司20×4—20×9年平均购买商品、接受劳务支付的现金对比图（如图7-2所示）可以看出，尽管新疆上市公司销售和购买商品收付的现金逐年增加，但增长率显然不及全国上市公司增长幅度，尤其是20×6—20×8年全国上市公司呈现加速增长态势，而新疆上市公司则是小步稳定增长状态。

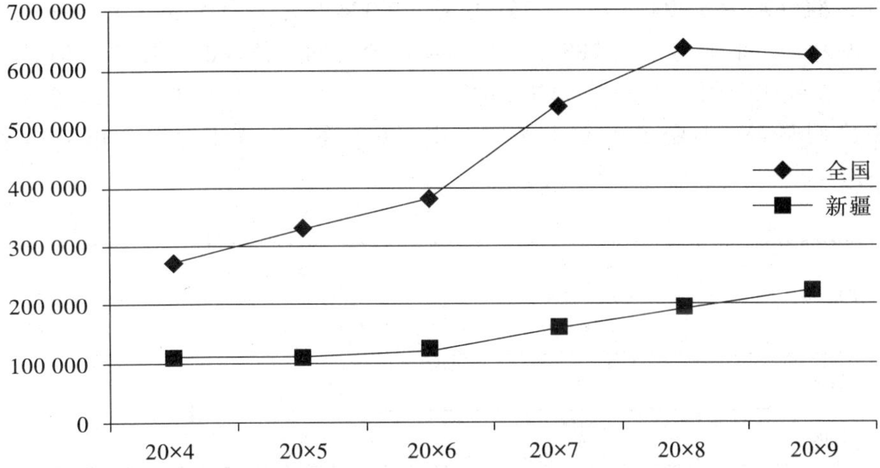

图7-1　上市公司平均销售商品、提供劳务收到的现金增长趋势对比图

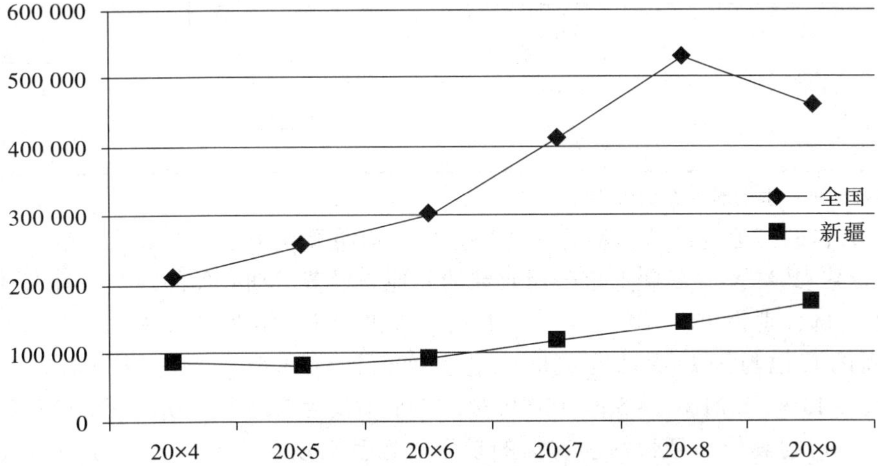

图7-2　上市公司平均购买商品、接受劳务支付的现金增长趋势对比图

3. 销售商品、提供劳务收到的现金占比稳定性稍逊色全国

20×4—20×9年，新疆上市公司销售商品、提供劳务收到的现金占经营活动现金流入的比例，最低20×7年为78%，最高20×8年为92%，高低相差14个百分点。全国上市公司销售商品、提供劳务收到的现金占经营活动现金流入的比例，最低20×6年为91%，最高20×4年、20×5年为96%，高低相差5个百分点。新疆上市公司销售商品、提供劳务收到的现金占比波动较为明显，其稳定性稍逊色全国。

4. 支付给职工以及为职工支付的现金占比略高于全国

从绝对数看，20×4—20×9年，全国上市公司支付给职工以及为职工支付的现金金额分别为13 111万元、15 350万元、23 002万元、37 206万元、45 904万元和49 109万元，年平均为30 614万元；新疆上市公司支付给职工以及为职工支付的现金金额分别为6 928万元、7 758万元、9 004万元、11 575万元、14 724万元和15 939万元，年平均为10 988万元，该项目值全国是新疆的2.79倍。但是，从相对数看，新疆比全国上市公司平均支付给职工以及为职工支付的现金占经营活动现金流出比例要高，新疆上市公司平均占比为6.82%，略高于全国上市公司平均占比，高出0.72个百分点（见表7-8）。

表7-8 比例对比表

年份	项目		
	全国（%）	新疆（%）	差异（%）
20×4	5	6	-1
20×5	4.9	6.8	-1.8
20×6	5.8	7.3	-1.5
20×7	6.6	7	-0.4
20×8	6.4	6.8	-0.4
20×9	7.9	7	0.9

资料来源：国泰君安数据整理.

5. 收付的其他与经营活动有关的现金占比均明显高于全国

20×4—20×9年，新疆上市公司收到的其他与经营活动有关的现金占经营活动现金流入比例分别为9%、10%、8%、21%、7%和13%，年平均11.33%；全国上市公司收到的其他与经营活动有关的现金占经营活动现金流入比例分别为3.14%、3.24%、8.17%、6.21%、4.59%和5.95%，年平均仅为5.22%。20×4—20×9年新疆上市公司支付的其他与经营活动有关的现金占经营活动现金流出比例分别为10.7%、12.7%、13.2%、13.6%、17.8%和14.6%，年平均为13.77%；全国上市公司支付的其他与经营活动有关的现金占经营活动现金流出比例分别为7.3%、7.1%、11.0%、12.3%、10.5%和8.4%，年平均仅为9.43%。新疆上市公司收付的其他与经营活动有关的现金占比均明显高于全国，收到的其他与经营活动有关的现金主要包括与经营活动相关的罚款、赔款、经营租赁租金等现金流入。支付的其他与经营活动有关的现金主要包括与经营活动相关的罚款、赔款、经营租赁租金、销售费用、办公差旅费、业务招待费等现金流出。新疆上市公司这两项内容现金流量占比明显高于全国水平，也说明新疆上市公司应加强收付的其他与经营活动有关的现金管理。

6. 收到的税费返还占比略高，支付的税费占比稍低

20×4—20×9年，新疆上市公司平均收到的税费返还占经营活动现金流入比例为1%，全国上市公司该项目平均占比为0.67%。新疆上市公司平均收到的税费返还占比略高于全国上市公司平均。收到的税费返还反映的是上市公司从税务机关收到的增值税、消费税等税收的返还款，实质是国家给予的税收优惠。

20×4—20×9年，新疆上市公司平均支付的各项税费占经营活动现金流出比例分别为5.6%、6%、6%、7.1%、8.4%和6.8%，年平均为6.65%；全国上市公司该项目平均占比分别为6.7%、6.4%、7%、8.4%、8.9%和10.3%，年平均为7.95%。可见，新疆上市公司支付的各项税费占经营活动现金流出比例稍低于全国上市公司。

二、现金流量表项目水平分析

分析时可以将现金流量表的数据进行加工整理，编制比较现金流量表。下面以金风科技现金流量表的资料为基础，对该公司2018年现金流量进行一般分析，见表7-9。

现金流量表一般分析只说明了企业当期现金流量产生的原因，没能揭示本期现金流量与前期或预计现金流量的差异。为了解决这个问题，可采用比较分析法对现金流量表进行分析，了解企业的各类现金流量在不同时期的增减变化情况。

（一）经营活动现金流量比较分析

公司2018年经营活动现金净流量比上年增长了44 320 377.3元，增长率为1.44%，经营活动现金流入量与流出量增长额分别为3 332 294 287.56元和3 287 973 910.26元，分别比上年增长13.64%和15.40%，经营活动现金流入量的增加额略大于经营活动现金流出量的增加额，致使经营活动现金净流量略有增加。

经营活动现金流入量的增加主要因为销售商品、提供劳务收到的现金增加了3 488 512 064.01元，增长率为15.14%。根据利润表信息，2018年营业收入增长率为14.33%，低于销售商品、提供劳务收到的现金的增长率，说明企业的销售收现情况还可能存在问题。公司当年收到其他与经营相关的现金为980 085 673.92元，比上年减少98 279 697.49元。经营活动现金流出量的增加主要是购买商品、接受劳务支付的现金增加了2 520 934 644.42元，增长率为16.70%；支付给职工以及为职工支付的现金增加了438 347 853.13元，增长率为20.77%，增加的主要原因是本年度整体上调薪酬及业务扩张使人员增加。

（二）投资活动现金流量比较分析

投资活动现金净流量2018年比上年增加了1 041 620 661.79元。固定资产投资规模比上年增加了，分别为6 025 882 137.42元和4 905 364 601.86元。投资活动现金流量净额的增加来自投资活动现金流入量大幅度增加，虽然投资活动现金流出量也增加了较大数额，但其幅度小于流入量。其中，投资支付的现金，取得子公司及其他营业单位支付的现金净额都有较大幅度的减少。

表7-9　　比较现金流量表

编制单位：新疆金风科技股份有限公司　　2018年度　　金额单位：元

项　目	本年金额	上年金额	本年与上年比较
一、经营活动产生的现金流量			
销售商品、提供劳务收到的现金	26 530 351 461.89	23 041 839 397.88	15.14%
收到的税费返还	250 206 061.06	308 144 140.02	-18.80%
收到其他与经营活动有关的现金	980 085 673.92	1 078 365 371.41	-9.11%
经营活动现金流入小计	27 760 643 196.87	24 428 348 909.31	13.64%
购买商品、接受劳务支付的现金	17 619 226 278.32	15 098 291 633.90	16.70%
支付给职工以及为职工支付的现金	2 548 480 589.08	2 110 132 735.95	20.77%
支付的各项税费	1 565 561 111.73	1 888 874 947.37	-17.12%
支付其他与经营活动有关的现金	2 902 020 705.35	2 250 015 457.00	28.98%
经营活动现金流出小计	24 635 288 684.48	21 347 314 774.22	15.40%
经营活动产生的现金流量净额	3 125 354 512.39	3 081 034 135.09	1.44%
二、投资活动产生的现金流量			
收回投资收到的现金	2 093 887 203.26	237 359 642.24	782.16%
取得投资收益收到的现金	206 857 202.54	312 725 982.37	-33.85%
处置固定资产、无形资产和其他长期资产收回的现金净额	4 344 540.57	4 548 134.33	-4.48%
处置子公司及其他营业单位收到的现金净额	18 044 599.15	297 107 262.36	-93.93%
收到其他与投资活动有关的现金	99 415 041.53	249 554 376.54	-60.16%
投资活动现金流入小计	2 422 548 587.05	1 101 295 397.84	119.97%
购建固定资产、无形资产和其他长期资产支付的现金	6 025 882 137.42	4 905 364 601.86	22.84%
投资支付的现金	522 761 275.34	1 176 556 243.56	-55.57%
质押贷款净增加额	—	—	
取得子公司及其他营业单位支付的现金净额	995 570 322.01	1 804 016 844.72	-44.81%
支付其他与投资活动有关的现金	992 246 779.27	370 890 296.48	167.53%
投资活动现金流出小计	8 536 460 514.04	8 256 827 986.62	3.39%
投资活动产生的现金流量净额	-6 113 911 926.99	-7 155 532 588.78	14.56%
三、筹资活动产生的现金流量			
吸收投资收到的现金	1 008 892 400.00	64 895 000.00	1 454.65%
其中：子公司吸收少数股东投资收到的现金	1 008 892 400.00	64 895 000.00	1 454.65%
取得借款收到的现金	12 527 203 027.55	8 139 078 359.45	53.91%
发行债券收到的现金	498 500 000.00	—	—
收到其他与筹资活动有关的现金	58 424 935.82	2 216 221.63	2 536.24%
筹资活动现金流入小计	14 093 020 363.37	8 206 189 581.08	71.74%
偿还债务支付的现金	10 870 498 855.19	3 327 343 247.47	226.70%

续表

项 目	本年金额	上年金额	本年与上年比较
分配股利、利润或偿付利息支付的现金	1 920 259 466.28	1 457 160 215.23	31.78%
其中：子公司支付给少数股东的股利、利润	35 011 162.00	36 537 666.64	-4.18%
支付其他与筹资活动有关的现金	100 842 672.69	39 795 809.50	153.40%
筹资活动现金流出小计	12 891 600 994.16	4 824 299 272.20	167.22%
筹资活动产生的现金流量净额	1 201 419 369.21	3 381 890 308.88	-64.47%
四、汇率变动对现金及现金等价物的影响	52 971 272.33	-87 671 135.16	160.42%
五、现金及现金等价物净增加额	-1 734 166 773.06	-780 279 279.97	-122.25%
加：期初现金及现金等价物余额	6 746 183 497.10	7 526 462 777.07	-10.37%
六、期末现金及现金等价物余额	5 012 016 724.04	6 746 183 497.10	-25.71%

资料来源 根据“金风科技”（股票代码：002202）2018年年报等相关资料整理.

（三）筹资活动现金流量比较分析

筹资活动现金净流量2018年比上年减少2 180 470 939.67元，主要是因为筹资活动现金流出增加了8 067 301 721.96元，远远超出筹资活动现金流入增加的5 886 830 782.29元。

总体上看，公司2018年现金流量的状况和趋势是比较好的，联系到公司2018年资产总额比上年增加11.78%，营业收入比上年增加14.33%的情况，企业现金流的表现还是不错的。

三、现金流量表结构分析

现金流量表结构分析，目的在于揭示现金流入量和现金流出量的构成情况，了解不同活动产生的现金流量在企业全部现金流量中所占的比重，分析不同现金流量对企业产生的影响。现金流量结构分析可以从三个角度进行，分别是现金流入结构分析、现金流出结构分析和现金净流量结构分析；分析方法为结构分析法。以金风科技2018年现金流量表的资料为基础，编制以下现金流量结构分析表，见表7-10。

表7-10 **2018年度金风科技现金流量结构分析表** 金额单位：元

项 目	本年金额	现金流入	现金流出	现金净流量
一、经营活动产生的现金流量				
销售商品、提供劳务收到的现金	26 530 351 461.89	59.92%		
收到的税费返还	250 206 061.06	0.57%		
收到其他与经营活动有关的现金	980 085 673.92	2.21%		
经营活动现金流入小计	27 760 643 196.87	62.70%		

续表

项　目	本年金额	现金流入	现金流出	现金净流量
购买商品、接受劳务支付的现金	17 619 226 278.32		38.25%	
支付给职工以及为职工支付的现金	2 548 480 589.08		5.53%	
支付的各项税费	1 565 561 111.73		3.40%	
支付其他与经营活动有关的现金	2 902 020 705.35		6.30%	
经营活动现金流出小计	24 635 288 684.48		53.48%	
经营活动产生的现金流量净额	3 125 354 512.39			-180.22%
二、投资活动产生的现金流量				
收回投资收到的现金	2 093 887 203.26	4.73%		
取得投资收益收到的现金	206 857 202.54	0.47%		
处置固定资产、无形资产和其他长期资产收回的现金净额	4 344 540.57	0.01%		
处置子公司及其他营业单位收到的现金净额	18 044 599.15	0.04%		
收到其他与投资活动有关的现金	99 415 041.53	0.22%		
投资活动现金流入小计	2 422 548 587.05	5.47%		
购建固定资产、无形资产和其他长期资产支付的现金	6 025 882 137.42		13.08%	
投资支付的现金	522 761 275.34		1.14%	
取得子公司及其他营业单位支付的现金净额	995 570 322.01		2.16%	
支付其他与投资活动有关的现金	992 246 779.27		2.15%	
投资活动现金流出小计	8 536 460 514.04		18.53%	
投资活动产生的现金流量净额	（6 113 911 926.99）			352.56%
三、筹资活动产生的现金流量				
吸收投资收到的现金	1 008 892 400.00	2.28%		
其中：子公司吸收少数股东投资收到的现金	1 008 892 400.00	2.28%		
取得借款收到的现金	12 527 203 027.55	28.29%		
发行债券收到的现金	498 500 000.00	1.13%		
收到其他与筹资活动有关的现金	58 424 935.82	0.13%		
筹资活动现金流入小计	14 093 020 363.37	31.83%		
偿还债务支付的现金	10 870 498 855.19		23.60%	
分配股利、利润或偿付利息支付的现金	1 920 259 466.28		4.17%	

续表

项 目	本年金额	现金流入	现金流出	现金净流量
其中：子公司支付给少数股东的股利、利润	35 011 162.00		0.08%	
支付其他与筹资活动有关的现金	100 842 672.69		0.22%	
筹资活动现金流出小计	12 891 600 994.16		27.99%	
筹资活动产生的现金流量净额	1 201 419 369.21			-69.28%
四、汇率变动对现金及现金等价物的影响	52 971 272.33			-3.06%
本期现金流入合计	44 276 212 147.29	100%		
本期现金流出合计	46 063 350 192.68		100%	
本期现金及现金等价物净增加额	(1 734 166 773.06)			100%

资料来源 根据"金风科技"（股票代码：002202）2018年年报等相关资料整理.

（一）现金流入结构分析

现金流入结构分为总流入结构和内部流入结构。现金总流入结构是反映企业经营活动的现金流入量、投资活动的现金流入量和筹资活动的现金流入量分别在全部现金流入量中所占比重；通过分析这一比重，可以从总体上了解企业当期现金流入的基本内容及所占份额，还可以初步判断企业经营、投资及筹资活动中资金流量关系。内部现金流入结构反映的是经营活动、投资活动和筹资活动等各项业务活动现金流入中具体项目的构成情况。现金流入结构可以表明企业的现金究竟来自何方，要寻求现金流入应从哪些方面入手等。

一般来说，企业的现金流入量中，经营活动的现金流入量应当占大部分的比例，特别是其销售商品、提供劳务收到的现金应明显高于其他业务活动流入的现金。但是对于不同性质的企业，这个比例也可能有较大的差异。对于一个单一经营、专心于某一特定经营业务、不愿意进行其他投资、筹资政策保守、不愿意举债经营的企业，该比例可能尤其高。相反，当企业处于成长初期，或进行新业务拓展时，经营活动的现金流入量在总体的现金流入量中所占比重可能就比较小，因为这时企业需要大量新的资金注入，筹资活动的现金流入量会占较大的比重，比如发行新股、举借新的债务等。投资活动产生的现金流入主要是收回投资、处置长期资产所产生的，在企业正常发展和经营过程中，这些现金流入量一般都占比较小。如果企业的这类现金流入量占比较大，可能预示着企业在大量处置和更新固定资产，也可能是企业在适度收缩业务，这要结合企业的其他报表或业务资料进行分析。

2018年金风科技现金流入总量为44 276 212 147.29元，其中经营活动现金流入量、投资活动现金流入量和筹资活动现金流入量所占比重分别为62.70%、5.47%和31.83%。可见企业的现金流入量主要是由经营活动和筹资活动产生的。经营活动的现金流入量中，销售商品和提供劳务产生的现金流所占比重很大，达到59.92%，这是正常的；收到其他与经营活动有关的现金数额不大，但还是需要结合其他的现金流量表的明细资料再作进一步的分析。投资活动的现金流入量主要由收回投资收到的现金构成的，在总的现金流入量中所占比重只有4.73%，比重较小。筹资活动的现金流入量中吸收投资和取得借款收到的现金占了较大的份额，其总规模达到当年现金流入总量的30.57%。这些现金的流入对于企业缓解资金压力，进行适度扩张是有积极意义的。但要警惕企业不能过度依赖外部筹资，还是要积极增加经营活动现金流入量的比重。

（二）现金流出结构分析

现金流出结构分为总流出结构和内部流出结构。现金总流出结构是反映企业经营活动的现金流出量、投资活动的现金流出量和筹资活动的现金流出量分别在全部现金流出量中所占的比重。内部现金流出结构反映的是经营活动、投资活动和筹资活动等各项业务活动现金流出中具体项目的构成情况。现金流出结构可以表明企业的现金究竟流向何方，这些流出是否合理，要节约开支应从哪些方面入手等。

一般情况下，经营活动中的购买商品、接受劳务支付的现金往往要占到较大的比重，投资活动和筹资活动的现金流出比重则因企业的投资政策和筹资政策的状况不同而存在很大的差异。尤其是筹资活动的现金流出或流入在很大程度具有调节企业现金余缺的作用。

金风科技2018年现金流出总量为46 063 350 192.68元，其中经营活动现金流出量、投资活动现金流出量和筹资活动现金流出量所占比重分别为53.48%、18.53%和27.99%。在现金流出总量中经营活动现金流出量所占比重最大，筹资活动现金流出量所占的比重次之。在经营活动现金流出量当中购买商品、接受劳务支付的现金所占比重最大，占企业当期现金总流出量的38.25%，这是正常的。本期投资活动的现金流出量主要用于购建固定资产、无形资产和取得子公司及其他营业单位支付的现金净额，占企业当期现金的流出量的17.40%。筹资活动的现金流出量主要用于偿还债务，当期偿还债务支付的现金占全部现金流出量的比重为23.60%，规模虽然达到10 870 498 855.19元，但相对于当期新增加的债务流入12 527 203 027.55元来讲，偿还的相对较少。

（三）现金净流量结构分析

现金净流量是现金流入量与流出量的差额，可以在一定程度上反映企业各项现金流入与流出的匹配关系。一般来讲，企业净现金流量应当是保持在大于零的状态，这表明企业整体上创造现金的能力较强，对现金收支安排的掌控能力也较强。现金净流量结构是指企业经营活动的现金净流量、投资活动的现金净流量和筹资活动的现金净流量分别在全部现金净流量中所占的比重。一方面，我们要了解上述三大活动产生现金净流量的情况；另一方面，要分析三大活动产生的现金净流量占企业总现金净流量的比重，了解其真实的现金创造能力，评判其现金流量的合理性及质量。

一般来说，企业在生产经营正常、投资和筹资规模不变的情况下，现金流量净额越大，则企业活力越强。如果企业的现金流量净额中，经营活动现金净流量所占比重较大，意味着其现金净流量主要是通过经营活动产生的，说明企业的经营收现能力强，坏账风险小，其营销能力较好；如果企业现金流量净额中投资活动产生的现金净流量所占比重大，则可能说明企业生产经营能力衰退，需要通过处置非流动资产以缓和资金矛盾，也可能是企业为了走出不良境地而调整资产结构，具体情况应结合资产负债表和利润表进行深入分析；如果企业现金流量净额中筹资活动产生的现金净流量所占比重大，则说明企业从外部筹集大量的资金，意味着企业在今后将支付更多的股利或利息，未来的现金流量净额必须更大，才能满足企业偿付的需求，否则，企业将承受较大的财务风险。

现金流量净额也可能是负数，即现金流出量大于流入量，这种情况发生时，不能武断地说企业获取现金的能力弱，应视不同的情况进行分析。如果企业现金流量净额是负数，主要是由企业扩大投资引起的，说明企业在进行设备的更新或扩大生产能力，或投资开拓更广阔的市场。此时虽然现金流量净额为负数，并不意味着企业经营能力不佳，而是意味着企业有更多的发展机会，在未来会有更大的现金流入；如果企业现金流量净额是负数，主要是由筹资活动引起的，说明企业为了偿还债务及利息大量支出现金，这意味着企业在未来用于满足偿债需求的现金将可能较少，有利于减轻企业未来的偿债压力，财务风险变小，只要企业经营活动正常，就不一定会走向衰退；如果企业现金流量净额为负数是由经营活动引起的，通过投资活动、筹资活动的现金流入还可以弥补经营活动的现金需求，短期内企业还可以进行正常的经营活动，通过投资活动、筹资活动的现金流入无法弥补经营活动的现金需求，则对企业来说将是一个不好的信号，不仅企业短期偿债能力会受到影响，严重时还会威胁到企业的生存，企业必须采取有效措施，扭转不利局面，从而走向正常的轨道。

2018年金风科技现金净流入总量为-1 734 166 773.06元，其中经营活动现金净流量占企业现金净流量的比重为-180.22%。投资活动现金净流量和筹资活动现金净流量占企业现金净流量的比重分别为352.56%、-69.28%。很显然企业当年的现金净流量主要是由投资、经营活动产生的。企业在经营活动中的现金流量管理是否存在问题，需要针对各类经营收款、各类经营支付进行分析。

为了掌握现金流量结构的变动情况，还可将不同时期的现金流量结构进行对比，以分析其结构的变化趋势以及对企业现金流的影响，见表7-11。

2018年与2017年相比，金风科技现金净流量总量趋好，经营净现金流量增加。投资现金净流量增加，投资活动流入增加，同时企业投资支出的规模上升。而筹资活动的现金净流量在2018年明显下降，企业2017年对外筹资的依赖度还是比较大的，但2018年经营情况好转，筹资净流量减少。

表7-11 金风科技现金净流量结构分析表

2018年 金额单位：元

项　目	本年金额	本年比重	上年金额	上年比重
一、经营活动产生的现金流量净额	3 125 354 512.39	-180.22%	3 081 034 135.09	-394.86%
二、投资活动产生的现金流量净额	(6 113 911 926.99)	352.56%	(7 155 532 588.78)	917.05%
三、筹资活动产生的现金流量净额	1 201 419 369.21	-69.28%	3 381 890 308.88	-433.42%
四、汇率变动对现金及现金等价物的影响	52 971 272.33	-3.06%	(87 671 135.16)	11.24%
现金及现金等价物净增加额	(1 734 166 773.06)	100.00%	(780 279 279.97)	100.00%

资料来源　根据“金风科技”（股票代码：002202）2018年年报等相关资料整理.

第三节　综合分析

一、经营活动净现金流量与净利润关系分析

利润表是按照权责发生制来归集企业的收入和支出，而现金流量表是按照收付实现制来归集企业的收入和支出。现金流量表中的经营活动产生的现金流量净额与企业净利润是有区别的，二者反映的业务范围和确认原则是不同的。在长期范围内，二者反映的累计结果应该趋于一致，即净利润和经营活动产生的现金流量净额在一段很长时间内的累计结果应该趋于一致；但是在某个会计期间内，净利润和经营活动产生的现金流量净额却往往是不一致的。这种不一致可以通过观察和比较公司的利润表和现金流量表予以体会。也可以用公式简单表示如下：

净利润=经营收入-经营支出-各种税费+非经营性收益-非经营性损失

经营活动现金净流量=经营收现收入-经营付现支出-各种税费支出

二者是存在显著差异的。产生差异的原因简单讲就两个：一是计算涉及的范围不同，二是计算时的确认原则不同。

企业实现利润不等于取得现金，同样取得了现金未必就影响利润，这是由两种不同的核算原则决定的。一方面我们需要足够的现金维持企业的生存和发展；另一方面也需要利用权责发生制来进行各种会计处理，需要利用此原则计算收入、利润，并形成系统的、全面的会计信息。

既然两个方面都很重要，而且这两者之间是存在关联的，我们可以采用一定的方法，将净利润与经营活动产生的现金净流量联系起来，揭示出从净利润到经营活动产生的现金净流量的变化过程，尤其是将现金流量信息与利润信息联系起来，可以分析企业盈利的质量。

经营活动净现金流量与净利润的区别与联系，可以简单表示如下：

净利润

（1）加：非付现的费用和损失（反之则减）（折旧、待摊、预提）

（2）减：非收现的收入和利得（反之则加）（应收）

（3）加：非现金性流动资产的减少额（反之则减）（存货）

（4）加：营业性流动负债的增加额（反之则减）（应付）

（5）加：非经营性支出和损失（反之则减）（财务费用、投资损失）

等于：经营活动现金净流量

财务报表附注中根据此原理编制、披露了将净利润调节为经营活动的现金流量的资料（见表7-2）。

企业净利润远远大于其在这一期间内的经营活动产生的现金净流量，形成这种差距的主要原因在于当期发生的下列事项：

（1）不减少现金的经营性费用包括资产减值准备、固定资产折旧、无形资产及开发支出摊销还有长期递延资产摊销，这些需要在调整时作为不减少现金的项目加入；

（2）非经营性费用包括公允价值变动损失、财务费用，这些需要在调整时作为非经营性支出加入；

（3）非经营性收入包括投资收益等，需要在调整时作为非经营性收益减去；

（4）非现金流动资产的变动包括递延所得税资产变动、存货的变动和经营性应收项目的变动，需要在调整时根据其变动对经营活动产生的现金净流量的影响情况确定现金的减少或增加；

（5）流动负债的变动包括经营性应付项目的变动，也需要根据其变动对经营活动产生的现金净流量的影响情况确定增加或减少现金。

需要注意的是，在进行经营活动产生的现金流量与净利润的对比分析时，要同时注意资产负债表项目的变化情况。因为利润表中的收入影响现金，资产负债表中的应收也影响现金；利润表中的成本影响现金，资产负债表中的应付、存货也影响现金，所以分析时必须将它们联系起来。

可以利用现金营运指数进行上述分析，具体的分析内容和方法见第四节。

二、现金流量表附表主要项目分析

补充资料是采用间接法报告经营活动产生的现金流量的过程，在企业当期净利润的基础上进行某些项目的调整，从而得到经营活动产生的现金净流量。分析时需要关注这些调整项目的变化内容和原因，也要评判这些变化对经营活动产生的现金净流量的影响。

1.资产减值准备

该项目反映企业本期计提的坏账准备、存货跌价准备、短期投资跌价准备、长期股权投资减值准备、投资性房地产减值准备、固定资产减值准备、在建工程减值准备、无形资产减值准备、商誉减值准备、生产性生物资产减值准备、油气资产减值准备等资产减值准备。本期计提资产减值准备时，减值损失已计入本期利润表中的相关损益项目，但实际上与经营活动产生的现金流量无关。因此，在净利润的基础上进行调整计算时，应将其加回到净利润中。

2.固定资产折旧、油气资产折耗、生产性生物资产折旧

该项目分别反映企业本期计提的固定资产折旧、油气资产折耗、生产性生物资产折旧。由于资产折旧、折耗并不影响经营活动产生的现金流量，因此在净利润的基础上进行调整计算时，应将其全部加回到净利润中。

3.无形资产摊销、长期待摊费用摊销

这两个项目分别反映企业本期计提的无形资产摊销、长期待摊费用摊销。无形资产、长期待摊费用的摊销，增加了成本费用，并将其在计算净利润时予以扣除；由于没有发生现金流出，所以在将净利润调节为经营活动产生的现金流量时应当予以加回。

以上三个项目都是未涉及现金的成本费用项目，在计量过程中需要运用较多的会计职业判断，会计灵活性也比较大。所以对于金额较大，变化显著的项目应结合财务报表附注中的相关项目及相关会计政策进行详细分析，以发现操纵会计利润的行为。

4.长期待摊费用减少

该项目反映企业资产负债表“长期待摊费用”项目的年初余额与期末余额的差额。长期待摊费用发生时，减少现金，不影响利润；长期待摊费用摊销时，减少利润，不影响现金，由此导致了现金流量与利润的不平衡。所以如果该科目本期增加，其减少现金的数额大于减少利润的数额，应调节利润以得到现金流量金额；如果该科目本期减少，其对利润的负影响大于对现金的负影响，应在利润的基础上加上减少的金额，以得到现金流量金额。这个项目受人为因素影响较大，如有异动需要结合其他报表资料详细分析。

5.处置固定资产、无形资产和其他长期资产的损失和固定资产报废损失

这两个项目属于投资活动产生的损益，所以在将净利润调节为经营活动产生的现金流量时需要调节。

6.公允价值变动损失

该项目反映持有的金融资产、金融负债以及采用公允价值计量模式的投资性房地产的公允价值变动损益，属于投资活动产生的损益，应予调整。

7.财务费用

企业发生的财务费用可以分别归属于经营活动、投资活动和筹资活动：对属于经营活动产生的财务费用，若既影响净利润又影响经营活动产生的现金流量，如到期支付应付票据的利息，则不需要调整；对属于投资活动和筹资活动产生的财务费用，如长期借款利息，则只影响净利润，不影响经营活动产生的现金流量，应在净

利润的基础上进行调整。

8.投资损益

投资损益是由投资活动引起的，与经营活动无关。因此无论是否有现金流量，该项目都应全额调节净利润，但不包括计提的减值准备。

9.递延所得税资产减少和递延所得税负债增加

这两个项目分别反映企业资产负债表“递延所得税资产”和“递延所得税负债”项目的年初余额与期末余额的差额。所得税在计提和缴纳时间上的不一致导致了其对利润和现金流量影响时间上的不一致，因此应在净利润的基础上进行调整。

10.存货的减少、经营性应收项目的减少和经营性应付项目的增加

这三个项目分别反映了企业资产负债表“存货”项目、企业本期经营性应收项目（包括应收票据、应收账款、预付账款、长期应收款和其他应收款中与经营活动有关的部分及应收的增值税销项税额等）和企业本期经营性应付项目（包括应付票据、应付账款、预收账款、应付职工薪酬、应交税费、应付利息、应付股利、长期应付款、其他应付款中与经营活动有关的部分及应付的增值税进项税额等）的年初余额与期末余额的差额。

存货增加，说明现金减少或经营性应付项目增加；存货减少，说明非付现销售成本增加。所以在调节净利润时，应减去存货的净增加数，或加上存货的净减少数。至于赊购增加的存货，通过同时调整经营性应付项目的增减变动进行自动抵销。若存货的增减变动不属于经营活动，则不做调整，如接受投资者投入的存货应予以扣除。

经营性应收项目增加，说明企业未收到现金的收入增加，即利润增加但现金流量未增加；经营性应收项目减少，说明应收款项收回，现金增加，但不影响利润。所以要对由此引起的净利润与现金流量的差异进行调整，经营性应付项目的情况与此相反。

三、现金流量表与利润表和资产负债表关系分析

现金流量表是连接资产负债表和利润表的桥梁，资产负债表反映企业的财务状况，利润表反映企业的盈利状况，现金流量反映企业的现金流状况。在三表关系中，现金项目是现金流量表与资产负债表间联系的一个纽带。例如，当现金流量表的编制基础不涉及现金等价物的情况下，资产负债表中货币资金的年末年初之差应等于当期现金流量表中现金的净增加额。又如，资产负债表的未分配利润与利润表间也有其内在的对应关系，主要体现在资产负债表中未分配利润的期末数扣除年初数，应等价于利润表中净利润的累计数。这说明资产负债表、利润表存在密切的关系。而现金流量表主要揭示了企业的现金从哪里来，又到何处去，它进一步说明的是资产负债表的结果。综上所述，三表间具有相互解释、相互说明作用。

以下是通过分析销售商品、提供劳务收到的现金，购买商品、接受劳务支付的现金与资产负债表往来科目，利润表收入成本科目之间的关系，来分析公司的实际业务形式与公司经营性主要现金流入与流出的关系。

1.销售商品、提供劳务收到的现金

销售商品、提供劳务收到的现金反映的是企业销售商品或者提供劳务向消费者收取的现金，主要相关的利润表科目是主营业务收入、销售折扣折让、其他业务收入，相关的主要资产负债表科目是应收账款、应收票据、预收账款。

$$\text{销售商品、提供劳务收到的现金}=\text{主营业务收入}+\text{销项税额}+\text{应收账款}\times(\text{期初余额}-\text{期末余额})+\text{预收账款}\times(\text{期末余额}-\text{期初余额})+\text{应收票据}\times(\text{期初余额}-\text{期末余额})$$

2.购买商品、接受劳务支付的现金

购买商品、接受劳务支付的现金反映的是企业购买材料、商品、接受劳务实际支付的现金，主要相关的利润表科目是主营业务成本、其他业务成本，相关的主要资产负债表科目是应付账款、应付票据、预付账款、存货。

购买商品、接受劳务支付的现金=主营业务成本+进项税额-进项税额转出+应付账款（期初余额-期末余额）+预付账款（期末余额-期初余额）+存货(期末余额-期初余额)-记入存货成本的工人工资-记入存货成本的折旧

第四节 现金流量表财务比率分析

一、现金流量表财务比率分析的意义

分析现金流量表，也需要计算相关的财务比率，这些比率可以用现金流量表中的数据计算，也可以用现金流量表的数据与其他财务报表中的数据计算，还可以用现金流量信息与其他相关信息对比计算。通过计算和分析这些比率，可以更好地评价企业的现金流量状况。更重要的是，将现金流量信息与其他财务信息相关联，可以从更多角度分析评价企业的财务状况、经营成果和现金流量。

二、现金流量表财务比率指标

（一）现金到期债务比

现金到期债务比是企业经营现金净流量与本期到期的当期债务和应付票据总额的比率。它反映了企业可用现金流量偿付到期债务的能力。其计算公式为：

$$\text{现金到期债务比}=\frac{\text{经营现金净流量}}{\text{本期到期的债务}}$$

本期到期的债务=本期到期非流动负债+本期应付票据

通常作为企业到期的非流动负债和本期应付票据是不能延期的，到期必须如数偿还。该指标企业设置的标准值为1.5。该比率越高，说明企业资金流动性越好，企业到期偿还债务的能力就越强。

（二）现金流动负债比

现金流动负债比，是企业一定时期的经营现金净流量同流动负债的比率，它可以从现金流量的角度反映企业当期偿付短期负债的能力，反映经营活动产生的现金流量对流动负债的保障程度。其计算公式为：

$$现金流动负债比=\frac{年经营现金净流量}{年末流动负债}$$

经营现金净流量是经营现金毛流量扣除经营营运资本增加后企业可提供的现金流量。

一般该指标大于1，表示企业流动负债的偿还有可靠保证。现金流动负债比越大，表明企业经营活动产生的现金净流量越多，越能保障企业按期偿还到期债务。但是，该指标也不是越大越好，指标值过大表明企业流动资金利用不充分，获利能力不强。

注意：企业偿还债务时，除了借新债还旧债外，一般应当利用经营活动产生的现金净流入量。

（三）现金债务总额比

现金债务总额比是经营现金净流量与债务总额的比率。该指标旨在衡量企业承担债务的能力，是评估企业中长期偿债能力的重要指标，同时它也是预测企业破产的可靠指标。这个比率越高，企业承担债务的能力越强，破产的可能性越小。这个比率越低，企业财务灵活性越差，破产的可能性越大。其计算公式为：

$$现金债务总额比=\frac{经营现金净流量}{年末债务总额}$$

计算结果要与过去比较，与同行业比较才能确定高与低。这个比率同时也体现企业的最大付息能力。比如某公司最大的付息能力是4%，即利率超过4%时，公司将不能按时付息。

（四）销售现金收入比率（销售收现比）

销售现金收入比率是指经营现金净流量和企业销售额的比值，反映每1元销售收入得到的经营现金净流量，体现企业销售质量的高低。其计算公式为：

$$\begin{array}{c}销售现金\\收入比率\end{array}=\frac{经营现金净流量}{营业收入（营业收入包括会计营业收入和应向购买者收取的增值税销项税额）}$$

该指标是企业经营现金净流量与企业销售额的比值。与企业的赊销政策有关。其数值越大，表明企业的收入质量越好，资金利用效果越好。如果企业有虚假收入，也会使该指标过低。

（五）每股经营现金净流量

每股经营现金净流量是经营现金净流量与普通股股数之比，它反映了企业最大派发股利的能力。

如果该比值为正值且较大时，派发的现金红利的期望值就越大；如果比值过小，甚至为负值，派发现金红利的压力就较大。

一般现金流量的计算不涉及权责发生制，会计造假难度比较大，如果硬要造假也容易被发现。比如虚假的合同能签出利润，但签不出现金流量。有些上市公司在以关联方交易操作利润时，一般也会在现金流量方面暴露有利润而没有现金流入的现象。

利用每股经营现金净流量去分析公司的获利能力，比每股利润更加客观，有其特有的准确性。可以说每股经营现金净流量就是公司获利能力的质量指标。因此，公司除了要关注每股利润等盈利指标的提升外，还要关注每股经营现金净流量的不断增加。

（六）现金股利保障倍数

现金股利保障倍数是指经营现金净流量与现金股利支付额之比。现金股利保障倍数越高，说明企业的现金股利占结余现金流量的比重越小，企业支付现金股利的能力越强。其计算公式为：

现金股利保障倍数=每股经营现金净流量÷每股现金股利

=经营现金净流量÷现金股利

企业设置的标准值一般为2，该指标属于财务弹性分析比率，表明企业用年度正常经营活动所产生的现金净流量来支付股利的能力。倍数越大，表明企业支付股利的现金越充足，企业支付现金股利的能力也就越强。

该指标还体现了支付股利的现金来源及其可靠程度，是对传统的股利支付率的修正和补充。由于股利发放与管理层的股利政策有关，因此，该指标对财务分析只起参考作用。我国很多公司（尤其是ST公司）根本不支付现金股利，导致这一指标的分母为零，所以在预测我国上市公司财务危机时该指标可不作考虑。

使用这一指标时，还应当注意，仅仅以1年的数据很难说明该指标的好坏，利用5年或者更长时间的平均数计算更能说明问题。

（七）现金营运指数

现金营运指数是指经营现金净流量与经营所得现金（经营现金毛流量）的比值；经营所得现金等于经营净收益加上各项折旧、减值准备等非付现费用；经营现金净流量等于经营所得现金减去应收账款、存货等经营性营运资产净增加；现金营运指数是反映企业现金回收质量，衡量风险的指标。现金营运指数的计算包括：

公式一：$$现金营运指数=\frac{经营现金净流量}{经营现金毛流量}$$

公式二：$$现金营运指数=\frac{经营所得现金-经营性营运资产净增加}{经营所得现金}$$

式中：经营现金净流量=经营所得现金-经营性营运资产净增加（+净减少）

经营所得现金=（净收益-非经营性收益）+非付现费用

则：$现金营运指数=\frac{(净收益-非经营性收益)+非付现费用-经营性营运资产净增加}{经营所得现金}$

现金营运指数是反映企业现金回收质量、衡量现金回收风险的指标。理想的现金营运指数应当是1，或接近1。营运指数小于1，且差距较大时，说明经营所得现金被营运资金占用，公司有较多的净利润没有收到现金，而是停留在实物或债权状态，而实物或债权状态资产的风险要远大于现金。现金营运指数越小，未收回的现金占净利润的比例就越大，企业收益的质量就越差。营运指数大于1，说明营运资金被收回，返回现金状态。

三、案例分析

本案例将以珠海格力电器股份有限公司披露的20×6年年末财务报告为基础，进行公司财务状况质量的综合分析。

（一）比率分析

我们以珠海格力电器股份有限公司20×6年财务报表数据（母公司数据）为基础，计算的基本财务比率见表7-12。

表7-12 基本财务比率计算结果

比率名称	比率	比率名称	比率	比率名称	比率
流动比率（倍）	1.034	毛利率（%）	25.97	净资产收益率（%）	64.58
速动比率（倍）	1.034	核心利润率（%）	12.71	商业债权周转率（次）	4.28
资产负债率（%）	84.47	核心利润获现率（%）	91.87	存货周转率（次）	8.98
金融性负债率（%）	4.38	经营性资产报酬率（%）	8.84	经营性流动资产周转率（次）	0.76
利息保障倍数（倍）	不适用（但实际很高）	总资产报酬率（%）	7.14	固定资产周转率（次）	26.79
经营性资产周转率（次）	0.70				

（1）我们在计算公司的基本财务比率时，之所以采用母公司报表数据而不是合并报表数据，是因为有些指标对于合并报表来说并不适用。由于母、子公司均是独立的法律主体，即便母公司对其子公司拥有实质性的控制权，也不能动用子公司的资产去偿还母公司的债务，因此，一些衡量偿债能力的指标，如流动比率、速动比率、资产负债率等，对于合并报表来说并不具有实际意义，更没有必要用这些指标来反映整个集团的偿债能力。另外，在母、子公司经营范围存在较大差异的情况下，如格力电器母公司属于典型的制造业，而其子公司中有一家是财务公司，合并报表的存货周转率、经营性资产周转率以及毛利率等指标就显然失去了意义，更不

适合在同行业间进行比较。然而，读者在大量收集、翻阅上市公司对外公布的年报后不难发现，绝大多数的上市公司仅披露了合并报表附注，并没有同时披露母公司报表附注（仅对个别项目加以附注说明），这样就为我们进行财务指标分析和项目质量分析带来了一定的障碍。

（2）在计算周转率时，均剔除了不参与自身经营活动的投资性资产项目。但是，其他应收款与预付款项中包括一部分向子公司提供的资金，这应该从母公司的其他应收款、预付款项与合并报表其他应收款、预付款项之差来考察：合并报表其他应收款（或预付款项）的规模小于母公司其他应收款（或预付款项）规模的差额就是向子公司提供的资金，在性质上同样属于投资性资产。本案例中的其他应收款和预付款项与资产总额相比总体上规模不大，对经营性流动资产和经营性资产总额的规模影响较小，对比率计算结果的影响不大，因此，在计算母公司的经营性资产周转率时，为简化起见并没有予以剔除。

（3）正常情况下，在计算息税前利润（利润总额+利息费用）时，应该查阅母公司报表中财务费用项目的附注，找出利息费用的具体数据。但由于格力电器母公司报表附注中没有关于财务费用项目的说明，因此我们在计算相关指标时只是简单地用财务费用数据代替利息费用数据。财务费用是54亿元，说明利息收入大大高于利息费用，这样用财务费用数据代替利息费用就会出现很大问题：利息保障倍数不需要计算就能看出，利息费用的保障程度应该是很高的，不应是负数；在计算总资产报酬率时也会导致其大大低于实际水平（如果考虑利息收入因素，实际的总资产报酬率应该在10%以上）。

（4）由于母公司报表附注中没有关于固定资产项目的说明，无法获得母公司自身固定资产原值的数据，因此，固定资产周转率只能用报表披露的账面价值粗略计算。

（5）一般情况下，存货周转率和商业债权周转率中的数据均应使用未扣除减值准备之前的原值。但考虑到该公司减值准备占相应资产项目的规模较小，并且数据获取较为困难，本计算中均直接采用报表中扣除减值准备后的净值数据。

（6）格力电器各年的流动比率均大大低于2∶1的所谓经验数据，能否直接得出其短期偿债能力较弱的结论？从该公司的流动负债结构可以看出，预收款项在流动负债中占比较高，而预收款项的偿还只需要将产品发出即可，并只需要按产品的成本来计算偿付。流动负债其他项目（如应付账款和其他流动负债）大多也没有固定的偿付压力，因此，这种流动负债结构表明公司短期偿债能力明显不会存在太大的问题。

（7）我们仅计算了公司当年的有关财务比率。一般情况下，只有在将其与公司过去若干年的相关比率进行比较后，才能了解公司在年度间的发展变化情况；也只有在将其与行业同类公司的相关比率进行比较后，才能了解公司在行业内的相对竞争优势以及经营战略上的差异等方面的内容。

尽管如此，我们仍然可以利用上述比率对公司的财务状况进行初步评价：

首先，公司的盈利能力比率除了主要包括毛利率、核心利润率、净资产收益率、总资产报酬率外，还应包括存货周转率、流动资产周转率、固定资产周转率和总资产周转率等。结合上述数据，无论相关资产的周转速度快慢与否，都能得出公司当年的盈利能力较强的结论。

也就是说，就比率本身而言，虽然还没有对公司的业绩在年度间或者在同行业之间进行比较，但仍然能够感觉到公司自身的经营活动尚处于良性的持续发展态势。

其次，与公司短期偿债能力有关的财务指标如流动比率较低，表面上容易给人以公司存在较大的短期偿债能力问题的印象。但实际上，核心利润获现率在衡量公司短期偿债能力方面更有价值。如果公司的利润有产生充足现金的能力，则无论其相关指标如何，公司短期偿债的能力一般都不会有太大的问题。在本案例中，虽然公司的核心利润获现率较之前年份有明显的下降，但考虑到公司的商业债券以应收票据为主，且应收票据本期余额较上年增加了近150亿元，公司的经营活动获得现金的能力应该是比较有保障的。另外，如前所述，公司流动负债实际的现金支付压力远没有比率表现得那么大，因此，根本不需要为其短期偿债能力担忧。

最后，在公司的长期融资能力方面，公司的资产负债率接近85%，一般会据此认为，公司运用长期负债进一步融资的能力已经受到了严重限制。但实际上，与前面的分析相对应，公司的负债中预收款项占比较大，况且公司的绝大部分债务为经营性负债，这反而说明公司在行业中具有相当强的议价能力，在商业结算中掌握相当大的主动权。再加上银行贷款规模较低，金融性负债率只有4.38%，因此，公司实际偿还负债的压力应远没有资产负债率表现得那么大，公司的长期融资能力不会受到太大的影响。

通过上述简单的比率分析，我们可以得出这样的初步结论：公司的盈利能力较强，营运能力较强。虽然公司短期和长期的偿债能力财务比率表现均较差，但考虑到公司的特殊状况，这恰恰是公司在行业中具有较强的议价能力和竞争力的表现。因此，我们必须对传统的财务比率分析方法有客观的认识，不能仅仅采用这些财务指标对公司整体的财务状况做出过于简单的、形式化的评价。

在进一步对主要项目进行具体的质量分析之后，我们再来综合评价公司的资产质量、资本结构质量、利润质量以及现金流量质量，就会对公司财务状况的整体质量有更为深入而贴近公司实际状况的认识，得出的结论也会更加令人信服。

（二）资本结构质量分析

1.负债及所有者权益项目的初步分析——资本引入战略的选择与实施情况

从合并报表的负债项目来看，公司的负债以流动负债为主。流动负债期末余额为1269亿元，增加了约143亿元，占负债总额的99.6%。公司流动负债项目主要集中在短期借款、应付票据、应付账款、预收账款、应交税费、其他应付款和其他流动负债上，其中，其他流动负债占流动负债总额的47%，按照重要性原则，这个项目应该引起分析人士的足够重视。考察有关项目的附注不难发现，除了短期借款外，上述其他项目的增加基本上都是公司业务扩张的结果。

就偿债能力而言，从表面上看，公司由于流动资产对流动负债的账面保障度不高而存在一定的偿债能力问题。但是，由于公司利润的规模较大，产生现金流量的能力较强，公司短时间内并不会出现实质性的偿债压力问题。

从合并报表的所有者权益项目来看，投入资本（股本与资本公积合计）期末余额为62亿元，留存收益（盈余公积与未分配利润合计）期末余额为475亿元，其中，留存收益占所有者权益项目总额的87%。公司在多年坚持大比例派发现金红利的情况下，仍有475亿元从净利润中留存下来的收益，足以证明公司长期以来均保持了较强的盈利能力；而投入资本只占所有者权益项目总额的11%，且股权较为分散，控股股东持股不到20%，由此可以推断，控股股东在董事会的话语权会受到一定制约，在最终由股东大会决定的公司重大发展战略的选择上很可能不会起到决定性的作用。20×6年10月，公司临时股东大会的表决结果出现否定董事会提案的情况就说明了这一点。

从公司目前的资本结构来看，在经营性负债、金融性负债、股东入资和利润积累这四个支撑公司发展的驱动因素中，经营性负债为公司发展提供了较为充足的资金保障，成为支撑公司发展的根本动力，因此，格力电器是典型的以经营性负债资本为主的经营驱动型企业，应该说公司的管理团队为格力电器取得今天的业内地位立下了汗马功劳。

2.对公司融资能力和融资环境的分析

结合上市公司资产负债表中负债与资产规模的对比、现金流量表中年度内筹资活动现金流量等方面的信息，我们可以看到，尽管公司的资产负债率较高，但由于资产的整体盈利能力较强，负债中以经营性负债为主，因此，公司的融资环境应该是不错的，融资能力完全可以支撑公司未来发展的资金需求。

（三）资产质量分析

1.资产总体状况的初步分析——资源配置战略的选择与实施情况

合并报表的资产从总体来看，公司的资产总额从年初的1 617亿元增加到年末的1 824亿元。从结构来看，在公司年末资产总额中，有1 429亿元的流动资产，占资产总额的78%。其中，货币资金956亿元，占流动资产的67%，占总资产的52%；应收票据近300亿元，应收账款近30亿元，预付款项18亿元，存货90亿元，其他应收款2亿元。在非流动资产方面，公司固定资产账面净额177亿元，比年初增长了15%；由于母公司77亿元对外股权投资基本以控制性投资为主，因此合并报表中的长期股权投资只有1亿元；此外，可供出售金融资产为14亿元，在建工程约为6亿元，无形资产34亿元，递延所得税资产比上年增加10亿元，约为97

亿元。

从以上数据可以看出，公司的经营性资产占资产的绝大多数，长期股权投资规模较小（即便在母公司报表中也只占5%），因此，资源基本上都配置和分布在经营性资产上，盈利模式是典型的经营主导型。

2.货币资金项目质量分析

从合并报表的总体规模来看，公司货币资金由年初的888亿元增加到年末的956亿元，其中用途限定的其他货币资金共计87亿元，定期存款155亿元（见现金流量表的“支付其他与投资活动有关的现金”项目附注），实际可自由支配的现金期末余额为713亿元。现金余额当期的具体变化原因可通过分析现金流量表来考察。

这里需要强调的是，货币资金余额长期过大，在公司业务规模一定的情况下会降低公司整体的盈利能力。因此，公司下一步应更加积极地寻找新的投资方向，适度进行新的战略布局和调整，以提高资金的整体利用效率，但也有可能面临战略失败的风险。

3.债权项目质量分析

对债权项目质量的分析主要应关注应收票据、应收账款以及其他应收款的质量分析。

（1）关于应收票据。与年初应收票据规模相比，公司年末的应收票据余额增加近150亿元，是年初的2倍，是应收账款余额的10倍。从现金流量表分析可知，公司当年“销售商品、提供劳务收到的现金”较上年下降了410亿元。应收票据余额的大幅上涨是否可以说明公司当年的销售结算方式大多为票据结算？读者可自行分析判断。此外，预收款项增加了24亿元，这为维持来年的业绩奠定了基础。由于应收账款规模并没有明显上升，应收票据是商业债权的主体，债权的整体质量仍旧较高，公司销售的回款状况依然良好。

（2）关于应收账款及坏账准备。从规模来看，与年初相比，公司应收账款的规模只有小幅提高。查看一下报表附注就会发现，公司一年以内的应收账款占97%，且总体计提的坏账准备规模比较小。这说明，公司年末应收账款的周转性和保值性均比较高，整体质量很好。

（3）关于其他应收款。合并报表中其他应收款年初和年末的规模分别为2.5亿元和2.4亿元，从附注可知，一年以内的部分占84%，且计提了较小规模的坏账准备。母公司报表中其他应收款年初和年末的规模分别为5.7亿元和8.5亿元，从附注来看，该项目主要由应收子公司款项构成，整体账龄较短。通过后面的分析可进一步看出，子公司的盈利能力整体上较强，这说明其他应收款虽然被子公司占用，但资产质量仍较高，公司其他应收款并没有被关联方大额占用而形成不良资产的迹象。

因此，总体来看，公司的债权质量较高。

4. 存货项目质量分析

从母公司的报表附注中，无法看到其存货的构成、规模和减值准备计提的有关情况。我们所能运用的仅是合并报表的存货附注资料。

首先，可以结合合并资产负债表来对存货的周转性和保值性进行分析。期末合并资产负债表的存货规模为90亿元，与年初的95亿元相比，公司存货略有下降。合并利润表显示，本年度营业成本比上年有显著提高，由60亿元增至729亿元。在营业成本提高的情况下，存货的规模在下降，这种变化反映出公司提高了整体的存货管理控制水平，使公司存货周转速度加快。存货周转率上年为7.29次，本年为8.98次，因此计算结果也说明公司存货整体周转效率加快。但是，正如我们在存货项目质量分析中所分析的那样，存货构成中原材料和在产品规模都有不同程度的下降，而产成品的规模却有一定程度的上升。其原因是公司受到外部环境的影响，产成品出现积压而通过适度减产来“去库存”，还是市场需求旺盛，公司加大产成品的产量和储备量，以防产品出现短缺（其中原材料和在产品因大量生产、消耗过快而出现存量下降的情况），抑或是存在其他情况？读者可自行分析判断。

其次，从附注中的营业收入和营业成本可以看到，由于空调产品实现的营业收入占营业收入总额的95%，空调产品的毛利率由上年的36%上升为当年的39%，且高于同行业的平均水平，因此可以得出结论，公司存货的盈利性稳中有升，公司在行业中继续保持竞争优势。

需要指出的是，无论是存货周转率还是毛利率，都不能仅凭数字来分析，而应该结合一定的周转所产生的利润效应来分析。公司最终获得较为理想的利润才是作为盈利媒介存货质量的最终体现。公司当年核心利润比上年增加了42亿元，足以说明存货的质量较高。但我们也注意到，经营活动产生的现金净流量当期减少了近300亿元，尽管可能当期更多地采用了商业票据结算方式，变现性仍有极强的保证，但也要关注其中传递出来的某种信号。

5. 长期股权投资项目质量分析

长期股权投资的质量分析，涉及以下几个方面：

（1）公司投资的方向、构成及其与公司核心竞争力、公司发展战略之间的关系。从报表附注和相关资料的情况来看，母公司（即上市公司）长期股权投资（基本上是对子公司的投资）主要集中在与空调压缩机生产、销售有关的领域。应该说，其投资方向与打造上市公司自身的核心竞争力、夯实在空调行业的竞争优势是密切相关的。

从长期股权投资规模来看，无论是年初金额还是年末金额，无论是合并报表还是母公司报表，长期股权投资规模占总资产的比重均显得较小，这意味着上市公司始终将自身的经营活动作为主业，坚持经营主导的盈利模式，这与公司所制定的“把格力打造成为有较强核心竞争力的、有自主知识产权的、管理先进的国际一流公司”的经营战略思想是一致的。

（2）年度内投资的变化。从资产负债表来看，母公司报表中的长期股权投资年度内增加了9亿元，较年初增长了13%，但合并报表中的长期股权投资增加不到1 000万元，查看附注得知，公司本年内新设了5家有关智能装备、制冷设备、精密模具以及能源环保技术方面的全资子公司，业务范围与公司主业高度相关，因此，可以反映出公司在巩固和发展空调产业的同时，“不断向智能制造、智能家居、新能源产业延伸”的多元化战略正在逐步实施。

（3）关于长期股权投资减值准备的计提。本年度内，尽管公司的长期股权投资整体呈现增长的态势，但基本没有计提长期股权投资减值准备。这说明，公司对其子公司未来的盈利能力是充满信心的。

（4）关于公司控制性投资（即子公司）的盈利能力。比较一下母公司利润表和合并利润表，我们就会发现，合并报表的营业收入与营业成本等项目数据与母公司报表的相应数据差异不大，说明公司的子公司对外直接销售收入的规模有限，意味着子公司的产品有相当一部分是出售给了上市公司（即子公司为母公司生产配套零部件等）。合并报表的核心利润为186亿元，远远大于母公司的核心利润127亿元，这说明，控股子公司为整个集团盈利能力的提高贡献了力量。

据此，我们可以得出结论：上市公司（即母公司）的长期股权投资质量较好。

6.固定资产项目质量分析

（1）固定资产规模、结构及利用状况。在现有的报表披露模式下，公司在资产负债表上不再披露具有重要价值的固定资产原价，而仅仅披露对固定资产质量分析价值不大的固定资产账面价值（这一数据对债权人来说也许更有参考价值）。但我们可以结合固定资产的附注信息对固定资产的质量进行分析。

第一，我们对公司固定资产原值的变化状况进行分析判断。合并报表附注信息显示，固定资产原值年度内增加了41亿元，较年初增长了19%，其中房屋及建筑物增加了21亿元，机器设备增加了17亿元，电子设备增加了1亿元，运输及其他设备增加了1亿元。从固定资产增加的项目构成来看，固定资产的年内增加内容基本与公司业务相符，是适度扩大生产规模所致。

第二，我们结合公司固定资产规模的变化和当年营业收入的变化看固定资产周转状况。从合并利润表的数据来看，公司当年的营业收入虽较上年有所增加，但固定资产原值增加了41亿元，致使固定资产周转率由上年的4.77次下降为本年的4.65次，考虑到当年新投入使用的固定资产所带来的效应不一定在当年全部显现，我们不能就此得出固定资产的周转效率在下降的结论。

（2）固定资产的盈利性分析。固定资产的盈利性主要是通过其生产出来的产品的盈利性来体现。前已述及，报告期内其主要产品空调的毛利率由上年的36%上升为当年的39%，且高于同行业的平均水平，核心利润比上年增加了42亿元，这足以说明固定资产的技术装备水平较高，生产工艺能满足市场需求，盈利性较好。

(3) 关于公司的折旧政策。从公司报表附注来看，其折旧期限的选择是比较正常的，符合行业惯例。

(4) 关于固定资产减值准备与固定资产的保值性。合并报表的固定资产减值准备变化显示，公司年度内增加的固定资产减值准备较少，这意味着公司固定资产当期没有发生明显的贬值现象，固定资产整体的保值性较好。

总体来说，公司固定资产的盈利性、周转性、保值性均较稳定，这最终体现在公司较强的整体盈利能力上，因此，公司固定资产项目的质量较好。

7.无形资产项目质量分析

从合并报表及其附注所披露的规模和结构来看，公司的无形资产规模年内增加了7亿元，主要增加的是土地使用权。公司的无形资产主要是由土地使用权、工业技术和专有技术构成。年内未计提减值准备，说明无形资产保值性较好。

需要注意的是，不管公司的盈亏状况如何，该上市公司的无形资产肯定远远高于报表中披露的无形资产金额（如账外的专利）。当然，这主要是在无形资产会计处理的惯例中采用稳健性原则的结果。这再次说明，分析公司整体财务状况质量，一定要关注报表以外公司可能存在的无形资产的种类及其质量。

8.经营性资产整体质量分析

(1) 经营性资产的周转性分析。

在比率分析中，可能有的读者已经注意到：在周转率方面，与单项资产有关的周转率、固定资产周转率均表现得比较好，而与整体资产有关的周转率、经营性流动资产周转率等指标则表现得并不理想。

对这种反差的直观理解是公司个别项目资产的管理与营运能力较强，资产质量较好；但整体资产的管理与运营情况不佳，资产质量有结构性瑕疵。

如果我们仔细考察公司资产的结构，就会找出主要原因：在公司的流动资产中，包含了一项规模巨大的并不直接支持经营活动的货币资金项目。正是巨额的货币资金，使得公司的总资产周转速度、流动资产周转速度下降。

也就是说，从公司整体资产周转效率的角度来看，由于货币资金并不支持公司营业收入的获得，因而巨额货币资金直接导致了相关周转率的下降。换句话说，货币资金对资产周转率的提高产生了负面影响。

当然，货币资金至少还会为公司带来财务利息收入，但相对于其他经营性资产的盈利能力，利息收入的盈利水平显然相对较低。好在公司的巨额货币资金既不是靠金融性负债获得（公司债务中银行借款较少，通过计提形成的负债较多），也不是靠股东入资获得，不会给公司带来过多的财务负担。

因此，从总体上看，公司的资产周转状况良好，整体质量较高，没有明显的不良资产。

(2) 经营性资产的盈利性分析。

第一，经营性资产的盈利规模（相对数）。在前面的指标计算中，经营性资产报酬率为8.84%，由于在母公司的经营性资产中60.8%为货币资金，仅为公司贡献了利息收入，因此，该项目在很大程度上影响了经营性资产整体的盈利性。

第二，经营性资产的盈利质量（含金量）。财务比率分析显示，公司核心利润获现率为91.87%，低于100%。通过与公司近五年的情形进行比较不难看出，公司20×6年经营性资产产生的核心利润首次高于经营活动产生的现金净流量。三张主报表的基本关系原理告诉我们：当公司核心利润高、获得的经营活动现金流量规模相对较低时，公司经营资产的商业债权和存货往往会比期初有所增加。

果然，在母公司资产负债表上，应收票据、应收账款与存货三者之和远远大于年初的三者之和，增长最多的当属应收票据。应收票据的巨额增长导致公司经营活动现金流量净额与核心利润相比显得不够充足。但由于公司商业债权的结构是以应收票据为主的，而应收票据又是以银行承兑汇票为主的，因此，从根本上讲，公司商业债权的质量较高，公司经营资产的盈利质量还是较有保障的。

9.资产总体质量分析

综上所述，公司的资产总体质量较高，无明显的不良资产占用。经营性资产、投资性资产的内在构成和盈利能力均表现出较好的状态。资产结构揭示了公司经营主导型的盈利模式，公司资源配置战略定位清晰，资产结构与公司资源配置战略的承诺相吻合，战略实现情况良好。从长期来看，公司发展的主要方向应是在保持制冷技术领先优势的同时，积极拓展新的投资方向和投资领域，进一步提高闲置资金的利用效率。

（四）利润质量分析

1.利润表主要项目质量分析

（1）营业收入项目质量分析。

①营业收入的产品结构、地区结构分析。公司合并报表中营业收入、营业成本的结构和规模等相关信息见表7-13。

表7-13　**公司合并报表相关资料**　单位：元

项目	本期发生额		上期发生额	
	收入	成本	收入	成本
内销	76 937 875 361.69	45 233 448 281.99	74 596 089 512.78	46 279 216 061.59
外销	16 249 905 240.71	13 463 046 491.93	13 334 892 055.56	11 118 137 965.51
合计	93 187 780 602.40	58 696 494 773.92	87 930 981 568.34	59 397 354 027.10
空调	88 085 431 144.00	54 139 594 914.83	83 717 936 071.67	53 581 503 247.77
生活电器	1 717 749 799.00	1 337 954 114.57	1 522 676 680.86	1 209 460 671.25
其他	3 384 599 659.00	3 218 945 744.52	2 690 368 815.81	2 606 390 108.08
合计	93 187 780 602.40	58 696 494 773.92	87 930 981 568.34	57 397 354 027.10

上述结构信息表明，公司的专业化色彩依旧。公司的空调主业在20×6年获得了新的增长。从地区结构来看，公司的内销仍然占据主导地位。

②发展趋势分析。从业务结构和地区结构来看，格力电器的空调业务（尤其在国内）仍具有较强的行业竞争优势和较突出的竞争地位，在公司的收入结构中依旧发挥着“中流砥柱”的作用。尽管公司在年内对其多元化战略的实施做了进一步的探索和尝试，在某届临时股东大会上提出了收购珠海当地一家新能源汽车公司的议案，但该议案最终被股东投票否决。由此看来，公司多元化发展战略的实施尚需时日，以空调为主的专业化发展态势仍将持续一段时间。

（2）期间费用项目质量分析。从数据来看，公司的销售费用和管理费用呈现出随着公司营业收入增长而增加的发展态势，且其与营业收入相比的费用率同上年没有显著差异。这一般被认为是一种正常的费用发生水平。

需要提醒读者注意的是：格力电器在20×4年以前的销售费用远高于现在的规模，20×5年在公司的营业收入比上年出现较大幅度下降的情况下，公司的销售费用也出现了大幅下降。当年公司对此的解释是：营业收入下降，销售费用也下降（参见该公司20×5年年度报告）。

与此同时，直接导致公司销售费用增加的一个重要因素——销售返利却在20×5年不降反升，当然增加的幅度有所下降。会计学原理告诉我们：公司在会计期末进行的费用预提如果恰当（由此引起的负债属于预计负债，列入资产负债表的其他流动负债项目），则在下年内这部分计提的负债将进行偿还，当然也不排除公司与经销商之间签订多年销售协议的可能，在这种情况下，返利可能在今后几年内陆续支付。但是，该项目到20×6年在合并报表上已经滚动积累到580亿元的销售返利预提情况。这是否说明公司计提得太多，相对而言，同行业其他公司（如美的）面对相似的市场状况为什么没有出现这么大金额的销售返利呢？读者可以自行推断。

2.利润质量分析

（1）利润的含金量分析。从合并报表数据来看，本期实现利润总额185亿元，其中核心利润196亿元，投资收益-22亿元，公允价值变动收益11亿元；本期经营活动产生的现金净流量149亿元，收回投资收到的现金31亿元，取得投资收益收到的现金3亿元。我们在前面已经指出，企业经营活动当期实现利润（即核心利润）的含金量较往年稍显不足，但整体质量仍然较高。而投资活动虽然发生了22亿元的投资损失，但主要是由于在衍生金融工具项目上发生了25亿元投资损失，并没有影响现金流量，也没有引起实质性的现金流出。然而需要注意的是，由于11亿元的公允价值变动收益不会在当期带来任何现金流入，因此该项目的存在会在一定程度上影响利润的含金量（好在金额不大）。

（2）利润的持续性分析。

①营业收入的成长性。从合并报表来看，公司在20×2年实现1 000亿元营业收入的基础上，确立了“五年再造一个格力”的战略目标，20×3年、20×4年相继实

现营业收入1 200亿元和1 400亿元，顺利完成了每年营业收入增加200亿元的预定目标。但由于外部环境等各种因素的影响，20×5年的营业收入出现了较大幅度下滑，仅实现营业收入1 000亿元。20×6年被公司定为“转型元年”，在巩固现有空调市场份额的前提下，加速智能装备、智能家居、模具等领域的产业转型，保持了营业收入的基本稳定，实现营业收入1 100亿元。

由此看来，公司在前些年拥有较好的发展势头，近两年面临来自整个行业及宏观经济形势等诸多方面的挑战，但公司主动适应时代变化，把“转型、突破、创新”作为年度经营工作的指导思想，客观分析国内外经济形势，通过稳步实施多元化战略来保持营业收入规模的基本稳定。但愿随着多元化战略的稳步推进，公司营业收入规模会得到进一步提升。

②关于毛利率的走势。考虑到母公司与子公司之间存在的关联方交易，仅考察母公司毛利率的变化意义不大。更有意义的是综合考察这个以专业化为主的公司合并报表所展示的综合毛利率的走势。合并报表的主营业务毛利率约为37%。从年度间的比较来看，毛利率水平基本稳定，说明企业产品的整体竞争力仍然较强。

③利润的波动性分析。本期内公司的非经常性损益出现负值，致使公司扣除非经常性损益之后实现的净利润比扣除之前还要高，由于公司的非经常性损益规模不大，净利润没有因此受到太大影响，利润的波动性应主要来自主营业务受宏观环境影响所发生的震动。

（3）利润的战略吻合性分析——资源配置战略的实施后果。从母公司利润表的结构来看，支撑公司利润总额的三个关键因素——核心利润、投资收益与营业外收入之间的数字关系是较为正常的：母公司的核心利润在利润总额中的占比将近80%，投资收益居于次要地位，利润结构基本上与经营性资产为主的资产结构相吻合；而营业外收入对利润总额的支撑显得微不足道，即年度公司没有出现明显的非流动资产的处置利得或者获得政府的某种补贴。由此看来，上市公司自主经营的资源配置战略的实施后果较为理想，显示了公司自身经营活动在业内仍具有较明显的竞争优势和较强的盈利能力。

3.公司的现金股利分配政策分析

本年度公司推出了一个庞大的现金股利分配方案，每10股派发现金红利18元（含税），共计派发现金108亿元。这充分印证了公司对其自身的盈利规模、盈利质量以及现金支付能力均较为满意，并显示出公司对其未来发展充满信心。

（五）现金流量质量分析

1.经营活动现金流量的充足性、合理性和稳定性

前已述及，本期公司的核心利润获现率并不高，尚未达到100%，原因可能是赊销债权——应收票据增加过快。我们已经指出：由于公司的应收票据是以银行承兑汇票为主，因此，公司核心利润获得经营活动现金流量的能力从根本上讲并没有太大问题。但无论如何，当年的经营活动现金流量不算充足，好在公司的资本性

支出规模并不高，且公司有相当多的货币资金存量，公司当年的经营活动现金流量较前几年出现了明显的下滑，其稳定性还有待进一步观察。

2.投资活动现金流出量的战略吻合性

从母公司投资活动现金流出量的结构来看，其对外投资支付的现金超过了购建固定资产和无形资产支出的现金。这表明，公司年度内实施的扩张是以对外投资为主（主要是新设立了几家子公司）。

需要注意的是，合并报表中占据投资活动现金流出量主体的是支付其他与投资活动有关的现金155亿元。年报中对此的解释是“将一年以上的定期存款重分类至支付其他与投资活动有关的现金所致”，在这方面公司应注意保持会计处理的前后期的一致性，否则会在一定程度上影响会计信息年度间的可比性。

3.筹资活动的现金流量与经营活动、投资活动现金流量之和的适应性

我们在前面的分析中已经知道：公司的经营活动尚有较强的现金获取能力，公司的发展根本不需要对外融资。因此，公司本期筹资活动中除支付现金股利以外的任何流出流入，都不应该理解为是正常融资需求所致。其中，母公司报表显示，本期取得借款84亿元，偿还债务68亿元，除正常结算所需之外，其余部分很可能是不必要的融资。

思政园地

在现金流量表中有一项为“收到的税费返还”，指的是政府按照国家有关规定采取先征后返（退）、即征即退等办法向企业返还的税款，属于以税收优惠形式给予的一种政府补助。

党和国家制定了一些民族区域的优惠政策，对企业发展给予了大力支持，并且以习近平同志为核心的党中央，从前所未有的历史、政治、理论和实践高度，对财税、财税体制、财税体制改革的功能作用给出了全新的定位。“财政是国家治理的基础和重要支柱”；“科学的财税体制是优化资源配置、维护市场统一、促进社会公平、实现国家长治久安的制度保障”；税收返还从供给侧发力，推动科技创新，提高全要素生产率，进而降低企业成本、增强企业活力，支持实体经济做实、做强、做优，以促进结构调整、转变发展方式，实现供给与需求在更高水平上的动态平衡，实现投资与消费在更高质量上的动态均衡。不仅有税收返还优惠，国家对于新疆的部分企业还实行降低税率、减半或减免征收企业所得税等政策以促进区域经济的发展。

请思考税收返还与直接减免、即征即退的区别是什么？

本章小结

现金流量表是反映企业一定会计期间现金及现金等价物流入量和流出量的报

表。与其他主要财务报表相比较，现金流量表是以收付实现制为基础编制的。现金流量表的信息包括基本报表信息和报表附注信息。现金流量表反映了企业在一定时期内创造的现金数额，揭示了在一定时期内现金流动的状况，而这一状况在很大程度上决定了企业的生存和发展。

现金流量表比较分析。现金流量表一般分析只说明了企业当期现金流量产生的原因，没能揭示本期现金流量与前期或预计现金流量的差异。为了解决这个问题，可采用比较分析法对现金流量表进行分析，了解企业的各类现金流量在不同时期的增减变化情况。

现金流量表结构分析。此项分析的目的在于揭示现金流入量和现金流出量的构成情况，了解不同活动产生的现金流量在企业全部现金流量中所占的比重，分析不同现金流量对企业产生的影响。

现金流量表主要项目分析。需要在解读构成现金流量表的各个项目内涵的基础上，结合当年企业经营、投资和筹资活动的内容和特点，针对各个项目进行详细的分析。

现金流量表分析反映的是盈利质量。通过对现金流量表补充资料的分析，将经营活动产生的现金流量与实现的净利润联系起来，分析企业盈利的质量。

分析现金流量表，也需要计算相关的财务比率，更重要的是，将现金流量信息与其他财务信息相关联，可以从更多角度分析、评价企业的经营成果和财务状况。

复习思考题

1.充足的现金流量对企业有哪些重要作用？

2.你怎样理解“现金流量比利润更有分析价值”这句话？

3.某集团公司的老总在集团高层管理人员会议上说：“明年我宁可不要利润，也要现金。”请对此进行评论。

4.企业的现金流量表中，三项活动的现金净流量表现为什么状态是合理的？

5.请解释在什么情况下会出现经营和投资活动现金净流量均小于0，筹资活动现金净流量大于0的状况。

6.如果企业的经营现金净流量与净利润相差较多，可能的原因有哪些？

7.什么是现金营运指数？如果企业的现金营运指数较小，可能的原因是什么？企业可以通过什么方式提高现金营运指数？

8.请比较说明每股收益和每股经营现金净流量指标。

第八章　企业综合分析与业绩评价

【导入性案例】

说到综合分析，定会想到杜邦分析，说到杜邦分析，又会想到杜邦公司。

著名的美国杜邦公司，由法裔移民爱里迪尔·依涅·杜邦于1802年在美国创立，距今已有200多年的历史了。早期是制造火药的工厂，现在是世界第二大化工公司。在全球70个国家经营业务，共有员工79 000多人。杜邦以广泛的创新产品和服务涉及农业、营养、电子、通讯、安全与保护、家居与建筑、交通和服装等众多领域。

对于企业来说，一般公司的寿命也就在10年以内，全球较著名的跨国公司能够活过50年的也没有几家，杜邦已经是一家进入第2个百年的老公司了，其基业长青的秘诀何在？200多岁的老杜邦是如何保持"小杜"的活力和强健体魄的？

杜邦之所以能够保持年轻态，首要的一点就是观念上"随变"，而不是"僵化"。正如杜邦公司董事长兼首席执行官贺利得说的那样，"我们决意要建立一个世代延续的公司。很多观察者想把杜邦标注为这样或那样的公司。我们是一家化学公司吗？我们将要成为一家生物科学公司吗？从很多方面来说，这些都是错误的提问。正确的提法应该是：'我们是一个强大的，在世界范围内探索人类基本需求并为之提供解决之道的公司吗？'对于这个问题的回答是大声说'对！'"

其次是公司有着优异的战略导航：大象无形、大智若愚。

战略就是选择，就是取舍，不舍不得，大舍大得。有所为，有所不为，才能大有作为。

杜邦是一家典型的战略导向型公司，其最成功之处就是战略眼光的超前和独到，有许多公司喜欢抓住过去不放，而杜邦更喜欢抓住未来。杜邦对与未来发展战略不相匹配的产业采取了非常果断的处理手段，曾经卖出了与公司发展战略相悖，却能获取高额利润的石油业务，现在又卖出了最赚钱的莱卡业务。看似很傻，但是在历史上能够成就丰功伟业的优秀企业大都有一种看似"犯傻"的愚蠢举动，不要忘了，大象无形、大智若愚的古训。

再次就是财务上他们始终坚持"利润最大、风险最小"的经营战略，始终谨慎而坚定地保证预定的净资产收益率：杜邦公司对投资收益率的考核采取的是一套综合标准，而并非只对企业的经营效果进行评价。具体做法是首先从整个公司的综合经济效益出发，再加上对各个部门的评价，包括对新开发项目的特别评价。如果一家企业不能达到10%的净资产收益率，不论其他方面有多大的优势，都必须关闭，无一例外。这是杜邦公司绝对不能违反的"法律"，也是保证"利润最大"经营决策的具体措施。

杜邦公司的另一个经营策略是“风险最小”，这主要体现在财务管理上，杜邦公司决定在任何情况下都绝对禁止举债。2004年年初，杜邦公司对其全球业务结构进行了重新整合，将所有的业务调整为电子和通信技术、高性能材料、涂料和颜料技术、农业与营养、安全防护五大业务平台。为此，杜邦公司进行了大规模的重组，涉及全球600多亿美元的业务剥离和资产并购业务，甚至卖掉了仍能获取巨额利润的石油业务和莱卡业务，其最终目的就是要通过整合一系列平台，并不断向市场和客户强化杜邦的新发展模式，创造出一些跨业务的发展领域，寻找到新的发展机会。

杜邦的发展方向是要成为一家全球领先的、可持续增长的科学企业，其战略决策不单单是从一个行业的发展趋势着眼，更强调根据时代的主流趋势来确定自己将进入的领域，根据未来人类的消费取向来确定自己的业务组合。

第一节　财务综合分析与评价的目的与内容

一、财务综合分析与评价的目的

财务分析从盈利能力、营运能力和偿债能力的角度对企业的筹资活动、投资活动和经营活动状况进行深入、细致的分析，以判明企业的财务状况和经营业绩，这对于企业投资者、债权人、经营者、政府及其他与企业利益相关者了解企业的财务状况和经营成果都是十分有益的。但前述财务分析通常是从某一特定角度，就企业某一方面的经营活动做出分析，这种分析只是就单项财务能力所做的分析及评价，其结论很可能具有片面性，不足以全面评价企业的财务情况，很难对企业总体财务状况和经营业绩的关联性做出综合结论。为弥补财务分析的这一不足，有必要在财务能力单项分析的基础上，将有关指标按其内在联系结合起来进行综合分析，从整体上、相互联系地全面评价企业的财务状况及经营成果，这就是财务综合分析。因为财务综合分析往往与企业的业绩评价联系在一起，因此，实务中又叫财务综合分析与评价。

财务综合分析与评价的目的在于：

（1）通过财务综合分析，明确企业财务活动与经营活动的相互关系，找出制约企业发展的“瓶颈”。

（2）通过财务综合分析，评价企业财务状况及经营业绩，明确企业经营水平的高低、在行业中所处的位置以及发展方向。

（3）通过财务综合分析，为企业利益相关者进行投资决策提供参考。

（4）通过财务综合分析，为完善企业财务管理和经营管理提供依据。

二、财务综合分析与评价的内容

财务综合分析与评价至少应包括以下两方面内容：

（1）综合分析企业的财务状况和收益能力。企业财务目标是资本增值的最大化。资本增值的核心在于资本收益能力的提高，而资本收益能力的提高要受到企业各方面、各环节财务状况的影响。因此，综合分析企业财务状况及收益能力，是以分析、衡量企业资本收益能力作为着眼点的。衡量企业资本收益能力的指标有多种，其中以净资产收益率最为主要。

财务综合分析的做法之一，就是以净资产收益率为核心，通过对净资产收益率指标的层层分解，找出企业经营各环节的多种因素对其收益能力的影响，综合评价企业各环节及各方面的经营业绩，进而达到改善企业经营，提高管理水平，实现企业财务目标的目的。杜邦财务分析体系是进行这种分析的最基本方法。

（2）综合评价企业的经营业绩和管理业绩。虽然将财务目标与财务环节联系起来进行分析，可以解决单项指标分析或单方面分析给评价带来的困难，但还不能给相互关联指标的表现以综合定量评价。因此，往往难以准确得出公司经营业绩改善与否的定量结论。企业经营业绩综合评价正是为解决这一问题产生的。利用业绩评价的不同方法对企业经营业绩及管理业绩进行量化分析，可以得出企业经营业绩评价的综合量化结论。

综合业绩评价方法的最经典做法是沃尔评分法。在此基础上又形成了多种由不同的指标和评价方法构成的评价体系。

第二节　杜邦财务综合分析及其发展

一、杜邦财务分析体系

杜邦财务分析体系，亦称杜邦财务分析法，简称杜邦分析法（Du Pont analysis），由美国杜邦公司首创，是从财务角度评价公司盈利能力和股东权益回报水平，进而评价企业绩效的经典方法。杜邦分析法从评价企业的净资产收益率指标出发，利用各主要财务比率指标间的内在有机联系，将指标层层分解，形成一个完整的指标体系，揭示指标变动的原因和趋势，使分析者对企业财务情况的分析有一个全局的视野，满足分析者全面分析和评价企业财务能力和经营绩效的需要。

杜邦分析法的核心是根据各主要财务比率指标之间的内在联系，建立财务分析指标体系，综合分析企业财务状况。采用这一方法，将反映企业盈利状况的总资产净利率、反映资产营运状况的总资产周转率和反映偿债能力状况的资产负债率按其内在联系有机结合起来，并将这些比率进一步分解为多项财务指标，使财务比率分析的层次清晰、因果关系明确，为报表分析者全面、仔细地了解企业的经营和盈利状况提供方便。在指标层层分解的基础上，再结合财务分析的其他方法，可以对影响净资产收益率的原因做出深入的揭示。

净资产收益率（权益净利率）是杜邦财务分析体系的核心比率，它有很好的可比性，可以用于不同企业之间的比较。同时，该指标又是股东极为重视的指标，它能反映出公司为股东创造的净收益的水平。此外，这个指标有较强的综合性，通过分解和分析它，可以使分析者深入到企业经营管理的不同层面，发现问题、解决问题、提高效益。

杜邦分析法有助于企业管理层更加清晰地看到影响净资产收益率的各种因素，为管理层提供了一张明晰的考察公司资产管理效率，争取实现股东投资回报最大化的路线图。

在前面的利润表的分析中，想必你已经注意到金风科技2018年的净资产收益率为12.89%，比2017年的14.42%下降了1.53个百分点。为什么会出现这种下降，这种下降的原因是什么，是否有其合理性？如果降低不合理，问题又出在哪里，该如何加以解决？杜邦财务分析体系可以帮助我们解决上述的疑惑。

二、传统杜邦财务分析体系的基本框架及运用

该体系是一个多层次的财务比率分解体系。各项财务比率，在每个层次上与本企业历史或同行业的财务比率比较，比较之后向下一级分解。经过逐级向下分解，逐步覆盖企业经营活动的各个环节，可以实现系统、全面评价企业经营成果和财务状况的目的。

第一个层次的分解，是把净资产收益率分解为资产净利率和权益乘数，此时，

净资产收益率=资产净利率×权益乘数

$$\frac{\text{净利润}}{\text{平均净资产}}=\frac{\text{净利润}}{\text{平均总资产}}\times\frac{\text{总资产}}{\text{净资产}}$$

这里影响企业净资产收益率的因素是两个，资产净利率和权益乘数，它们与净资产收益率是同方向变化的。

资产净利率反映企业资产的收益能力，这一收益能力又取决于企业资产的占用规模和实现净利润的水平。

权益乘数反映企业的财务杠杆，是与企业的所有者权益在总资产中的比率相关的，或者也可以说是与企业的负债比率相关的，负债比率越高，权益乘数越大。

第二个层次的分解，是个过渡层次，将资产净利率分解成销售净利率和总资产周转率，即：

资产净利率=销售净利率×总资产周转率

$$\frac{\text{净利润}}{\text{平均总资产}}=\frac{\text{净利润}}{\text{营业收入}}\times\frac{\text{营业收入}}{\text{平均总资产}}$$

销售净利率反映企业经营收益的能力，与营业收入、成本费用、税费支出都有关系。

总资产周转率反映企业总资产的周转速度，也可以说是反映企业总资产的利用效果。

企业的经营业绩越好，总资产周转速度越快，资产净利率就越高。

第三个层次的分解，把第一和第二两个层次结合起来，即可以将净资产收益率分解为三个因素——销售净利率、总资产周转率和权益乘数。

净资产收益率=销售净利率×总资产周转率×权益乘数

$$\frac{净利润}{平均净资产}=\frac{净利润}{营业收入}\times\frac{营业收入}{平均总资产}\times\frac{总资产}{净资产}$$

上述的第一和第三个层次的指标分解，体现了杜邦财务分析体系的精髓，尤其是第三个层次的分解。它告诉我们，企业净资产收益水平的高低是由三个基本因素决定的：经营收益水平、资产周转水平和合理的资本结构。

杜邦财务分析体系为进行企业综合分析提供了极具价值的财务信息。这种价值既体现在所选取的单个指标上，更体现在它们的相互关联上。

（1）净资产收益率是综合性最强的财务指标，是企业综合财务分析的核心。这一指标反映了投资者的投入资本获利能力的高低，能体现出企业经营的目标。从企业财务活动和经营活动的相互关系上看，净资产收益率的变动取决于企业商品经营、资产经营和资本经营的效率。所以净资产收益率是企业财务活动效率和经营活动效率的综合体现。

（2）销售净利率是反映企业商品经营盈利能力最重要的指标，是企业商品经营的结果，也是实现净资产收益率最大化的业务保证。企业从事商品经营，目的在于获利。企业获利的途径从经营层面上看只有两条：一是扩大营业收入；二是降低成本费用。

（3）总资产周转率是反映企业资产营运能力最重要的指标，是企业资产经营的结果，也是实现净资产收益率最大化的物质基础。企业总资产由流动资产和非流动资产组成。流动资产体现企业的偿债能力和变现能力，非流动资产则体现企业的经营规模、发展潜力和营运能力。各类资产的收益性又有较大区别，如库存现金、应收账款几乎没有收益。所以，资产构成是否合理、营运效率的高低是企业资产经营的核心，并最终影响到企业的经营业绩。

（4）权益乘数既是反映企业资本结构的指标，也是反映企业偿债能力的指标，是企业筹资活动的结果。它对提高净资产收益率起到杠杆作用。因此，权益乘数也叫财务杠杆，它会放大其他指标的影响作用。适度开展负债经营，合理安排资本结构，可以提高净资产收益率。

现在我们可以回答前面提到的问题了，金风科技2018年净资产收益率比2017年下降1.53个百分点，是什么原因呢？下面根据金风科技2018年财务报表的有关资料，进行指标的分解和分析。

为便于分析，将报表的有关资料进行简单的汇总整理，见表8-1和表8-2。

利用连环替代法可以定量分析销售净利率、总资产周转率和权益乘数对净资产收益率变动的影响程度：

1.销售净利率变动的影响

按2018年的销售净利率计算的净资产收益率=11.43%×0.3663×3.10=12.98%

销售净利率变动的影响=12.98%-14.42%=-1.44%

表8-1　　**金风科技财务数据**　　金额单位：万元

项　目	2018年	2017年	2016年
营业收入	2 873 060.73	2 512 945.60	2 639 582.93
净利润	328 259.79	314 880.66	310 573.19
资产总额	8 136 405.29	7 278 783.94	6 443 716.50
净资产	2 647 512.38	2 347 500.11	2 069 879.43
负债总额	5 488 892.91	4 931 283.83	4 373 837.07
净资产收益率（%）	12.89	14.42	15.03
资产负债率（%）	67.46	67.75	67.88

资料来源　根据“金风科技”（股票代码：002202）2016—2018年年报等相关资料整理.

表8-2　　**金风科技基本财务指标**

项　目	2018年	2017年	2016年
销售净利率（%）	11.43	12.53	11.77
总资产周转率（次）	0.3728	0.3663	0.4512
权益乘数	3.07	3.10	3.11
负债总额（万元）	5 488 892.91	4 931 283.83	4 373 837.07
净资产收益率（%）	12.89	14.42	15.03
资产负债率（%）	67.46	67.75	67.88

资料来源　根据“金风科技”（股票代码：002202）2016—2018年年报等相关资料整理.

2.总资产周转率变动的影响

按2018年的销售净利率、总资产周转率计算的净资产收益率=11.43%×0.3728×3.10=13.21%

总资产周转率变动的影响=13.21%-12.98%=0.23%

3.权益乘数变动的影响

权益乘数变动的影响=12.89%-13.21%=-0.32%

通过分析可知，销售净利率、总资产周转率和权益乘数均对净资产收益率产生了影响。其中总资产周转率对净资产收益率的影响最大，总资产周转率提高，使净资产收益率提高了0.23%；销售净利率降低，使净资产收益率下降了1.44%；权益乘数降低，使净资产收益率下降了0.32%。

在进行上述三因素分析之后，可以根据发现的问题，继续进入下一层次的分析，分别考察销售净利率、总资产周转率和权益乘数的变动原因。依据同样的分析原理和思路，对有关指标（因素）进行层层分解与分析，帮助分析者系统、全面地了解企业经营及管理的各个方面，进而做出相应的评价和决策。

杜邦财务分析体系分析的思路和内容体系，可以通过下面框架图体现，如图8-1所示。

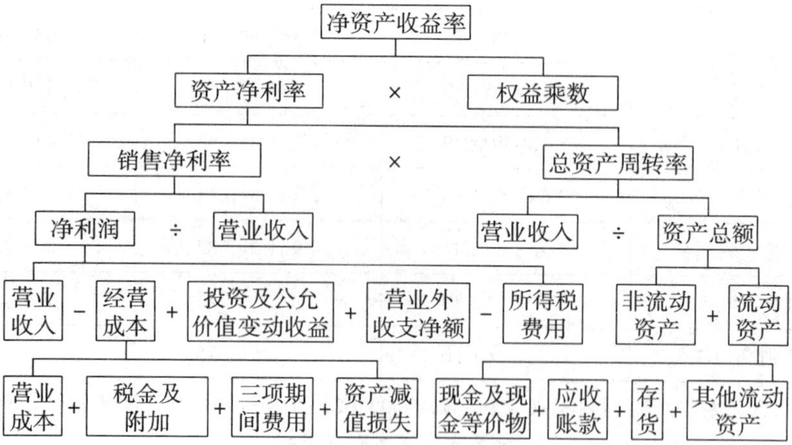

图8-1　杜邦财务分析体系框架图

杜邦财务分析体系中，三因素分析法对于提高企业的综合财务能力，增强自身的竞争力，有着积极的作用。因为销售净利率、总资产周转率和权益乘数，这三个指标在各企业之间可能存在显著差异。通过对差异的比较，可以观察本企业的经营战略和财务政策与其他企业有什么不同。

首先，分解出来的销售净利率和总资产周转率，可以反映企业的经营战略。一些企业销售净利率较高，而总资产周转率较低；另一些企业与之相反，总资产周转率较高而销售净利率较低。两者经常呈反方向变化，这种现象不是偶然的。为了提高销售净利率，就要增加产品的附加值，往往需要增加资产的投入，这会引起总资产周转率的下降。同样的，为了加快资产的周转，尤其是流动资产的周转，就要降低销售价格，引起销售净利率下降。通常，销售净利率较高的制造业，其资产周转率都较低；资产周转率较高的零售商业，销售净利率可能较低。采取“高盈利、低周转”还是“低盈利、高周转”的方针，是企业根据外部环境和自身资源做出的战略选择。

正因为如此，仅仅根据销售净利率的高低并不能看出企业业绩的好坏，把它与总资产周转率联系起来，就可以考察企业的经营战略。真正重要的是，两者共同作用而得到的资产净利率。资产净利率可以反映管理者运用受托资产获得利润的业绩，是一项很重要的盈利能力评价指标。

其次，分解出来的财务杠杆可以反映企业的财务政策。在资产净利率不变的情况下，提高财务杠杆可以提高净资产收益率，但同时也会增加财务风险。一般说来，资产净利率较高的企业，财务杠杆较低，反之亦然。这种现象也不是偶然的。可以设想，为了提高净资产收益率，企业倾向于尽可能提高财务杠杆。但是，贷款提供者不一定会同意这种做法。贷款提供者不分享超过利息的收益，更倾向于为预期未来经营现金流量比较稳定的企业提供贷款。

最后，可以将企业收益能力的提高与现金流量管理结合起来。为了获得稳定的现金流量，企业的一种选择是降低价格以减少竞争；另一种选择是增加营运资本以防止现金流中断，这都会导致资产净利率下降。这就是说，为了提高流动性，只能降低盈利性。因此，实务中我们经常看到的是，经营风险低的企业可以得到较多的贷款，其财务杠杆较高；经营风险高的企业，只能得到较少的贷款，其财务杠杆较低。资产净利率与财务杠杆呈现负相关关系，共同决定了企业的净资产收益率。企业必须使其经营战略和财务政策相匹配。

因此，不同的企业可以利用杜邦财务分析法，调整选择适合自己的经营战略及财务政策。

三、传统杜邦分析体系存在的问题

传统杜邦财务分析体系虽然被广泛使用，但是也存在某些局限性。

1.资产净利率的分子、分母之间权利归属不匹配

计算资产净利率的“资产总额”与“净利润”不匹配。资产总额是全部资产提供者享有的权利，而净利润是专门属于股东的，两者不匹配。由于资产净利率的“投入与产出”不匹配，该指标不能反映实际的回报率。为了改善该比率的配比，要重新调整其分子和分母。

为公司提供资产的人包括股东、有息负债的债权人和无息负债的债权人，后者不要求分享收益。要求分享收益的是股东和有息负债的债权人。因此，需要计量股东和有息负债债权人投入的资本，并且计量这些资本产生的收益，两者相除才是合乎逻辑的资产净利率，才能准确地反映企业的基础盈利能力。

2.没有区分经营活动损益和金融活动损益

传统的杜邦财务分析体系没有区分经营活动和金融活动。对于多数企业来说金融活动是净筹资，它们从金融市场上主要是筹资，而不是投资。筹资活动没有产生净利润，而是支出净费用。这种筹资费用是否属于经营活动的费用，即使在会计规范的制定中也存在争议，各国的会计规范对此的处理也不尽相同。从财务管理的基本理念看，企业的金融资产是投资活动的剩余，是尚未投入实际经营活动的资产，应将其从经营资产中剔除。与此相适应，金融费用也应从经营收益中剔除，才能使经营资产和经营收益匹配。因此，正确计量盈利能力的前提是区分经营资产和金融资产，区分经营收益与金融收益（费用）。

3.没有区分金融负债与经营负债

既然要把金融活动分离出来单独考察，就会涉及单独计量筹资活动的成本。企业负债可以按是否承担利息分为金融负债和经营负债。负债的成本（利息支出）仅仅是金融（有息）负债的成本。因此，必须区分金融负债和经营负债。利息费用与金融负债相比，才是实际的平均利息率。

针对上述在传统财务报表中得不到解决的问题，人们对传统的财务分析体系做了一系列的改进，逐步形成了一个新的、改进的分析体系。

四、改进的杜邦财务分析体系

由于新的杜邦财务分析体系是要弥补传统杜邦财务分析体系中存在的问题，因此需要在传统财务报表的基础上进行调整从而建立新的财务报表，并在此基础上形成新的会计等式，进而构建新的财务分析体系。

（一）改进的财务报表的基本会计等式

1.改进的资产负债表的基本会计等式

基本等式：净经营资产=净金融负债+股东权益

其中：

净经营资产=经营资产-经营负债

净金融负债=金融负债-金融资产

而与之相对应的传统等式隐含的关系是：

经营资产+金融资产=金融负债+经营负债+股东权益

与传统杜邦财务分析体系基本等式相比，改进后的等式区分了经营资产和金融资产，区分了经营负债和金融负债，解决了传统杜邦分析体系中资产净利率的分子、分母之间权利归属不匹配的问题。

2.改进的利润表的基本会计等式

基本等式：净利润=经营利润-净利息费用

其中：经营利润=税前经营利润×（1-所得税税率）

净利息费用=利息费用×（1-所得税税率）

与传统杜邦财务分析体系基本等式相比，改进后的等式区分了经营活动损益和金融活动损益，也区分了有息负债和无息负债。此外，区分有息负债与无息负债后，有息负债与股东权益相除，可以得到更符合实际的财务杠杆。无息负债没有固定成本，本来就没有杠杆作用，将其计入财务杠杆，会歪曲杠杆的实际作用。

（二）改进的财务分析体系的核心公式

该体系的核心公式如下：

$$净资产收益率=\frac{经营利润}{股东权益}-\frac{净利息费用}{股东权益}$$

$$=\frac{经营利润}{净经营资产}\times\frac{净经营资产}{股东权益}-\frac{净利息费用}{净金融负债}\times\frac{净金融负债}{股东权益}$$

$$=\frac{经营利润}{净经营资产}\times\left(1+\frac{净金融负债}{股东权益}\right)-\frac{净利息费用}{净金融负债}\times\frac{净金融负债}{股东权益}$$

=净经营资产利润率+（净经营资产利润率-净利息率）×净财务杠杆

根据该公式，净资产收益率的高低取决于三个驱动因素：净经营资产利润率（可进一步分解为销售经营利润率和净经营资产周转率）、净利息率和净财务杠杆。改进后的财务分析体系使用的指标与传统财务分析体系使用的指标相比，主要的区别及改进是：

1.区分经营资产和金融资产

经营资产是指用于生产经营活动的资产。与总资产相比，它不包括没有被用于生产经营活动的金融资产。严格说来，保持一定数额的现金是生产经营活动所必需的，但是外部分析人士无法区分哪些金融资产是企业所必需的，哪些是企业投资剩余的，为了简化都将其列入金融资产，视为未投入运营的资产。应收项目大部分是无息的，将其列入经营资产。区分经营资产和金融资产的主要标志是有无利息，如果能够取得利息则列为金融资产。例如，短期应收票据如果以市场利率计息就属于金融资产；否则应归入经营资产，它们只是促进销售的手段。只有短期权益性投资是个例外，它是暂时利用多余现金的一种手段，所以是金融资产，应以市价计量。至于长期权益性投资，则属于经营资产。

2.区分经营负债和金融负债

经营负债是指在生产经营中形成的短期和长期无息负债。这些负债不要求利息回报，是伴随经营活动出现的，而非金融活动的结果。金融负债是公司筹资活动形成的有息负债。划分经营负债与金融负债的一般标准是有无利息要求。应付项目的大部分是无息的，故将其列入经营负债；如果是有息的，则属于金融活动，应列为金融负债。金融负债减去金融资产，是公司的“净金融负债”，简称“净负债”。这里有一个重要的概念，就是金融资产是“负”的金融负债，它可以立即偿债并使金融负债减少。公司真正背负的偿债压力是借入后已经用掉的钱，即净负债。净负债是债权人实际上已投入生产经营的债务资本。

3.区分经营活动损益和金融活动损益

金融活动的损益是净利息费用，即利息收支的净额。金融活动收益和成本，不应列入经营活动损益，两者应加以区分。利息支出包括借款和其他有息负债的利息。从理论上说，利息支出应包括会计上已经资本化的利息，但是实务上很难这样去处理，因为分析时找不到有关的数据。资本化利息不但计入了资产成本，而且通过折旧的形式列入费用，进行调整极其困难。利息收入包括银行存款利息收入和债权投资利息收入。如果没有债权投资利息收入，则可以用“财务费用”作为税前“利息费用”的估计值。金融活动损益以外的损益，全部视为经营活动损益。经营活动损益与金融活动损益的划分，应与资产负债表对经营资产与金融资产的划分保持对应。

4.经营活动损益内部，可以进一步区分为主要经营利润、其他营业利润和营业外收支

主要经营利润是指企业日常活动产生的利润，它等于销售收入减去销售成本及有关的期间费用，是最具持续性和预测性的收益；其他营业利润，包括资产减值、公允价值变动和投资收益，它们的持续性不易判定，但肯定低于主要经营利润；营业外收支不具持续性，没有预测价值。这样进行区分有利于评价企业的盈利能力。

5.法定利润表的所得税是统一扣除的

为了便于分析，需要将所得税分摊给经营利润和利息费用。分摊的简便方法是根据实际的所得税税率按比例分摊。严格的方法是分别根据适用的税率计算应负担的所得税。

所以，改进后的杜邦财务分析体系及调整后的财务报表合理地解决了传统杜邦财务分析体系中存在的问题及局限性。改进的杜邦财务分析体系框架如图8-2所示。

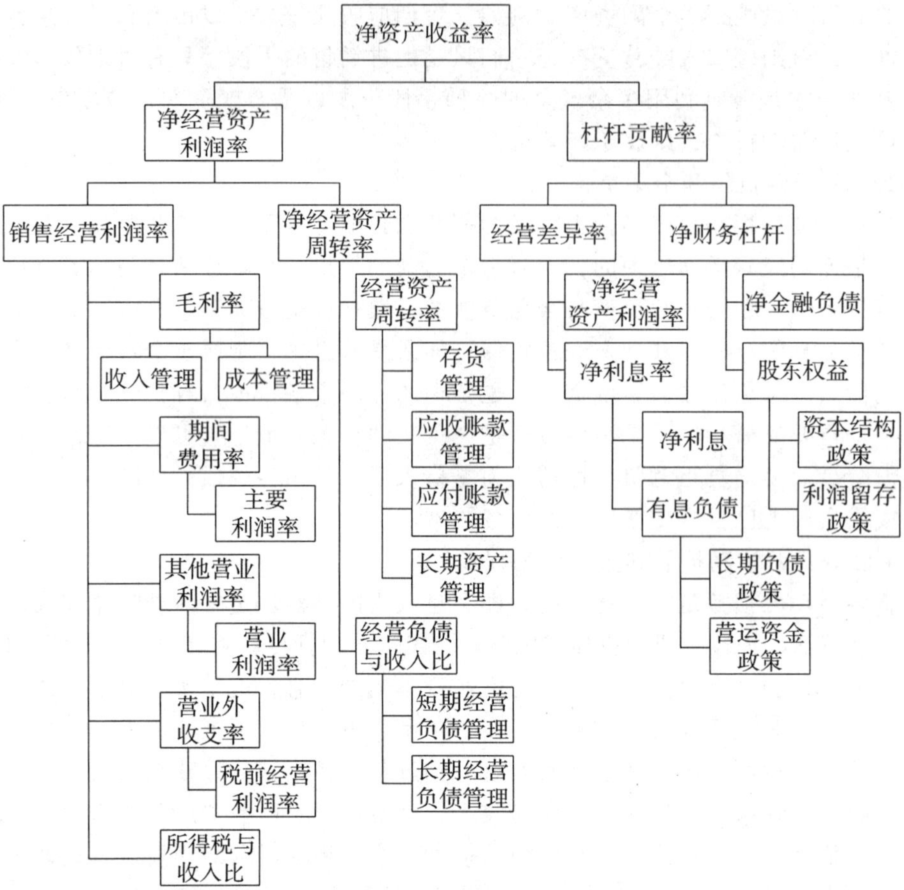

图8-2 改进的杜邦财务分析体系框架图

为体会改进前后杜邦财务分析体系的运用和改进后的优势，用ABC公司的财务指标数据加以分析说明。

ABC公司2018年与2017年财务报表中的主要财务指标数据见表8-3。

（三）用传统的杜邦分析法进行分析

净资产收益率=销售净利率×总资产周转率×权益乘数

2018年净资产收益率=14.97%×74.23%×0.25=2.78%

表 8-3　**ABC公司主要财务指标数据**　金额单位：万元

主要数据	2018年度	2017年度
营业收入（①）	107 803.69	63 754.22
净利润（②）	16 134.87	-2 970.11
平均总资产（③）	145 231.13	89 548.10
平均净资产（④）	63 940.60	27 902.73
总资产周转率（①/③）	74.23%	71.20%
销售净利率（②/①）	14.97%	-4.66%
权益乘数（②/④）	0.25	-0.11
净资产收益率	2.78%	0.36%

2017年净资产收益率=-4.66%×71.20%×（-0.11）=0.36%

2018年净资产收益率变动=2.78%-0.36%=2.42%

利用连环替代法分析各因素变动的影响程度：

（1）销售净利率变动的影响。

［14.97%-（-4.66%）］×71.20%×（-0.11）=-1.54%

（2）总资产周转率变动的影响。

14.97%×（74.23%-71.20%）×（-0.11）=-0.05%

（3）权益乘数变动的影响。

14.97%×74.23%×［0.25-（-0.11）］=4%

三因素共同影响2.41%（-1.54%+（-0.05%）+4%），其中，销售净利率提高，使净资产收益率减少1.54%；总资产周转率提高，使净资产收益率减少0.05%；权益乘数提高，使净资产收益率增加4%。

接下来仍以ABC公司为例，用改进的杜邦财务分析法进行分析。在分析之前需要对公司财务报表数据进行调整。为简化起见该公司的报表及调整过程从略，这里只给出根据调整后的报表计算出的主要财务比率及变动，见表8-4。

表 8-4　**主要财务比率及其变动表**

主要财务比率	2018年度	2017年度	变动
税后经营利润率（经营利润÷销售收入）	15.867%	-3.067%	18.934%
净经营资产周转次数（销售收入÷净经营资产）	1.686	2.139	-0.453
净经营资产利润率（经营利润÷净经营资产）	26.752%	-6.559%	33.311%
净利息率（净利息÷净负债）	13.17%	-49.99%	63.16%
经营差异率（净经营资产利润率-净利息率）	13.58%	43.43%	-29.85%
净财务杠杆（净负债÷股东权益）	0.1152	-0.0607	0.1759
杠杆贡献率（经营差异率×净财务杠杆）	1.565%	-2.634%	4.199%
净资产收益率	28.317%	-9.194%	37.511%

（四）运用改进后的杜邦财务分析体系进行分析

根据改进后的财务分析体系的核心公式：

净资产收益率=净经营资产利润率+（净经营资产利润率-净利息率）×净财务杠杆，运用连环替代法进行因素分析，分析的过程和结果见表8-5。

表8-5 连环替代法的计算过程

变动影响因素	净经营资产利润率	净利息率	经营差异率	净财务杠杆	杠杆贡献率	净资产收益率	变动影响
上年净资产收益率	-6.56%	-49.99%	43.43%	-0.0607	-2.63%	-9.19%	37.51%
净经营资产利润率变动	26.75%	-49.99%	76.74%	-0.0607	-4.66%	22.10%	31.29%
净利息率变动	26.75%	13.17%	13.58%	-0.0607	-0.82%	25.93%	3.83%
净财务杠杆变动	26.75%	13.17%	13.58%	0.1152	1.57%	28.32%	2.39%

1.净资产收益率分析

根据计算结果可以看出2018年净资产收益率比上年提高37.51%，其主要影响因素是：

（1）净经营资产利润率提高，使净资产收益率提高31.29%。

（2）净利息率提高，使净资产收益率提高3.83%。

（3）净财务杠杆提高，使净资产收益率提高2.39%。

可以看出该公司的盈利能力比2017年有所升高。

2.净经营资产利润率分析

根据主要财务比率及其变动表可以看出，2018年净经营资产利润率比上年提高33.31%，其主要影响因素是：

（1）税后经营利润率（经营利润÷销售收入）比2017年提高18.934%，由-3.067%提高到15.867%。

（2）净经营资产周转次数（销售收入÷净经营资产）比2017年降低0.453次，由2.139次降为1.686次；本年度销售收入的增加率小于净经营资产的增加率，净经营资产周转次数有所下降，企业利用全部资产进行经营的效率较差，最终会影响企业的盈利能力。

3.杠杆贡献率分析

影响杠杆贡献率的因素是净利息率、净经营资产利润率和净财务杠杆：

杠杆贡献率=（净经营资产利润率-净利息率）×净财务杠杆

（1）净利息率分析。

净利息率=净利息÷净负债，2018年的净利息率13.17%，比上年提高63.16%。原因是2018年提前归还了一些过去取得的利息较高的借款，由于贷款利率降低了，企业又增加了一批短期借款，平均利息率反而升高。

（2）经营差异率分析。

经营差异率是净经营资产利润率和净利息率的差额，2018年的经营差异率13.58%，比上年下降29.85%，原因是2018年的净经营资产利润率为26.75%，比上年提高33.31%，2018年的净利息率为13.17%，比上年提高63.16%。

（3）杠杆贡献率分析。

杠杆贡献率是经营差异率和净财务杠杆的乘积。2018年的杠杆贡献率为1.57%，比上年提高4.20%，原因主要是本年的经营差异率比上年降低29.85%，净财务杠杆比上年提高0.1759。以"净负债/股东权益"衡量的净财务杠杆，表示每1元权益资本配置的净债务。ABC公司本年的净财务杠杆为0.1152，说明每1元权益资本配置0.1152元的净债务。如果公司进一步增加借款，会增加财务风险，推动利息率上升，使经营差异率进一步缩小。

很明显，与传统的分析方法相比，后一种方法所分析的问题更为深入、细致。尤其是在杠杆贡献率的分析中，将公司财务运作情况对净资产收益率的影响进行了非常好的关联。

为适应财务管理不断变化的需要，财务分析体系也是在不断演化进步的。修改完善后的杜邦财务分析体系既保留了传统财务分析系统中的分析思路，又能通过改善更加准确地反映和评价企业的综合财务状况，直接揭示各种影响企业经营问题的因素。因此，新的杜邦财务分析体系提高了财务分析质量。

五、杜邦财务分析体系的变形与发展——帕利普财务分析体系

杜邦财务分析体系自产生以来在实践中得到了广泛应用与好评。随着经济与环境的发展、变化和人们对企业目标认识的进一步升华，许多人对杜邦财务分析体系进行了变形、补充，使其不断完善与发展。美国哈佛大学教授帕利普等在其所著的《企业分析评价》一书中，将财务分析体系界定为几种新的关系式，根据这些关系式构建的财务分析体系称为帕利普财务分析体系。

帕利普财务分析体系中的关系式主要有以下几项：

（1）可持续增长比率，其可用如下公式表示：

$$\text{可持续增长比率}=\text{净资产收益率}\times（1-\frac{\text{支付现金股利}}{\text{年净利润}}）$$

（2）净资产收益率，其可用如下公式表示：

净资产收益率=销售净利率×总资产周转率×财务杠杆作用

（3）与销售净利率相关的指标有：销售收入成本率、销售毛利率、销售收入期间费用率、销售收入研发费用率、销售净利润率、销售收入非营业损失率、销售息税前利润率、销售税费率等。

（4）与总资产周转率相关的指标有：流动资产周转率、营运资金周转率、固定资产周转率、应收账款周转率、应付账款周转率、存货周转率等。

（5）与财务杠杆作用相关的指标有：流动比率、速动比率、现金比率、负债与权益比率、负债与资本比率、负债与资产比率、以收入为基础的利息保障倍数、以现金流量为基础的利息保障倍数等。

帕利普财务分析体系，如图8-3所示。

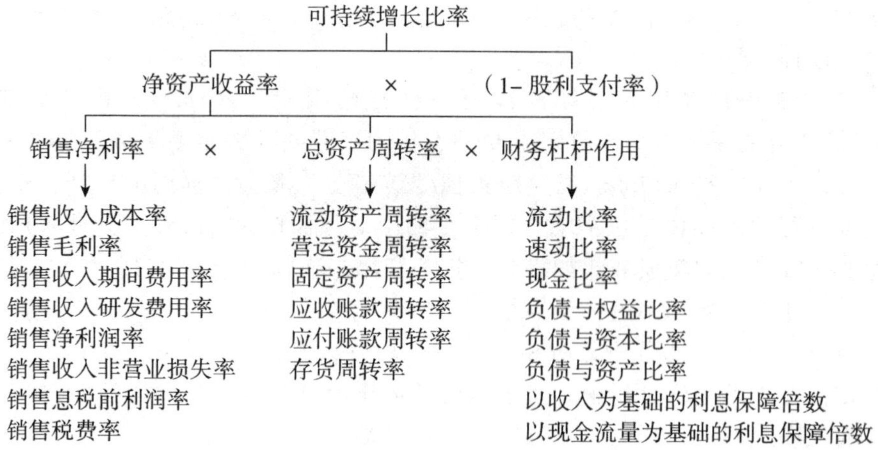

图8-3　帕利普财务分析体系

与传统的财务分析体系相比，新体系将关注的视野往前提了，从净资产收益率提前到可持续增长率。为此除了要关注和分析传统财务分析体系中的内容外，还要关注公司的股利分配政策。净资产收益水平和股利分配政策共同影响公司的可持续增长能力。而对可持续增长能力的关注可以使分析者具有更为全面的战略眼光。关于可持续增长率的分析见本章第四节。

第三节　企业经营业绩综合评价

一、综合系数分析

在进行财务报告分析时，一项财务比率只能反映企业某一方面的财务状况或某一方面的财务能力。为了全面了解企业的财务状况和财务能力，还可以采用综合系数分析法来进行分析。

（一）综合系数分析法的概念

综合系数分析法，也叫综合评分法，在财务分析中是指，在进行分析时选定若干财务比率，将选定的财务比率指标用线性关系结合起来，并分别给定各自的分数比重，然后通过与标准比率进行比较，确定各项指标的得分及总体指标的累计分数，根据所得分数对企业某类或整体综合的业绩水平做出评价的方法。

最初的财务比率综合分析法也称沃尔评分法。其发明者是亚历山大·沃尔。他在1928年出版的《信用晴雨表研究》和《财务报表比率分析》中提出了信用能力指数的概念。沃尔把若干个财务比率用线性关系结合起来，以评价企业的信用水平。他选定了流动比率、产权比率、固定资产比率、存货周转率、应收账款周转率、固定资产周转率和主权资本周转率等7项财务比率。按其重要程度对每一个比率确定一个标准分值，满分为100分，然后将实际比率与标准比率进行比较，确定各项指标的得分及总体指标的累计得分，以此来综合地评价企业的财务状况。

（二）综合系数分析法的程序

运用综合系数分析法进行财务分析的程序如下：

（1）选定评价企业财务状况的比率指标。一般应选择能说明问题的多类指标，在每一类指标中还应选择具有代表性的比率，如反映企业偿债能力的指标，反映企业盈利能力的指标，反映企业营运能力的指标。由于这三类指标所反映的企业财务状况的侧重点不同，选择时应考虑其相关性。

（2）根据各类指标的重要程度，为其确定相应的重要性系数（权数），各项指标的重要性系数之和等于1（100%）。

对各类指标重要程度的判断，可根据企业的经营状况、管理要求、发展趋势以及分析的目的等具体情况而定。

（3）确定各项指标的标准值。进行财务报告综合分析一般应选定比率的标准值作为对比的对象，可以作为财务比率标准值的通常是行业平均比率值，也可以将企业的预算值或目标值作为比率标准值。

（4）利用企业财务报告的信息，分别计算各项指标的实际值，将实际值与标准比率进行对比，以此来评价企业财务比率的优劣。

（5）计算各指标实际值与标准值的比率，即关系比率。

（6）计算各项比率指标的综合得分，将各项得分加总，即可以得到整个企业的综合得分。利用该综合得分来全面评价企业的财务状况。一般情况下，综合得分合计数为100或接近100，表明企业财务状况基本符合标准要求。如与100有较大的差距，则表明企业财务状况不佳，存在不同程度的问题。

当今社会上的综合系数评分方法各有不同，与当年的沃尔评分法相比也有较大的发展，但是基本原理还没有摆脱沃尔评分法的框架。

一般认为，企业财务评价的内容包括四大方面：盈利能力、偿债能力、营运能力和成长能力。它们各自的重要程度没有统一的标准。根据中联财务顾问有限公司和中联资产评估有限公司近年连续发布的中国上市公司业绩评价报告内容来看，报告中对上述四大能力的计分权重分别为：财务效益状况36%，资产营运状况18%，偿债能力状况18%，发展能力状况28%。业内还有种说法，认为盈利能力、偿债能力（含营运能力）和成长能力的比重安排可以是5：3：2。

反映上述四大能力的还有一系列财务指标，分析评价时企业可以根据行业和自身的特点加以选择和关注。但是为了使评价客观，指标的选择和评分计算应当有其稳定性和权威性。

下面以CDE公司为例，说明综合系数分析法的运用。

CDE公司综合业绩评价指标及评价标准见表8-6。根据表8-6的资料计算CDE

公司的财务状况评分。

表8-6　　CDE公司综合业绩评价指标及评价标准

指　标	评分值	标准比率（%）	行业最高比率（%）	最高评分	最低评分	每分比率差（%）
盈利能力						
总资产报酬率	20	5.5	15.8	30	10	1.03
销售净利率	20	26	56.2	30	10	3.02
净资产收益率	10	4.4	22.7	15	5	3.66
偿债能力						
自由资本比率	8	25.9	55.8	12	4	7.475
流动比率	8	95.7	253.6	12	4	39.457
营运能力						
应收账款周转率	8	29	96	12	4	16.75
存货周转率	8	80	303	12	4	55.75
成长能力						
销售增长率	6	2.5	38.9	9	3	12.13
净利润增长率	6	10.1	51.2	9	3	13.70
总资产增长率	6	7.3	42.8	9	3	11.83
合　计	100	—	—	150	50	—

表8-6中的标准比率以本行业平均数为基础，在给每个指标评分时，应规定其上限和下限，以减少因个别指标异常对总分造成的不合理影响。本例中，上限定为正常评分值的1.5倍，下限定为正常评分值的0.5倍。此外，给总分采用“加”或“减”的关系来处理。例如，表8-6中总资产报酬率每分比率差为1.03%（（15.8%-5.5%）÷（30-20）×100%）。这意味着总资产报酬率每提高1.03%，多给1分，但该项最高得分不得超过30分。

采用这种方法对该公司综合财务状况进行打分，公司共得124.94分（计分过程见表8-7）。公司的财务状况属中等偏上水平。

二、企业综合绩效评价体系

（一）综合绩效评价体系的内涵及在我国的发展

综合绩效评价是综合分析的一种，一般是站在企业所有者（投资人）的角度进行的。

表8-7　　CDE公司财务状况评分表

指　标	实际比率（%）①	标准比率（%）②	差异（%）③=①-②	每分比率差（%）④	调整分⑤=③÷④	标准评分值⑥	得分⑦=⑤+⑥
盈利能力							
总资产报酬率	10	5.5	4.5	1.03	4.37	20	24.37
销售净利率	33.54	26	7.54	3.02	2.5	20	22.5
净资产收益率	13.83	4.4	9.43	3.66	2.58	10	12.58
偿债能力							
自由资本比率	72.71	25.9	46.81	7.475	6.26	8	14.26
流动比率	166	95.7	70.3	39.475	1.78	8	9.78
营运能力							
应收账款周转率	86.1	29	57.1	16.75	3.41	8	11.41
存货周转率	99.4	80	19.4	55.75	0.35	8	8.35
成长能力							
销售增长率	17.7	2.5	15.2	12.13	1.25	6	7.25
净利润增长率	-1.74	10.1	-11.84	13.7	-0.86	6	5.14
总资产增长率	46.36	7.3	39.06	11.83	3.30	6	9.30
合　计					24.94	100	124.94

综合绩效评价是指运用数理统计和运筹学的方法，通过建立综合评价指标体系，对照相应的评价标准，采用定量分析与定性分析相结合的方式，对企业一定经营期间的盈利能力、资产质量、债务风险以及经营增长等经营业绩和努力程度等各方面进行的综合评判。

科学的评价企业绩效，可以为出资人行使经营者的选择权提供重要依据；可以有效地加强对企业经营者的管理和约束；可以为有效激励企业经营者提供可靠的依据；还可以为政府有关部门、债权人、企业职工等利益相关者提供有效的信息支持。

1999年，财政部、国家经济贸易委员会、人事部和国家发展计划委员会颁布了《国有资本金效绩评价规则》，确定了企业评价指标体系。制定该项规则的目的是“完善国有资本金监管制度，科学解析和真实反映企业资产运营效果和财务效益状况”。该指标体系由8项基本指标、16项修正指标和8项评议指标共32项指标构成，从定量和定性两个方面对国有资本金效绩分析评价进行了规范，其所运用的分析方法即综合系数法。

国有资本金效绩评价主要是以政府为主体的评价行为，由政府有关部门直接组织实施，也可以委托社会中介机构实施。评价对象是国有独资企业、国家控股企业。除政府外的其他评价主体在对其投资对象进行评价时，也可以参照此规则执行。

2006年，有关部门对上述评价体系进行了调整，并明确该评价体系可以用于国有及非国有企业业绩的考核。这一新的指标体系的评价内容、评价指标项目及权重见表8-8。

表8-8　　**企业综合评价指标及权重表**

评价内容与权重		财务绩效（70%）				管理绩效（30%）	
		基本指标	权重	修正指标	权重	评议指标	权重
盈利能力状况	34	净资产收益率 总资产报酬率	20 14	销售（营业）利润率 利润现金保障倍数 成本费用利润率 资本收益率	10 9 8 7	战略管理 发展创新 经营决策 风险控制 基础管理 人力资源 行业影响 社会贡献	18 15 16 13 14 8 8 8
资产质量状况	22	总资产周转率 应收账款周转率	10 12	不良资产比率 流动资产周转率 资产现金回收率	9 7 6		
债务风险状况	22	资产负债率 已获利息倍数	12 10	速动比率 现金流动负债比率 带息负债比率 或有负债比率	6 6 5 5		
经营增长状况	22	销售（营业）增长率 资本保值增值率	12 10	销售（营业）利润增长率 总资产增长率 技术投入比率	10 7 5		

（二）综合绩效评价的内容

企业综合绩效评价由财务绩效定量评价和管理绩效定性评价两部分组成。

1.财务绩效定量评价

财务绩效定量评价是指对企业一定期间的盈利能力、资产质量、债务风险和经营增长四个方面进行定量对比分析和评判。

（1）企业盈利能力分析与评判：主要通过资本及资产报酬水平、成本费用控制水平和经营现金流量状况等方面的财务指标，综合反映企业的投入产出水平以及盈利质量和现金保障状况。

（2）企业资产质量分析与评判：主要通过资产周转速度、资产运行状态、资产结构以及资产有效性等方面的财务指标，综合反映企业所占用经济资源的利用效率、资产管理水平与资产的安全性。

（3）企业债务风险分析与评判：主要通过债务负担水平、资产负债结构、或有负债情况、现金偿债能力等方面的财务指标，综合反映企业的债务水平、偿债能力及其面临的债务风险。

（4）企业经营增长分析与评判：主要通过销售增长、资本积累、效益变化以及技术投入能力等方面的财务指标，综合反映企业的经营增长水平及发展后劲。

2.管理绩效定性评价

管理绩效定性评价是指在企业财务绩效定量评价的基础上，通过采取专家评议的方式，对企业一定期间的经营管理水平进行定性分析与综合评判。

管理绩效定性评价指标包括战略管理、发展创新、经营决策、风险控制、基础管理、人力资源、行业影响、社会贡献等方面。

（三）综合绩效评价指标

企业综合绩效评价指标由22个财务绩效定量评价指标和8个管理绩效定性评价指标组成。

1.财务绩效定量评价指标

财务绩效定量评价指标由反映企业盈利能力状况、资产质量状况、债务风险状况和经营增长状况四方面的基本指标和修正指标构成。

其中，基本指标反映企业一定期间财务绩效的主要方面，由其可以得出财务绩效定量评价的基本结果。修正指标是根据财务指标的差异性和互补性对基本指标的评价结果进行补充和矫正。

（1）企业盈利能力状况，也称财务效益状况，是四类能力中权重最高的。利用净资产收益率、总资产报酬率两个基本指标和销售（营业）利润率、利润现金保障倍数、成本费用利润率、资本收益率四个修正指标进行评价，主要反映企业一定经营期间的投入产出水平和盈利质量。

（2）企业资产质量状况，也称资产营运状况，是利用总资产周转率、应收账款周转率两个基本指标和不良资产比率、流动资产周转率、资产现金回收率三个修正指标进行评价，主要反映企业所占用经济资源的利用效率、资产管理水平与资产的安全性。

（3）企业债务风险状况，也称财务状况，是利用资产负债率、已获利息倍数两个基本指标和速动比率、现金流动负债比率、带息负债比率、或有负债比率四个修正指标进行评价，主要反映企业的债务负担水平、偿债能力及其面临的债务风险。

（4）企业经营增长状况，也称发展状况，是利用销售（营业）增长率、资本保值增值率两个基本指标和销售（营业）利润增长率、总资产增长率、技术投入比率三个修正指标进行评价，主要反映企业的经营增长水平、资本增值状况及发展后劲。

2.管理绩效定性评价指标

企业管理绩效定性评价指标包括战略管理、发展创新、经营决策、风险控制、基础管理、人力资源、行业影响、社会贡献八个方面的指标，主要反映企业在一定经营期间所采取的各项管理措施及其管理成效。

（1）战略管理评价主要反映企业所制定战略规划的科学性，战略规划是否符合企业实际，员工对战略规划的认知程度，战略规划的保障措施及其执行力，以及战略规划的实施效果等方面的情况。

（2）发展创新评价主要反映企业在经营管理创新、工艺革新、技术改造、新产品开发、品牌培育、市场拓展、专利申请及核心技术研发等方面的措施及成效。

（3）经营决策评价主要反映企业在决策管理、决策程序、决策方法、决策执行、决策监督、责任追究等方面采取的措施及实施效果，重点反映企业是否存在重大经营决策失误。

（4）风险控制评价主要反映企业在财务风险、市场风险、技术风险、管理风险、信用风险和道德风险等方面的管理与控制措施及其效果，包括风险控制标准、风险评估程序、风险防范与化解措施等。

（5）基础管理评价主要反映企业在制度建设、内部控制、重大事项管理、信息化建设、标准化管理等方面的情况，包括财务管理、对外投资、采购与销售、存货管理、质量管理、安全管理、法律事务等方面的情况。

（6）人力资源评价主要反映企业人才结构、人才培养、人才引进、人才储备、人事调配、员工绩效管理、分配与激励、企业文化建设、员工工作热情等方面的情况。

（7）行业影响评价主要反映企业主营业务的市场占有率、对国民经济及区域经济的影响与带动力、主要产品的市场认可程度、是否具有核心竞争能力以及产业引导能力等方面的情况。

（8）社会贡献评价主要反映企业资源节约、环境保护、吸纳就业、工资福利、安全生产、上缴税费、商业诚信、和谐社会建设等方面的贡献程度和社会责任的履行情况。

三、EVA分析

EVA（即经济附加值Economic Value Added的英文名称缩写）业绩评价指标的提出是财务评价思想的一次创新，1990年斯特恩·斯图尔特咨询公司首次提出后迅速在世界范围内获得广泛的运用。EVA是指剔除包含股权和债务全部资本后的税后净营业利润的差额，具体计算上，EVA=税后净经营利润-资本成本。若要得到准确可靠的EVA值就需精确计算企业的资金成本，包括债务资本成本和股东资本成本。

EVA 不仅作为新型的绩效评价指标，更能够为价值管理体系为资产的保值增值发挥作用。因此，有必要对 EVA 在企业中的具体应用提供一定参考。

（一）EVA 计算公式

EVA 的计算公式为：

EVA=NOPAT- TC×WACC

其中，NOPAT 为税后净营业利润，是税后净利润减去非经常性损益加上利息支出部分。WACC 为加权平均资本成本。TC 为资本总额，是所有权益资本和债务资本之和。其中，加权平均资本成本 = 股权资本成本×股权资本市场价值占总资本的比重 + 债务资本成本×债务资本市场价值占总资本的比重×（1- 25%）。（本文债务资本成本以金风科技年报上披露的当年长期借款平均年利率为基础计算，权益资本=无风险利率+β×市场风险溢价，其中无风险利率以各年国债 3 年期票面利率为基础，风险溢价以各年 GDP 增长率来代替，β 系数假设为 0.9）

为体现 EVA 在企业中的具体应用，以下用金风科技公司的相关财务数据进行说明。金风科技相关财务数据见表 8-9 和表 8-10。

表 8-9　　**金风科技相关财务数据**　　金额单位：万元

项目	2018 年	2017 年	2016 年
股本总额	355620.33	355620.33	273554.10
债务资本	2004868.26	1680894.39	1628333.73
资本总额	8136405.29	7278783.94	6443716.50
股本比重	0.0437	0.0489	0.0425
无风险利率	4.00%	3.80%	4.00%
β 系数	0.90	0.90	0.90
风险溢价	6.60%	10.90%	7.88%
股本资本成本	0.0994	0.1361	0.1109
债务比重	24.64%	23.09%	25.27%
债务成本	5.24%	3.60%	3.68%
加权资本成本	0.0140	0.0129	0.0117

表 8-10　　**金风科技相关财务数据**　　单位：万元

项目	2018 年	2017 年	2016 年
净利润	328259.79	314880.66	310573.19
EVA 投入资本额	8136405.23	7278783.94	6443716.50
加权资本成本	0.0140	0.0129	0.0117
EVA	214350.12	220984.35	235181.71

当EVA的值小于零时，即企业的价值产生亏损，股东的权益受到损害；当EVA的值为零时，即表示企业的经营财富仅达到债权人和投资者的最低预期结果；当EVA值大于零时，即企业不仅达到了自身的盈利，还实现了股东权益的增加。

金风科技2016年度、2017年度、2018年度的EVA均为正值，说明企业的运营是良好的，是在创造价值的过程，由表8-10可知，金风科技自2016年以来其EVA呈逐渐下降的趋势，在资本投入总额不断增长的情况下，企业所创造的经济增加值却在逐年减少，这说明可能是企业在运营过程中存在了一定的问题。

相反，若经济增加值为负值，说明企业的价值已经产生亏损，股东的权益受到损害，且EVA的数值越小，表明对企业价值的毁损程度越大，企业需调整其发展战略，以及经营策略，以实现其企业的价值增值，若长此以往不加重视，则企业最终的归宿只能是走向衰亡。

与传统以利润为基础的绩效评价指标相比，EVA绩效评价指标考虑到企业经营过程中的资本成本、机会成本、经营的潜在风险等一系列问题，使我们能够站在公司股东、高级管理人员的角度确定企业所创造的经济增加值。

（二）EVA绩效评价的特点

企业进行利润计算时，充分考虑企业使用资金的资本成本，更精确地反映企业创造价值的情况。EVA是企业站在股东的角度重新定义利润。股东投资企业时所使用的资金有机会成本，也就是说，企业在计算经营利润时，扣除股东权益的机会成本后才是股东从经营活动中赚取的增值收益。企业净利润为正，表面上看企业的绩效还不错；如果通过计算得出的EVA为负值，则说明企业正在牺牲股东的利益进行经营活动。

企业在计算EVA时，通过对会计事项进行多次调整，可以有效减少会计数据失真，EVA绩效评价指标能够真实反映企业创造价值的能力。通过对会计数据的调整，EVA绩效评价指标剔除了非营业性收入与支出等项目，可以在很大程度上减少管理者对财务数据的操纵，有效预防企业盈余管理。因此，企业通过对会计事项进行调整以使绩效评价的结果更加真实客观。

构建企业长效发展机制，树立全局观，有效克服管理者的短视行为。根据委托代理理论，传统以利润为基础的绩效评价方法极易造成管理者在经营活动过程当中为了自身利益最大化损坏股东或债权人的利益。基于EVA的绩效评价可以有效避免这种短视行为的发生，使企业的短期经营活动服务于长期经营目标，更加积极地进行品牌建设、技术创新、研发新产品等。EVA是对会计事项进行特殊处理的结果，根据自利性原则，这必然促使管理者开展提高EVA的经济业务活动，有利于企业提高经营业绩，达到长期可持续发展。

（三）基于EVA绩效评价体系的构建原则

平衡性原则。企业在进行基于EVA的绩效评价时要确保企业的短期经营目标与企业的长期战略目标形成动态平衡。企业进行绩效评价的目的，不仅是要对历史经营业绩进行考核，而且是要对企业长远目标进行规划，只有确保企业的短期经营、项目投资、激励政策等服务于企业长期发展，才能使企业经久不衰。

经济性原则。EVA 绩效评价指标作为衡量企业绩效目标实现程度的重要考核工具，在进行会计科目调整和选取具体评价指标时并不是越多越好，过多的评价指标会造成资源不必要的浪费。我们应遵循成本效益原则，以最低的成本换取效益最大化的原则，把握成本与效益之间的关系，在保证效益的情况下以最低的成本增强 EVA 的精度。

重要性原则。企业在使用基于EVA 绩效评价方法对企业绩效进行评价时，应当优先考虑财务指标。会计项目的调整，应重点突出，保留能真实反映企业评价要求的核心指标；在非财务指标的设定上也应当体现企业的战略目标和发展方向，要做到重点明晰，选取能反映企业绩效评价要求的核心指标。

系统性原则。企业在进行绩效评价时应当采取定性指标和定量分析相结合的方法，充分考虑企业所处的内外部环境，系统地反映企业创造 EVA 的情况。

尽管EVA企业价值评估过程中调整项目具有一定主观性，但该模型考虑企业全部资本成本，满足资本有效性需求，克服基于会计报表项目的短视行为，对企业价值的反映更加真实。企业需要了解真实内在价值，防止因股价被高估带来对企业的盈余管理，加强会计稳健型公司治理机制建设，继续价值创造。

第四节　企业发展能力分析

一、发展能力分析的含义及目的

（一）发展能力分析的含义

发展能力，又称成长能力，是指未来一定时期企业发展的能力，如利润的扩大、销售的增加或发展的趋势等。发展能力分析通常是对企业在未来一定时期的动态发展变化趋势的一种财务分析。在激烈竞争的市场经济条件下，企业市场价值在很大程度上取决于企业未来的盈利能力，取决于企业未来的销售收入、净收益以及股利的增长。同时应该看到，增强企业偿债能力、盈利能力及营运能力最终都是为了使企业能够长久地发展和壮大。企业不断发展壮大是企业的相关利益集团各方所期望的。因此，发展能力分析对于判断企业未来一定时期的发展后劲、行业地位、面临的发展机遇、盈利的变化趋势，以及对于制订正确的中长期发展计划等，都具有重要的意义和作用。

一说到发展，往往就想到扩张，而且是快速地扩张。但是，不断地快速增长并非企业发展的最好选择。有经济学者将企业发展归结为七种状态：

1.平衡发展

（1）企业的营业利润增长率高于通货膨胀率；

（2）当年销售利润能够支付管理费用、财务费用、流动资金需求，并有盈余用于企业的发展投资；

（3）企业的资金结构合理，财务费用不超过一定标准。

2.过快发展

（1）营业额增长很快，而存货和应收账款也相应增长，且后两项增长比营业额快；

（2）在这种情况下，企业营运资金需求增加，但企业没有足够的资金来源来满足资金的需求，从而常常出现资金支付困难。

3.失控发展

（1）市场需求增长很快，企业预期增长必将持续，因而通过借款来支持这种增长；

（2）企业的资金结构不合理，净营运资金为负数；

（3）在这种情况下，一旦市场需求减少，因生产能力已经扩大，固定费用支出增加，企业将发生销售困难的现象，难以及时调整，增长出现失控。

4.负债发展

（1）企业盈利很低，却决定大量举债投资；

（2）净营运资金为正，营运资金需求也大量增加，但企业的利润增长缓慢；

（3）这是一种不平衡的冒险发展，因企业自我发展能力很低，却又背负大量的负债。

5.周期性发展

（1）企业发展随经济周期的变化而变化，如冶金行业，企业在经济扩张时期发展很快，盈利较好，在需求不足时期，盈利下降，发展速度放慢；

（2）这种企业的投资以长期发展趋势来定，企业固定费用的增加很容易使企业陷入困境。

6.低速发展

（1）企业盈利率较低；

（2）没有新增生产能力，也没有新产品进入市场；

（3）企业的投资已经收回；

（4）流动资产和流动负债均没有增长；

（5）这种企业对竞争很敏感，企业的投资与发展没有保障。

7.慢速发展

（1）企业主动减少投资，营业额增长放慢；

（2）企业的流动资产仍有所增长；

（3）可能是企业产品竞争能力降低，也可能是企业盈利率降低，难以再投资；

（4）有一些企业往往在此时靠增加对外投资来缓解增长缓慢的问题。

从整体上看，企业在成长时期，大量资金来源于负债。高速发展使企业资金发生短缺，在市场前景乐观的情况下，企业便倾向于负债经营，以期取得收益。但在这一扩张过程中，可能会出现三种情况：一是平衡发展，企业通过收益的增加，不但偿还了负债，而且为企业创造了利润，增加了企业的发展后劲；二是过快发展，企业负债经营，扩大了生产经营规模，但同时加剧了企业资金的短缺，企业面临资金支付困难；三是失控发展，企业增加了固定资产投资，生产规模扩大，市场竞争激烈，但企业的单位成本支出上升，经济效益却下降。

随着企业的快速增长，企业的股票市场价值与利润一般是增加的，企业增长对管理层时常具有较大的诱惑力。但是，企业快速增长会使其资源变得相当紧张，有时管理及生产技术水平也不一定能够及时得到相应提高。因此，除非管理层能够及时意识到这一结果并且采取积极的措施加以控制，否则，快速增长可能导致对企业产生不利影响甚至破产。事实上，因为增长过快而破产的企业数量与因为增长太慢而破产的企业数量几乎一样多。

因此，正确分析企业的增长情况及其利弊，合理控制并规划企业的增长速度是非常必要的。

（二）发展能力分析的目的

1.判断企业所拥有资源的潜力

通过对企业资产的成长能力进行分析，可以判断企业所拥有资源的潜力、未来变化趋势，包括未来盈利能力、变现能力、未来需要追加投入数额、技术先进性及其未来更新改造等情况。

2.分析企业负债的变化趋势

通过对企业资产的成长能力进行分析，可以判断企业未来一定时期融资的变化趋势，继而分析企业再融资能力。企业再融资能力除取决于企业资产的优良程度及其未来一定时期的创利能力外，还取决于企业现有负债的水平及其结构。企业通过债务结构整合，可以提高企业负债效益，而且可以减缓债务压力甚至可以进一步提高债务比率，使其杠杆效益最大化。

3.正确确定企业未来发展的速度和政策

在企业市场份额和行业水平既定的情况下，企业经营策略和财务策略的不同组合与安排能够影响企业未来的增长能力。因此，在正确评价企业目前偿债能力、营运能力和盈利能力的基础上，通过进一步分析企业持续成长能力及其影响因素，可以为确定企业未来发展速度及制定相应经营策略和财务策略提供必要的依据。

二、影响发展能力的主要因素

影响企业发展能力的因素有很多，既有企业自身所具备的发展潜能，可称之为内部因素；又有许多制约和影响企业自身潜能发挥的外部因素。在内部因素中，有生产技术方面的，也有经营管理方面的；有财务方面的，也有非财务方面的。在外部因素中，有宏观经济政策方面的，也有行业经济发展水平和前景方面的；有产品市场方面的，也有资本市场方面的。这些因素都在影响和制约着企业的发展，而且随时会发生变化。这里只侧重于从企业自身的角度，从财务层面讨论影响企业发展能力的因素，也仅从财务层面进行分析和评价。

从财务角度讲，企业是否发展、能否发展，取决于企业整体自由现金流量[①]的大小。企业自由现金流量是指企业扣除了所有经营支出、投资需要和税费之后，清偿债务之前的剩余现金流量。它可以用于计算企业整体价值，包括股权价值和债务价值。决定自由现金流量的最主要因素是企业创造收益的能力。

衡量企业发展能力的核心指标是企业价值增长能力，或者是可持续增长能力，而影响企业价值增长的因素主要有以下几个方面：

（一）销售收入

企业发展能力的形成要依托企业不断增长的销售收入。销售收入是企业收入的重要来源，也是导致企业价值变化的根本动力。只有销售收入不断稳定地增长，才能实现企业的不断发展，才能为企业的不断发展提供充足的资金。

（二）资产规模

企业的资产是取得收入的保障，在总资产利润率固定的情况下，资产规模与收入规模之间存在着正比例关系。同时，总资产的现有价值反映着企业清算时可获得的现金流入额。

（三）净资产规模

在企业净资产收益率不变的情况下，净资产规模与收入规模之间也存在着正比例关系。只有净资产的规模不断增长，才能反映新的资本投入，这表明了所有者对企业的信心，同时为企业负债筹资提供了保障，有利于企业进一步增加对资金的需求。

（四）资产使用效率

一家企业的资产使用效率越高，其利用有限资源获得收益的能力越强，就越会给企业价值带来较快的增长。

（五）净收益

净收益反映企业一定时期的经营成果，是收入与费用之差。在收入一定的条件下，费用与净收益之间存在着反比例关系。只有不断地降低成本、减少费用，才能增加净收益。企业的净收益是企业价值增长的源泉，所有者可将部分收益留存于企业用于扩大再生产，而且可观的净收益会吸引更多新的投资者，以满足企业对扩充资金不断增加的需求。

（六）股利分配

企业所有者从企业获得的利益分为两个方面：一是资本利得，二是股利。一家企业可能有很强的盈利能力，但企业如果把所有利润都通过各种形式转化为消费，

① 自由现金流量（free cash flow）作为一种企业价值评估的新概念、理论、方法和体系，最早是由美国西北大学拉巴波特、哈佛大学詹森等学者于20世纪80年代提出的，经历几十年的发展，特别在以美国安然、世通等为代表的之前在财务报告中利润指标完美无瑕的所谓绩优公司纷纷破产后，已成为企业价值评估领域使用最广泛、理论最健全的指标，美国证监会更是要求公司年报中必须披露这一指标。

而不注意资本积累，那么即使这家企业效益指标很高，也不能说这家企业的发展能力很强。

三、企业发展能力分析的内容

企业发展能力的大小是一个相对概念，即分析期的股东权益、利润、收入和资产是相对于上一期的股东权益、利润、收入和资产而言的。但增长额只能说明企业某一方面的增减额度，无法反映企业在其他方面的增减额度，既不利于不同规模企业之间的横向对比，也不能准确反映企业的发展能力。因此，在实践中通常是使用增长率来进行企业发展能力分析的。企业不同方面的增长率相互作用、相互影响，将各方面的增长率交叉比较分析，可以更好、更全面地分析企业的整体发展能力。

企业发展能力分析的内容可分为两部分：

（1）企业单项发展能力分析。企业价值要获得增长，就必须依赖于股东权益、利润、收入和资产等方面的不断增长。企业单项发展能力分析就是通过计算和分析股东权益增长率、利润增长率、收入增长率、资产增长率等指标，分别衡量企业在上述四个方面所具有的发展能力，并对其在这些方面所具有的发展趋势进行评估。

（2）企业整体发展能力分析。企业价值要获得可持续增长，就必须在股东权益、利润、收入和资产等方面谋求协调发展。企业整体发展能力分析就是通过对上述各个方面的增长率指标进行相互比较与全面分析，从而综合判断企业的整体发展能力，其核心指标就是可持续增长率。

四、企业单项发展能力分析

根据企业综合绩效评价指标体系（见表8-8），衡量企业成长性的指标包括五个，分别是基本指标资本保值增值率、销售（营业）收入增长率，修正指标销售（营业）利润增长率、总资产增长率以及技术投入比率。下面分别对这五个指标进行介绍。

（一）资本保值增值率的计算与分析

资本保值增值率是在分析股东权益增长情况时常常使用的一个指标，除此之外，还包括股东权益增长率和资本积累率指标。

资本保值增值率，是反映企业一定期间的自有资本（股东权益）期末较期初水平的百分比。其计算公式为：

$$资本保值增值率=\frac{扣除客观因素后的期末股东权益}{期初股东权益}\times 100\%$$

设立这一指标的初衷是用来考察国有资本的保全及增长情况。在正常情况下，企业的资本保值增值率应当大于100%。

股东权益增长率是本期股东权益增加额与股东权益期初余额之比，也称为资本积累率。股东权益的增加反映了股东财富的增加。在实践中，一般用增长率表示增加的水平。股东权益增长率反映股东权益期末较期初的增长水平，其计算公式为：

$$股东权益增长率 = \frac{期末股东权益 - 期初股东权益}{期初股东权益} \times 100\%$$

股东权益增长率指标反映企业股东权益在当年的变动水平，体现了企业资本的积累情况，是企业发展强盛的标志，也是企业扩大再生产的源泉。同时，该指标展示了企业的发展潜力，是评价企业发展潜力的重要指标。股东权益增长率越高，表明企业本期股东权益增加得越多；反之，股东权益增长率越低，表明企业在本期股东权益增加得越少。如果增长率小于0，则说明股东权益缩水了。

注意：资本保值增值率=1+资本积累率，或资本保值增值率=1+股东权益增长率。

在实际中，还存在三年资本平均增长率这一比率。三年资本平均增长率的计算公式如下：

$$三年资本平均增长率 = \left(\sqrt[3]{\frac{本年年末股东权益总额}{三年前年末股东权益总额}} - 1\right) \times 100\%$$

该指标设计的原意是为了均衡计算企业的三年资本平均增长水平，从而客观评价企业的股东权益发展能力状况。但是从该项指标的计算公式来看，并不能达到这个目的。因为计算结果的高低只与两个因素有关，即与本年年末股东权益总额和三年前年末股东权益总额相关，而中间两年的年末股东权益总额则不影响该指标的高低。这样，只要两家企业的本年年末股东权益总额和三年前年末股东权益总额相同，就能够得出相同的三年资本平均增长率，但是这两家企业的股东权益增长趋势可能并不一致。因此，依据三年资本平均增长率来评价企业股东权益发展能力存在一定的局限性。

在对股东权益增长情况进行分析时还要注意股东权益各类别的增长情况。一般来说，如果股东权益的快速增长来源于外部资金的加入，反映企业获得了新的资本，表明企业具备了进一步发展的基础，但并不表明企业过去具有很强的发展能力；如果股东权益的快速增长主要来源于留存收益的增长，则反映企业通过自身经营活动不断积累发展后备资金，既反映了企业在过去经营过程中的发展能力，也反映了企业进一步发展的后劲。

下面以金风科技为例，计算分析其净资产收益率的情况。2016—2018年金风科技的相关财务指标见表8-11，对应的主要财务指标年增长率见表8-12。

该指标是相对数，消除了企业营业规模对该项目的影响，更能反映企业的发展情况，在实际操作时，也可以计算企业销售量增长额，以其作为分析的辅助指标。

销售（营业）收入增长率反映的是企业某期整体销售增长情况；收入增长率为正数，说明企业本期销售规模增加，收入增长率越大，说明企业营业收入增长得越快，销售情况越好；收入增长率为负数，则说明企业销售规模减小，销售出现负增长，销售情况较差。

表 8-11 **金风科技2016—2018年财务指标** 金额单位：元

主要会计数据	2018年年末	2017年年末	本年年末比上年年末增减（%）	2016年年末
营业收入	28 730 607 320.49	25 129 456 007.18	14.33%	26 395 829 300.45
营业利润	3 718 423 651.65	3 508 680 894.94	5.98%	3 291 078 251.45
利润总额	3 682 431 097.61	3 490 555 956.79	5.50%	3 551 956 332.85
归属于上市公司股东的净利润	3 216 603 854.66	3 054 656 932.23	5.30%	3 002 981 950.53
归属于上市公司股东扣除非经常性损益的净利润	2 871 352 120.76	2 870 464 407.10	0.03%	2 848 522 039.48
经营活动产生的现金流量净额	3 125 354 512.39	3 081 034 135.09	1.44%	3 102 542 748.63
资产总额	81 364 052 881.92	72 787 839 384.30	11.78%	64 437 164 996.24
负债总额	54 888 929 052.34	49 312 838 310.56	11.31%	43 738 370 654.23
归属于上市公司股东的所有者权益	24 961 217 621.53	22 686 693 494.06	10.03%	19 976 152 035.10
总股本	3 556 203 300.00	3 556 203 300.00	0	2 735 541 000.00
加权平均净资产收益率（%）	14.03%	15.04%	-1.01%	16.87%

表 8-12 **金风科技主要财务指标较上年增长率** 单位：%

增长率指标	2018年	2017年	2016年	三年平均增长率
营业收入	14.33	-4.80	-12.20	-0.89
利润总额	5.50	-1.73	9.40	4.39
净利润	4.25	1.39	8.01	4.55
资产总额	11.78	12.96	22.57	15.77
净资产	12.78	13.41	19.02	15.07
净资产收益率	12.89	14.42	15.03	14.11

另外，需要说明的是，如果上期营业收入为负值，则计算公式的分母应取其绝对值。

利用销售（营业）收入增长率对企业发展能力进行分析需要注意以下几点：

（1）销售（营业）收入增长率是衡量企业经营状况和市场占有能力、预测企业经营业务拓展趋势的重要指标，也是企业资产增长和存量资本增加的重要前提。不断增加的销售（营业）收入，是企业生存的基础和发展的前提条件。

（2）销售（营业）收入增长率若大于0，表示企业本年的销售（营业）收入出现增长，指标值越高，表明增长速度越快，企业市场前景越好；若该指标值小于0，则说明企业或是产品不适销对路、质次价高，或是在售后服务等方面存在问题，产品销售不出去，市场份额萎缩。

（3）销售（营业）收入增长率在实际操作时应结合企业历年的销售（营业）收入水平、企业市场占有情况、行业未来发展及其他影响企业发展的潜在因素进行潜在性预测，或者结合企业前三年的销售（营业）收入增长率作趋势性分析判断。同时在分析过程中要确定比较的标准，在比较中可分别以其他相类似的企业、本企业历史水平及行业平均水平等作为比较标准。

（4）销售（营业）收入增长率作为相对量指标，也存在受增长基数影响的问题，如果增长基数即上年销售（营业）收入额特别小，即使销售（营业）收入出现较小幅度的增长，也会出现较大数值，不利于企业之间进行比较。比如某企业上年度营业额为15万元，本年度营业额为150万元，该企业的销售（营业）收入增长率为900%，这并不能说明该企业一定具有很高的发展能力。因而在分析过程中还需要使用销售（营业）收入增长额及三年销售（营业）收入平均增长率等指标进行综合判断。

（5）为消除销售（营业）收入短期异常波动对销售（营业）收入增长率产生的影响，并反映企业较长时期的销售（营业）收入增长情况，可以计算多年的销售（营业）收入平均增长率，在实务中一般计算三年销售（营业）收入平均增长率。

三年销售（营业）收入平均增长率表明的是企业销售（营业）收入连续三年的增长情况，体现了企业的发展潜力。其计算公式为：

$$三年销售（营业）收入平均增长率=\left(\sqrt[3]{\frac{本年年末销售（营业）收入总额}{三年前年末销售（营业）收入总额}}-1\right)\times 100\%$$

仍用金风科技的数据进行分析。从表8-11和表8-12中的数据可知，金风科技2016—2018年这三年中，营业收入增长不错，三年的销售（营业）收入增长率分别是-12.20%、-4.80%和14.33%。其中2018年最高，2016年最低，可能是销售商品的收入下降所致，还需要进行更为深入的分析。由于2016年销售收入增长率的大幅下降，三年销售（营业）收入平均增长率仅仅为-0.89%，远低于其他绩效指标的增长率。

（二）利润增长率的计算与分析

一家企业的股东权益增长应主要依赖于企业运用股东投入资本所创造的利润，也就是说，企业的价值主要取决于盈利及其增长，因此，企业利润的增长也是反映企业发展能力的重要方面。由于利润可表现为营业利润、利润总额、净利润等多种形式，因此相应的利润增长水平也有不同的表现形式。在实际计算与分析过程中，通常使用的是净利润增长率、营业利润增长率这两种比率。

由于净利润是企业经营业绩的综合结果，因此净利润的增长是企业成长性的基本表现。净利润增长率是本年净利润增加额与上年净利润之比，其计算公式如下：

$$净利润增长率=\frac{本年净利润-上年净利润}{上年净利润}\times 100\%$$

净利润增长率指标反映了企业获利能力的增长情况，反映了企业长期的盈利能力趋势，该指标通常越大越好。

需要说明的是，如果上年净利润为负值，则计算公式中的分母应取其绝对值。该公式反映的是企业净利润的增长情况。净利润增长率为正数，说明企业本年净利润增加，净利润增长率越大，说明企业收益增长的越多；净利润增长率为负数，则说明企业本年净利润减少，收益降低。

如果一家企业营业收入增长，但利润并未增长，那么从长远来看，它并没有增加股东权益。同样，一家企业如果净利润增长，但营业收入并未增长，也就是说净利润的增长并不是来自营业收入，很可能是来自非经常性收益项目，如资产重组收益、债务重组收益、财政补贴等，这样的增长对于企业而言是无法持续的，因为非经常性收益并不代表企业真实的盈利能力，具有较大的偶然性和意外性。因此，利用营业利润增长率这一比率可以更好地考察企业利润的成长性。营业利润增长率是本年营业利润增加额与上年营业利润之比，其计算公式如下：

$$营业利润增长率=\frac{本年营业利润-上年营业利润}{上年营业利润}\times 100\%$$

同样，如果上年营业利润为负值，则计算公式中的分母应取绝对值。该公式反映的是企业营业利润的增长情况。营业利润增长率为正数，说明企业本年营业利润增加，营业利润增长率越大，说明企业收益增长的越多；营业利润增长率为负数，则说明企业本年营业利润减少，收益降低。

在实际操作中，可以用三年利润平均增长率这一指标分析企业利润的增长能力。

但是，依据三年利润平均增长率来评价企业利润增长能力同样是有缺陷的，要全面认识企业净利润的发展能力，还需要结合企业的营业利润增长情况共同分析。如果企业的净利润主要来源于营业利润，则表明企业产品获利能力较强，具有良好的发展能力；相反，如果企业的净利润不是主要来源于正常业务，而是来源于营业外收入或者其他项目，则说明企业的持续发展能力并不强。

要分析营业利润增长情况，应结合企业的营业收入增长情况一起分析：如果企业的营业利润增长率高于企业的收入增长率，则说明企业正处于成长期，业务不断拓展，企业的盈利能力不断增强；反之，如果企业的营业利润增长率低于营业收入增长率，则反映企业营业成本、营业税费、期间费用等成本费用项目的上升超过了营业收入的增长，说明企业的商品盈利能力并不强，企业营业利润的发展潜力值得怀疑。

为了更正确地反映企业净利润和营业利润的增长趋势，应将企业连续多年的净利润增长率和营业利润增长率指标进行对比分析，这样可以排除个别时期的偶然性或特殊性因素的影响，从而更加全面、真实地揭示企业净利润和营业利润的增长情况。

现在我们来看看金风科技的利润增长情况。

从表8-11和表8-12中的数据可知，2016年、2017年、2018年的利润总额增长率分别为9.4%、-1.73%和5.50%；净利润增长率分别为8.01%、1.39%和4.25%。不难看出，2017年利润总额和净利润有所下降，这可能与当时的营业收入下降而营业成本保持不变有关，但利润总额和净利润的三年平均增长率却分别达到了4.39%和4.55%，高于营业收入三年平均增长率，说明企业在收入持续增长的同时也能增加收益。

（三）总资产增长率的计算和分析

企业要想增加收入，需要通过增加资产投入来实现。为了反映企业在资产投入方面的增长情况，可以利用总资产增长率指标。总资产增长率就是本年资产增加额与资产年初余额之比，其计算公式如下：

$$总资产增长率=\frac{资产年末余额-资产年初余额}{资产年初余额}\times 100\%$$

总资产增长率是用来考核企业资产投入增长幅度的财务指标。总资产增长率为正数，说明企业本年资产规模增加，资产增长率越大，说明资产规模增加幅度越大；总资产增长率为负数，则说明企业本年资产规模缩减，资产出现负增长。

总资产增长率反映了企业总资产的扩张程度，是从企业资产总量扩张方面衡量企业的发展能力。通常来说，处于成长期的企业会运用各种渠道（权益性筹资，如新股发行、配股等；债务性筹资，如发行债券、举借各种借款等）来扩大资本规模，从而通过更多的投资项目获得回报。该指标较高反映了企业积极扩张的状况，但是过高增长可能会伴随过高的风险。在分析时，应注意考虑资产规模扩张质和量的关系，以及企业的后续发展能力，避免资产盲目扩张。

在对总资产增长率进行具体分析时，应该注意以下几点：

（1）企业总资产增长率高并不意味着企业的资产规模增长就一定适当。评价一家企业的资产规模增长是否适当，必须与销售增长、利润增长等情况结合起来分析。只有在一家企业的销售增长、利润增长超过资产规模增长的情况下，这种资产规模增长才属于效益型增长。

（2）需要正确分析企业资产增长的来源。因为企业的资产来源一般是负债和所有者权益，在其他条件不变的情形下，无论是增加负债规模还是增加所有者权益规模，都会提高资产增长率。如果一家企业资产的增长完全依赖于负债的增长，而所有者权益项目在年度里没有发生变动或者变动不大，则说明企业不具备良好的发展潜力。从企业自身的角度来看，企业资产的增加应该主要取决于企业盈利的增加。当然，盈利的增加能带来多大程度的资产增加还要视企业实行的股利政策而定。

（3）为全面认识企业资产规模的增长趋势和增长水平，应将企业不同时期的总资产增长率加以比较，因为一个健康的处于成长期的企业，其资产规模应该是不断增长的，如果时增时减，则反映出企业的经营业务并不稳定，同时也说明企业并不具备良好的发展能力。所以只有将一家企业不同时期的总资产增长率加以比较，才能正确评价企业资产规模的发展能力。

从表8-11和表8-12中的数据可知，金风科技2016—2018年，总资产的规模从2016年的644.37亿元，增加到2018年的813.64亿元，增长率为26.27%，年均增长率达到了15.77%，增长速度是比较快的。考虑到2008年后的金融及经济危机，金风科技仍能保持这样的增长是很不错的。但是也应当注意到，公司近三年的净资产增长率为15.07%，营业收入的增长率为-0.89%，利润总额的增长率为4.39%，与企业总资产的增长率也还是有一些差距的，说明企业在发展方面还存在一些不协调的因素，存在短板，需要予以进一步分析解决。

（四）技术投入比率的计算与分析

技术投入比率是指企业当年技术转让费支出与研究开发的实际投入与当年主营业务收入的比率。技术投入比率从企业的技术创新方面反映了企业的发展潜力和可持续发展能力。

技术投入比率的计算公式如下：

$$技术投入比率=\frac{企业当年技术转让费支出与研究开发的实际投入}{当年主营业务收入}\times 100\%$$

技术投入比率的意义在于：

（1）技术创新是企业在市场竞争中保持竞争优势、不断发展壮大的前提。技术投入比率集中体现了企业对技术创新的重视程度和投入情况，是评价企业持续发展能力的重要指标。

（2）该指标越高，表明企业对新技术的投入越多，企业对市场的适应能力越强，未来竞争优势越明显，生存发展的空间越大，发展前景越好。

五、企业整体发展能力分析

（一）整体发展能力的分析思路

除了对企业发展能力进行单项分析以外，还需要分析企业的整体发展能力。其原因在于：第一，股东权益增长率、利润增长率、收入增长率和资产增长率等指标只是从股东权益、利润、收入和资产等不同的侧面考察了企业的发展能力，不足以涵盖企业发展能力的全部；第二，股东权益增长率、利润增长率、收入增长率和资产增长率等指标之间相互作用、相互影响，不能截然分开。因此，在实际运用时，只有把四种类型的增长率指标相互联系起来进行综合分析，才能正确评价一家企业的整体发展能力。

那么，应该如何分析企业的整体发展能力呢？具体的思路可以是：

（1）分别计算股东权益增长率、利润增长率、收入增长率和资产增长率等指标的实际值。

（2）分别将上述增长率指标实际值与以前不同时期增长率数值、同行业平均水平进行比较，分析企业在股东权益、利润、收入和资产等方面的发展能力。

（3）比较股东权益增长率、利润增长率、收入增长率和资产增长率等指标之间的关系，判断不同方面增长的效益性以及它们之间的协调性。

（4）根据以上分析结果，运用一定的分析标准，判断企业的整体发展能力。

一般而言，只有一家企业的股东权益增长率、资产增长率、收入增长率、利润增长率保持同步增长，且不低于行业平均水平时，才可以判断这家企业具有良好的发展能力。

（二）可持续增长率的分析

可持续增长率是指不增发新股并保持目前经营效率和财务政策条件下公司销售所能增长的最大比率。此处的经营效率指的是销售净利率和资产周转率，财务政策指的是股利支付率和资本结构。

可持续增长率是分析企业可持续增长能力的核心指标，其计算公式如下：

可持续增长率=销售增长率=股东权益增长率=增加留存收益÷年初股东权益

经过公式变形可以得到：

可持续增长率=销售净利率×总资产周转率×年初权益年末总资产乘数×留存收益比率

经过公式变形又可以得到：

可持续增长率=净资产收益率×（1-股利支付率）

可持续增长率是保持目前财务比率（包括资产负债率）的增长率，按现有财务结构增加借款，即按留存收益增长的多少安排借款，目的是维持当前的财务杠杆和风险水平。在可持续增长率既定的前提下，一定的财务杠杆水平反映了一定的风险水平。

可持续增长率的计算公式表明，企业可持续增长率的高低取决于企业的净资产收益率和股利支付率两个指标，即可持续增长率在净资产收益率最高而股利支付率最低时最高。其中，股利支付率通常指现金股利支付率。将可持续增长率的计算公式进一步分解可以归纳出影响企业可持续增长的四个因素：销售业绩、资产运营业绩、融资政策和股利政策。因此，可持续增长能力分析也就是对企业的业务经营政策、资产运营政策以及企业融资政策和股利政策的分析。

对可持续增长率进行分析，可使用对比的方式，考察企业不同时期增长率变化的情况和变化趋势；也可以通过测算销售净利率、资产周转率、权益乘数及股利支付率等四个指标的影响程度，进行因素分析。

在激烈的市场竞争中，企业能够取得长久的发展并不断增加企业价值，是一项十分困难的事情。因此，企业为了保持可持续增长，必须做好长期经营与财务战略方面的决策。可持续增长能力分析实质是对企业长期经营发展战略和财务成长策略的分析，同时，进行可持续增长率的分析也是为企业长期经营与财务战略决策提供依据的重要保证和基本条件之一。

案例背景解读

其一：金风科技股份有限公司（简称金风科技，股票代码：002202）的发展历程、经营范围、财务状况、产品线、竞争优势、所获荣誉以及使命和愿景等基本情况参见本书第四章“资产负债表分析”导入性案例介绍的内容。

其二：政策红利+业绩反转，风电板块概念股迎布局良机。

经历了数十次征求意见和反复讨论后，2019年5月30日，国家能源局正式公布《关于2019年风电、光伏发电项目建设有关事项的通知》，明确了2019年风电和光伏发电项目建设政策，标志着2019年新能源发电的主要政策全部落地。这个被誉为史上最具市场化导向政策的出炉，预示着风电光伏步入竞价时代。

从业绩方面看，风电行业正在底部反转。相关数据显示，2018年风电板块收入888.36亿元，同比增长9.89%，归属于母公司的净利润38.80亿元，同比下降47.16%。2018年第四季度收入285.25亿元，同比增长15.79%；归属于母公司的净利润-18.83亿元，同比下降202.77%。不过，自2018年第四季度以来，各机组投标均价企稳回升，风机招标价格触底反弹，行业利润随之明显改善。数据显示，尤其是风电设备行业，2019年第一季度利润增速为247.3%，环比增长近300个百分点。国家能源局数据显示，截至今年第一季度末，全国风电累计并网装机容量达到1.89亿千瓦，已达到“十三五”规划目标的90%。

民生证券指出，长期来看，2021年新核准陆上集中式风电项目将全面实现平价上网，国内风电行业发展将由政策驱动向市场驱动转变，运营商将更加注重项目用电成本以及风电设备制造商提供整体服务的能力，具有技术、成本、规模优势的供应商将持续受益行业发展。

其三：金风科技每个风机有百余个传感器材。

金风科技《风电工程安质环标准化管理和推广应用》《140m超高风电塔架关键技术研究与应用》等两项课题成果双双获得“2019年度电力建设科学技术进步奖二等奖”，这正是其加大研发创新力度的结果，也正是因为创新，让金风科技的市场份额连续七年在国内风电整机制造行业排名第一，连续六年全球排名前三。

当下，金风科技正不断加大研发资金投入，每年的科研经费投入都超过销售收入的5%。如今，金风科技在全球建立了七大研发中心，拥有科研人员2 000余名，制定和修订160项国内风电技术标准，占全部技术标准的80%；参与11项国际风电技术标准的制定和修订。近年来自主研发的直驱永磁风力发电技术，代表了全球风电机组的发展趋势。

在金风科技的带动下，过去十年，我国风电发电效率提高了20%～30%，发电量提升了2%～5%，运维成本下降了5%～10%，风电设备价格降低了近65%，风电场开发价格降低了近40%。

资料来源　新浪财经网站整理.

思政园地

税法规定，企业对外捐赠物资，允许税前按一定比例扣除，使得一些企业以此手段作为虚增利润、提升业绩、粉饰报表的捷径。A公司在疫情期间，通过武汉红十字会向武汉捐赠100万元，而其已经连续亏损两年，为避免连续三年亏损，于是账面将对外捐赠金额记为1 000万元，同时虚增营业收入1 000万元，扭转了当年亏损的局面，提升了企业综合业绩指标。据统计，自2019年至今，证监会累计已对22家上市公司财务造假行为立案调查，对18起做出行政处罚，向公安机关移送6起。

1.你认为上市公司财务造假对我国资本市场产生哪些影响?

2.你认为可以通过哪些方面加强对公司财务造假行为的监管?

3.作为新时代的财务人员应该怎样加强道德素养建设?

本章小结

财务综合分析是在财务能力单项分析的基础上，将有关指标按其内在联系结合起来，从整体上，相互联系地全面评价企业的财务状况及经营成果。财务综合分析往往与企业的业绩评价联系在一起，因此，在实务中又叫财务综合分析与评价。

综合系数分析法，也叫综合评分法，在财务分析中是指在进行分析时，选定若干财务比率，将选定的财务比率指标用线性关系结合起来，并分别给定各自的分数比重，然后通过与标准比率进行比较，确定各项指标的得分及总体指标的累计分数，根据所得分数对企业某类或整体综合业绩水平做出评价的方法。

科学地评价企业绩效，可以为出资人行使经营者的选择权提供重要依据；可以有效地加强对企业经营者的管理和约束；可以为有效激励企业经营者提供可靠的依据；还可以为政府有关部门、债权人、企业职工等利益相关者提供有效的信息支持。

EVA是指剔除包含股权和债务全部资本后的税后净营业利润的差额，具体计算上，EVA=税后净经营利润-资本成本。

企业发展能力，又称成长能力，是指未来一定时期企业发展的能力，如利润的扩大、销售的增加或发展的趋势等。发展能力分析通常是对企业在未来一定时期的动态发展变化趋势的一种财务分析。分析发展能力对于判断企业未来一定时期的发展后劲、行业地位、面临的发展机遇、盈利的变化趋势，以及对于制订正确的中长期发展计划等，都具有重要的意义和作用。

企业发展存在七种状态，正确分析企业发展情况及其利弊，合理控制并规划企业的增长速度是非常必要的。

复习思考题

1.什么是企业的财务综合分析？为什么要进行财务综合分析？

2.什么是杜邦财务分析法，其分析原理和框架是怎样的？

3.如何利用杜邦财务分析体系中的三因素分析法对企业净资产收益率进行分析？

4.衡量企业综合财务状况和经营成果的财务指标有哪几类，其代表性的财务指标有哪些？

5.如何评判企业的发展能力？影响企业发展能力的因素有哪些？

6.请列出你认为企业财务分析中四个最重要的财务指标，并指出各个指标的作用。